汉藏佛教艺术研究丛书

浙江大学文科高水平学术著作出版基金资助

贾维维 著

榆林窟

第三窟壁画与文本研究

YULIN
GROTTOES
MURALS AND RELATED
TEXTUAL RESEARCH OF
CAVE 3

浙江大学出版社
ZHEJIANG UNIVERSITY PRESS

序　言

　　20 世纪 80 年代初期，随着敦煌艺术研究的深入，学者开始关注敦煌石窟壁画在宋、西夏、元时期的多元艺术风格，如刘玉权先生在莫高窟、榆林窟洞窟形制与壁画风格类型研究的基础上，提出了敦煌西夏艺术风格的观点，进而引导中国美术史学者关注西夏艺术。至 80 年代后期，随着史金波先生对海外收藏西夏藏传佛教文物的介绍出版，学术界开始认识西夏藏传佛教艺术这一领域，并结合黑水城出土西夏唐卡的研究，初步形成西夏藏传艺术的学术研究框架，以此对以敦煌西夏石窟为主的带有类似风格的艺术进行分类、辨识与重构。因此，除了莫高窟、榆林窟、东千佛洞、五个庙石窟等西夏、元时期洞窟之外，甘肃肃南文殊山石窟、马蹄寺石窟、武威杂木寺五方佛石刻、亥母洞寺出土唐卡，特别是宁夏贺兰山拜寺沟方塔、拜寺口双塔与山嘴沟西夏石窟壁画的发现，宁夏贺兰县宏佛塔、青铜峡 108 塔，内蒙古额济纳旗绿城佛塔西夏文物的出土，全国各地收藏西夏、元时期雕版印画的整理出版，这一切都充实了西夏藏传艺术的内容。特别是黑水城文献的出版与相关成就法文本如《大乘要道密集》的研究，推动了学界对西夏藏传佛教图像体系及其源流的认识。根据往来中、印之间的僧人事迹，以及与之相关的佛教图像及成就法的传播的情形，可以考虑那些具有确定年代的西夏版画所具有的波罗式样图像与敦煌河西走廊石窟某些判定为"西夏藏传"的图像，两者有直接来自东印度的可能性，如西夏人咱弥译师、拶也阿难捺、巴哩译师及其所传成就法与榆林窟密教图像系统。

　　在藏传艺术材料涌现的基础上，研究者结合西夏汉藏佛教发展的史实，对相关藏文史籍的重新解读，特别是对早期进入西夏的藏僧事迹的考订，发现了很多新的史料，这有助于对一些传世作品和西夏石窟年代的判定。例如《热巴帝师传》《洛绒教法史》《贤者喜宴》等对噶举派早期上师藏巴、热巴及藏巴敦库瓦等进入西夏有记载。其中，藏巴与热巴两位上师都在西夏传法数十年，获得了帝师称号。这些藏地高僧与榆林窟第 29 窟描绘的西夏鲜卑国师互动频繁，藏夏高僧共同为皇室施造的北五台山寺开光，在贺兰山修念上乐金刚与金刚亥母，在凉州城设置胜乐坛场。在西夏王国风雨飘摇的最后时刻，为抵御蒙古军进入西夏，修建吉祥胜乐轮曼荼罗，举行护摩烧施仪轨，供奉大黑天护法，现今在河西走廊我们可以见到与第 465 窟本尊安排几乎完

1

相同的西夏曼荼罗唐卡。因此，莫高窟第 465 窟不可能是蒙古人所建。此外，蔡巴噶举相喇嘛师徒在西夏传播的史料也得到了挖掘，我们甚至看到配有高僧专用蓝色华盖的蔡巴噶举上师形象被描绘于布达拉宫收藏的相喇嘛唐卡中，同时也出现在东千佛洞第 2 窟的壁画上。

此外，黑水城出土的《药师佛》唐卡及其黑帽上师像，对西夏藏传绘画研究至关重要。事实上，噶玛噶举所传的帝师黑帽最初也是源自西夏王室，其根源来自唐宋以来的中原王统。西夏官帽继承了宋辽官帽的形制，噶玛巴黑帽则来源于西夏帝师制度，代表正朔地位的黑帽的把持与传承，引导了藏传佛教活佛转世系统的建立，为蒙元至明代噶玛噶举教派用黑帽传承延续西藏地方与中原王朝的紧密联系、将汉地大宝法王封号作为教派活佛转世体系，并为清代达赖、班禅活佛转世系统奠定了基础，也为中央政权与地方民族势力的交往提供了范例。

在西夏藏传艺术研究实践中归纳的汉藏多民族艺术视角促使研究者将西夏艺术定位在 11 至 13 世纪宋、辽、吐蕃、西夏、金、元美术交流的大背景中进行考察，重新考察了"西夏藏传"艺术的概念及其范围，确认此时不同的佛教艺术遵从了共同的发展路径，体系化的藏传佛教及其艺术对西夏的影响仅仅发生在西夏的后期，而且服从于西夏艺术原本的宗教圆融理念，例如榆林窟第 29 窟，藏传佛教艺术的影响或许只体现在南北壁东端的不动明王和金刚手，窟顶的梵字胎藏界曼荼罗。释迦与药师、阿弥陀经变形成的三尊是 12 世纪后半叶因应密教空间观念形成的横三世图像的早期样式，文殊与普贤变反映了华严密教的影响，两侧的水月观音与相对的男女供养人呈现了石窟的社会功能。同样在榆林窟第 3 窟，中晚唐时期流行的金光明经与弥勒演化为同样反映光明信仰的摩利支天与佛顶尊胜，十一面与五十一面观音等同于第 29 窟的两位水月观音，金刚手与不动明王则复原为藏西所见的金刚界曼荼罗与九佛顶恶趣清净曼荼罗，文殊、普贤则从唐五代主龛两侧迁移至东壁窟门两侧，并与主壁八塔变佛陀华藏世界莲座形成华严密教义理，南北两壁依照第 29 窟的做法，只能是药师经变和阿弥陀经变形成密教形成期横三世方位，龛台主尊的后壁是与主尊呼应的道场，如同敦煌第 61 窟五台山图前方的新样文殊，第 196 窟劳度叉斗圣变前方的期克印释迦摩尼；主壁中央八塔变的前方佛坛应当是金刚座降魔触地印释迦牟尼佛，是全窟的主尊，但笼罩在金刚界曼荼罗的摄护之下。肃北五个庙石窟第 1 窟，保留了恶趣清净曼荼罗和蕴含金刚界五方佛信仰的五护佛母，金光明经变与弥勒经变转化为炽盛光佛与弥勒，与榆林窟第 3 窟配置相似的十一面观音与六臂观音仍然作为涅槃主像的胁侍，将释迦摩尼 / 大日如来主尊作为全窟主像以中心柱形制体现，并与龟兹型石窟意蕴，即后壁涅槃与门上执扇弥勒关联。作为集中展示密教胜乐传承体系的莫高窟第

465 窟，却将汉地炽盛光佛图像置于窟顶四方佛之中。东千佛洞、文殊山石窟的布袋弥勒，榆林窟第 27 窟的黑帽上师、金刚亥母与寒山拾得组像，银川新华街出土的观音三大士与寒山拾得金铜造像，无一不与中土佛教艺术的发展潮流汇合。因此，西夏艺术，无论是汉传还是藏传佛教艺术，与敦煌总体的多民族美术图像体系有着共同的规律，我们的研究不能脱离中国多民族艺术的大背景而去强调"西夏藏传"的特点。

在敦煌西夏艺术的研究中，很多人在意绝对地区分石窟属于西夏还是蒙元，或许我们更应该观察石窟沿袭的是西夏图像体系还是后来的元明系统，莫高窟因为西夏的悲壮收场，两个朝代之间的过渡期几乎可以略去不计，新的王朝没有在圣地留下更为辉煌的篇章。西藏艺术或者具有藏传风格的西夏艺术，图像特征较为明显，12 世纪末至 13 世纪初的造像与 14 世纪中叶的图像风格差别很大。因此，我们分析近几年新的研究对莫高窟与榆林窟西夏石窟的年代的新判定，倾向于将石窟的营建与出于察合台汗国系统的蒙古豳王出伯家族在当地的活动联系起来。从史实考察，元后期驻于沙州（敦煌）的是出伯之子忽答里迷失，1329 年封西宁王，1330 年速来蛮继任，此王稍后经历元廷天历之变，估计也没有兴趣在沙州建窟造像。其次，13 至 14 世纪察合台汗国正处在宗教信仰伊斯兰化的激烈进程中，"速来蛮""阿速歹"都是穆斯林常用名，可见西宁王一系的最终宗教取向。在这种情势下，东进的出伯后人如何建造类似莫高窟第 465 窟，榆林窟第 3 窟、第 4 窟等如此显密圆融、体系完备的佛教大窟？

从噶举派僧人在瓜沙传法史实分析，藏文史料没有藏传佛教与豳王系相互交集的记载，况且豳王系元代在瓜沙活跃的时间只有十余年。在藏传佛教进入西夏前期，无论是京畿兴庆（或中兴）、陪都凉州，还是河西走廊流行的藏传佛教仪轨主要是噶举派高僧传授的吉祥胜乐轮曼荼罗以及相关信仰；此后进入甘州的二世噶玛巴噶玛拔希侧重传授大神通瑜伽术，三世噶玛巴米久多吉则重点在于六字真言的传授。需要指出的是，西夏最初流行的兰札体六字与四臂观音并无对应，敦煌及河西 13 世纪后半叶开始出现来自大都腹地、与四臂观音信仰结合的多体文字六字真言刻写与墨书，如著名的莫高窟碑记（1348）镌刻四臂观音与六体六字真言，第 464 窟有速来蛮长子阿速歹抄经纪年的六字真言墨书框（1350），河西走廊酒泉嘉峪关、永昌圣容寺等地都有六字真言石刻等。

西夏完全控制瓜沙地区 191 年（1036—1227），几乎经历了西夏王朝的始终。西夏后期藏传佛教的传播也是明确的史实，所以莫高窟等敦煌石窟出现藏传风格的内容自在情理之中。西夏覆亡之后，莫高窟有一段时间的荒芜，后来的豳王系蒙古人大多在原有的石窟中覆盖泥皮后补绘供养人，在废弃的石窟中留下真言墨书，这种做派与建造义理清晰大窟的主人相去甚远，只有西夏人能够深入理解汉藏艺术的精髓，同时具有无与伦比的佛教信仰热忱去建造类似莫高窟第 465 窟及榆林窟等等的大窟，成为沟通汉藏多民族政治文化交流的桥梁。正确判定敦煌西夏石窟的年代有助于完整的多民族中国艺术史的构建。

在多民族中华文明史形成的大趋势中，以汉藏多民族文明的交流、不同宗教及其艺术的多元融合、多民族艺术的视角定位西夏藏传艺术，这是我们在多年的佛教艺术考察实践中获得的新的方法论，观念的改变使得我们对西夏艺术终于有了一个新的认识。贾维维的榆林窟第 3 窟壁画研究，正是在如此视野下，将早期佛教造像文本、图像传承个案与宋、辽、夏之际华严密教趋向及在此多元图像基础上汉地审美意趣的完美统摄，由此构建西夏、元时期石窟图像与风格学的体系。

近几年西夏美术的研究进展神速，但贾维维读博士的那几年，恰好是研究瓶颈期，硕博士论文对佛教图像学和造像学经典的关注还未形成气候，由于缺乏可靠的文献和年代确凿的图像资料，研究敦煌西夏石窟也是有难度的，石窟壁画的很多内容我们看不懂。记得当时在炳灵寺和榆林窟第 3 窟之间选择论文题目时，我和廖姑建议她关注前者，但这个姑娘很犟，就是要选择榆林窟第 3 窟，考虑到博士生常红红研究东千佛洞第 2 窟，她们正好可以相互切磋。论文进行中我和贾维维又去了一趟榆林窟，在宋子贞所长的安排下，我们在第 3 窟仔细观察了洞窟壁画的细节，吃了石窟食堂声名在外的羊肉臊子面。贾维维有清晰的逻辑思辨能力，写论文干净利索，博士论文从个案研究中提取框架，有分有合。这篇论文至今已下载 3768 次，被引 34 次，可见学术界对西夏艺术的关注，因为从西夏多民族艺术角度可以串联 11 至 13 世纪多民族一体政治文化成长时期整个中国的艺术史，是中国美术史研究最好的切入点。

贾维维是山东济宁金乡人，2007 年考入首都师范大学汉藏佛教美术研究所，记得入校时她扎着又粗又黑的马尾辫，像极了我们宁夏老家的姑娘。她是学生党员，还是鲁东大学的学生会干部。本科论文写先秦神话，跟我先前的兴趣相同；硕士期间汉藏所申报了元明清北京藏传佛教文物研究的项目，我建议她负责大隆善寺的研究。硕士毕业后她继续在汉藏所读博，期间申请获批了国家留学基金委奖学金前往加州大学伯克利分校艺术史系跟随白瑞霞（Patricia Berger）教授访学一年，2015 年至 2017 年在曹锦炎先生指导下从事博士后研究，为浙江大学汉藏佛教艺术研究中心的建设出力良多。

贾维维从跟我读硕士、读博士到成为浙江大学艺术与考古学院的同事，已经有 14 年了，很高兴看到汉藏艺术研究青年学者的成长，这就是真正的后浪！

谢继胜

2020 年 7 月 12 日于港湾家园

目录

绪 论

一、研究对象和研究意义

鉴于西夏（1038—1227）在中国历史、佛教史和佛教艺术发展史上的重要地位，近年来不少专家、学者投身西夏学的研究，从各自的专业方向出发探讨西夏时期的历史、社会、语言、宗教、艺术等重要议题，促成了西夏学研究蔚为大观的景象。西夏佛教艺术的研究也有赖于其他学科的发展（尤其是考古新材料的发掘和民族语言历史文本的解读等）而逐渐寻找到新出路。先前让诸家困惑或者忽略的问题如果结合这些新材料、新发现重新加以思考，有望得出较为合理的解释。

对壁画图像的研究应尽量追求题材内容识读的准确性、艺术风格分析的深入性以及文本和图像的互证。如果用这三条标准来衡量榆林窟西夏壁画艺术的研究现状，可以发现大多数研究成果还停留在艺术风格层面的简单分析阶段，在壁画内容的识读方面虽然已经有一些激动人心的成果，但是仍然还有很多亟待解决的问题，许多图像不能得到准确辨识，找不到绘制的文本依据及图像来源，"显密融合"成为理解西夏壁画艺术的一种共识却又让该领域的绝大多数研究者止步于此，鲜有对同时期不同地域或者同一地区不同历史时期艺术品的横向比较，更毋论针对某种艺术现象的来源和社会背景的讨论了，涉及窟室营造者的整体设计思路和窟内图像体现出的内涵思想的研究成果更是凤毛麟角。

在西夏佛教艺术的研究方法上，由于历史上的河西走廊地区混居着多个民族，考古出土的社会、历史、佛教文书和敦煌地区石窟壁画题记涉及多种民族语言（如藏文、西夏文、回鹘文、蒙文等），仅从汉文材料出发远远不能揭示事实，仅从艺术角度出发也不能解决根本问题，因此西夏艺术研究的推进在很大程度上要倚重跨学科、多语言的研究方法。

基于这种考虑，本书在前人尤其是进入21世纪之后学者的研究成果的基础上，选择榆林窟第3窟这一营建于西夏时期的窟室作为研究对象，挖掘梵、藏、汉与西夏文文献记录的珍贵信息，要解决的核心问题是榆林窟第3窟壁画的题材内容及其配置内涵。透过榆林窟第3窟的图像，可以较为清晰地看到西夏人对汉地大乘佛教和密宗佛教的虔诚信仰，对显密两种体系造像的熟悉以及对多民族文化借鉴、融合并积极创新的精深见解，而且窟内图像体现出的与河西地区西夏时期其他壁画艺术相近的特点也有望成为研究相关艺术现象的突破口。

窟室营造年代的确认是研究石窟艺术最基础、最重要的一步，但在文献材料、碑铭题记材料欠缺的情况下，研究者面对这一问题时往往难陈其详。所以在新的考古材料被发掘或者新的佛教文献和壁画榜题解读方式出现之前，本书对这一问题也会尽量回避，并不过多探讨榆林窟第3窟营建的具体时间与背景，暂将以下三个方面作为着力方向：（1）对各壁绘制内容进行辨识和解读；（2）针对个别图像的文本依据与来源做个案研究；（3）对窟内图像的配置方式及其内涵进行尝试性讨论。

榆林窟第3窟是一座营建于西夏时期、显密图像并存的窟室，壁画保存状况较为完整，但因相关文献、题记、碑铭材料的欠缺，至今不知窟主、营建时间、营建背景为何，而且某些题材在中原佛教艺术品中是首次出现，比如顶髻尊胜佛母九尊曼荼罗、五护佛母、毗沙门天王并八大马主组像等，这为壁画题材来源及其文本依据的判断带来一定难度，迄今为止没有一篇针对榆林窟第3窟壁画内容及其内涵展开深入研究的学位论文或期刊文章，故在创新性上，本书占有一定优势。

本书着重讨论的时代，即10—13世纪，是中国历史上的重要时期，其间经历了各民族文化的互相交流、融合，涌现出很多全新的艺术现象和图像样式，党项、吐蕃、回鹘、汉等族在河西地区均留下了各自的生活痕迹，反映在石窟壁画艺术方面就是壁画内容的多元性和宗教思想的复杂性。10—13世纪的中原人士和印度僧团互相交往，创造了继唐代前往西土求取佛经盛况之后的又一个求法高峰，这一时期开辟出来的取经路线使得印度、中亚地区的造像题材和艺术风格顺利进入中原，河西地区佛教艺术中出现与藏西、卫藏几乎同时甚或更早的题材和风格，这在西夏石窟壁画、佛经插图、卷轴画等作品中都有印证。由于历史原因，卫藏地区鲜有12世纪之前的作品留存，西藏西部的早期石窟壁画与河西石窟群内的西夏时期壁画便成为最早受到10世纪末至11世纪初新译密典影响的一批作品，敦煌西夏石窟壁画是反映河西密宗艺术早期面貌的珍贵材料，并且深刻影响了元代造像，大黑天、顶髻尊胜佛母、毗沙门天王并八大马主组像、新样文殊五尊像、黄色二臂般若佛母等题材都是由元人直接从西夏继承而来。

印度、西域等地区的密教图像与榆林窟第3窟壁画（同时也包括西夏时期制作的其他石窟壁画、经书插图或版画等作品）之间的关系是本书最关心的问题之一。在这个问题上，国际范围内专治"藏传佛教艺术"的研究者经历了几个重要的思路转变阶段，首先是自20世纪30年代起，以意大利藏学家图齐（Giuseppe Tucci）为首的西方学者的研究成果奠定了西藏艺术研究起步阶段的总基调，即认为所谓"藏传佛教艺术"，尤其是 15 世纪之前的西藏艺术作品，仅是印度佛教艺术的分支和附属产物，而对前弘期中原和吐蕃艺术之间的密切交流关系未能加以关注，这种状况一直持续到 20 世纪 70 年代。紧接着，中央美术学院和中央民族大学合作培养专攻西藏佛教美术专业的学生，谢继胜教授、熊文彬研究员等从事中世纪西藏艺术研究的学者自 20 世纪 90 年代开始发表或出版了一系列具有学术前瞻性的文章或著作，致力于重现汉藏佛教艺术交流的历史原貌，对敦煌出土的具有强烈汉藏艺术融合特质的绢画和纸画作品、对 11—13 世纪西藏艾旺寺扎塘寺壁画中透露出的敦煌汉地艺术影响、对夏鲁寺白居寺 14—15 世纪壁画蕴含的艺术因素以及对川藏边境发现的带有浓厚印度波罗风格的吐蕃石窟等展开研究，全面开启了国内真正意义上的汉藏佛教艺术交流史研究之门。最新的一个阶段是 2000 年以来，学界对于佛教艺术的研究更加细致、深入，尤其是西夏密教艺术的研究队伍愈见壮大，随着我们对莫高窟、东千佛洞、榆林窟、五个庙以及藏西早期石窟壁画的深入调查，一种新的指导西夏密宗佛教艺术研究的理论体系正呼之欲出，正如谢继胜教授眼光敏锐地捕捉到的那样，"西夏所谓藏传绘画分为两个时期，体系化的藏传佛教派别如萨迦派、噶举派等图像系统对西夏藏传风格艺术的影响集中在中后期卷轴画、唐卡及雕塑等艺术门类；以经卷插图、版画、石窟壁画为代表的早期作品大都是经由藏西、于阗至河西走廊传播而来的东印度波罗佛教图像系统及此类图像在藏西古格一线的变异形态，持续年代自 11 世纪后半叶至 13 世纪，后弘期托林寺为中心的古格是 11 世纪以后波罗艺术糅合当地元素后勃然中兴的重镇，现今莫高窟、东千佛洞、榆林窟、五个庙等所谓的'藏传风格'石窟壁画，其图像体系大都来自藏西至河西走廊的传播路径，遵从 11 世纪至 13 世纪前后东印度波罗的早期造像传承"。佛教艺术在藏西与河西走廊之间传播的真实境况、具体路线、相互影响关系等问题还需结合更多图像和文本材料进一步审慎论证，可是两地几乎同时流行某些不见于其他地区的新兴题材，图像绘制的文本依据也以 10—11 世纪新译密典为主，这些现象值得关注。西夏佛教绘画体现出党项人（也包括在西夏境内生活的其他民族）的高度创新能力，但是严格意义上的"西夏藏传绘画"并不是汉藏两种艺术风格的有机融合，所谓的 11—13 世纪卫藏地区的"藏传佛教艺术"能否称得上是一种成熟的体系或流派还有待商榷。西夏佛教艺术在很大程度上吸收了印度、沙州回鹘、辽以及一些中亚风格的成分，敦煌本地自吐蕃占领时期就流行的一些密教题材也成为西夏艺术创作的来源。另外，10 世纪末兴起中原人士前往印度求取真经、印度高僧身携梵文经书奔赴中原朝拜五台道场或入朝面圣的热潮，这些带有印度波罗风格的贝叶经插图对藏西、卫藏以及河西走廊地区造像的题材和风格造成影响，这成为我们分析榆林窟第 3 窟这一个案时的指导思想，对具体艺术题材和风格来源的分析大有裨益。

若将榆林窟第 3 窟壁画放置到佛教发展史的背景中去考察，可以发现榆林窟第 3 窟壁画内容是以《大日经》《金刚顶经》《恶趣清净怛特罗》等中期密教经典记录的尊神为主，即 14 世纪布顿（Bu ston Rin chen grub，1290—1364）大师密续分类体系中的"瑜伽续"，也涉及一些"事续"和"行续"的内容，可是黑水城、宏佛塔等西夏属地则出土了大批汉译藏密无上瑜伽续文书，属于密教发展后期的经典。综观西夏石窟壁画内容，除了莫高窟第 465 窟完整地描绘了无上瑜伽父续、母续的主尊之外，并无第二例可与其类比。榆林窟、东千佛洞、山嘴沟石窟、五个庙、文殊山石窟等地的壁画内容和榆林窟第 3 窟相似，绝大部分属于无上瑜伽续之前的密典，朝廷出资刊刻的佛经经首版画、插图的图像内容与石窟壁画属于同一种造像体系，侧重表现汉传大乘显教和事续、行续、瑜伽续的题材，或许这反映了西夏社会两个不同群体的宗教信仰偏好。石窟壁画的受众面相对开放，佛经版画和插图流通量较大，民间的普通信众即可参礼传阅；而黑水城、山嘴沟、拜寺口方塔等地考古出土的卷轴画、塑像等作品，制作费用相对较高，应是主要面向高级僧侣和西夏皇室中的密宗修习者。这与索罗宁教授划分的西夏"官方佛教"与"民间佛教"的类别大致对应，我们通过分析西夏石窟壁画的图像配置特点可以判断西夏佛教在不同发展阶段所侧重的宗教派别。榆林窟西夏时期壁画的另一个显著特点是"显密圆融"，将汉地以《华严经》为主的早期大乘佛教主题与后期密教内容完美统合于一室之内，有时显密两种图像内容分庭抗礼，有时把《华严经》作为主导思想含摄密教内容，或者又用密教图像的形式来体现华严信仰的内容，反映了西夏人对这种处理方式的驾轻就熟。本书在讨论这一问题时，主要从辽代"圆教"华严思想对西夏佛教的巨大影响力入手来分析榆林窟第 3 窟的图像配置内涵，传统佛教观念（主要是"华严"和"净土"信仰）与 11 世纪之后流行的新译密续主题在统一的修行仪轨体系内得到圆融结合，榆林窟第 3 窟与河西地区的其他石窟壁画共同构成西夏石窟图像的独立发展体系，所以，对榆林窟第 3 窟壁画绘制内容及其内涵的讨论并不是孤立的个案研究，而是研究 10—13 世纪多民族文化交流史、研究整个河西地区石窟佛教艺术发展状况的重要切入点。

二、研究史回顾

（一）有关榆林窟第 3 窟壁画的研究

相比榆林窟现存的其他几个西夏石窟，榆林窟第 3 窟成为近年来研究的热点，美国西北大学林瑞宾教授（Rob Linrothe）是较早对该窟展开深入调查研究的西方学者，他于 1996 年发表的《顶髻尊胜母与榆林窟第 3 窟西夏佛塔崇拜》("Ushnishavijaya and the Tangut Cult of the Stupa at Yu-lin Cave 3")纠正了中国学界对于该窟南壁东侧所谓"八臂观音"的错误辨识，将主尊身份确定为顶髻尊胜佛母。田中公明先生在密教图像学方面的造诣自不待言，2009 年他在第四届西藏考古与艺术国际研讨会上提交了一篇论文"On the So-called Garbhadhatu-Mandala in Cave No.3 of An-xi Yu-lin Cave"，将榆林窟第 3 窟北壁西侧原本被定名为"胎藏界曼荼罗"的一铺壁画识读为"恶趣清净曼荼罗"，在田中先生研究的基础上，刘永增研究员进一步细化了对该铺壁画的图像学辨识，在《瓜州榆林窟第 3 窟恶趣清净曼荼罗及相关问题研究》一文中他不仅准确识读了曼荼罗内各尊的身份，并通过图像和文本的比对指出该铺曼荼罗的图像配置与文本描述并不完全相符。2013—2015 年，刘永增连续发表几篇力作，讨论的问题均与榆林窟第 3 窟壁画甚有关联，文章分别是《敦煌石窟尊胜佛母曼荼罗图像解说》(《故宫博物院院刊》2013 年第 4 期)、《敦煌石窟摩利支天曼荼罗图像解说》(《敦煌研究》2013 年第 5 期)、《敦煌石窟不空羂索五尊曼荼罗图像解说》(日本神户大学人文学研究科《敦煌·丝绸之路(シルクロード)国际学术研讨会议论文集》2013 年)、《瓜州榆林窟第 3 窟五守护佛母曼荼罗图像解说》(《敦煌研究》2015 年第 1 期)，其中第 3 篇论文笔者目前未能得见，其他两篇文章在所利用的文献材料和结论落脚点上与笔者均有区别。刘永增还针对榆林窟第 3 窟的八塔变展开研究，《敦煌研究》2014 年第 4 期发表的《瓜州榆林窟第 3 窟释迦八相图图像解说》通过对敦煌西夏洞窟中释迦八相图以及印度贵霜、笈多、波罗王朝遗存的造像进行分析，认为敦煌地区这一题材是受到中印度佛教艺术的影响。弗吉尼亚大学艺术史系的 Elena A. Pakhoutova 的博士论文"Reproducing the Sacred Places: the Eight Great Events of the Buddha's life and their Commemorative Stupas in the Medieval Art of Tibet (10th -13th century)"是对 10—13 世纪八塔变图像的深入考察，在论及榆林窟第 3 窟正壁的八塔变壁画时，专列一章阐述了该窟的整体图像配置，但是她对各铺壁画的辨识和分析还存在有待商榷之处，并且对该窟营建背景的分析基本承袭了林瑞宾教授在前述文章中的观点，即认为榆林窟第 3 窟是夏仁宗后代为其营建的功德窟，八塔变上方涅槃变中出现的具头光老者和南壁顶髻尊胜佛母曼荼罗塔基前出现的具头光老者均是夏仁宗的真实写照，论据和结论均不甚准确。阮丽在其博士论文第三章论及"敦煌石窟的金刚界曼荼罗图像"时分析了榆林窟第 3 窟北壁西侧的金刚界三十七尊曼荼罗和窟顶的金刚界十三尊曼荼罗，对曼荼罗内的主尊和小尊作出细致的图像辨识。还有数篇文章是围绕榆林窟第 3 窟的《千手经变》展开讨论的，如刘玉权《榆林窟第 3 窟〈千手经变〉研究》(《敦煌研究》1987 年第 4 期)扼要探讨《千手经》和《千手经变》图像于汉地传播的肇始、《千手经变》的图像配置特点、榆林窟第 3 窟五十一面观音经变的独特构图以及表现技法和艺术风格等问题。郑汝中《榆林第 3 窟千手观音经变乐器图》（收于《1990 敦煌学国际探讨会文集·石窟艺术编》，辽宁美术出版社，1995 年）对此铺五十一面观音经变图中出现的乐器做研究，并结合相关文献记载着重讨论了胡琴、凤首箜篌和扁鼓三种乐器。谢继胜教授对该铺壁画中千手观音身侧"劳动场面"的解释独辟蹊径，在《西夏藏传绘画》（河北教育出版社，2002 年）以及《藏传佛教艺术发展史》（上海书画出版社，2010 年）第三章（中）第三节"榆林窟藏密壁画"中，通过对壁画劳动场景和文本中所记载的印度大成就者形象的比对，他认为第 3 窟五十一面观音壁画中的这些劳动场景实际上表现的是印度大成就者的故事，体现了大成就者信仰在河西地区的传播。

（二）有关敦煌西夏石窟考古调查与洞窟分期的研究

自 20 世纪初开始，由斯坦因、伯希和、吉川小一郎、奥登堡、华尔纳等率领的英、法、日、俄、美"探险队"先后到达敦煌地区，攫取了大量珍贵文物。在随后发表的专著、考察笔记和考古报告中，各家大多将侧重点放在对藏经洞出土文物和莫高窟窟室壁画的考察，对榆林窟的壁画艺术则语焉不详，即使偶有专著也只偏重对榆林窟晚唐第 25 窟的研究，（如 Langdon Warner, *A Study of a Nine Century Grottoes at Wan-fo-hsia*, Harvard University Press, Cambridge, Massachusetts, 1938 ）罔论西夏时期的壁画艺术。

1943 年敦煌艺术研究所（敦煌研究院的前身）的成立，结束了敦煌石窟无人看管的状况，国内以张大千、常书鸿、向达等为首的有识之士陆续造访包括榆林窟在内的敦煌石窟群，一些研究成果相继问世，这一阶段的成果多以考察报告或内容总录的形式来记录榆林窟的面貌。主要成果如下：罗继梅夫妇从 1942 年始就在敦煌地区居住并苦心拍摄洞窟照片，记录了多达两千六百余张珍贵的图像资料，二人的研究成果《安西榆林窟的壁画》在 1964 年于台北面世，文中仅附有极少部分图片；李浴《安西榆林窟志略》（1944）和《榆林窟佛教艺术内容调查》（1946）；阎文儒《榆林窟调查记》（1945）和《安西榆林窟调查报告》（1946）；向达《西千佛洞与榆林窟（西征小记续三）》（1947）、《莫高、榆林二窟杂考》（1951）。敦煌文物研究所在 1953 年组织勘查工作组对榆林窟进行了比较全面的调查和记录工作，顺利完成模型制作、洞窟测量、摄影记录、内容调查、壁画临摹、部分壁画补修等工作，随后出版《安西榆林窟勘查简报》（1956），并于翌年出版画册《榆林窟·敦煌艺术画库（4）》。

1964 年中国社会科学院民族研究所与敦煌文物研究所联合组成了敦煌西夏资料工作组，对敦煌莫高窟、瓜州榆林窟等处的西夏洞窟的时代、分期、壁画艺术、文字题记等作了一次专题调查。此次调查也揭开了榆林窟深入研究的序幕，改变了先前宋和西夏窟室混淆不清的状况，莫高、榆林两处 500 余个洞窟中，可确定属于西夏时代的洞窟有 70 余座。这对之后敦煌西夏洞窟的划分和研究具有重要意义。时至 20 世纪 80 年代，学界出现了关于敦煌石窟群西夏艺术研究的第一个高峰，此后针对榆林窟西夏石窟艺术各个门类、主题的研究成果不胜枚举。

　　在洞窟分期方面，1980 年，王静如先生根据壁画中反映农业和手工业的内容、人物发式和服饰、《国师像》和《唐僧取经图》等方面对榆林窟第 2、3、29 窟内的西夏时期壁画作了扼要讨论。刘玉权在宿白先生早年研究的基础上发表了一系列有关西夏洞窟分期的论文，《敦煌莫高窟、安西榆林窟西夏洞窟的分期》（《敦煌研究文集》第 3 辑，甘肃人民出版社，1982 年）、《敦煌西夏洞窟的分期再议》（《敦煌研究》1998 年第 2 期）等文章利用文献资料和考古发现，对敦煌西夏洞窟的分期做了调整，认为西夏壁画更为合理的分期是早期和晚期两段，并将一些原本划归西夏的洞窟纳入回鹘窟，从宋窟或元窟中又划出几个洞窟归入了西夏时期，最终把榆林窟西夏时期的洞窟数量确定为 11 个，推动了西夏洞窟分期方面的研究。刘先生的《榆林窟第 29 窟窟主及其营建年代考论》（收入《段文杰敦煌研究五十年纪念文集》，甘肃人民出版社，1994 年）一文利用榆林窟现存题记等材料对该窟的营造年代、窟主身份等重要问题做出科学解释，使该窟成为榆林窟西夏洞窟中唯一有确切营建年代的窟室。万庚育的《莫高窟、榆林窟的西夏艺术》（收入《敦煌研究文集》，甘肃人民出版社，1982 年）主要运用类型学的方法，根据壁画中的人物造型、赋色、线描和装饰纹样等特征将莫高、榆林两处的西夏壁画分为早、中、晚三期，并简要介绍了两处石窟群中西夏壁画艺术的造型特点。同年，敦煌文物研究所出版了《莫高窟内容总录》（文物出版社，1982 年），对榆林窟西夏洞窟的划分基本沿用前人研究成果。另段文杰先生《榆林窟党项蒙古时期的壁画艺术》（《敦煌研究》1998 年第 4 期）、崔红芬《河西西夏佛教研究》（民族出版社，2010 年）、韩小忙等著《西夏美术史》（文物出版社，2001 年）虽在前人研究基础上又加入新的研究成果，但基本上都未能超出这一分期的基本界限，即以莫高窟第 65、327 窟为西夏早期艺术的代表，榆林窟第 2、3、29 窟为晚期艺术的典型，榆林窟第 4 窟为元窟。1982 年，史金波和白滨先生合作发表的《莫高窟、榆林窟西夏资料概述》，根据 1964 年对莫高、榆林两处西夏洞窟的考察，重新确立了西夏洞窟的数量、形制、壁画题材等，公布了大量西夏文题记，史金波先生 1988 年出版的《西夏佛教史略》一书中还专设《西夏的寺庙》之"石窟寺"章节，以莫高窟、榆林窟的西夏洞窟为研究对象，对前述西夏窟室做了评述。近年来西夏石窟研究的一个重要突破就是把沙州回鹘洞窟从原本属于西夏的洞窟中划分出来，刘玉权先生在这一领域颇有见地，先后发表了《关于沙州回鹘洞窟的划分》（《敦煌研究》1988年第2期）、《沙州回鹘石窟艺术》（收入《中国石窟·安西榆林窟》，文物出版社，1997年）两文，根据窟内壁画的题材、风格、供养人画像等从原定的西夏洞窟中分出23所沙州回鹘洞窟，原本划定为西夏窟的榆林窟第21、39窟正式被确定为回鹘窟室。岳键在《西夏学》第7辑上发表的《敦煌西夏石窟断代的新证据——三珠火焰纹和阴阳珠火焰纹》一文，通过比对三珠火焰纹和阴阳珠火焰纹两种纹样在榆林窟西夏各窟的分布情况，再结合榆林窟第2、4、10窟的龙爪形态与西夏陵龙纹的比对，断定榆林窟第2、3、4、10、29窟均为西夏窟室，这五窟在年代上的基本排序为第2、4、3、29、10窟。在分析总结各家研究成果之后，可知现今学界公认的保留有西夏时期壁画艺术的榆林窟洞窟共有如下11个，即第2、3、10、13、14、15、17、21、22、26、29窟。

首都师范大学宁强教授在2015年10月杭州举办的第六届西藏考古与艺术国际研讨会上发表主题报告《论瓜州西夏石窟的营建时间及其艺术特征》，认为瓜州榆林窟西夏时期的洞窟均为夏仁宗（1139—1193）所营建，是按照西夏后期已经成体系的宗教文化格局制作的，营建目的是为了给生病的夏仁宗祈福，并且结合对榆林窟第29窟的功能、壁画内容、艺术特征及供养人身份的新解读，推测西夏新营建的窟室内应该多次举办过由西夏国师主持的"烧施"法事。榆林窟的这些西夏洞窟是按照西夏后期已经成体系的宗教文化格局制作的，其建筑形制、壁画内容、艺术风格等，完整反映了西夏宗教文化的独有特征。

（三）有关敦煌石窟西夏图像辨识与艺术风格分析的研究

王艳云就西夏壁画的不同主题发表了一系列文章，《西夏壁画中的药师经变与药师佛形象》（《宁夏大学学报》2003年第1期）对药师经变药师佛形象的内容、艺术风格进行了探讨，提出早期多模仿唐宋及西域回鹘的艺术手法，中晚期民族艺术的逐步成熟和发展，创造出了具有鲜明民族风格的作品，并出现了独有的曼荼罗式的画面。《河西石窟西夏壁画中的涅槃经变》（《敦煌学辑刊》2007年第1期）对榆林窟、东千佛洞西夏涅槃经与莫高窟进行比较分析，并阐述西夏流行涅槃经变的原因。她的《河西石窟西夏壁画中的界画》（《宁夏社会科学》2007年第1期）梳理了西夏建筑界画的发展变化，认为西夏晚期经变画在空间布局和艺术表现上都呈现出独特的时代特征。

榆林窟西夏时期水月观音壁画是诸家热议的另一个话题。较早关注该议题的当属王惠民先生，他在《敦煌水月观音像》（《敦煌研究》1987年第1期）一文中全面考察了敦煌地区石窟内水月观音图像的分布，并对这一图像在不同时期的特征及其与其他图像的组合形式做了梳理。郑怡楠的《俄藏黑城出土西夏水月观音图像研究》（《敦

煌学辑刊》2011 年第 2 期）将俄藏黑城出土的西夏水月观音图像与榆林窟壁画中的水月观音像进行比对分析，侧重于艺术表现形式的分析。兰州大学何家旭 2012 年的硕士论文《西夏水月观音图像研究》，在对图像的内容、空间布局、设色、绘法、背景装饰、人物服饰等各方面综合分析的基础上，进一步讨论水月观音引领"往生净土"的职能。韩国学者黄金顺（황금순）2011 年发表的《西夏水月观音图的图像考察》（西夏水月觀音圖의圖像해석）是集大成之作，他广泛搜集现存西夏、辽金及南宋时期的水月观音图像，并从西夏社会背景出发探寻该图像流行的原因。另有日本学者泷朝子《西夏时代敦煌の水月观音图研究》（《鹿岛美术研究》年报第 23 号别册，2006 年 11月）、刘玉权《榆林窟第 29 窟水月观音图部分内容新析》（《敦煌研究》2009 年第 2期）、王艳云《西夏石窟壁画中水月观音的传承与流变》（收入谢继胜主编《汉藏佛教美术研究》，上海古籍出版社，2009 年）等文，这些成果形成了学界研究西夏时期水月观音图像蔚为大观的景象。这一时期的水月观音图像多数伴有玄奘取经图，因而这一现象也自然而然成为广泛讨论的话题，研究成果较多，其中陕西师范大学沙武田教授在 2015 年 10 月杭州举办的第六届西藏考古与艺术国际研讨会上发表主题报告《水月观音图像样式的创新与意图——瓜州西夏石窟唐僧取经图出现原因再考察》，认为瓜州西夏石窟中"唐僧取经"图像出现在水月观音图像中是西夏时期观音信仰崇拜的新因素，与玄奘西行求法时途经瓜州，在胡人石盘陀帮助下偷渡玉门关的故事并无太大关联，更多体现出的是唐僧取经在图像表达上的象征符号意义，是当时往生观音净土信仰流行的表现。四川美术学院常红红就这一议题发表最新研究成果，《西夏玄奘取经图像之研究——以东千佛洞第 2 窟图像为中心》一文认为，西夏水月观音在继承唐代以来水月观音的基础上，发展出新的时代特点。东千佛洞第 2 窟玄奘取经像被画在水月观音中，其目的并非是纪念玄奘取经事迹的高僧崇拜，而是作为"观音授经灵验论"的图像化，宣扬《心经》的神效与正统，强调这是由观音亲传给玄奘的真经，来辅助观音超度亡者往生净土。

谢静《敦煌石窟中西夏供养人服饰研究》以榆林窟、黑水城出土文物和其他材料为主要研究对象，对西夏时期各阶层的人物服饰作分类论述。李银霞的博士论文《西夏石窟艺术研究》主要以敦煌莫高窟、安西榆林窟、文殊山万佛洞、肃北五个庙以及东千佛洞等地的西夏洞窟为主要研究对象，分析现存西夏洞窟的石窟形制、壁画风格、雕塑以及西夏壁画与唐宋时期壁画作品的风格比对。

在艺术风格方面也有不少研究成果面世。这些文章多从艺术欣赏的角度对榆林窟西夏时期的风格特色和表现技法等方面进行探讨，与本书研究的内容和角度均有差别，故仅简要列举如下：王晓玲硕士论文《西夏晚期石窟壁画艺术特色探析——以榆林窟二窟、三窟、二十九窟、东千佛洞二窟为例》（西北师范大学 2007 年硕士论文）；赵声良《榆林窟第 3 窟山水画初探》《从榆林窟第 3 窟文殊变普贤变看中原文人画对敦煌壁画的影响》及《榆林窟第 3 看壁画中的亭、草堂、园石》（这三篇文章均收入敦煌研究院编《榆林窟研究论文集》，上海辞书出版社，2011 年）；张建山《安西榆林窟的壁画艺术》（《历史文物》2005 年第 2 期）；等等。

三、研究材料和方法

（一）可利用的研究材料

榆林窟西夏时期壁画的研究材料大致可以分为以下两大类：

1. 文本材料

（1）佛教经典类：包括汉藏文佛教经典中的经、仪、轨、疏等，包括大乘经典和密教经典两大类。成就法是藏传佛教图像学研究的重要文本基础，《究竟瑜伽鬘》（*Niṣpannayogāvalī*）、《成就法鬘》（*Sādhanamālā*）、《金刚鬘》（*Vajravalī*）、《巴哩百法》（*Ba ri brgya rtsa*）、《米扎百法》（*Mi tra brgya rtsa*）等梵、藏文文献对单尊神像、组像或曼荼罗构图的描述构成本文对榆林窟图像进行识辨的基础材料。

（2）出土文书类：敦煌莫高窟藏经洞出土的大量佛教和世俗文书为研究敦煌石窟艺术提供了珍贵的史料。西夏故地黑水城出土的大量汉文、西夏文文献从 20 世纪初开始就受到不少学者的关注，做了文献编目、考订和辑录工作。近 20 年来，《俄藏黑水城文献》《中国藏西夏文献》《中国藏黑水城汉文文献》《中国藏黑水城民族文字文献》《英藏黑水城文献》《法藏敦煌西夏文献》《日本藏西夏文文献》等大型文献的陆续整理出版使得世人得见这些重要资料。另外，宁夏贺兰山区山嘴沟石窟、潘昶宏佛塔、拜寺口方塔和甘肃武威亥母洞等遗址出土的文献也多以考古报告的形式出版。这些材料和研究成果不仅有重要的文物、文献价值，在研究同时期的壁画艺术方面也具有重要价值。

2. 图像材料

（1）传世材料：宋代至元、明时期的雕版刻印作品为研究西夏时期的佛教艺术提供参照，经首版画及其内的插图是讨论西夏佛教艺术发展渊源和影响时不可或缺的材料。

（2）实地图像：主要是以石窟寺、寺院的壁画及散落于世界各地图书馆、博物馆、艺术馆和私人收藏的艺术品为主。有关敦煌石窟群壁画资料的出版物已彰显规模，如《敦煌石窟艺术》（江苏美术出版社，1996 年）、《敦煌石窟全集》（商务印书馆，2005 年）

等。有相当数量的博物馆藏品和私人收藏艺术品也以展览图录的形式公开发表。

（3）出土材料：考古出土的唐卡、版画、擦擦、造像、丝织品等等也都会被纳入考察的范围。几个主要的西夏石窟寺、佛塔、陵墓的考古调查报告也对遗址内的壁画、唐卡、塑像等做了展示，为本书的研究提供便利条件。

（二）研究方法

第一，是在前期实地考察的基础上，获取壁画的高清照片，准确无误地记录图像细节，然后采用图像志和艺术史的研究方法，细致分析每一种题材的图像内容，并比对不同时期、不同地域的同题材造像，梳理图像衍变发展的大致脉络。

第二，是文献研究法。经典文献是研究佛教图像的基础，在对各铺壁画内容进行解读时，本书将结合其依据经典的不同译本和与之相关的注释书、成就法等进行分析，力求找到图像创作的文本依据，或者指出经典与图像之间的差异。

第三，佛教艺术研究要结合其他学科的研究成果来拓展思路，若想对图像展开全面深入的调查，须以当时绘制的图像和保存至今的金石铭文、壁面题记、佛教史料等作为协助研究资料，并借用历史、文献、宗教等学科方向的研究成果。近年来学界掀起了西夏密教学研究的新热潮，有关密教史学、密教文献学的学术性文章将西夏密教研究推向新的高度，尤其是黑水城出土汉译藏传密典的深入解读为研究藏传佛教在西夏社会的传播打开一扇新窗口。本书也将充分利用这些方面的研究成果，深入挖掘文本和图像的关系，以免历史文献和图像研究的结合流于表面。

西夏文文献中保存有大量重要信息，但是由于本人不谙西夏文，唯期冀专治西夏语言文字的专家发表更多成果，以便从事西夏佛教艺术的研究者将来用以研究敦煌窟群西夏壁画。

四、"显教"与"密教"图像的划分

考虑到榆林窟第3窟壁画描绘的某些题材重复出现两次，比如南、北壁中央对称分布两铺净土经变，东壁南、北两侧均绘制千手千眼观世音菩萨，西壁窟门两侧的文殊菩萨与普贤菩萨也经常在敦煌石窟壁画中一起出现，并基本保持同步发展和衍变，因此笔者在安排本书的篇章结构时，并没有以壁面为单位、按照右绕礼拜的顺序依次进行分析，而是将图像分为"显教"与"密教"两大类别，所以在此有必要先对这两个概念在本书中的指涉范围略作说明。

　　如何准确定义显、密二教，是当今学界热烈讨论的一个重要议题，[1]至今仍有许多悬而未决的争议。需要注意的是，"显"与"密"这一对概念在不同时期的文献记载中存在区别，根据 Richard D. McBride 教授对 5 至 8 世纪中国佛教注疏文本的分析，可以看到，这一时期"显""密"的主要判教概念是建立在大乘佛教与非大乘佛教孰优孰次的关系上的，与当今学者所认为的显教和密教的内涵出入较大。传为龙树（Nāgājuna，约 150—220）造、鸠摩罗什（Kumārajīva，344—413）译的《大智度论》记载："佛法有二种：一、秘密；二、现示。现示中，佛、辟支佛、阿罗汉，皆是福田，以其烦恼尽无余故。秘密中，说诸菩萨得无生法忍，烦恼已断，具六神通，利益众生，以现示法故，前说阿罗汉，后说菩萨。"[2]"现（显）示法"只不过是以成就阿罗汉为目标的声闻乘和独觉乘的教法，而"秘密法"则是指大乘佛教中较为高深的教法，即菩萨乘。所以魏晋时期译成的《法华经》《大般涅槃经》《大方广佛华严经》中频繁出现"密教"一词，只是用来指代菩萨根据大乘教义领会到的较为优越高深的方便教义，由于个人根器的不同，受众会以不同的方式来理解佛陀的教旨。声闻乘和独觉乘所代表的"显示教"与菩萨乘所代表的"秘密教"基本对应"小乘"与"大乘"的指涉范围，中世纪中国佛教注疏经典中的"显""密"判教概念，主要是彰显了大乘与小乘相比所具有的优越性。如此一来，在 8 世纪之前的汉传佛教注释家眼中，《华严经》《法华经》和各种涅槃类经典都应归于"密法"的范畴。

　　不少学者认为我们现在所说的"密教"概念是始于唐代开元三大士。他们从印度传入的密咒陀罗尼、手印、坛场、密修仪轨、法器等等可以帮助修行者获取加持、神变，应归入"密教"范畴，与之相应的，开元三大士之前的诸种教法可归为"显教"。但是实际上，正如 Robert H. Sharf 教授所指出的那样，开元三大士在当时并没有建立一个区别于大乘教法的崭新的宗教派别，而且还在注疏中特别强调他们传授的这些教

---

[1]　在区分"显教"与"密教"概念方面，晚近发表的几篇文章颇有见地。美国加州大学伯克利分校的 Robert H. Sharf 教授在《论汉传密教》（"In Esoteric Buddhism in China"，收入 *Coming to Terms with Chinese Buddhism: A Reading of the Treasure Store Treatise*, Honolulu: University of Hawaii Press, 2002。该书汉译本《走进中国佛教——〈宝藏论〉解读》由夏志前、夏少伟完成）一文中利用《大智度论》《宋高僧传》《显密圆通成佛心要》等文献来再现汉文佛教文献中"现（显）""密"的区别。美国夏威夷杨博翰大学 Richard D. McBride 教授的文章《果真有"密乘"佛教？》则是细致梳理了 5 至 8 世纪佛教文献中"显"与"密"的判教概念。这两篇论文新近均被译出，收在沈卫荣教授主编的《何谓密教：关于密教的定义、修习、符号和历史的诠释与争议》（中国藏学出版社，2013 年）中，沈教授为该书撰写的评述性文章《关于密教的定义、历史建构和象征意义的诠释和争论——对晚近西方密教研究中几篇重要论文的评述》，视野开阔、高屋建瓴，亦可作为参考。

[2]　《大智度论》卷四，《大正藏》No.159。

法属于"大乘密教"，[1]其笔下的"密教"并未超出此前汉地佛典中所界定的高深大乘佛教教法——"秘密教"的范围。纵然唐代汉传佛教寺院中早已充斥着很多密修仪轨，如建立坛场、诵念真言、手结印契、祝祷诸佛菩萨等等，可汉译佛教文献中出现的"显教""密教"两组概念依然是在大乘佛教的教法背景内、依据修习者根器之不同来界定的。

　　直到 10 世纪末，中国佛教注疏经典对于"密教"的描述才逐渐接近当今学界所理解的"密宗佛教"（Esoteric Buddhism 或 Tantricism），宋代高僧赞宁（919—1001）撰《宋高僧传》与辽代道殿于 11 世纪下半叶编著的《显密圆通成佛心要集》是两部代表性论著。赞宁为佛教显密文献的粗略分野提供了最早的文字证据，[2]他在《宋高僧传·译经篇》结尾处的简论中对"三教"进行了详细论述，此"三教"分别为：1. 显教，包括经由佛陀言传身教的经、律、论三藏教法；2. 密教，秘密传授的"瑜伽灌顶五部护摩三密曼拏罗法"；3. 心教，即见性成佛的禅宗教法，[3]唐代开元三大士的教法和修持仪轨正是从赞宁开始才被正式归入"密教"类别的。可是赞宁并没有给出一个关于"密教"或者"怛特罗"的清晰概念，也没有界定"密教"与其他佛教宗派的明确关系，这个问题在道殿的《显密圆通成佛心要集》中基本得到解决。《显密圆通成佛心要》的核心内容主要围绕"四心要"来展开，包括显教心要、密教心要、显密圆通与庆遇述怀，由于道殿非常重视唐代华严祖师法藏的华严宗教义，所以他所区分的"显""密"教法是纳含在法藏华严宗判教体系之内的，其中"显教心要"包含五教判教和五法界观，[4]即华严五教判释法组织下的诸乘之经、律、论所有经典，"密教心要"则专门指代诸种陀罗尼和坛法仪轨、密咒法门。至此，"密教"终于在 11 世纪的汉文佛典中被描述成一个独立教派，与以《华严经》为代表的"显教"教法圆融共通。

　　西夏汉传佛教在很大程度上继承了辽代的华严圆教教法体系，这一点已由一些前辈学者撰文证明过。黑水城出土文书中发现道殿《显密圆通成佛心要集》刻本说明该部经典及其教义曾在西夏社会流传，虽然这种将显教和密教全然融合在华严圆教中的阐释方法与现代社会所定义的教派概念不能完全对应，却基本与西夏石窟壁画所反

---

［1］ "汝等应往不放逸者，即是承摄前文。此大乘密教，当如是法相承。"善无畏《大毗卢遮那成佛经疏》卷二十，《大正藏》No.1796。

［2］ 见罗伯特·沙夫著：《走进中国佛教——〈宝藏论〉解读》，夏志前、夏少伟译，上海古籍出版社，2009 年，第 285 页。

［3］ （宋）赞空《宋高僧传》卷三《译经篇第一之三》，《大正藏》No.2061。

［4］ 此"五教判教"包含小乘、大乘始教（法相宗与无相宗）、一乘终教（如《法华经》）、一乘顿教（禅）与不思议乘圆教（华严）。参见魏道儒《辽代佛教的基本情况和特点》，《佛学研究》2008 年，第 229—237 页。

映的配置理念、宗教内涵高度吻合，所以笔者在界定榆林窟第 3 窟的"显教图像"和"密教图像"时，主要依据 11 世纪中晚期以道殿《显密圆通成佛心要集》为代表的显、密判教体系，"显教"指以《华严经》为代表的佛陀言传身教的经、律、论经典，"密教"主要指陀罗尼密咒、曼荼罗坛法以及其他各种修行密轨，唐代和宋代翻译的汉文密典、西夏境内流传的梵藏文新译密典以及西夏汉译藏传佛教密续作品等等均被包含在内。

第一章

西夏社会佛教信仰的特征与
11—13世纪多民族艺术交流

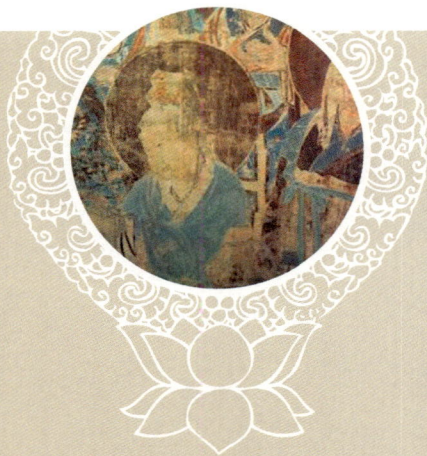

第一节 党项民族和西夏政权时期的佛教信仰

> 一王皮韬小髻，余发垂双辫如缕，皮
> 裘玄靴解袿交手按膝。一奴皮韬，发余垂独
> 辫，朱裘玄靴者，吐国（谷）浑之南，白兰
> 之北，弥罗国也。
>
> ——阎立本《西域图》[1]

西夏是以党项民族为主体的政权，其属民自 7 世纪始就活动于今甘肃南部、青海东南和四川西北部的广大地区，1038 年由元昊称帝建国，至 1227 年降于蒙古，西夏控制河西走廊东西要冲长达 190 年。藏文文献用"Mi nyag"[2]一词来指称党项人或西夏人，《辽史》《金史》《元史》等汉文史籍将党项译作"唐古"或"唐兀"，应是沿袭了 8 至 11 世纪北亚和中亚人称党项为"唐古特"（Tangut）的传统，[3]至于西夏使者敬递给北宋宋仁宗的建国国书中提到的"邦泥定国"，则是西夏语"大白高国"的音译写法。[4]

"其东方为汉地，南方为南诏，西方为吐蕃，北方为蒙古，在此中间的地区，即

---

[1] 阎立本《西域图》附国嘉良夷旁记文。见汤开建《关于弥罗国弥药、河西党项及唐古诸问题的考辩》，《西北第二民族学院学报（哲社版）》2000 年第 1 期，第 15 页。

[2] 《新唐书》等汉文文献中的"弭药"、阎立本《西域图》题记中提到的"弥罗国"是藏文 Mi nyag 的音译，均指当时的党项民族。而且，黑水城出土的西夏文材料也证明，党项人很早就自称为"弥药"，在颂扬西夏祖先的诗中有"高弥药国在彼方"，西夏诗歌中提到"弥药勇健走，契丹换不行，西蕃敬佛僧，中国爱俗文"（见陈庆英：《西夏与藏族的历史、文化、宗教关系初探》，《藏学研究丛刊》第 5 集，西藏人民出版社，1993 年，第 7 页）。

[3] 关于"唐古特"的最早记载见于公元 735 年鄂尔浑河畔的古突厥如尼文《毗伽可汗碑》（引自邓如萍（Ruth W. Dunnell），*The Great State f White and High: Buddhism and State Formation in Eleventh-Century Xia*, p.xxxi）。11 世纪突厥人穆罕木德喀什噶里地《突厥语大辞典》也记载："Tangut 是突厥的部族名，靠近契丹而居"。（见《突厥语大辞典》第一卷《导言：突厥人和突厥部落》），波斯人拉斯特《史籍》将西夏称为"唐兀锡（tohkqu-t）"（[波斯]拉斯特，《史集》第一卷第一分册第 3 编《唐兀锡部落》，商务印书馆，2014 年，余大均译）。
有关"唐古""唐兀"等词的讨论，亦可参加汤开建《弥罗国、弥药、河西党项及唐古诸问题考辩》，收入《党项西夏史探微》，商务印书馆，2013 年，第 69—86 页。

[4] 徐俊：《中国古代王朝和政权名号探源》，华中师范大学出版社，2000 年，第 274—277 页。

是西夏的版图",[1]《安多政教史》记载的这段话较精辟地说明了党项西夏的四邻关系，也易理解为何西夏人根据本族地理观念称其国土为"中国"。[2] 从党项民族到西夏王朝长达六百年的历史时期内，中原汉地和卫藏地区共经历两次佛教发展高峰期，分别是 8 世纪以"开元三大士"（印度来华高僧善无畏、不空和金刚智）为主导的汉译密典活动和 10 世纪末宋初的新译密典翻译热潮，其中前者基本对应吐蕃佛教前弘期（bsTan pa snga dar），后者对应后弘期（bsTan pa phyi dar），因此处于汉藏之间，并长久控制河西走廊交通要道的西夏很早就与这两大政权有密切的文化交流，对早期大乘佛教和后期金刚乘均有接触，西夏立国后不久便出现用汉文或西夏文翻译的梵、藏文密教经典，大量佛教艺术作品也显示出精湛娴熟的传统汉地绘画技法和印度波罗艺术风格，说明西夏人（或在西夏境内活动的其他民族）对这两种佛教艺术传统并不陌生。本节将主要针对西夏建国前与建国后这两个时期的佛教发展状况展开介绍。

一、党项民族时期的佛教发展

"大约党项吐蕃风俗相类"[3] 是宋人对这两个民族文化共性的认识。蕃、夏两族在地域和族缘上相近，[4] 党项族的佛教信仰状况可从藏文文献记载的吐蕃与党项交往史事中得见一二。在积极倡导发展佛教的吐蕃赞普松赞干布（Srong btsan sgam po，？—650）时期，赞普从汉地和尼泊尔迎娶两位妃子后，又娶木雅女茹雍东萨尺尊为第三位妃子。[5] 这位木雅妃子像文成公主和尺尊公主一样在藏地建立佛殿，名为查拉贡布（Brag lha mgon po）神殿，又于女妖魔窟旁的岩石壁上作大日如来像，并在宫殿西北面起造白塔用以阻断厉鬼出没，主持修建弥茫蔡神殿（Mig mang tsal gyi lha khang），[6]

---

[1] 智观巴·贡却乎丹巴饶吉著，吴均译《安多政教史》，甘肃民族出版社，1982 年，第 25 页。

[2]《大乘要道密集》第六篇"解释道果语录金刚局记"首有题款，其中提到"中国大乘玄密帝师传、西番中国法师禅巴集"，另榆林 15 窟外书写于 1073 年的汉文题记也说："伏愿皇帝万岁，太后千秋，宰官常居禄位，万民乐业……并四方施主，普皆命终后心不颠倒，免坠地狱，速转生于中国……"转引自陈庆英《西夏大乘玄密帝师的生平》，《西藏大学学报》2000 年第 3 期，第 7 页。

[3]《宋史》卷六十四《宋琪传》，中华书局，1977 年。

[4] 据《照亮君民姓氏之明灯》《汉藏史集》和《拉达克王统记》等藏文史料记载，弥药为藏族传说中的先民塞、穆、董、东四大姓氏中董氏的一个分支，说明吐蕃和西夏有着亲密的血缘关系。引自熊文彬：《从版画看西夏佛教艺术对元代内地藏传佛教艺术的影响》，《中国藏学》2003 年第 1 期，第 67 页。

[5]《柱间史》（bKa' chems ka khol ma），卢亚军译本《柱间史：松赞干布的遗训》，中国藏学出版社，2010 年，第 157 页。

[6] 引自谢继胜：《西夏藏传绘画：黑水城出土西夏唐卡研究》，河北教育出版社，2002 年，第 187—188 页。

从木雅迎娶的妃子可以主持建设佛殿、佛塔，侧面说明唐代党项民族聚居地区早已有佛教信仰传统。

《贤者喜宴》提到，松赞干布还下令在木雅地区修建佛殿，于热甫岗建造了雍佐热甫寺神殿。[1]此外还以弥药人为工头，在康区（Khams）建造了隆塘准马寺来镇压魔女右手掌，[2]吐蕃建造桑耶寺时，为了调伏神魔，根据堪布的教导在东方弭药嘎（Mi nyag gha）地之毗沙门区域迎请高僧。这些记载都能反映党项人当时以精通佛教建筑而闻名于卫藏。

松赞干布赞普卒后，其孙芒松芒赞（Mang su mang btsan，650—676年）发动了抄掠唐朝、吞并周边诸部的战争，党项各部被迫内徙，"其处者皆为吐蕃役属，更号弭药"[3]，从这条记载来看，"Mi nyag"之称始于此时。党项居民受治于吐蕃，两族杂居共处者为数众多，融合程度更高。特别是唐贞元二年（786）吐蕃正式占领敦煌，至大中二年（848）张议潮收复沙州，统治时间长达62年，对当地的佛教、社会风俗、语言文字、艺术题材与风格等各方面造成深远影响，西夏石窟壁画中出现的许多密教图像实际上都延续了9世纪的吐蕃佛教题材，仅在尊像的图像志特征和艺术面貌上另有所循。

党项人对于佛教义理的认知程度也较高，《青史》中提到藏王赤松德赞（Khri srong lde btsan，742—797）曾派遣巴塞囊（sBa gsa snang）和桑喜（Sang shi）前往汉地迎请佛教僧人，他们请来的一位弥药和尚（Mi nyag hwa shang）后来担任藏王的上师，而且其所教授的大乘教规成为西藏连续不断的持密传承。[4]《第吴教法源流》更为清楚地勾画出9世纪左右与党项民族生活地域毗邻的河湟地区的佛教发展盛况，在赤松德赞建立的108座寺院中，相当大一部分寺址是位于多麦（mDo smad）和多康（mDo khams），如"修行的十二座寺院，卫地有青浦、叶尔巴和谐拉康三座，康区有丹斗峡、炳灵、安琼和帝卫拉康四座，在多麦有龙塘阿雅隆、美雪僧林静修地"[5]。书中列出的"禅定的八座寺院""供养的六座寺院""学经的十二座寺院"等在河湟一带

［1］ 巴沃·祖拉陈瓦著：《贤者喜宴》，黄颢译注，《西藏民族学院学报》1981年第2期，第24页。

［2］ 黄颢：《藏文史书中的弥药（西夏）》，《青海民族学院学报》1985年第2期，第59页。

［3］ 《新唐书》卷二二一《党项传》上，转引自张云：《论吐蕃与党项的民族融合》，《西北民族研究》1988年第2期，第50页。

［4］ 郭诺·迅鲁伯（'Gos lo gzhon nu dpal）著：《青史》，郭和卿译，西藏人民出版社，1985年，第517页。

［5］ 原文为"Blo sbyong gi grwa bcu gnyis la/ dbus na'ching bu yer pa dang zhwa'i lha khang dang（gsum）/ khams na dan tig shan dang/'bum gling dang/ an chung dang/ de ba'i bla tshal dang bzhi/ mdo smad na klong thang arya'i lung dang/ mes shod seng gling gi dben gnas ……spyir sben gnas sum cu yod do"，mKhas pa lde'u（第吴贤者），*mKhas pa lde'u mdzad pa'i rgya bod chos 'byung rgyas pa*（《第吴贤者印藏佛教源流》），Lha sa: Bod ljongs mi dmangs dpe sgrun khang, 1987, p.357.

均有分布，[1]另外，由赞普热巴坚（Ral pa can，802—838）建立的30座寺院中，有20座是位于河湟地区，[2]俨然成为吐蕃后期卫藏以外佛教蓬勃发展的另一中心。虽然我们暂时无法准确界定党项居民生活区域与藏文文献中所说的"多麦""多康"的重合范围，但可以确定的是，整个河湟地区几乎未受卫藏佛教黑暗期的影响，保留了佛教在该地区持续不断的发展态势，从而成为下路弘法诸贤者寻觅栖身之地的首选。

卫藏的僧俗藏饶赛（gTsang rab gsal）、肴格迥（Gyo dge'byung）、玛尔释迦牟尼（dMar ban shakya mu ni）三人为了保护佛教余脉，辗转经藏西、霍尔（Hor）而到达多麦，后与两名汉族僧人共同向贡巴饶赛（dGongs pa rab gsal，892—975）授予沙弥戒，这位贡巴饶赛便是此后在西藏佛教发展史上有名的"下路弘法"中起到关键作用的中心人物。大师在安多地区的主要住锡地是丹底寺，该寺是雅隆王朝时期吐蕃赞普在多康建立的四座修行寺院之一，《安多政教史》中提到贡巴饶赛在丹底寺修习期间曾跟随弥药上师学法，[3]《青史》的记载更为详细，说贡巴饶赛受戒之后"随即动身往北到西夏的地区，在江英哲堡廓绒狮子称（Go rong seng ge grags）座前听受毗奈耶"，[4]而且还提到他在黄河北岸，系西安人和吐蕃杂居的地区建立一座庙宇和舍利塔，"彩绘（tshon rtsi）也见于此区域中"。[5]这一方面说明党项僧的学识水平受到肯定，另一方面也折射出9世纪末至10世纪中期河湟地区各聚居民族之间依然保持积极、频繁的佛教交流关系。所以在上下两路弘法运动以燎原之势返回卫藏的初期，对卫藏佛教及其艺术产生影响的不是当时在传法过程中遭遇重重阻力的阿底峡（Atiśa，980—1054）一脉，噶当派及11世纪涌现的其他教派是从11世纪中期以后才开始发挥主导作用，[6]反而是从多康和广大河湟地区入藏的鲁梅（Klu mes Tshul khrims shes rab）等人拥有更

---

［1］ 相关内容见《第吴贤者印藏佛教源流》，第356—357页。

［2］ Helga Uebach, "On Dharma-Colleges and Their Teachers in the Ninth Century Tibetan Empire", in *Indo-Sino-Tibetica: Studi in onore de Luciano Petech*, edited by Paolo Daffia, Studi Orientali, Vol.9, Roma: Univerita di Roma, 1990, pp.393-417.

［3］ "（贡巴饶赛）从上述亲教师和规范师即北方木雅噶（Mi nyag gha）的郭戎森格扎处学习律经"，吴均等《安多政教史》，第23页。

［4］ 郭和卿译《青史》，第44页。George N. Roerich, *Blue Annals*, Motilal Banarsidass, Delhi, 1976, p.63.

［5］ 郭和卿译《青史》，第45页。Roerich 英译本第64页。

［6］ 阿底峡1046年抵达后藏，1054年于聂塘寺逝世，他在卫藏活动的这段时间内，并未造成较大影响力，许多11世纪重要的西藏高僧仅跟他有过一面之缘或短暂接触，阿底峡的威名主要通过后期噶当派和格鲁派上师的推崇才逐渐提升。阿底峡在卫藏传法遇到的主要困难是，西藏僧人更信奉在热巴坚时期就确定了信仰基础、并由下路弘法鲁梅十人从安多地区带回的根本说一切有部（Mūlasrvāstivāda vinaya）律仪，对阿底峡所传的大众部（Mahāsāṃghika vinaya）教法兴趣不大，所以阿底峡在卫藏传法的九年时间内，既没有广收徒众，也很少建立寺院。参见 Ronald M. Davidson, *Tibetan Renaissance: Tantric Buddhism in the Rebirth of Tibetan Culture*, Columbia University Press, New York, 2005, pp.108-112.

大影响力。[1]鲁梅一系在975年左右返回卫藏，凭借信众对于吐蕃王统佛教传承的虔诚追随，在较短时间内就剃度众多门徒，培养出"四柱八梁三十二椽"等对西藏佛教发展做出重要贡献的人物，截至11世纪中期，卫藏地区由该系僧人主持修建的寺院数量有200余座。[2]

厘清10末至11世纪河湟地区与卫藏的佛教发展状况有助于理解敦煌（包括党项民族的活动区域）艺术与卫藏造像之间的关系，今天在西藏扎塘寺（Gra thang）、艾旺寺（E wam）、唐加寺（Thang skyabs）、夏鲁（Zhwa lu）寺内所见的11世纪绘塑作品，带有吐蕃占领敦煌时期佛教艺术的风格特点，就此我们也可以梳理11世纪中期卫藏佛教教派化之前佛教艺术的大致走向：吐蕃雅隆王朝时期从东印度传入西藏高原的艺术风格在8世纪末至9世纪中期被吐蕃人带到敦煌，这种风格由于9世纪末至10世纪末佛教的衰落而在卫藏中断，却在广大河湟地区得到完整保留，并融合西域中亚和河西地区的其他艺术元素继续发展，[3]最终在11世纪初再次借由"下路弘法"西藏僧人之手重新进入卫藏。生活在敦煌一带的党项人善于营造殿塔、精通绘事，对这种带有印度艺术风格的佛教作品并不陌生，所以才能在西夏建国之后的较短时间内制作出水平较高的造像。

10世纪左右的党项人的佛教信仰从一件敦煌出土文书中也可管窥，现藏英国图书馆东方与印度事务收集品部的于阗文ch.00296文书记载了前往牛首山朝圣的七王子向于阗国王呈交的奏稿，[4]黄盛璋认为这七王子应该就是来自灵州的党项人，[5]牛首山（或称牛头山，藏文作Gla' mgo ri或'gI'u te shan）是于阗著名的佛教圣地，随着于阗与沙州的密切往来，牛首山也作为一种瑞相出现在莫高窟和榆林窟的壁画中，七王子到牛首山朝敬说明他们是虔诚的佛教徒。

换个角度，从党项民族与中原汉地的佛教交流关系来看，在被吐蕃统治之前，党项主要受制于汉王，如《雅砻尊者教法史》之《木雅传说》中提到："昔日，木雅在汉王治下，北方与夏志坚，有座门西山，地祇名夏巫……在此时期，汉地已经有佛教，

---

[1] 10世纪末，桑耶地方领主蔡那·益西坚赞（Tshal na Ye shes rgyal tshan）将鲁梅等几位僧人送至丹底寺，跟随贡巴饶赛学习戒律。鲁梅等人学成之后返回卫藏广建寺院、收徒弘法，为佛教在卫藏的复兴奠定厚实基础。关于这段历史，众多藏文史籍均有记载。

[2] Ronald M. Davidson, *Tibetan Renaissance: Tantric Buddhism in the Rebirth of Tibetan Culture*, pp.473-476.

[3] 谢继胜：《西夏藏传绘画：黑水城出土西夏唐卡研究》，河北教育出版社，2002年，第191页。

[4] 文书中写到："七王子谨呈报王庭。我们离开王室的荫蔽，愿将来到牛首山，诏令我们不要在沙州久留……他没有领我们至甘州，我们的牲畜已全消亡……Chika不论对于牲畜或灵州的仆射方面都毫无办法，往后我们要到朔方将礼物或信献给中国皇帝。"

[5] 黄盛璋：《敦煌于阗文P.2741、Ch.00296、P.2790号文件疏证》，《西北民族研究》1989年第2期，第41—71页。

与吐蕃相通。"[1]党项自隋代开始向内迁徙或内附，非常注重与中原王朝密切关系的营造，入唐以后与中央的关系进一步得到加强，党项人将本族信奉的宗教从原始巫教转向佛教很大程度上与汉地礼佛之风盛行有关。

在中晚唐京师佛法衰微之时，西夏都城兴庆府附近的贺兰山成为很多汉地僧人的避难所，如《宋高僧传》之"唐朔方灵武龙兴寺增忍传"记载，增忍在会昌之初，"薄游塞垣访古贺兰山，中得净地者白草谷，内法菩提心，顿挂儒冠直归释氏"[2]。唐末新罗僧无漏从天竺返回中土时途经贺兰山，遂在山中结茅修行，并在今银川、贺兰一带化缘弘法，安史之乱时在灵武训兵的唐肃宗还曾梦感此僧，名盛一时。[3]

宋代之前有关党项民族与中原王朝佛教交流的记载不多，直到 10 世纪末随着内地佛教的复兴才开始较为频繁地见诸史册。如宋景德四年（1007），西夏德明母罔氏卒，下葬时，德明要求到五台山修供十寺。[4]德明皇帝在宋天圣八年（1030）"遣使献马七十匹，祈赐佛教一藏"，[5]宋廷应允，西夏因此得到第一部《大藏经》。德明开创了向宋请经之先河，为西夏建国后佛教的稳定发展奠定稳固基础。撰写于天授礼法延祚元年（1038）的汉文《大夏国藏舍利碣铭》有载："钦崇佛道，撰述蕃文，奈苑莲宫，悉心修饰，金刚宝乘，合掌护持，是致东土名流、西天达士，进舍利一百五十鬘，并中指骨一节，献佛手一枝及顶骨一方"[6]，足能反映元昊建立西夏国之前的佛教发展已蔚然成风。

正因党项活动区域位于东西文化来往的要道，占据佛教进入中国的主要通道河西走廊长达几个世纪，才能对早期以《华严经》《佛说无量寿经》等经典为代表的大乘思想和后期以怛特罗（Tantra）为仪轨基础的金刚乘顺利接收，将显、密两种佛教兼收并蓄、融为一体。

二、西夏建国后的佛教发展

基于佛教在党项民族时期的稳固发展基础，"晓浮图法"的元昊在 1038 年正式建

---

［1］ 夏巫为音译，读为 ag-hu，西田龙雄先生解读为西夏语"白头"的意思。释迦仁钦德著：《雅砻尊者教法史》，汤池安译，西藏人民出版社，2002 年，第 22—23 页。

［2］ 引自谢继胜：《山嘴沟石窟壁画及其相关的几个问题》，宁夏文物考古研究所编《山嘴沟西夏石窟》（上），文物出版社，2007 年，第 339 页。

［3］《宋高僧传》卷三十，《大正新修大藏经》第五十册。

［4］《宋史》卷 485《夏国传上》，中华书局，1977 年，第 13995 页。

［5］（宋）李焘：《续资治通鉴长编》，卷一○九"仁宗天圣八年十二月丁未"条。

［6］（明）胡汝砺编，陈明猷校勘：《嘉靖宁夏新志》卷二，宁夏人民出版社，1982 年，第 153—154 页。

立西夏政权之后便立即采取一系列举措来创造适合发展佛教的种种条件：命大臣野利仁荣创制西夏文；组织西夏文《大藏经》和其他梵、藏文佛典的翻译；数次向宋朝求赐佛经；广建佛塔、寺院等等。元昊之后的西夏历代皇帝均虔心崇佛，保证了佛教在西夏境内近200年的稳定持续发展，近年开始得到深入研究的黑水城出土西夏新译梵文、藏文密典更是刷新了先前学界对藏传佛教在汉地传播历史的认识。

（一）请赐《大藏经》与翻译佛经

宋代在太祖开宝七年（974）、八年（975）就开始组织佛经翻译事业，[1]并有专门负责佛经翻译的译经院，自官方正式译经到仁宗景祐二年（1035）共54年的时间内，译出梵本1428夹，经论464卷。[2]西夏为了引进较成系统的汉文《大藏经》，在建国前后的40多年时间内，先后6次向宋朝请赐佛经，[3]请经原因多样，最初是为西夏本朝译经寻找蓝本，之后有宋廷为示政治友好，有西夏新造伽蓝请赐藏经藏于内，等等。请经逐渐成为两个政权之间维持友好外交关系的一种手段，从西夏数次请经的举措也可以看出其对汉传佛教的重视。而且，近年来内蒙古额济纳旗黑水城、宁夏贺兰山山嘴沟石窟、拜寺口方塔等地考古出土的佛教类文书中，有相当大一部分是来自汉文《大藏经》中的佛典，如《金刚般若波罗蜜经》《妙法莲华经》《金光明最胜王经》《无量寿经》，等等。

元昊在1038年正式建国之后便立即着手组织翻译西夏文《大藏经》，这在国家图书馆藏元刊西夏文《过去庄严劫千佛名经》卷末发愿文中可以得到印证，[4]译经经验丰富的回鹘僧人白法信和白智光等人构成32人左右的团队，从天授礼法延祚元年（1038）到民安元年（1090）共53年的时间内，完成3579卷西夏文佛经翻译，国图藏《现在庄严劫千佛名经》经首版画正是对乾顺时期（1086—1090）夏译《大藏经》竣工盛况的再现，（图1-1-1）主要画面安置9个译经僧和8个世俗助手，另有12条

---

[1]　（宋）李焘《续资治通鉴长编》卷二三"太宗太平兴国七年六月条"载："江南始用兵之岁，有中天竺摩伽陀国僧法天者至鄜州，与河中梵学僧法进共译经义……又有被天竺迦湿弥罗国僧天息灾，乌填曩国僧施护继至，……天息灾等皆晓华言，上遂有意翻译，因命内侍郑守钧就太平兴国寺建译经院。"

[2]　顾吉辰：《宋代佛教史稿》，中州古籍出版社，1992年，第107页。

[3]　这六次赐经活动分别在宋天圣八年（1030）、景祐元年（1035）、至和三年（1055）、嘉祐二年（1058）、嘉祐七年（1062）、熙宁五年（1073）。关于这六次赐经活动的详细情况，可参见史金波：《西夏佛教史略》，宁夏人民出版社，1988年，第61页。

[4]　"夏国风帝新起兴礼式德，戊寅年（1038）中，国师白法信后秉得岁臣智光等，先后三十二人为头，令依蕃译。民安元年，五十三岁，国中先后大小三乘半满教与传种不有者，作成三百六十二帙，八百十二部，三千五百七十九卷。"发愿文原文可参见史金波《西夏佛教史略》，第66页。

西夏文榜题标明 9 位主要译经僧和崇宗皇帝及梁太后的身份与名字，[1]根据俄罗斯学者克平对这些榜题的最新研究成果，除了白智光之外，另可考证 3 名译师，他们分别是西夏僧捺弥桑杰扎巴（藏：rTsa mi Sangs rgyas grags pa，西夏文：tsie mbi）[2]、印度法师不动金刚（藏：Mi bskyod rdo rje，西夏文：Pu ngwi ži lhie）及其吐蕃弟子勒布（西夏文：sie ni）[3]，而非先前学界认定的党项僧或汉僧，说明西夏文《大藏经》是由印度、吐蕃、回鹘和中原[4]等多个地区的高僧合作完成，尤其是活动于 11 世纪中原和印度两地之间的捺弥译师、不动金刚及其弟子等，他们熟知梵文佛典、成就法和印度波罗艺术，对西夏佛教造像的题材和风格造成直接影响，关于这点笔者将在本书第五章第一节展开详细讨论。

随着考古发现的增多，在凉州、甘州、瓜州、沙州这些西夏属民活动的区域发现大量佛经，证明当时佛事活动兴盛，如周慧海住持的天梯山石窟寺、沙门法慧住持的护国寺、沙门慧照活动的五明显生寺等都是西夏佛经翻译的主要场所。[5]这其中，20 世纪初俄国探险家在今内蒙古自治区额济纳旗黑水河畔发现的大量多民族文字文书无疑为西夏语言、历史、佛教的研究奠定了坚实基础，20 世纪 90 年代以来相关文献和艺术品逐步公布使学者有条件深入研究，特别是十余年来借由陈庆英、沈卫荣等学者对黑水城文本的深入解读，之前不为人所知的、所谓汉文《大藏经》缺载的"西夏新译佛教"文书，实际上是一系列完整的藏传密教仪轨，直接依梵文、藏文两种密典翻译而成，是迄今所见最早的汉译（或西夏译）藏传密教文献，有些译本流通的时间竟与卫藏本土同步或略晚，[6]这大大改变了先前学界对于西夏密教发展状况的认

---

[1] 根据史金波的解读，除回鹘"安全国师"白智光之外的 8 位译经僧分别是：北却慧月、赵法光、嵬名广愿、吴法明、曹广智、田善尊、西玉智园、鲁布智云。克平之前的学者均将带有汉姓的四位僧人认定为汉族人，将带有党项姓氏的四位僧人认定为党项人，如 Ruth W. Dunnell（邓如萍），*The Great State of White and High: Buddhism and the State Formation in the Eleventh-century Xia*, Honolulu, 1996, p.67，史金波：《西夏佛教发展史略》，第 76 页。

[2] 捺弥桑杰扎巴是在西夏出生的吐蕃人，11 世纪时到达印度并成为菩提伽耶和那烂陀寺的领袖。相关研究见 Elliot Sperling, "rTsa mi lo tsa ba Sangs rgyas grags pa and the Tangut Background to Early Mongol-Tibetan Relations", *PIATS* 1996, VI, Vol.2, pp.801-824.

[3] Ksenia Kepping（Ксения Борисовна Кепинг），"Portraits of Tibetan and Indian Teachers in a Tangut Engraving"，英文原文由作者发布于网络，汉译文见克平著：《西夏版画中的吐蕃和印度法师像》，彭向前译《西夏研究》2011 年第 3 期，第 3—6 页。

[4] （宋）司马光撰，邓广铭、张希清点校：《涑水记闻》，卷九，中华书局，1989 年，第 165 页："（凉祚）及祈国子监所印诸书、释氏经一藏并译经僧及幞头、工人、伶官等……诏给释氏经。"说明西夏在向宋朝请赐佛经的同时还请赐译经僧。

[5] 崔红芬：《西夏河西佛教研究》，民族出版社，2010 年，第 186 —187 页。

[6] 沈卫荣：《重构十一至十四世纪的西域佛教史——基于俄藏黑水城汉文佛教文书的探讨》，《历史研究》2006 年第 5 期，第 23—34 页。

图1-1-1　《西夏译经图》

识，文书题跋或后记中蕴含的丰富信息可重新构建西夏与萨迦（Sa skya）、噶举（bKa'
brgyud）、噶当（bKa' gdams）、息结（Zhi byed）等派的交往历史，其他像贺兰山拜寺
沟方塔、山嘴沟石窟、潘昶宏佛塔等地出土的汉译密教佛经都体现出与黑水城文书一
样的特点，内容涉及密咒陀罗尼、本尊禅定瑜伽修习仪轨等类，这些仪轨文书的发现
和解读能充分表明源自梵文或藏文的密教佛典在西夏佛教中占据重要位置，敦煌、瓜
州、沙州地区石窟中的一些密教题材壁画就与这些文本有直接关联。

（二）西夏僧人

西夏设有专门管理王朝宗教事务的机构——功德司，主要借鉴吐蕃、归义军时期的都司制并参照中原王朝的功德使制度设立而成，至迟在秉常时期（1061—1086）就已存在。[1]西夏大力扶植佛教发展的举措使其境内聚集了多个民族的高僧，相比而言，印度、吐蕃、回鹘、党项僧人的地位略高，而汉族僧人略低。官府赐予僧人师号，以示尊崇，史料中可以见到帝师、国师、上师、法师、禅师等几种称号，其中"帝师"一名的出现更正了此前学界关于"帝师制度起源于蒙元时代"的说法。[2]

来自多个国家或民族的僧侣曾在西夏境内活动。回鹘僧在译经事业中扮演重要角色，在噶举、萨迦等卫藏教派僧人大量进入西夏境土之前，主要由回鹘僧人传播显密佛法，白法信、白智光带领其他高僧主持翻译西夏文《大藏经》，二人均曾被封为西夏"国师"，[3]从中可以管窥回鹘僧在西夏社会的崇高地位。印度僧人早在西夏建国前就与党项民族有一定联系，宋代建国之初中原人士求取佛舍利和贝叶经的热情也激发大量印度僧人踏上前往汉土的旅程，沿途必要经过控制丝路要道的党项居地。元昊立国后，许多来华传法印僧在经过西夏时也会逗留境内，日称（Nyi ma grags）、天吉祥、智吉祥（1086—1093）、金总持（1095—1112）等人均有在夏土弘化传法的经历，[4]甚至从事译经事业，如印度法师不动金刚"及来西夏，栖止护国寺，翻译密部，弘扬般若金刚"，[5]另有来自克什米尔的捺也阿难捺（Jayānanda），[6]约活动于仁宗初年，黑水城和绿城发现的多部《圣观自在大悲心总持功能依经录》和《胜相顶尊总持功能依经录》汉文、西夏文译本均有题跋言："捺也阿难捺传"，[7]北京云居寺藏明刊本《圣胜慧到彼岸功德宝集偈》序言称其为"天竺大钵弥怛、五明显密国师、讲经律经、功德司

［1］崔红芬：《西夏河西佛教研究》，民族出版社，2010年，第115、116页。

［2］聂鸿音认为西夏并未正式建立像元朝那样完整的帝师制度，西夏时期"帝师"的封赐较有随意性。详见聂鸿音：《西夏帝师考辩》，《民族研究文汇·民族历史篇》2005年第2期，第692—707页。

［3］北京国家图书馆藏西夏文《过去庄严劫千佛名经》经尾发愿文载："夏国风帝七兴礼式德，戊寅年中，国师白法信后禀德岁臣智光等，先后三十二人为头，令依番译。民安元年，五十三岁，国中先后大小三乘半满教及传中不有者，作成三百六十二帙，八百一十二部，三千五百七十九卷。"国家图书馆藏西夏文《金光明最胜王经》序言载："次始奉白上大夏国明盛皇帝、母梁氏皇太后敕，渡解三藏安全国师沙门白智光，译汉为番。文华明，天上星月闪闪；义妙澄，海中宝光耀耀。"

［4］（清）吴广成撰，龚世俊等校证：《西夏书事校证》，甘肃文化出版社，1995年，第140页。

［5］喻谦撰：《新续高僧传四卷》，卷1，《宋西夏护国仁王寺沙门释不动传》。

［6］见［美］范德康著，陈小强、乔天碧译：《捺也阿难捺：十二世纪唐古忒的喀什米尔国师》，《国外藏学研究译文集》第14辑，西藏人民出版社，1998年，第340—351页。

［7］史金波，翁善珍：《额济纳旗绿城新见西夏文物考》，《文物》1996年第10期，第72—80页；俄罗斯科学院东方研究所圣彼得堡分所、中国社会科学院民族研究所、上海古籍出版社合编：《俄藏黑水城文献》第4册，上海古籍出版社，2000年，第29—51页。

正、曬乃将沙门捺也阿难捺"，[1]可见他也曾担任西夏"国师"一职。11世纪末前往西夏弘传的尼泊尔上师善慧称（Sumatikīrti）甚至做了西夏皇帝（可能为乾顺帝，1084—1139）的灌顶上师，并在西夏境内建立上乐寺、弘传上乐密法，[2]这足以令人重新认识藏传密法在西夏流传的深广程度。

卫藏噶举、噶当、萨迦等教派高僧也有在西夏弘法的记录，学界迄今考证出来的贤觉帝师波罗显胜、大乘玄密帝师、格西藏波哇（gTsang po pa dkon mchog seng ge）、底室哩喇实巴（Ti shi ras pa）和藏巴·东库瓦旺秋扎西（gTsang pa dung khur ba dbang phyug bkra shis）等几位帝师，[3]基本都是噶玛噶举、蔡巴噶举或拔绒噶举派的高僧，显示了西夏皇室对该派教法的推崇。至于噶当派与西夏（尤其是早中期）的交往关系，长久以来由于材料欠缺，并不明晰，有幸日本学者景内真帆（Maho Iuchi）新近发现13—14世纪仲·喜饶梅介（'Brom Shes rab me lce）所著《释尊隐修之地热振寺之解脱日光》记载，热振寺第五任住持翔·沃觉哇（?—1150）的多位弟子曾与西夏王室建立供施（mchod yod）关系，黑水城发现的多部噶当派写本正是该教派与西夏交往史实的大证。[4]萨迦派上师在西夏境内的活动也较为活跃，《大乘要道密集》收录的两篇文书——《解释道果语录金刚句记》和《解释道果逐难记》可确凿证明萨迦派的根本教法"道果法"已在西夏传播开来，而且萨迦三祖扎巴坚赞（Grags pa rgyal mtshan，1147—1216）的一位弟子还曾当过西夏国王的上师，[5]西夏王室与萨迦派之间的联系确实比较密切。

总体来说，11世纪末之前主要是回鹘僧、印度僧、汉僧以及前往印度学法的西夏僧（包括生活在多康地区的吐蕃人后裔）在西夏境内弘传佛法，从而奠定西夏前期佛教与佛教艺术的总基调，即强调事、行、瑜伽三续密典的翻译，注重本尊观想成就法的修习，鲜有涉及性力血腥仪轨内容的密法。西夏官方佛教非常强调辽代"圆教"体

[1]　陈爱峰，杨富学：《西夏印度佛教关系考》，《宁夏社会科学》2009年第2期，第106页。

[2]　参见魏文，《11—12世纪上乐教法在西藏和西夏的传播——以两篇汉译密教文书和藏文教法史为中心》，2013年中国人民大学国学院博士学位论文，指导教师：沈卫荣，第89—94页。

[3]　相关研究成果可参见，Sperling, "Lama to the king of the Hsia", *The Journal of Tibet Society 7*, 1987, pp.31-50; Sperling, "Further Remarks of the 'Ba'-rom-pa and the Tanguts", *Acta Orientalia Academiae Scientiarum Hung*, Vol 57(1), 2004, pp.1-26; 陈庆英：《大乘玄密帝师考》，《佛学研究》2000年第9期，第138—151页。聂鸿音：《西夏帝师考辩》，《文史》2005年第3期；崔红芬：《再论西夏帝师》，《中国藏学》2008年第1期，第210—214页。

[4]　Maho Iuchi, "A Note on the Relationship between the Bka' gdams pa School and Mi nyag/ Xixia",《藏学学刊》2012年第8辑，四川大学出版社，第58—62页。

[5]　沈卫荣：《初探蒙古接受藏传佛教的西夏背景》，收入沈卫荣主编《西域历史语言研究集刊》（第1辑），科学出版社，2007年，第275—276页。

系内的华严信仰，如辽僧道殿《显密圆通成佛心要集》[1]核心思想就被西夏华严著述引用，"显密圆融"成为辽与西夏佛教仪轨体系的主干。此时虽然也有滂汀巴昆仲（Pham mthing pa sku mched）和善慧称（Sumatikīrti）于 1080 年左右前往夏土弘传无上瑜伽上乐秘密法的例子，[2]但并未构成当时西夏佛法修习的主流。11 世纪末、12 世纪初之后，萨迦派、噶玛噶举派、拔绒噶举派高僧陆续与西夏皇室建立密切关联，黑水城、山嘴沟石窟等地出现大量"大手印法""道果法""金刚亥母"的相关汉译文书，这些"禅定文献"或"修行仪轨"大多数是手抄本，说明其使用者是民间（或曰"小众"）密宗修习者，西夏中晚期佛教发展的整体模式依然是在官方提倡的辽代"圆教"华严思想基础上加入其他修行法门（如忏仪、观想等），当然也能够包容后期传入西夏的无上密法。[3]

（三）起塔、建寺、造窟

西夏早期佛塔仅见于碑铭和文献记载，1038 年所立《大夏国葬舍利碣》记录了西夏建国之初兴建佛塔的状况："奈苑莲宫，悉心修饰，金乘宝界，合掌护持，……下通掘地之泉，上构连云之塔，香花永馥，金石周陈。"[4]可见西夏造塔历史悠久。随着宁夏地区考古工作的开展，贺兰山山麓和银川平原一带发现不少佛塔建筑遗存，基本可以展现西夏佛塔的种类和风貌。贺兰潘昶宏佛塔、拜寺口双塔、拜寺沟方塔、康济寺塔和青铜峡一百零八塔是近年确认、勘测的几处大型古塔，另外宁夏固原须弥山、石嘴山滂壩沟口、同心县韦州城等地的佛塔也丰富了西夏塔式建筑的面貌。[5]宿白先生曾依据西夏佛塔的形制进行分类，共有楼阁式、密檐式、单层亭榭式、覆钵式、覆钵楼阁复合式等几种类型，[6]说明其造型受到中原和卫藏地区造塔传统的双向影响。

从文献记载来看，西夏也曾修建大量佛教寺院建筑，但遗存实例极少，只能借由文字描述来追想当年"云锁空山夏寺多"[7]的盛况。史金波在《西夏佛教史略》中

---

［1］ 关于《显密圆通成佛心要》的研究，可参见赖永海主编：《中国佛教通史》，江苏人民出版社，2010年，第 346—352 页。

［2］ 魏文：《11—12 世纪上乐教法在西藏和西夏的传播——以两篇汉译密教文书和藏文教法史为中心》，第 57—68、89—100 页。

［3］ 索罗宁：《西夏佛教"华严信仰"的一个侧面初探》，《文献研究》2012 年第 3 期，第 127—135 页；另见索罗宁：《西夏佛教之"系统性"初探》，《世界宗教研究》2013 年第 4 期，第 22—38 页。

［4］ 史金波：《西夏佛教史略》，第 111 页。

［5］ 雷润泽：《宁夏佛塔的构造特征及其传承关系》，收入雷润泽等编《西夏佛塔》，文物出版社，1995年，第 16—29 页。

［6］ 宿白：《西夏佛塔的类型》，收入《西夏佛塔》，第 1—15 页。

［7］ 李梦阳：《夏城漫兴》，收入（明）胡汝砺编《嘉靖宁夏新志》卷 7，宁夏人民出版社，第 380 页。

列举的 20 多所寺院可划分为 4 大中心：兴庆府—贺兰山中心、甘州—凉州中心、敦煌—安西中心和黑水城中心，其中兴庆府附近的戒坛寺、高台寺、承天寺和大度民寺等寺庙设有管理全国宗教事务的重要机构，高台寺、承天寺为译经中心；贺兰山麓一带建设的寺院也比较集中，被统摄在"西夏五台山"的大信仰体系下，亦有很多寺院是当时刻印或辑录佛经的场所；[1]西夏北部的黑水城既是西夏监军司驻所，也是由多组佛塔建筑构成的宗教活动场所，如黑水城出土文献中被数次提及的"五明显生寺"，多位僧人曾住坐其中、从事译经，该寺应是整个黑城地区翻译和施印佛教的重要中心，[2]聂鸿音随后又根据目前公布的文献材料重新统计，将西夏寺院数量确认为 60 余座。[3]西夏统治者不仅广建新寺，还曾大规模修葺旧寺，《凉州碑》载："近自畿甸，远及荒要，山林溪谷，村落坊聚，佛宇遗址，只橼片瓦，但仿佛有存者，无不必葺。"[4]

石窟壁画和塑像是除佛经插图、经首版画、唐卡之外西夏佛教艺术的主要载体，今甘肃、宁夏、内蒙古等地均有西夏壁画实物遗存，集中分布在敦煌莫高窟、瓜州榆林窟、瓜州东千佛洞、贺兰山山嘴沟、瓜州旱峡石窟、肃北五个庙、肃南文殊山、永靖炳灵寺等几个石窟群中。莫高、榆林两处石窟群中的西夏壁画大多数是在前朝旧窟的基础上抹壁重绘、改绘而成，仅有莫高窟北区第 462—465、B77 等几个窟室极有可能为西夏开凿的新窟。[5]随着学者在洞窟分期方面作出的不懈努力，绘有西夏壁画的洞窟的具体数量也得到不断调整，尤其是 1964 年中国社会科学院民族研究所与敦煌文物研究所联合组成了敦煌西夏资料工作组，对敦煌莫高窟、瓜州榆林窟等处的西夏洞窟的时代、分期、壁画艺术、文字题记等作了一次专题调查，改变了先前宋和西夏窟室混淆不清的状况，[6]此后有关西夏洞窟断代的研究成果、新资料层出不穷，最终将莫高窟西夏洞窟的数量暂定为 62 个、[7]榆林窟 11 个、东千佛洞 5 个、[8]旱峡石窟 1 个、五个庙石窟 3 个、文殊山石窟万佛洞 1 个、炳灵寺石窟 2 个、[9]山嘴沟石窟 2

[1] 史金波：《西夏佛教史略》，第 123 页。

[2] 崔红芬：《西夏河西佛教研究》，民族出版社，2010 年，第 62 页。

[3] 聂鸿音：《大度民寺考》，《民族研究》2003 年第 4 期，第 94 页。

[4] 崔红芬：《西夏河西佛教研究》，第 60 页。

[5] 谢继胜：《莫高窟第 465 窟壁画绘于西夏考》，《中国藏学》2003 年第 2 期，第 74 页。

[6] 见敦煌文物研究所整理：《敦煌莫高窟内容总录》，文物出版社，1982 年；刘玉权：《敦煌莫高窟、安西榆林窟西夏洞窟分期》，收入敦煌文物研究所编《敦煌研究文集》，甘肃人民出版社，1982 年。

[7] 具体窟号可参见韩小忙等著：《西夏美术史》，文物出版社，2001 年，18—26 页。

[8] 分别为东千佛洞第 2、4、5、6、7 窟。

[9] 炳灵寺石窟中存有西夏壁画的窟室为第 151、168 窟。

个，[1]但目前仍有学者就这一问题专门撰文提出新观点。[2]

虽然这些壁画的数量较大且题材多样，但图像所反映的宗教内涵可以大致分为以下三类："华严"信仰、"净土"信仰以及瑜伽续之前的本尊观想法门。河西五代宋初之前石窟反复表现的大型法华经变画在西夏销声匿迹，而被代以华严主题的图像，莫高窟第76窟南壁东侧的"法华经变"是为日暮途远之作，西夏、宋、元时期的法华信仰主要透过刻印《妙法莲华经》及其经首版画、绘制度母像和独幅的文殊菩萨与弥勒菩萨对坐像等形式来体现。[3]西夏汉传佛教独崇"华严"思想，主要借由华严教主卢舍那佛和文殊、普贤菩萨的"三圣"组合来彰显华严妙法，莫高窟第149、164、460窟，榆林第3、29窟，五个庙第3窟均是这种配置方式，详细论证见本书第五章第二节。"净土"思想主要表现在西方阿弥陀净土、东方药师净土、弥勒净土以及水月观音这四大净土主题造像上，在目前壁画保存状况较为完整的40余座西夏洞窟内，几乎每窟都能找到与"离苦得乐""往生净土"内容相关的图像，[4]黑水城出土X-2410、X-2416和X-2415号《阿弥陀来迎图》、X-2349和X-2419号《西方净土图》、X-2332和X-2335号《药师佛》、X-2438和X-2439号《水月观音图》等作品所体现的"净土"信仰与石窟壁画可相比照，也印证了黑水城出土文书透露出的西夏皇室净土崇拜倾向。华严教法还与净土思想有融合的趋势，正如索罗宁教授所言，在西夏"官方佛教范围内，华严中普贤及弥勒信仰与《般若波罗蜜多经》以及观音、阿弥陀净土等信仰并行，可以视为统一的仪轨体系"[5]。

大量密教图像也被纳入西夏石窟壁画之中，形成西夏佛教艺术的全新特点，以莫高窟北区、榆林窟和东千佛洞三处石窟群的遗存最多、保存状况最好、制作水平最为精良，五个庙、文殊山和旱峡石窟中也有少量作品。这些密教主题被融入西夏官方推崇的"圆教"系统，与显教（如华严三尊、西方阿弥陀净土、东方药师净土、药师佛等）造像共处一室，若将所有窟室的图像加以通盘考虑，可以基本总结出西夏石窟

---

[1] 分别为山嘴沟第2、3窟。

[2] 如沙武田：《敦煌莫高窟第3窟为西夏洞窟考》，《敦煌研究》2013年第4期，第1—11页。谢继胜教授认为莫高窟第95、149窟，榆林窟第4、27窟的图像内容和配置方式也彰显西夏特点，极有可能营建于西夏时期。

[3] 谢继胜教授最新的研究证明，晚唐、五代之前敦煌壁画中以情节叙事绘画表现的大型法华经变，发展至11世纪前后呈现图像重构的趋势，卫藏地区也涌现出对法华图像追逐的新潮流，长久以来困惑西藏艺术史学家的扎塘寺壁画描绘的正是《妙法莲华经》序品的内容。具体内容见谢继胜：《扎塘寺壁画的图像与风格渊源——藏传佛教艺术中的法华图像》，待刊。

[4] 可参见敦煌文物研究所整理：《敦煌莫高窟内容总录》，1982年；敦煌研究院编：《中国石窟·安西榆林窟》，文物出版社，1997年，第254—263页；王惠民：《安西东千佛洞内容总录》，《敦煌研究》1994年第1期；张宝玺：《甘肃石窟艺术壁画编》，甘肃人民美术出版社，1997年。

[5] 索罗宁：《西夏佛教之系统性初探》，《世界宗教研究》2013年第4期，第32页。

壁画所反映的密宗信仰倾向。通过本书接下来几个章节的分析，我们能看到西夏石窟壁画具有相对稳定的造像传承体系，该体系在西夏建国之初便随着宋、印之间的佛教交流活动传入，从形式上来说，东印度波罗佛教造像系统是其在图像志方面的根本来源，可是就图像的意蕴内涵而言，西夏石窟壁画在延续敦煌本地造像传统的基础上加入从辽引入的"圆教"思想、西夏本土的"净土"信仰，最终形成具有西夏民族特色的显密圆融图像体系。

第二节　10世纪末的佛教复兴及西夏与周边各民族的佛教交流

> 自阶州出塞西行，由灵武、西凉、甘、
> 肃、瓜、沙等州，入伊吴、高昌、焉耆、于
> 阗、疏勒、大食诸国，度雪岭至布路州国，
> 又度大葱岭雪山至迦湿弥罗国，……遂至犍
> 陀罗国，谓之中印土。
>
> ——范成大《吴船录》[1]

9世纪的中原和卫藏遭遇法灭黑暗期，"会昌法难"和"朗达玛灭法"[2]几乎同时发生，其后近一个世纪内佛教仅在汉藏交界的河湟地区保留余脉，居住在这一区域的党项人也和其他聚居民族一样，几乎毫无间断地保持佛教信仰传统，敦煌石窟群中唐至五代时期绘制的壁画熏陶了党项民族的审美趣味，他们对敦煌占领吐蕃时期传入的印度艺术风格也不陌生，因此如果党项民族在9世纪中期至10世纪末之间真的制造过佛教造像，它们应是糅合了敦煌汉地本土、吐蕃、印度帕拉和西域等地多种造像艺术特征的作品。对敦煌10世纪末以后绘塑作品的题材和风格造成巨大影响的是宋代中印之间频繁的佛教交流活动，宋代朝廷派出庞大的取经团前往印土朝圣，求取舍利和梵文贝叶经，这一时期五台山也因拥揽文殊道场的盛名吸引大量印度高僧来中原朝拜，他们随身携带的佛塔、擦擦、佛像和插图本梵文贝叶经对11世纪初建国的西夏佛教艺术构成直接影响，我们在莫高窟第76窟、东千佛洞、榆林窟、五个庙、文殊

---

[1]　（宋）范成大：《吴船录》，中华书局，1985年，第13—15页。

[2]　多位学者曾撰文讨论9世纪的卫藏法难实际上不是由朗达玛一手制造，敦煌出土藏文文书和早期藏文史料显示朗达玛是一个非常虔诚的佛教徒，而非后世藏文史料中描述的"恶魔"，可参见 Samten G. Karmay, "King Lang Darma and His Rule", in *Tibet and Her Neighbours: A History*, ed. Alex Mckay, London: Hansjörg Mayer, 2003, pp.57-66; High Richardson, "Who was Yum-brtan", in *Études tibétaines dédiées à la mémoire de Marcelle Lalou*, edited by Ariane MacDonald. Paris, in *High Peaks, Pure Earth*, edited by Michael Aris. London: Serindia Publications, 1971, pp.433-443; Yamaguchi, Zuihō, "The Fiction of King Dar-ma's Persecution of Buddhism". In *Du Dunhuang au Japon: Études chinoises et bouddhiques offertes à Michel Soymié*, edited by Jean-Pierre Drège, Geneva: Droz, 1996, pp.231-58.

山以及炳灵寺石窟西夏壁画中看到的浓郁波罗艺术风格，[1] 以及一些此前从未出现在中原汉地的密教本尊像、曼荼罗，多多少少都与10世纪末兴起的这场佛教复兴运动有关，因此追溯这段历史、分析来往僧侣或信众的沿途路线，将有利于接下来各章对某些题材的文本依据和图像来源的深入研究。同时，整个河西走廊地区混居着党项、回鹘、契丹等多个民族，通过分析西夏与周边各民族的佛教交流关系可以帮助理解11—13世纪地处汉、藏之间的这些区域性民族政权的佛教艺术共性。

一、10世纪末的佛教复兴——继唐之后的另一个取经热潮

后周世祖（904—954）对佛教的厉行整顿，为宋代佛教的复苏奠定了良好基础。宋太祖（927—976）立国之后便采取一系列扶植佛教发展的措施，建立佛寺、刊刻《开宝藏》、派遣僧团入天竺求取舍利和贝叶经等等，佛教以焕然之姿再兴中原。文献记载显示，中印僧侣的往来记录集中出现在10世纪下半叶至11世纪中叶，其中由朝廷公派留学或朝圣的僧人使团有两组，分别在乾德二年（964）和乾德四年（966）派出。

乾德二年的取经之行是宋朝历史上第一次、也是规模最大的一次，以峨眉山牛心寺方丈继业为首的300多人构成庞大僧团，在印度逗留的时间竟长达12年！宋范成大（1126—1193）在《吴船录》中对此有详细记载：

> 业姓王氏，耀洲人，隶东京天寿院。乾德二年（964），诏沙门三百人，入天竺求舍利及贝多叶书，业预遣中。至开宝九年（976），始归寺。所藏《涅盘经》一函，四十二卷。业于每卷后，分记西域行程。[2]

《吴船录》对于继业等人入印路线的描写甚为详尽，从阶州出发，经河西走廊入于阗、大食、迦湿弥罗国之后，抵达印度犍陀罗国。976年回途时他们选择了另一条路线，即从尼泊尔入藏、穿过卫藏拉萨附近、沿着唐蕃古道进入四川、甘肃等地，[3]

---

[1] 关于敦煌石窟波罗风格壁画艺术的研究，见谢继胜、常红红：《莫高窟76窟〈八塔变〉及相关的几个问题——11—13世纪中国多民族美术关系史研究》，《艺术史研究》第十三辑，中山大学出版社，2011年，第207—250页；Ursala Toyka-Fuong, "The Influence of Pala Art on 10th-century Wall-paintings of Grotto 76 in Dunhuang", in Ernst Steinkellner ed., *The Inner Asia International Style 12th-14th centuries: Proceedings of the 7th seminar of the International Association for Tibetan Studies*, Graz, 1995, pp.67-96.

[2] 范成大：《吴船录》，收入（元）陶宗仪《说郭》。

[3] "至泥波罗国（Nepal），又至磨逾里（Mang yul），过雪岭至三耶寺（ɦSam yas gtsug lag khang），由故道自此入阶州。"

而此时的卫藏，或许已经迎来了从多康地区学成而返的"鲁梅十人"，蕃、汉两路学僧极有可能曾在卫藏相遇。

乾德四年的取经之行是由行勤和其他156位僧人共同上表太祖之后促成，[1]敦煌出土汉文文书Or.8210/S.383《西天路竟》就与此事相关，黄盛璋考释后认为，该卷记载的从甘、沙、肃等州到达迦湿弥罗国的地境，与《宋史·天竺传》中的相关内容符合，应是行勤一行人中的某个僧徒回国后所写的行程的传抄本。[2]另外，英藏敦煌出土藏文文书IOL Tib. J.754后有尾跋，记其书写时间为968年，文书持有者汉僧道诏也有可能就是行勤僧团中的一员，[3]由于某种原因未能跟随取经队伍同行，只能寻求河西走廊一线藏族官员（或使用藏语的官员）的帮助。该写卷包含五封来自敦煌各地四位僧、俗首领的信函，每一封信都由朝圣路线中某一驿站的持权者写给下一站，相当于通关文牒，目的是保证这位汉族僧人途经少数民族聚集区时得到当地首领的护佑，安全抵达印度那烂陀寺去朝拜世尊圣地。[4]从藏文旁边加注的汉文小字来推测，道诏不谙蕃语，全部依靠河西地区藏语使用者的帮助才安全到达目的地。

宋代僧团前往印度时经过的河西走廊地段就是所谓的"灵州道"，东接中原、契丹，西连回鹘、吐蕃、西域，极为便利。党项族对于灵州道上的往来商队或僧团所携物品久有觊觎。据刘昫《旧唐书》记载："振武有党项、室韦，交居川阜，凌犯为盗，日入愿作，谓之'刮城门'。居人惧骇，鲜有宁日。希朝周知要害，置堡栅，斥候严密，人遂获安。异蕃虽鼠窃狗盗，必杀无赦，戎虏甚惮之。"[5]直到宋代，党项依然是宋廷极难调伏的对象，说明当时党项势力最强的范围就是在灵州附近。[6]在行勤等人入印的同一年，有200余名回鹘僧和60于名汉僧在前往天竺取经的途中被某部落劫掠，[7]或许正是党项所为。虽然作行不端，却也因他们占据了便利的交通位置而能接触到南来北往的先进文化，这其中当然包括佛教及佛教艺术。

[1] 《宋史·天竺传》卷四九〇载："（乾德）四年，僧行勤一百五十七人诣阙上言，愿至西域求佛书，许之，以其所历甘、沙、伊、肃等州，焉耆、龟兹、于阗割禄等国，又历布路沙、加湿弥罗等国，并诏谕其国，令人引导之。"另外（宋）李焘《续资治通鉴长编》卷七《太祖乾德四年三月癸未》条也记载："僧行勤等一百五十人请游西域，诏许之，仍赐钱三万遣行。"

[2] 黄盛璋：《〈西天路竟〉笺证》，《敦煌学辑刊》1984年第2期，第1—12页。

[3] 关于该写本的系统研究，见 Sam Van Schaik & Imre Galambos, *Manuscripts and Traveller: The Sino-Tibetan Documents of a Tenth-Century Buddhist Pilgrim*, De Gruyter, Boston, 2012.

[4] 写本中提到的驿点有：五台山、河州、丹底峡、宗喀、凉州、甘州、沙洲、那烂陀寺。

[5] （后晋）刘昫：《旧唐书》，中华书局，1975年，第4058页。

[6] "北宋淳化二年（991年），殿直丁惟清前往凉州市马，吐蕃卖马还过灵州，为党项所略。"（元）脱脱等：《宋史》，中华书局，1985年，第14154页。参见崔星，王东：《晚唐五代党项与灵州道关系考述》，《西夏研究》2013年第2期，第42页。

[7] 《宋史》卷四百九十二。

除了这些规模庞大的官派取经团队，汉文史料中还有不少关于僧人独自前往天竺或从天竺返回的记录，个别僧人还曾在菩提伽耶（Bodhgayā）立汉文碑刻加以纪念。[1]直至宋仁宗以后与这场取经热潮相关的文献记载才基本停止。汉僧从印度返回时，主要的携带物就是佛舍利和梵文贝叶经，[2]或许还有一些便于携带的佛像、像擦、塔擦甚至唐卡[3]等等。

宋代建国之初中原人士取经的热情也激发大量印度本土僧人踏上前往汉土的路程，尤其在开宝（968—976）之后，"天竺僧持梵夹来献者不绝"[4]。印僧来华的目的多样，其中有相当大一部分是为了朝拜五台山而来，萨迦二祖索南孜摩（bSod nams rtse mo，1142—1182）撰《圣不空羂索小史》（'Phags pa don yod zhags pa'i lo rgyus bzhugs so）[5]中还提到印度菩提伽耶大寺中出现前往汉地五台山朝圣的地图：

> 一位名叫寂静铠（Zhi ba'i go cha）的比丘……听说南方临海岸边有个地方叫布达拉山，心想前去参拜。之后到达金刚座，在金刚座前面他见到了前往乌仗那国的地图、前往圣山（dPal gyi ri）的地图、前往汉地五台山的地图、和前往布达拉的地图。他临摹下来布达拉的地图并随身携带前往……[6]

[1] 如太祖乾德三年（965）从印度返回的沧州僧道圆在菩提伽耶建立迄今在印度发现的最早的一通汉文碑，另有河西僧可蕴所立的宋乾兴二年（1022）碑、宋明道二年（1033）碑。关于这几方碑刻的研究见周达甫：《改正法国汉学家沙畹对印度出土汉文碑的误读》，《历史研究》1957年第5期，第79—82页；Cunningham Alexande, *Mahabodhi, or the Great Buddhist Temple under the Bodhi Tree,* London, W. H. Allen Publication, 1892, pp.69-74.

[2] 如："僧建盛，太祖开宝四年（971）自西天竺还，贡贝叶经。"（《佛祖统纪》卷五三《西天求法》）；"僧继从等，汴京开宝寺僧，太宗太平兴国三年（979）自西天返宋，进献梵经等。"（《佛祖统纪》卷五三《西天求法》）；"乾德三年（965），沧州僧道圆自西域还，得佛舍利、一水晶器、贝叶经四十夹来献。"（《宋史》卷四百九十）

[3] （南宋）邓椿《画继》："昔有梵僧带过白氎上本，亦与寻常画像不同。盖西国所称，仿佛其真。""西天中印度那兰陀寺僧，多画佛及菩萨、罗汉像，以西天布为之。其佛相好与中国人异，眼目稍大，口耳俱怪，以带挂右肩，裸袒坐立而已。先施五藏于画背，乃涂五彩于画面，以金或朱红作地，谓牛皮胶为触，故用桃胶，合柳枝水，甚坚渍，中国不得其诀也。邵太史知黎州，尝有僧目西天来，就公廨令画释迦，今茶马司有十六罗汉。"引自谢继胜：《涉及吐蕃美术的唐宋画论》，《文艺研究》2006年第6期，第124页。

[4]《宋史》卷四百九十。

[5] 有关该文本的研究，见 Christoph Wilkinson, "The Pure Land on Earth: The Chronicles of Amoghapaśa 'Phags pa Don yod zhags pa'i lo rgyus", *Pacific World: Journal of the Institute of Buddhist Studies,* Third Series, Number 14, 2012, pp.179-185.

[6] "De yang lho phyogs rgya mtsho'i ngogs la ri bo po ta la zhes bya ba la bzhugs so zhes thos nas/ po ta la bltar'gro snyam pa byung ste/ de nas rdo rje du byon/ de'i snga gdong la/ Ou̇ḍyana du'gro ba'i lam yig dang/ dpal gyi ri la 'gro ba'i lam yig dang/ rgya nag ri bo rtse lnga la'gro ba'i lam yig dang/ po ta lar 'gro ba'i lam yig bris nas yod pa la bltas de/ po ta la'i lam yig bris nas khyer phyin nas……"索南孜摩（bSod nams rtse mo），《圣不空羂索小史》（'Phags pa don yod zhags pa'i lo rgyus），收入《萨迦全集》（Sa skya bka''bum），Kathmandu, 2006.

　　12 世纪左右的藏文文献中提到的"汉地五台山"具体是指山西五台山还是宁夏贺兰山需要仔细斟酌，[1] 但无论如何，印度圣寺菩提伽耶中居然保留了指导印度僧人如何顺利抵达汉地的地图，着实能反映当时中印之间频繁的佛教互动关系。

　　占据丝路要冲位置的西夏得天独厚，有机会接触西来东往的中印僧侣或朝圣者，撰写于 1038 年的汉文《大夏国葬舍利碣铭》就描述了夏国通连东西、佛教兴盛的状况："钦崇佛道，撰述蕃文，奈苑莲宫，悉心修饰，金乘宝界，合掌护持。是致东土名流，西天达士，进舍利一百五十嵩，并中指骨一节……"[2] 某些从印度来华传法的高僧在经过西夏时也会逗留境内，如庆历七年（1047），中印度僧日称（Nyi ma grags），经西域至西夏弘化，后来转至开封并奉召于传法院。[3] 另有僧天吉祥、智吉祥（1086—1093）、金总持（1095—1112）等，在北宋皇祐五年（1053）也各持梵本由西夏转至宋地，并奉诏进入传法院。[4]

　　正像《宋史》《佛祖统纪》等汉文史料所载，印度僧人来中原时携带的主要物品就是佛舍利和梵文贝叶经。[5] 西夏对贝叶经的极大兴趣从建国之初就表现出来，元昊甚至扣留从宋廷返回天竺的印度僧人来求取贝叶经，[6] 西夏持有梵经的数量应该不在少数，因为在 1095 年夏国还曾向辽国进献贝叶经书。[7] 在贝叶经中绘制插图的传统正是兴盛于 10 至 13 世纪的印度，[8] 时间上与宋代前期的取经活动对应，所以中原人士在这一时期得到的贝叶经应该都有图像。从经文内容来看，《大般若波罗蜜多经》（*Mahāprajñāpāramitā Sūtra*，简称《般若经》）和《五护陀罗尼经》（*Pañcarakṣā*

---

[1]　西夏时期贺兰山逐渐取代山西五台山成为新的文殊道场，而且与山西五台山相关的人物、传说等也被移植到贺兰山体系。具体论述可参见谢继胜：《伏虎罗汉、行脚僧、宝胜如来与达摩多罗——11 至 13 世纪中国多民族美术关系史个案研究》，《故宫博物院院刊》2009 年第 1 期，第 76—96 页。

[2]　（明）胡汝砺编，陈明猷校勘：《嘉靖宁夏新志》卷二，宁夏人民出版社，1982 年，第 153—154 页。

[3]　修明：《北宋太平兴国寺译经院——官办译场的尾声》，《闽南佛学》2000 年第 2 期，第 176 页。

[4]　杨富学：《西夏印度佛教关系考》，《宁夏社会科学》2009 年第 2 期，第 107 页。

[5]　根据汤用彤《隋唐佛教史稿·附录·五代宋元明佛教事略》可摘取以下几例：吉祥，西天竺人，太平兴国二年来贡贝叶经；罗护，中天竺人，太平兴国五年来献贝叶经；啰护啰，西天竺人，至道三年来进梵经；佛护，西天竺人，咸平元年来进梵经；目罗失稽，迦湿弥罗人，景德二年来进梵经等等。汤用彤：《隋唐佛教史稿》，武汉大学出版社，2008 年，第 272—283 页。

[6]　（清）吴广成撰，龚世俊等校证：《西夏书事校证》，甘肃文化出版社，1995 年，第 140 页。

[7]　《辽史》卷 26《道宗纪》，中华书局，1974 年，第 308 页。吴广成《西夏书事》："（绍圣二年 1095，西夏天祐民安六年）冬十一月，进贝多叶经于辽。"

[8]　迄今发现最早配有插图的梵文贝叶经纪年是 993 年，梵文佛经木板画出现的年代又可以继续往前追溯到 9 世纪。参见 Jinah Kim, *Receptacle of the Sacred: Illustrated Manuscripts and the Buddhist Book Cult in South Asia*, University of California, 2013, p.13.

Sūtra）的制作量和流通量最大，[1]但是经中插图或经板画的题材却不仅限于这两部经典的人格化身——般若佛母和五护佛母，比如，几乎所有的《般若经》均随文附绘象征释迦牟尼生平／神迹故事和圣地崇拜的八塔变，另外一些单尊神像，如金刚萨埵（Vajrasattva）、度母（Tārā）、四臂观音（Shadakshrilokiteśvara）、文殊菩萨（Mañjuśrī）、不空羂索观音（Amoghapāśa）、摩利支天（Marīci）等经常出现在经书单页上，有时画师甚至会通过多页联排的方式来表现某种特定编排结构，将这些尊神统摄于内。所以，印度贝叶经大量涌入内地中原的意义，不只是传播佛教义理和密切两国之间的文化关系，还将印度佛教造像系统引进汉地，对西夏艺术造成非常大的影响，以上提及的这些尊神在敦煌西夏石窟壁画中几乎都能找到，许多是宋、夏时期才出现的新题材，同期卫藏地区佛教艺术作品中却未能得见。一个愈加清晰的事实是，12世纪初之前所谓的"西夏藏传绘画"或许并没有经过卫藏的过滤，直接借用了印度造像题材和风格。而卫藏既受印度影响，也受中国内地河湟地区影响。这种状况随着11世纪末卫藏各教派的兴起和强大逐渐改变，尤其是萨迦派和噶举派高僧与西夏皇室的联系愈加密切，大量与"道果法""大手印法"以及后期布顿大师规定的密续分类体系中的与无上瑜伽父续、母续类教法相关的密教文献被翻译和传播，影响西夏中后期的唐卡、雕塑作品，内蒙古额济纳旗黑水城出土物年代均在12世纪之后，[2]代表的是西夏中后期佛教发展面貌，艺术作品的题材恰好对应前述密教经典。

二、西夏与周边各民族的佛教交流

笔者在本节第一部分特别强调10世纪末至12世纪初印度佛教艺术对西夏的影响，并非说这是西夏艺术独有的特点，与西夏属民居住范围接近的高昌回鹘（848/856—1335）、辽（916—1125）、大理（937—1253）和唃厮啰（Jo sras，1032—1104）等政权都表现出11—13世纪地处汉、印之间多民族佛教艺术的"区域共性"；西夏对印度帕拉艺术中的新题材、新风格更不是全盘接受，而是以强大的包容力、创新性融入本民族和其他民族的"区域特性"，通过梳理西夏与周边各民族的佛教文化交流史事，更易理解图像创作背后的历史渊源。

---

[1]　关于《般若经》和《五护陀罗尼经》贝叶经插图的图像学研究，见 Dipak Chandra Bhattacharyya, *Studies in Buddhist Iconography*, New Delhi, 1978.

[2]　孟列夫通过考证认为黑水城所出西夏文材料大部分属于1143—1225年间，其中的佛教典籍多为夏仁宗（1138—1193）及罗太后数次举办全国性法会的印施本。见孟列夫著，王克孝译：《黑城出土汉文遗书叙录》，宁夏人民出版社，1994年，第44—46页。

（一）高昌回鹘

围绕战略地理位置的争夺，回鹘与西夏的关系素有渊源，在 9 至 11 世纪初频有战事，直到甘州回鹘和沙州回鹘相继灭亡、本地移民大多沦为西夏属民之后，关系才开始出现改善。[1]回鹘信仰佛教的历史久远，10 世纪 60 年代如火如荼开展的取经热潮也有回鹘僧人参与，[2]现藏于大英博物馆的斯坦因藏敦煌文书 CH.1.0021a 是用于阗文书写的《克什米尔行程》，为从于阗到克什米尔求法的僧人提供详细路线，书写人是出使沙州敦煌的于阗使团成员，[3]同时出土的另外一件于阗文《使河西记》则是对于阗→沙洲→朔方（即灵州）两段路线的详细记述，[4]两件文书均完成于 10 世纪曹氏归义军统治敦煌时期，说明当时的回鹘僧人曾经频繁往返于印度与中原两地。

敦煌、吐鲁番等地出土的大量回鹘文佛教文献显示回鹘僧人在佛经翻译方面取得了突出的成绩，因此元昊筹备西夏文《大藏经》翻译事宜之初，在兴庆府东建立高台寺，"贮中国所赐《大藏经》，广延回鹘僧居之，演绎经文，易为蕃字"[5]。最终选定译经经验较丰富的白法信、白智光等回鹘僧来主持这项大工程。现有资料也显示，在卫藏各教派高僧于 11 世纪末 12 世纪初大量进入西夏之前，是回鹘僧人担当了传播佛教显密教法的主要角色，他们曾于皇家寺院承天寺内"登座讲经"[6]和校勘佛经，也因精通藏文和汉文，可以在吐蕃僧和西夏僧之间起到重要的沟通作用。另外，西夏故地黑水城出土的未收录在当时汉文《大藏经》中的大量汉译密教佛典，与吐鲁番出土的回鹘佛教文献在内容上竟然保持高度一致，除《金刚经》《华严经》《金光明最胜王经》等几部常见的汉译大乘佛经外，许多译自藏文的密教佛典（如《佛说胜军王所问经》《圣妙吉祥真实名经》《圣观自在大悲心总持功能依经录》《圣吉祥胜乐轮本续》等怛特罗也相同，[7]这能充分体现 11—13 世纪广大河西走廊地区不同民族在佛教信仰方面的共性。

[1] 可参见杜建录：《西夏与周边民族关系史》，甘肃文化出版社，1995 年，第 152—158 页。

[2] "乾德四年（966），知西凉州折逋葛皮上言，有回鹘二百余人、汉僧六十余人，自朔方路来，为部落劫掠，僧云欲往天竺取经，并送达甘州讫。"（宋）马端临：《文献通考》，中华书局，1986 年。

[3] 黄盛璋：《敦煌写卷于阗文〈克什米尔行程〉历史地理研究》，《新疆文物》1994 年第 4 期，第 27—48 页。

[4] 黄盛璋：《于阗文〈使河西记〉的历史地理研究》，《敦煌学辑刊》1986 年第 2 期，第 1—18 页；《于阗文〈使河西记〉的历史地理研究（续完）》，《敦煌学辑刊》1987 年第 1 期，第 1—13 页。

[5] （清）吴广成著，龚世俊等校证：《西夏书事校证》卷 18 引《宋史·夏国传》，甘肃文化出版社，1995 年，第 212 页。

[6] "没藏氏好佛，因'中国'赐《大藏经》，役兵民数万，相兴庆府西偏起大寺，贮经其中，赐额'承天'，延回鹘僧登座演经，没藏氏与谅祚时临听焉。"龚世俊等：《西夏书事校证》卷 19，第 226 页。

[7] 引自沈卫荣：《重构 11—14 世纪的西域佛教史——基于俄藏黑水城汉文佛教文书的探讨》，《历史研究》2006 年第 5 期，第 30 页。

地处东西交通要道的高昌回鹘像西夏一样，在中印佛教及其艺术交流过程中扮演着重要角色，一些还未在 11 世纪卫藏佛教造像中出现的题材在今新疆石窟壁画中可以看到。比较突出的一个例子是四臂观音菩萨像，新疆吐鲁番柏孜克里克（Bezeklik）石窟第 29 窟这铺壁画年代约在 11 世纪初，（图 1-2-1）[1] 是目前能在中国见到的最早实物。四臂观音信仰及其图像在西夏时期得到进一步推广，敦煌莫高窟、东千佛洞、榆林窟等西夏石窟壁画和黑水城出土艺术品中频繁出现该尊形象，似乎已在全社会范围内构建起四臂观音信仰的成熟体系。通过 10世纪末 11 世纪印度的四臂观音石刻造像、高昌柏孜克里克第 29 窟壁画和西夏时期大量的四臂观音造像，似乎可以还原东印度波罗艺术进入中原的路径，回鹘佛教艺术极有可能也从梵文贝叶经中汲取造像元素，11 世纪初的汉文史籍中有关于龟兹僧向宋廷进献"梵夹""菩提印叶"的记载，[2] 说明当时回鹘境内流传的插图本贝

图1-2-1　新疆柏孜克里克第29窟四臂观音像

---

[1]　图片采自谢继胜于 2013 年 8 月四川成都举办的"7 至 17 世纪西藏历史与考古、宗教与艺术国际学术研讨会"上提交的论文资料，报告名称为《西夏元时期四臂观音图像的兴起与"六字真言"的流布》。

[2]　如《宋会要辑稿·蕃夷四》记载："咸平六年癸卯（1003）六月六日，龟兹国僧义修来献梵夹、菩提印叶、念珠、舍利，赐紫方袍束带。""乾兴元年（1022）五月丙申，龟兹国僧华严自西天以佛骨舍利，梵书来献。"（中华书局，1957 年，第 7720 页）

图1-2-2　新疆高昌故城东南佛寺佛殿内壁画

叶经数量较多。此外，高昌故城东南佛寺佛殿内有密宗造像的残迹，从主尊台座下方的鸟兽判断，所绘应是密宗五方佛，[1]（图1-2-2）六拏具中狮羊的样式、主尊所饰诸种庄严的风格与12、13世纪带有印度波罗艺术特点的卫藏唐卡、西夏唐卡和版画作品如出一辙。

通过石窟形制也能看出高昌与西夏艺术之间的影响关系，正如谢继胜教授指出的那样，基于以往的认识，带有中心柱的龟兹型石窟在我国出现的下限是8世纪前后，但是东千佛洞第2、3、5、7窟这四处西夏时期建立的石窟却将这种形制继承下来，在后部设中心柱和右绕甬道，中心柱后壁绘涅槃变，营造与龟兹石窟相似的图像配置空间，[2]这与回鹘僧在西夏境内的活跃定有关联。回鹘人在敦煌地区石窟的活动记录可暂举如下一例，开凿于10世纪末的榆林窟33窟主室供养人画像旁边有榜题，记为"清

[1]　关于东南佛殿及其壁画显存状况的具体描述，见陈爱峰：《高昌故城东南佛寺与藏传佛教》，《中国藏学》2013年第4期，第86—92页。

[2]　谢继胜：《关于安西东千佛洞第2窟图像布局与第5窟八塔变渊源》，《藏传佛教艺术发展史》第三章（中），上海书画出版社，2011年，第186—209页。相关讨论另可参考常红红：《甘肃瓜州东千佛洞第5窟研究》，首都师范大学2011年硕士学位论文；廖旸：《克孜尔石窟壁画年代学研究》，社会科学文献出版社，2012年，第300—302页。

信弟子节度押衙口左厢都画匠作银青光禄大夫白般绎一心供养"，白姓表明其为龟兹出身，再联系上文已经讨论过的回鹘僧人在夏活动事迹，可基本确定西域的绘画技法和石窟形制具备传入敦煌的条件。西夏僧也曾前往高昌属地，吐鲁番出土文书中发现西夏文佛教残片证明当时两个地区居民之间的交往确实是双向而频繁的。

（二）青唐唃厮啰

唃厮啰政权的建立者是吐蕃雅隆王朝赞普的后人唃厮啰（Jo sras，997—1065），他于11世纪初带领举族民迁徙到青海（今青海西宁）后，该政权便成为这一地区吐蕃人的政治、经济、文化和宗教中心，一些不甘降于西夏党项统治的河西吐蕃移民也迁徙到青唐一带。西夏建国后，与唃厮啰围绕西北战略要地的争夺发生数次战争，11世纪下半叶随着两个政权之间联姻策略的实施关系得到改善，友好关系一直持续到12世纪。

唃厮啰政权统治的河湟一带有持续不断的佛教信仰传统，保留了带有吐蕃前弘期佛教艺术风格的作品，在宋代李远《青唐录》这部记述11世纪湟水流域历史地理状况的史书中，可以得见当时青唐城内佛寺广建、佛像灿然、浮屠林立的盛况，[1]现存西宁北山崖壁上的石窟壁画或许就是唃厮啰藏传艺术的遗存，西窟窟顶可见同心圆式构图的曼荼罗，[2]青海互助白马寺（dMar gtsang brag dgon pa）佛殿附近崖壁上也开凿与北山石窟相似的洞窟，窟顶绘有三组密教曼荼罗壁画，年代亦在唃厮啰控制湟水流域一带的11—12世纪，贡巴饶赛大师就曾驻锡于此修行佛法。另外，与后弘期"下路传法"发源地丹斗寺（Dan tig）毗邻的炳灵寺（'Bum gling）[3]至今依然留有吐蕃时期的壁画，如创建于晚唐时期的炳灵下寺第9窟始，后壁残留两尊胁侍菩萨，（图1-2-3）从他们站立的姿势、下身所着短裙样式、手臂的长度以及所戴头冠的特点，可以看出与莫高窟第76窟壁画相同的印度波罗（Pāla）风格。再考虑到这一地区吐蕃移民与西夏属民的密切往来记录，可以基本确定，青唐地区保留的带有吐蕃前弘期和后

---

[1]　"（青唐）城之西，有青唐水，注宗哥，水西平原［远］，建佛祠，广五、六里，缭以冈垣，屋至千余楹。为大像，以黄金涂其身，又为浮屠十三级以护之。阿里骨敛民作是像，民始离贰。吐蕃重僧，有大事必集僧决之。僧之丽法无不免者。城中之屋，佛舍居半。唯国主殿及佛舍以瓦，余虽主之官室，亦土覆之。"李远：《青唐录》，陶宗仪《说郛》卷三十五，见孙菊园：《青唐录辑稿》，《西藏研究》1982年第2期，第154页。

[2]　谢继胜：《西夏藏传绘画——黑水城出土西夏唐卡研究》，河北教育出版社，2002年，第192页。

[3]　《青唐录》也有关于炳灵寺的记述："河州渡黄河至炳灵寺，即唐灵岩寺也。贞元十九年（803）凉州观察使薄承祧所建。寺有大阁，附山七重，中有像，刻山石为之，百余尺。环寺皆山，山悉奇秀，有泉自石壁中出，多台榭故基及唐人碑碣。"见孙菊园：《青唐录辑稿》，第154页。此外，西北民族大学才让教授还对"炳灵寺"寺名来源进行考证，认为'Bum gling 一词最初作 Bum ITng，是汉语地名"凤林"之音译，凤林即凤林关，与炳灵寺相距不远。

弘期初期印度波罗艺术风格的作品，或曾传入党项民族聚居地区并对党项西夏的佛教艺术造成影响。

（三）辽

辽国的佛教信仰最初是从汉地引入的，建寺安置在对汉地攻略战争中俘获的汉僧，让他们在辽境内弘传佛教，以安抚大量被掳掠来从事生产的汉人和其他信奉佛教的民众。借助辽景宗（969—982）和辽圣宗（983—1031）对佛教的大力发展，至辽兴宗（1031—1055）在位期间达到极盛，[1]与元昊在西夏大力推行一系列发展佛教政策的时间重合，夏辽之间也曾结成姻亲，[2]维持较为稳定的联盟关系。

辽与西夏佛教在义理方面有很多相似之处，最突出的特点是显密圆融，这也是11—14世纪金、回鹘、大理等少数民族政权佛教发展的共性。辽代佛学的主流是华严和密教，其中"华严"的概念不限定于某一

图1-2-3　炳灵寺第9窟壁画

佛教宗派，而是统一和融合一切思想和修行法门的"圆融典范"，被视为"圆教"。[3]根据俄罗斯学者索罗宁近年的研究，西夏所谓"汉传佛教体系"并没有复制中原佛教盛行的正统华严宗，而是主要来源于辽代"圆教"信仰，这种信仰在晚唐华严思想的基础上又加入相关修行法门（如忏仪、观想等）。[4]

辽、夏两国有较为密切的佛教交流关系，如辽咸雍三年（1067），西夏遣使至辽国境内，请求引进回鹘僧、佛像和一些佛经，[5]又于辽寿昌元年（1095），西夏向辽进

［1］ 杨曾文：《辽代的佛教和朝阳北塔》，收入肖景林主编《中国佛教的佛舍利崇奉和朝阳辽代北塔》，2009年，第56页。

［2］ 夏太祖娶辽义成公主，夏景宗李元昊娶辽兴平公主。

［3］ 魏道儒：《辽代佛教的基本情况和特点》，《佛学研究》2008年总。

［4］ 索罗宁：《西夏佛教"华严信仰"的一个侧面初探》，《文献研究》2012年第3期，第127—135页，另见索罗宁：《西夏佛教之"系统性"初探》，《世界宗教研究》2013年第4期，第22—38页。

［5］ 《辽史》卷22《道宗纪》，中华书局，1974年，第267页。

献贝叶佛经，[1]辽国出于政治、军事目的，连续多年前往西夏以礼拜佛塔为名，"窥阙径路"[2]。由辽代僧人撰写或编集的佛教著作也曾传入西夏，这在俄藏黑水城出土文献中可以找到印证，TK79.2 和 TK80.2 实为辽法悟所著《释摩诃衍论赞玄疏》的残本，此外，1983 和 1984 年内蒙古文物考古所在黑水城所得的汉文文书 F64：W1 被确定为出自辽代僧人希麟编集的《续一切经音义》，即对《无量寿如来念诵修观行仪轨》的音义注释，[3]西夏华严信仰与辽代"圆教"思想的继承关系正是从这些文本中体现出来的。近年在西夏旧属地发现的一些佛顶尊胜陀罗尼版画，证明该陀罗尼信仰在西夏社会流行一时，实际上这也与辽代社会的情况基本相同，辽兴宗大兴密教之际，佛顶尊胜陀罗尼经幢的制作蔚然成风，《佛顶尊胜陀罗尼经》宣称的"能净一切恶道、能净除一切生死苦恼、净除诸地狱阎罗王界畜生之苦"的功能符合夏、辽两国民众的功利性诉求，因此很快在朝野上下流传开来。

---

［1］《辽史》卷 22《道宗纪》，中华书局，1974 年，第 308 页。

［2］（清）吴广成撰，龚世俊等校证：《西夏书事校证》卷 25，甘肃文化出版社，1995 年，第 288 页。

［3］引自杨富学：《西夏与辽金间的佛教关系》，《西夏学》第 1 辑，宁夏人民出版社，2006 年，第 31—35 页。

第三节　榆林窟第3窟壁画

端严岩内，霄水长流，树木稠林，
白日圣香烟起，夜后明灯出现，
本是修行之界，
昼无恍惚之心，夜无恶竟之梦。
——榆林窟第15窟前室东壁汉文题记

　　榆林窟（民间亦称万佛峡）位于今甘肃瓜州县西南75千米处，距离唐代丝路重镇锁阳城约30千米。现存洞窟均开凿在由踏实河冲刷而成的河谷两岸峭壁上，由于榆林河呈南北走向，所以两岸窟室的朝向受制于此，东岸洞窟主壁皆为东，对岸则相应的以西壁为正壁。1953年敦煌文物研究所组织勘察工作组对安西榆林窟进行较为全面的调查和记录，将洞窟数量确定为41个，其后又在20世纪60年代和80年代的几次调查中加入原本漏编的第42、43号窟。现在两岸洞窟分布的情况是：东岸31个窟室，分上、下两层分布，敦煌研究院对其编号的顺序是下层自北而南为第1—11窟，上层自南而北为第12—31窟；西岸共有12个窟室，自南而北依次为第32—43窟。[1]（图1-3-1）

一、榆林窟的西夏石窟

　　由于文献、碑铭以及题记材料欠缺，学界至今无法确定榆林窟开凿的具体时间，正如清光绪三十一年（1905）榆林窟僧俗人士前往金塔寺请象牙佛像匾文所记述的那样："踏实之南，有万佛峡者，创于何代，无可稽考……"[2]学者只能将其窟型、壁画

---

[1]　张伯元：《安西榆林窟》，四川教育出版社，1995年，第4页。
[2]　胡开儒：《安西榆林窟》，新疆大学出版社，1997年，第7页。

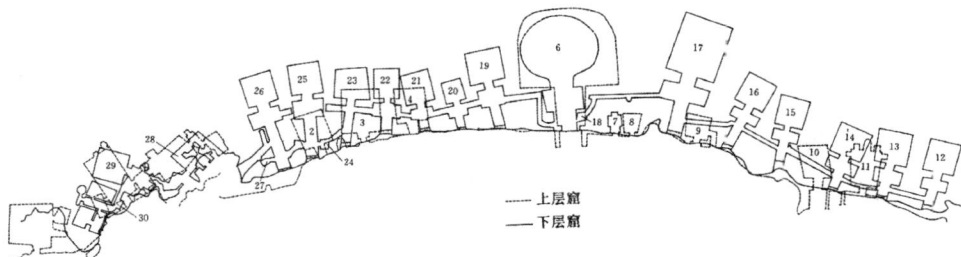

图 1-3-1　榆林窟东岸石窟分布图

风格与莫高窟比对来进行大致推断，[1]现在敦煌研究院得出的基本结论是：榆林窟建立的时间大致与莫高窟相同或稍晚，至少在隋、唐之际已经开始营建。

有关榆林窟建窟背景和造像年代，最先有美国芝加哥大学历史系教授 Matthew T. Kapstein 作深入研究，他试图将敦煌藏文写卷 I.O.751 中提到的"德噶玉蔡寺"（de ga g.yu tshal gtsigs kyi gtsug lag khang）与榆林窟画上等号，[2]后被谢继胜、黄维忠先生予以否认，因为德噶玉蔡寺所在地"野猫川"（dByar mo thang）和今瓜州榆林窟所在地相距甚远，无法对等，而且 Matthew Kapstein 对"德噶玉蔡"寺名的解释也不能让人信服。[3]笔者检索现有汉藏文文献，发现与榆林窟之名相关的最早记录出现在敦煌藏文写卷 P.T.997 中，写卷全名为"瓜州榆林寺之寺户、奴仆、牲畜、公产物品之清册"（Yu lim gtsug lag khang gi rkyen gyi 'bangs dang/ dkor rkang 'gro dang stsang nas 'bras dang khab rdzas la stsogs pa gtad pa'i thang yig du dris pa），[4]即瓜州榆林寺的寺庙财产登记一览表，王尧先生推测该清册完成的时间"鼠年"应为796（丙子）至808（戊子）之间的某一个子年。[5] P.T.2122 号藏文写卷也提到"神子功德贡礼处榆林寺……"（lha

[1] 如榆林窟第17、28窟有中心柱，莫高窟初唐和盛唐石窟中也有中心柱的设置（如莫高窟第332、39、44窟等）。另外，榆林窟多个石窟的壁画有重层，底层壁画多为唐代早期作品。见段文杰：《榆林窟的壁画艺术》，收入敦煌研究院编《中国石窟·安西榆林窟》，文物出版社，1997年，第161—162页。Matthew T. Kapstein：《De-ga g.yu-tshal（榆林寺）之会盟寺的比定与图像》，《藏学学刊》第1辑，2005年，第57—74页。

[2] Matthew T. Kapstein：《De-ga g.yu-tshal（榆林寺）之会盟寺的比定与图像》，《藏学学刊》第1辑，2005年，第57—74页。

[3] 相关讨论见谢继胜、黄维忠：《榆林窟第25窟壁画藏文题记释读》，《文物》2007年第4期，第70—78页；黄维忠：《德噶玉采会盟寺（de ga g.yu tshal gtsigs kyi gtsug lag khang）考——再论该寺非榆林窟》，《中国藏学》2009年第3期，第93—99页。

[4] 王尧先生曾将该写卷译成中文，见《榆林寺庙产牒译释——P.T.997号吐蕃文书写卷研究》，收入王尧、陈践编著：《敦煌吐蕃文书论文集》，四川民族出版社，1988年，第1—9页。英译版见 Hugh Richards, "The Inventory of Yu-lim gTsug-lag-khang", in High peaks, Pure Earth: Collected Writings on Tibetan History Culture, Serindia Publication, London, 1998, pp.279-285.

[5] 王尧：《榆林寺庙产牒译释——P.T.997号吐蕃文书写卷研究》，第2页。

sras kyi sku yon bla skyes su/ yu lim gtsug l[ag khang]……），"神子"（lha sras）还出现在另一份佚名写卷中，托马斯认为其所指正是赞普赤祖德赞（Khri gtsug lde brtsan, 802—838），[1] 如此一来就与王尧先生所判定的"鼠年"时间吻合，此"榆林寺"应是8—9世纪瓜州地区举足轻重的大寺。该寺是否就等同于今日的榆林窟，笔者暂时不能妄下定论，但是考虑到唐代瓜州所在地即锁阳城，此"榆林寺"如若不是榆林窟，也应相距不远。另外，"yu lim"直接采用音译法，与敦煌出土藏文写卷中出现的河西地名译法一致，如 kwa-cu（瓜州）、sha-cu（沙州）、gam bcu（甘州）等等，从这点考虑也能进一步否定 Matthew Kapstein 的结论，"榆林"之名应该在吐蕃占领瓜沙地区以前就已存在，藏人复用"de ga g.yu tshal"为之命名的可能性不大。瓜州是吐蕃统治河西的政治中心，瓜州节度使衙就设置在此地，直到五代时期瓜州东部还有吐蕃移民居住，今榆林窟第 15 窟前室北壁毗沙门天王、第 25 窟东壁禅定印卢舍那佛配八大菩萨壁画中透露出的浓郁的吐蕃前弘期佛教艺术风格，正是这一时期汉藏艺术交融史实的力证。

榆林窟现存 43 个窟龛内保留大量珍贵的绘塑作品，其中彩塑大部分为清代重塑或改妆之作，壁画年代从唐持续到清，[2] 总面积多达 4000 多平方米，与敦煌莫高窟共同演绎中国石窟壁画艺术的精美绚丽。具体就西夏时期的壁画艺术而言，现今榆林窟群中由学界公认的保留有西夏时期壁画的窟室有 11 个，即第 2、3、10、13、14、

---

[1]　F. W. Thomas, *Tibetan Literary Texts and Documents Concerning Chinese Turkstan*, London, 1935, vol.ii, p.119. 该著汉译本见 [英] 托马斯编著，刘忠、杨铭译注：《敦煌西域古藏文社会历史文献》，民族出版社，2003 年，第 92 页。

[2]　敦煌研究院对各窟年代判定的情况可参见下表（根据张伯元《安西榆林窟》中所附"石窟内容总录"制作）：

朝代	窟　号
唐	5、6、15、17、20、21、22、23、24、25、26、28、30、34、35、36、38、39、42、43
五代	12、13、16、19、31、32、33、40、41
宋	14、27、35、38
西夏	2、3、10、29
回鹘	39
元	4、18、27
清	1、7、8、9、11、37

15、17、21、22、26、29窟，[1]大大拓展了莫高窟未能涵盖的范围，尤其是第2、3、29窟，在完整性、题材内容多样性以及绘画技法水平等方面较莫高窟西夏艺术而言都略胜一筹。

西夏占领瓜沙地区近200年，是除唐朝之外对这一区域统治时间最长的一个政权，榆林窟洞窟内外保存的大量西夏文题记是对这段历史的真实记录。1964年中国社会科学院民族研究所和敦煌文物研究所联合组成敦煌西夏资料工作组，对敦煌莫高窟、瓜州榆林窟等处的西夏洞窟的时代、分期、壁画、题记等展开专题考察，由史金波等人主持的西夏文题记调查项目所获颇丰，搜集到的100余处西夏文题记是研究西夏皇室和民间佛教活动的重要资料，另有一些汉文题记也同样提供了文献记载之外的珍贵信息。榆林窟第15窟、第16窟天赐礼盛国庆五年（1073）的《榆林窟记》是西夏人在榆林窟留存下来的最早文字记录，描述了西夏阿育王寺释门赐紫僧慧聪来此窟住持40日，慧聪及其随从一并7人"看读经疏文字、稍薰习善根种子"，领略榆林窟"修习之界"的山水风光。[2]乾顺时期（1086—1193）前往榆林窟烧香礼佛的善男信女也留下了足迹，榆林窟25窟外室甬道北侧供养人画像旁边有雍宁甲午初年（1114）西夏文题记，记载行善者酩布觉"弃除榆林寺中沙……回敬菩提方"的善行。[3]其他另有一些甘州、凉州、沙州、肃州等地的信徒来此巡林朝拜并留下夏、汉文文字记录，[4]说明该窟当时香火甚旺。

西夏信徒为了纪念行愿之举，还曾在榆林窟内绘制大量供养人画像，画像位置基本都位于前室甬道两侧或窟门两侧，男供养人居北（即正壁主尊的右侧），女供养人

---

[1] 有若干文章涉及榆林窟西夏洞窟的分期问题，如刘玉权：《敦煌莫高窟、安西榆林窟西夏洞窟分期》，《敦煌研究文集》第3辑，甘肃人民出版社，1982年；刘玉权：《敦煌西夏洞窟分期再议》，《敦煌研究》1990年第3期；万庚育：《莫高窟、榆林窟的西夏艺术》，敦煌文物研究所编《敦煌研究文集》，甘肃人民出版社，1982年，第319—331页。也有学者对榆林4窟的年代提出质疑，谢继胜教授早年就认为该窟壁画的题材内容以及蒙古供养人的绘制较为特殊，应该判定为西夏石窟，新近岳键也发表《敦煌西夏石窟断代的新证据——三珠火焰纹和阴阳珠火焰纹》一文，通过对三珠火焰纹、阴阳珠火焰纹和龙纹的类型学分析，最终认为榆林4窟壁画年代较早，应是西夏中期营建的窟室。（见《西夏学》第7辑，上海古籍出版社，2011年，第238页）2017年12月，陕西师范大学丝绸之路历史文化研究中心与浙江大学汉藏佛教艺术研究中心对敦煌西夏石窟展开联合考察，在榆林窟第4窟发现两处西夏上师像，此可作为判定此窟年代的有力证据。

[2] 张伯元：《安西榆林窟》，第209—210页。

[3] 史金波、白滨：《莫高窟榆林窟西夏文题记翻译》，敦煌研究院编《榆林窟研究论文集》下册，上海辞书出版社，2011年，第856页。

[4] 榆林窟第12窟外室甬道北壁有西夏文"游世界圣宫者及游甘州圣宫者……"，第25窟外室甬道供养人西夏文榜题中出现"沙州"字样，第29窟有汉文题记言"乾祐二十四年（1193）……画师甘州住户高崇德小名那征，到此秘密堂记之"，第39窟外室甬道有"千玉乐势来山寺庙中烧香正心赞福"等等。参见史金波、白滨：《莫高窟榆林窟西夏文题记翻译》，敦煌研究院编《榆林窟研究论文集》下册，第851—865页。

居南，如第 2 窟、第 3 窟、第 25 窟都是这种布局，比较特殊的是第 29 窟，男女供养人方位与前述窟室相反，而且供养人多达 20 余身，连同其他两身僧人像和"真义国师西壁智海"国师像，占据整个西壁和南北壁下段。经刘玉权考证，榆林窟第 29 窟是西夏沙州监军司赵麻玉的家窟，营建于 1193 年，榆林窟第 19 窟甬道北壁汉文题记中的"秘密堂"所指就是 29 窟，[1] 这一结论目前得到学界的普遍认同，此窟也因此成为榆林窟群中唯一一个可以考证出建窟年代的窟室。但令人困惑的是，所谓的"秘密堂"，窟内壁画并未出现西夏时期真正意义上的"密宗"内容，正壁释迦说法图、水月观音像和南北壁的净土变、新样文殊并侍从像和新样普贤并侍从像是较典型的汉地大乘佛教华严题材，南北壁西端的金刚手（梵：Vajrapāṇi，藏：Phyag na rdo rje）和不动明王（梵：Acala vidyārāja，藏：Mi g.yo pa）的确有密教含义，金刚手和不动明王示现藏传佛教风格的忿怒相，在组合方式上应当是借用了 11—13 世纪西藏寺窟中常见的金刚手搭配马头明王（梵 Hayagrīva，藏：rTa mgrin）的做法，但金刚手和不动明王早在唐密信仰盛行时就出现在敦煌地区的壁画、绢画或纸画中，对当地信众来说并非"秘密"，如若榆林窟第 19 窟汉文题记中提到的"秘密堂"果真为第 29 窟，窟中蕴含的密教因素应当另有所指，笔者倾向于认为是后室中央所设的五层圆台赋予该窟密宗坛场的性质。

自唐密入主中原后，敦煌一些中唐窟室内开始较多出现类似"中心坛场"的佛坛，佛坛从形制上可分为两种，一种是与后壁通连的双层方台，如莫高窟第 234、161 窟等，主尊塑像被高置于有方台承托的莲座上；另一种是拥有背屏的双层坛，上层多呈马蹄形，坛后有通至窟顶的宽大背屏。（图 1-3-2）两种设计的动机均是将原本位于后壁或后壁龛内的主尊前置，增大主尊与侍从的体量，并与窟内两侧壁、窟门两侧壁壁画构建多重含摄关系，而且这些窟室内的"中心佛坛"所传达的含义究竟是属于"显教"还是"密教"，也要结合全窟造像作具体分析。[2] 宋、夏之际，敦煌石窟群突然涌现一批拥有独立中心佛坛的洞窟，在莫高窟第 76、465 窟，榆林窟第 2、3、4、29 窟内均可见到，（图 1-3-3）佛坛与窟顶五方佛、金刚界曼荼罗或金刚界种子字曼荼罗、四壁壁面上的密教题材壁画共同营造密教坛场的密闭空间。这些窟室现在佛坛上的塑像多为清代作品，但我们在分析全窟图像配置内涵时也应该将塑像的题材考虑在内，清人在重塑或重修造像时很有可能会参考原作，比如榆林第 2 窟正壁中铺绘新样文殊

[1] 刘玉权：《榆林窟第 29 窟窟主及其营建年代考论》，载《段文杰敦煌研究五十年纪念文集》，世界图书出版社，1996 年，第 130—138 页。

[2] 赖鹏举从佛教义理内涵出发观察壁画内容，对敦煌石窟内中心佛坛与四壁壁画含摄关系有独到见解，可参见《敦煌石窟造像思想研究》，文物出版社，2009 年。

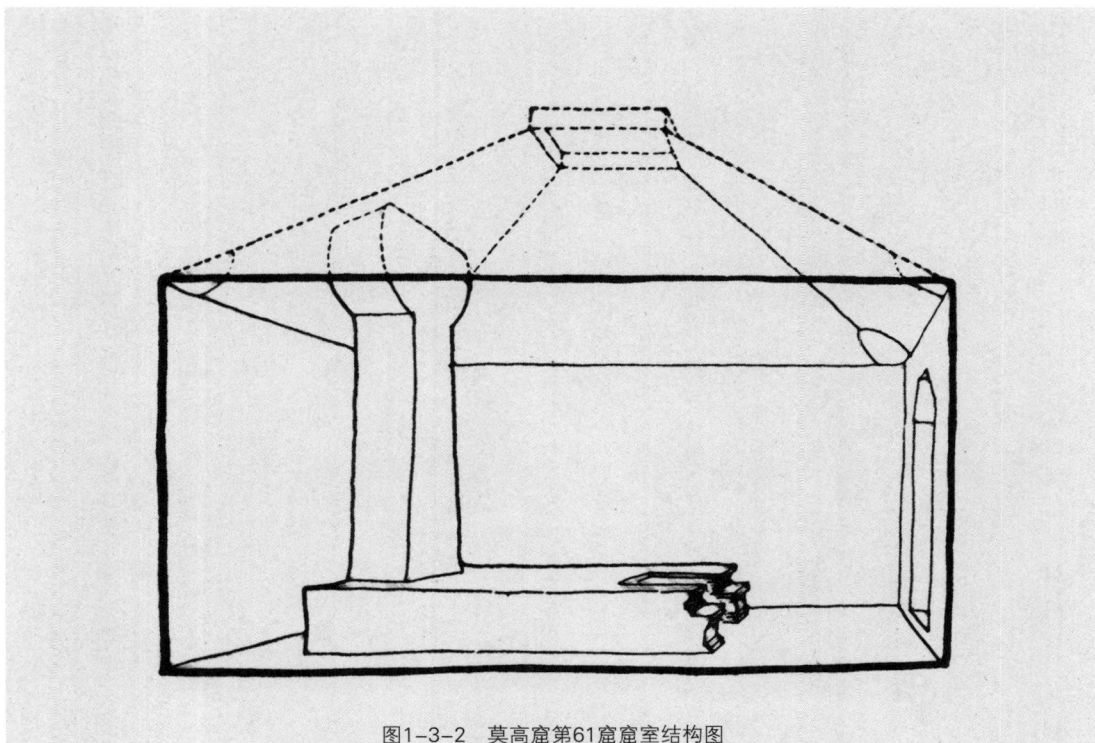

图1-3-2 莫高窟第61窟窟室结构图

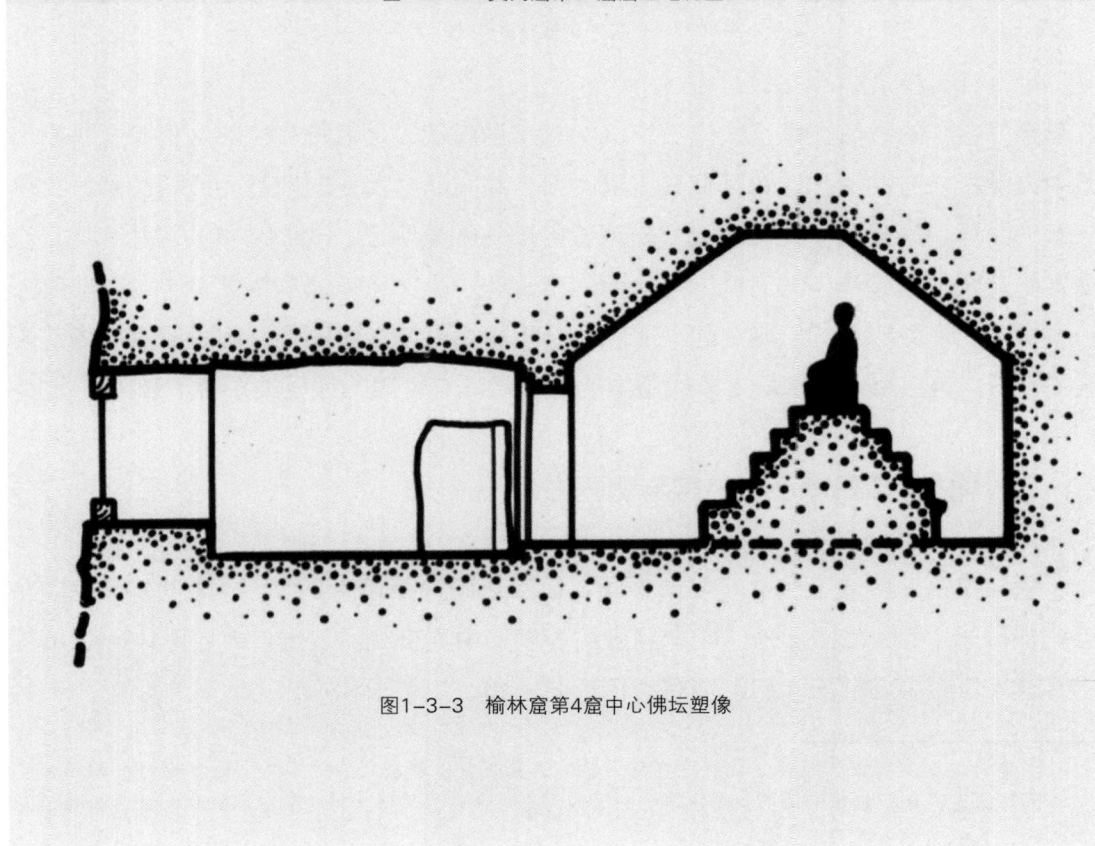

图1-3-3 榆林窟第4窟中心佛坛塑像

图 1-3-4　榆林窟第 4 窟中心佛坛造像

五尊像，这样的做法在整个敦煌石窟群中都可谓孤例，是名符其实的西夏"文殊堂"，但中央佛坛上方的清代造像题材与正壁一致，共同凸显西夏时期甚为流行的新样文殊信仰；榆林窟第 4 窟中央佛坛上方安置五方佛与四摄明王，（图 1-3-4）这九尊均是金刚界曼荼罗中的尊神，与正壁中央、南北两侧壁中央的密宗题材曼荼罗[1]完美呼应，共同构建一个更宏大的坛城空间，所以在分析榆林窟第 3 窟四壁、窟顶壁画图像的配置关系时，也应将中央佛坛上清代塑像的题材及其与壁画的呼应关系考虑在内。

二、榆林窟第3窟窟室结构与壁画内容

榆林窟第 3 窟位于榆林河东岸下层，窟口朝向为西偏南 18°，穹隆顶，窟室内东西长 8.90 米，南北宽 7.2 米，四壁高度约 5 米，中央顶高约 6 米。[2]（图 1-3-5）地面中央设八角形中心佛坛，坛上存有清代塑像一佛、二弟子和八大力士。东壁前方佛台

---

[1]　笔者通过比对图像和经典，目前可判定正壁中铺曼荼罗以金刚剑文殊（梵：Vajrakhaḍga Mañjuśrī）
五尊像为中尊，北壁中铺曼荼罗主尊为一面四臂红色身的真实名文殊（梵：Nāmasaṅgitī Mañjuśrī）。
[2]　胡开儒：《安西榆林窟》，第 15 页。

上安置9身清代塑像，即释迦牟尼佛与二弟子、两尊六臂观音以及伴其左右的二胁侍菩萨，观音尊格暂时无法确认。南北壁前方原本也有两排佛台，上有十八罗汉清代塑像，现在已被榆林窟寺管人员移出并放置在榆林窟其他窟室内，因此可以看到南北壁下缘原本被佛台掩盖的壁画内容。

关于榆林窟第3窟的建窟背景，最先有美国西北大学林瑞宾教授（Rob Linrothe）尝试进行分析，[1]他观察到东壁中铺八塔变上方的"涅槃变"场景内有一位头戴高冠、身着长袍的具头光贵族老者，同窟南壁顶髻尊胜佛母曼荼罗内的佛塔塔基前方也有一尊相似形象，另又结合东壁南铺五十一面观音经变中出现的佛塔、各种生活场景以及西夏时期建寺起塔的整体状况，最终认为榆林窟第3窟中描绘的贵族相老者正是对西夏佛教发展作出突出贡献的夏仁宗（1124—1193），该窟是夏仁宗后人在其去世之际营建的功德窟。[2]林瑞宾这一结论最大的纰漏是没有注意到"涅槃变"中的贵人相老者是宋辽之际同题材造像中经常出现的人物，而顶髻尊胜佛母曼荼罗中的老者也有经典依据（关于这两铺壁画的分析详见本书第三章第二节），将其认定为夏仁宗难以令人信服。

对判定榆林窟第3窟营建时间最关键的一条材料应是该窟甬道北壁上书写的西夏文题记：

史金波／白滨、王静如和濑川慎太郎几位学者先后对这条题记作出释读，[3]三家译文内容相差不大，现引王静如先生译文如下：

愿圆满……宝，嵬名慧利、酩布慧茂银、莲花□、（杨）德道等一（卑）十三人……[4]

题记记录的是以嵬名慧立等一行13人的发愿之事。嵬名、酩布在党项各族姓氏中所占比重较大，尤其"嵬名"是西夏王室姓，元昊袭王位之初开始自号嵬名氏，约

---

[1]　Rob Linrothe, "Uṣṇīṣavijayā and the Tangut ult of the Stupa at Yu-lin Cave 3", *National Palace Museum*, Vol.31, No.4&5, pp.1-25.

[2]　林瑞宾的这一结论其后被美国弗吉尼亚大学艺术史系 Elena A. Pakhoutova 承袭，相关讨论可参见其博士论文，*Reproducing the Sacred Place: the Eight Great Events of the Buddha's life and their Commemorative Stupas in the Medieval Art of Tibet (10th-13th century)*, University of Virginia, 2009, pp.157-191.

[3]　分别见史金波、白滨:《莫高窟榆林窟西夏文题记翻译》，载《榆林窟研究论文集》下册，第852页；王静如:《新见西夏文石刻和敦煌安西洞窟夏汉文题记考释》，收入《王静如民族研究文集》，民族出版社，1997年，第407页；荒川慎太郎:《西夏時代の河西地域における歴史·言語·文化の諸相に関する研究》，東京外国語大学アジアアフリカ言語文化研究所，2010年，第13頁。

[4]　王静如:《新见西夏文石刻和敦煌安西洞窟夏汉文题记考释》，第407页。

图 1-3-5　榆林窟第 3 窟窟室全景

成书于 12 世纪的西夏辞书《文海》将其解释为"帝君之族姓是",[1]能用此姓者均为皇帝亲族，很多族人在朝中为官或在军队中掌握实权，所以嵬名慧立等人的社会地位应该较高。如果能够确定嵬名慧立的大致活动年代，至少可以为榆林窟第 3 窟建窟时间提供一个下限，可惜笔者查阅目前可见的文献材料、出土文书材料，未能找到与此人相关的信息，也曾辗转问询史金波、聂鸿音、孙伯君等专门从事西夏学研究的学者，依然一无所获，只能寄望将来发现更多材料为解决这一问题提供更多线索。除了这三行西夏文题记，笔者于 2012 年前往该窟作现场调查时，发现窟中还有多处八思巴文（'Phags pa）题记，较为完整、清晰的三处分别题写（或刻划）于正壁八塔变与"五十一面观音"壁画之间的黑色分割线上、北壁"金刚界曼荼罗"与"净土变"之间的黑色分割线上，以及西壁南侧"普贤并侍从像"下方，内容或许为六字真言或游人题记，这说明在蒙古国使用八思巴文的近 100 年时间内（1270—1360 年之间），榆林窟第 3 窟仍是蒙古信徒礼拜的对象。

　　甬道南北侧壁分别绘两排供养人，上排为西夏人，下排为元代补绘的蒙古人。西

---

[1]　史金波：《西夏官印姓氏考》，载《史金波文集》，上海辞书出版社，2005 年，第 537 页。

夏供养人的体量明显比蒙古供养人大，男像居北（即正壁主尊之右），女像居南，符合古代"以右为尊"的礼制观念。甬道北壁上排共绘西夏男供养人四身，冠饰已漶漫不清，皆穿圆领窄袖襕袍，腰间围着带有黑色宽边的抱肚，固定抱肚的宽带束于腹前，脚穿尖头黑靴，装束特征与榆林窟第29窟赵麻玉、（图1-3-6）黑水城出土《比丘像》唐卡左下方供养人（图1-3-7）等形象非常相似，均是西夏级别较高的武官服饰。甬道南壁上排的三身女供养人仅有第一身面目清晰，（图1-3-8）其他两尊较为漶漫，大致可判断她们云髻高耸，头戴桃形花冠，花冠左右配以步摇和金簪，外着交领右衽长袍，袍侧开叉，内着小翻领衬衣，下系百褶长裙，脚踩尖钩鞋，双手合十并持花枝，四分之三侧身朝向正壁主尊作礼敬状，形象特征与榆林窟第2窟西壁南侧水月观音下方的西夏女供养人像相同。（图1-3-9）[1]综合来看，榆林窟第3窟的7身西夏男女供养人服饰特征显示他们拥有较高的社会地位，男像表现的应该是在军队中掌握实权的高级武官，女像或许是其家眷，至于这些供养者是否为甬道北壁西夏文题记中提到的"嵬名慧利一行十三人"，暂时无法确定。

元代补绘的蒙古供养人像绘于甬道南北壁下方，北壁为四身男供养人，南壁为五身女供养人。（图1-3-10）从其所处的位置判断，很有可能覆盖了原本绘于壁面下半部分的西夏供养人像，否则无法解释上排西夏供养人尺寸与其下空白壁面面积的失调关系，北壁的两条墨书汉文题记"至正二十六年（1366）……瓜州……思钟达里太子""维大元至正二十五年（1365）五月十五日"清楚显示供养人画像的完成时间是在元代末年。元代的蒙古人尤喜在前朝营造的窟室内绘制本氏族供养人，莫高窟第332、463窟和榆林窟第2、3、4窟都能找到这样的实例，[2]基本做法是将原来的壁画打磨、覆盖和重绘，最明显的是莫高窟第332窟甬道两侧，五代时绘制的男性供养人被一层薄薄粉灰覆盖，依然清晰可见，（图1-3-11）蒙古人竟以倨傲之姿将本族朝圣者直接绘在前朝供养人画像上，极富侵略性。留有蒙古供养人像的这五个窟室大多数不是元代新建，而是五代西夏的洞窟，共同特点是规模较大、制作精良、保存完整，这说明蒙人在绘制画像时应是经过了刻意选择，因此我们也要重新考虑榆林窟第4窟年代是否为元。敦煌研究院最初将该窟壁画判定为元代作品的主要依据，应是其内描绘的密宗题材和蒙古供养人画像，但是随着敦煌西夏石窟壁画研究的深入，我们已经达成一种共识：密宗及密宗艺术在西夏社会的发展程度远比想象中深入得多，西夏人

---

[1]　对西夏供养人像的研究，可参见谢静：《敦煌石窟中西夏供养人服饰研究》，《敦煌研究》2007年第3期，第24—36页。

[2]　相关研究可参见赵媛：《莫高窟、榆林窟西夏元壁画蒙古供养人图像研究》，首都师范大学2011年硕士学位论文。

图1-3-6 榆林窟第29窟南壁东侧供养人

图1-3-7 黑水城出土《比丘像》
左下角武官供养人像

图1-3-8 榆林窟第3窟甬道南侧
壁女供养人

图1-3-9 榆林窟第2窟西夏女供养人像

对10世纪末以后出现的新译汉、藏文密典甚至梵文原典早有接触，能够创作诸如莫高窟第465窟、榆林窟第3窟、东千佛洞第2窟等艺术水平较高的壁画作品，而且榆林窟第4窟中出现的黄色二臂般若佛母、绿度母、文殊弥勒二菩萨对坐、敏捷文殊等图像，不论是从题材还是图像来源方面，都表现出与西夏造像一致的倾向。[1] 至于窟

---

［1］ 榆林窟第4窟的年代问题不是本节讨论的重点，所以在此不便深入展开，今后将另撰专文探讨该窟的图像内容与图像来源。

图1-3-10　榆林窟第3窟甬道北侧壁下方元代供养人

门左右两壁下方的两组蒙古供养人像，壁面有明显的打磨、重涂痕迹，而且画像周围出现新、旧两个边框，据此可以基本断定这处空间确实曾被改绘，[1]供养人像的完成时间晚于窟内其他壁画。

　　榆林窟第3窟的四壁与窟顶绘满壁画，色调上以青、绿、白为主，营造出一种典雅沉静的氛围。壁画内容包含显、密两种体系，既有自唐代起敦煌地区就流行的传统题材，也有10世纪末引入的新样式。东、南、北壁各绘有三铺壁画，西壁也绘制三铺，窟门上方的一铺尺幅较小，且下半部分残破，加上窟顶笼罩的巨大金刚界曼荼罗，全窟目前共存13铺壁画，各铺具体绘制内容可参看图1-3-12：[2]

---

[1]　岳键：《敦煌西夏石窟断代的新证据——三珠火焰纹和阴阳珠火焰纹》，《西夏学》第7辑，上海古
　　　籍出版社，2011年，第238页。
[2]　各铺壁画的尺寸主要参考张伯元《安西榆林窟》中的测量数据，第88—89页。

图1-3-11　莫高窟第332窟元代供养人

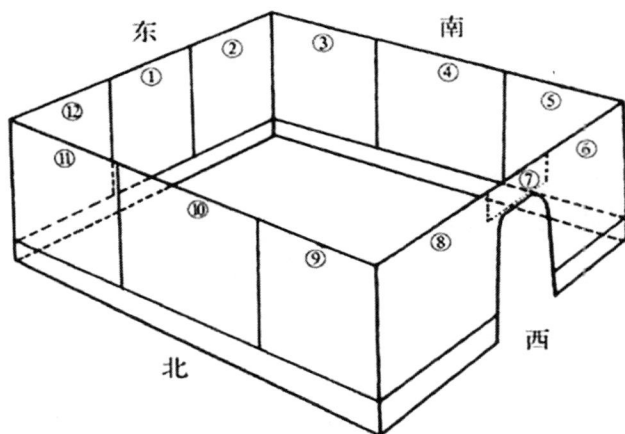

①八塔变（长3.9米，宽2.15米）

②五十一面观音（长3.9米，宽2.5米）

③顶髻尊胜佛母五尊曼荼罗（长3.7米，宽2.65米）

④观无量寿经变（长3.7米，宽3.16米）

⑤九佛顶恶趣清净曼荼罗（长3.7米，宽2.77米）

⑥普贤菩萨并侍从像（长3.62米，宽2.5米）

⑦维摩诘变（长0.59米，下部残）

⑧文殊菩萨并侍从像（长3.44米，宽2.81米）

⑨金刚界三十七尊曼荼罗（长3.84米，宽2.75米）

⑩观无量寿经变（长3.84米，宽3.15米）

⑪摩利支天五尊曼荼罗（长3.84米，宽2.75米）

⑫十一面观音（长3.90米，宽2.50米）

⑬窟顶金刚界十三尊曼荼罗（长8.60米，宽7.50米）

图1-3-12 榆林窟第3窟13铺壁画的具体绘制内容

综观整个窟室内壁画的配置特点，密教与华严两种体系的图像在各壁面相间分布，基本沿袭了自唐代密教图像进入汉地大乘佛教体系之后敦煌窟室经常采用的模式，即以洞窟正壁为中轴线，在南北两侧相向位置对称分布题材相关、相近或相同的壁画——十一面千手观音对应五十一面千手观音、两铺净土变相互对称、居于佛塔中的顶髻尊胜佛母对应摩利支天佛母、金刚界三十七尊曼荼罗对应九佛顶恶趣清净曼荼罗曼荼罗、文殊变对应普贤变等等。

这13铺壁画就是本书着力研究的对象。在接下来的几个章节中，笔者将结合佛教图像学相关文献针对每一铺壁画的绘制题材与内容展开深入分析，同时也关注同一种题材在西夏其他石窟以及唐卡、版画、雕塑等艺术品中出现的频率，以探讨该题材在西夏社会的流行状况。另外，通过分析某一些题材的图像来源和传播路径，还可以构架起重新审视西夏石窟密教壁画的理论框架：10世纪末至11世纪初中印之间开展的频繁交流活动无疑为印度波罗艺术传入广大中原地区提供了最好的契机，由印度上师传承的成就法（梵文：Sādhana，藏文：sGrub thabs）和梵文贝叶经中绘制的插图正是榆林窟第 3 窟绝大部分密教壁画的图像来源，东千佛洞、文殊山、五个庙等石窟群中的西夏壁画作品的图像体系大都是通过这种路径构建起来的，形成西夏石窟不同于西夏唐卡、雕塑等艺术门类的相对稳定独立的发展系统。而且石窟壁画中描绘的尊神基本上都出自布顿密教经典分类体系中的事、行、瑜伽三续，很少见到黑水城、拜寺口方塔、山嘴沟石窟等地出土的无上瑜伽父续、母续文本中描写的本尊，体现出西夏社会两个不同群体的宗教信仰偏好，并相应地影响不同门类的佛教艺术。以这一点认识为主导，我们透过榆林窟第 3 窟这一个窟室的壁画内容，可以看到 11—13 世纪西夏石窟艺术的发展脉络，看到 11—13 世纪多民族宗教艺术交流史。

第二章

榆林窟第3窟显教图像研究

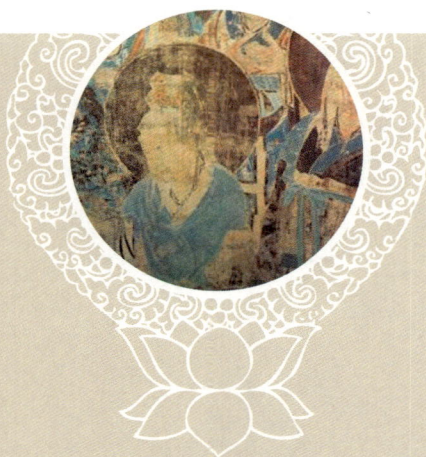

第一节　八塔变

> 龙弥你园降生处，金刚座现证菩提处，舍卫城大神变处，波罗奈斯转法轮处，王舍城降服大象护财处，神自天上降处，广严城猕猴献蜜处，大力地涅槃处，在此佛陀真身舍利八分及其所作大行之地，化现佛塔。
>
> ——德格版《大藏经》No.3069《建立仪轨》[1]

释迦牟尼入灭之后，其舍利被分为八份由八国国王各自请回，并建塔供奉，形成最早的八大舍利塔体系，各塔均有其对应的功德主和起塔地点，[2]八个起塔地也成为此后千百年间佛教徒前往印度虔心朝拜的八大圣地之雏形。其后佛塔或八塔信仰不断发展衍化，形成多种文本、图像传统。基于朝圣的需求，以纪念佛陀行迹而建立的八大舍利塔构成新的"八大制底（Caitya）"体系，[3]"八大制底"的起塔位置在这一阶段基本确立下来，其中四常定处，即降生、成道、初转法轮和涅槃处分别为迦毗罗城龙弥你园（Kapilavastu/Lumbinī，藏：Grong khyer ser skya）、摩伽陀（Magadha，藏：Ma ha dhā dbus 'gyur tshal）、波罗奈斯（Vārāṇasī 藏：Bā/wārā ṇa sī）和拘尸那揭罗（Kuśīnagara，藏：Grong khyer rtsa mchog），四不定处则有舍卫城（Śrāvastī，藏：

[1] 'Phags pa kun nas sgor 'jug pa'i 'od zer gtsug tor dri ma med par snang ba'i gzungs bklag cing mchod rten brgya rtsa brgyad dam mchod rten lnga gdab pa'i cho ga mdo sde las btus pa，德格版《甘珠尔》，No.3069，第156a 叶。

[2] 此八大舍利塔分别位于摩羯陀国王舍城（Rajagrha）、拘尸那揭罗(Kuśīnagara)、吠舍离(Vaiśali)、迦毗罗城(Kapilavastu)、阿摩罗迦波（Amalakapa）、罗摩伽摩（Rāmagrāma）、波伐（Pāpā）、吠多底波（Visṇudvīpa），另有十塔、十一塔之说。关于八大舍利塔的研究，见 John S. Strong, *Relics of the Buddha*, Delhi: Motilal Banarsidass Publisher, 2007.

[3] 参见 P.C. Bagchi, "The Eight Great Caityas and their Cult", *The Indian Historical Quarterly*, vol.17, No.2 (1941), pp.223-235; Tadeusz Skorupsti, "Two Eulogies of the Eight Great Caityas", *The Buddhist Forum*, Vol. VI, The Institute of Buddhist Studies, Tring, UK & The Institute of Buddhist Studies, Berkeley, USA, 2013, pp.37-56; [意] 图齐著，魏正中，萨尔吉译：《梵天佛地》第一卷，上海古籍出版社，意大利亚非研究院，2009 年，第3—12 页。

mNyan yod)、桑伽尸（Sāṃkāśya，藏：Grong khyer dam pa）、王舍城（Rājagaha，藏：rGyal po'i khab）和吠舍离（Vaiśali，藏：yangs pa can）。[1]随着佛教艺术的发展，"八大制底"逐渐与释迦牟尼住世期间特定的几个重大事件相联系，8世纪的印度寺院建筑浮雕、页岩石雕中开始集中出现以八塔和八相[2]相结合的形式展现佛陀生平的图像，这就是八塔变的表现内容，[3]换言之，它将佛陀生平/神变故事、圣地崇拜和佛塔崇拜融为一体，并以易于用图像传达的方式来表现。八塔变中的八塔在概念上又与稍晚时期趋于成熟的藏传佛教"善逝八塔"（藏：bDe gshegs mchod rten brgyad）[4]有别，后者更加强调各塔的形制和量度规范，二者各有文本依据和图像发展体系。榆林窟第3窟东壁中铺所绘即为《八塔变》，该题材是敦煌地区于宋、夏时期涌现出的几个新题材之一，尤其是在西夏得到长足发展，迄今在国内发现的大多数八塔变图像均是制作于这一时期。

一、榆林窟第3窟八塔变图像辨识与分析

八塔变位于第3窟主壁（即东壁）中央，（图2-1-1）凸显其在统摄全窟图像上的功能。画面用线框大致分为12个空间，每个空间内展示不同的情节内容。

画面采用唐卡中常见的对称式构图，中央为"降魔成道"，释迦牟尼全跏趺坐在佛塔之中，左手作禅定印，右手作触地降魔印。"降魔成道"上方是"涅槃"，其下南北两列竖框内共绘有10个场景，其中南侧自上而下3个情节分别为"降忉利天""初转法轮"和"降生"；与其对应的北侧自上而下3个情节分别是"调伏醉象""舍卫城

---

[1] 不同佛教典籍或部派对于"四常定处"和"四不定处"的界定存在不一致之处，参见廖旸：《"天降塔"辨析》，《故宫博物院院刊》2014年第1期，第6—7页。

[2] 佛教传统中的"八相"是指释迦牟尼一生中的八个阶段，亦称"八相示现"，内容为：降兜率天、乘象入胎、住胎、降生、出家、成道、转法轮和入灭。八塔变中表现的释迦牟尼生平事迹与传统的"八种相"不尽相同，详见下文。

[3] 有关八塔变图像的研究，见谢继胜、常红红：《莫高窟76窟〈八塔变〉及相关的几个问题——11—13世纪中国多民族美术关系史研究》，《艺术史研究》第十三辑，中山大学出版社，2011年；Ursula Toyka-Fuong, "The Influence of Pala Art on 10th-century Wall-paintings of Grotto 76 in Dunhuang", In Ernst Steinkellner ed., *The Inner Asian International Style 12th-14th centuries: Proceedings of the 7th Seminar of the International Association for Tibetan Studies*, Graz 1995, pp.67-96; John C. Huntington, "Pilgrimage as Image: The Cult of the Astamahāprātihārya", *Orientations*, Vol.18 (1987), No.4, pp.56-63; No.8, pp.56-68; Parimoo, Ratan, *Life of Buddha in Indian Sculpture: Ashta-maha-pratiharya: An Iconological Analysis*, Kanak Publications, New Delhi, 1982; Hiram W. Woodward Jr., "The Life of the Buddha in the Pala Monastic Environment", *The Journal of the Walters Art Gallery*, Vol.48(1990), pp.13-27.

[4] 善逝八塔通常指迦毗罗城佛降生处聚莲塔、摩羯陀成道处大菩提塔、波罗奈斯初转法轮处吉祥多门塔、舍卫城神变塔、天降塔、王舍城和合塔、吠舍离思念寿量处尊胜塔、拘尸那揭罗涅槃塔。

图2-1-1 榆林窟第3窟正壁八塔变

神变"和"猕猴献蜜"。以上 8 个情节就构成了这一时期最为常见的八塔变图像组合，再加上两侧竖框最下方的 4 个情节共有 12 个画面。为了描述方便，暂用 Ⅰ 至 Ⅻ 来标记（其中 Ⅰ 至 Ⅷ 是按照"八相"事件发生的时间顺序编排，Ⅸ 至 Ⅻ 是其他佛传情节）并依次分析画面内容。（图 2-1-2）

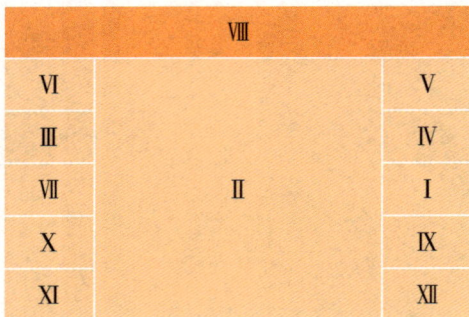

	Ⅷ	
Ⅵ		Ⅴ
Ⅲ		Ⅳ
Ⅶ	Ⅱ	Ⅰ
Ⅹ		Ⅸ
Ⅺ		Ⅻ

图 2-1-2　榆林窟第 3 窟主壁八塔变画面分布示意图

Ⅰ．"腋下诞生"：塔内有菩提树一株，摩耶夫人立于树下，举右臂攀附菩提树干，左臂搭在侍女肩上，右臂腋下是刚刚降生的悉达多太子，迎接太子的是左下方手托金盆的天王。（图 2-1-3）摩耶夫人和其他两个人物都是汉式着装，从视觉上大大减弱了这一题材的外来因素，与 12 世纪卫藏唐卡"腋下诞生"情节中赤袒上身，璎珞、臂钏、脚镯诸种庄严加身的人物形象迥异。画面中出现的人物较文本记述和其他图像而言数量减少，帝释天、大梵天、四大天王等形象并未完整表现。[1]

Ⅱ．"降魔成道"：中央居于大塔之中的是作触地降魔印的释迦牟尼，身侧伴有二胁侍菩萨，均为白色身。（图 2-1-4a、2-1-4b）身后大塔在塔基和塔瓶部分基本保留了印度（或尼泊尔）的做法，但是其上的顶饰、伞盖等又融入了汉式风格，塔刹两侧是三面六臂、各手操戈意欲阻止释迦成道的魔众。（图 2-1-5a、2-1-5b）

Ⅲ．"初转法轮"：释迦着袒右佛衣，全跏趺坐在莲花座上，左手作禅定印置于腹前，右手于胸前作转法轮印，莲花座前的对鹿是"鹿野苑园初转法轮"的象征性标志。（图 2-1-6）释尊周围没有描绘闻法弟子。

---

[1]　如《因果经》中云："时四天王即以天缯接太子身，置宝几上。释提桓因手执宝盖，大梵天王持白拂侍立左右，难陀龙王、优波难陀龙王于虚空中吐清净水。"《大唐西域记》卷六《劫比罗伐窣堵国》条："菩萨生已，支属宗亲，莫不奔驰，求水盥浴，……菩萨初出胎也，天帝释以妙天衣，跪接菩萨，……菩萨从右胁生已，四天王以金色氍衣捧菩萨，置金几上。"

图2-1-3 腋下诞生　　　　图2-1-4a 释迦胁侍菩萨之一　　　　图2-1-4b 释迦胁侍菩萨之二

图2-1-5a 魔众细节一　　　　　　　图2-1-5b 魔众细节二

　　Ⅳ. "舍卫城神变"[1]:《本生经》《天譬喻经》《根本说一切有部毗奈耶杂事》卷二十六等佛典都记载了这样一则譬喻故事:佛陀为了制服外道六师的挑战,在舍卫城施展"无上大神变"(Mahapratiharya)[或称"双神变"(Yamakapratiharya)]。佛教艺术在描绘这一神迹时通常选择三个情节:芒果树奇迹、水火双神变和大神变,其后

———————————
[1] 关于"舍卫城神变"的研究见福歇(Alfred Foucher)著,王平先、魏文捷译:《佛教艺术的早期阶段》,甘肃人民出版社,2008年;Robert L. Brown, "The Sravasti Miracles in the Art of India and Dvaravati", *Archives of Asian Art*, Vol.37 (1984), pp.79-95;张同标:《舍卫城大神变造像系列天譬喻经舍卫城大神变汉译与造像》,东南大学出版社,2011年,第258—376页。

图2-1-6 初转法轮　　　　　　　　　　　图2-1-7 舍卫城神变

造像逐渐舍弃叙事性而转向程式化的一佛二弟子或一佛二菩萨（有时为帝释天和大梵
天）组合，榆林窟的这铺舍卫城神变正是这种简化后的构图方式，全跏趺居于莲花座
上的释尊双手作说法印，身两侧的弟子也作同样手印，弟子足下踩踏的莲花彰显其神
变特色。（图 2-1-7）

Ⅴ."降忉利天"[1]：佛教传统认为释迦牟尼在成道后的第 16 个年头，上升至忉利天为母亲摩耶夫人及天众说阿毗达磨 3 个月，之后降于桑迦尸国（Sāṃkāśya）曲女城。通常在图像中这个情节有 3 个特征：佛立姿；佛两侧伴有帝释天和大梵天；佛足前有伏地礼拜的莲花色尼或舍利弗，但是我们在榆林窟这方"降忉利天"中却找不到这些标志性特征，释尊手持锡杖和钵，作化缘装扮，身侧随行的是弟子迦叶和阿难，唯有足下踩踏的莲花体现神变性质。（图 2-1-8）

图2-1-8　降忉利天　　　　　　　　　　　图2-1-9　调伏醉象

Ⅵ."调伏醉象"："调伏醉象"的神变故事发生在王舍城，释尊表弟提婆达多心怀邪恶，放出醉酒的护财大象想要加害于佛，随行的五百阿罗汉皆惊怖离去，佛示现神

---

[1]　关于"降忉利天"这一神迹的研究见 Eva Allinger, "The Descent of the Buddha from the Heaven of the Trayastrimsa Gods: One of the Eight Great Events in the Life of the Buddha", in *From Turfan to Ajanta: Festschrify for Dieter Schlingloff on the Occasion of His Eightieth Birthday*, ed. by Eli Franco and Monika Zin, Lumbini International Research Institute, 2010, pp.3-14.

变，"于五指头出五师子（狮子），五百醉象恐怖躃地"[1]。此处壁画绘制的"调伏醉象"较为忠实地表现了文本记述内容，五指指尖化现绿鬃狮子，佛足前是五只已被驯服的大象，象征五百醉象，身后两位头戴风帽的人物当是随行的阿罗汉。（图2-1-9）

Ⅶ."猕猴献蜜"[2]：玄奘曾在《大唐西域记》里记载："……池西不远有窣堵波，诸猕猴持如来钵上树取蜜之处，池南不远有窣堵波，是诸猕猴奉佛蜜处，池西北隅犹有猕猴形象。"[3]"猕猴献蜜"的故事发生在吠舍离城（Vaiśali），诸多佛典均有记载这一典故，[4]佛教艺术通常用如下两个瞬间来表现这个故事：献蜜与坠井，八塔变中的猕猴献蜜情节较为固定地选用猕猴双手献蜜这一情境，莫高窟第76窟西壁门南侧所绘"猕猴献蜜第七塔"在塔身以外的空间增添内容，构成猕猴上树取蜜、献蜜、欢喜舞蹈、坠井的完整情节。（图2-1-10）榆林窟第3窟的这铺壁画描绘了站姿的佛陀，（图2-1-11）有别于卫藏唐卡、莫高窟第76窟、东千佛洞第5窟壁画中呈侧身坐姿的释尊，或许是为了呼应相对位置出现的"腋下诞生"情节中摩耶夫人的站姿。

Ⅷ."涅槃"[5]：位于画面最上方，印度涅槃图像中标志性的婆罗双树在这里没有出现，释迦牟尼右胁而卧，身后六位弟子哀绝痛哭，最靠近释尊头部的弟子从面部苍老的特征来看应是迦叶，（图2-1-12）犍陀罗、巴米扬以及中原北方敦煌莫高窟等石窟涅槃壁画中的迦叶都是立于释迦足侧，正如后秦竺佛念译《菩萨从兜术天降神母胎说广普经》卷七《复本形品》所云："时大迦叶将五百弟子，从摩伽提过来至佛所。……尔时世尊以天耳闻迦叶来至，即从棺里双出两足。迦叶见之，手捉摩扪，涕泣不能自

---

[1] 失译《大方便佛报恩经》卷四。

[2] 关于猕猴献蜜图像的研究见 Parimoo, Ratan, *Life of Buddha in Indian Sculpture*：*Ashta-maha-pratiharya: An Iconological Analysis*, pp.56-57. Janice Leoshko 曾对"猕猴献蜜"在众多佛传故事中逐渐凸显重要性的过程作讨论，见 Janice Leoshko, *The Iconography of Buddhist Sculpture of the Pala and Sena Periods from Bodhgaya*, Ph.D dissertation, 1987, Ohio State University, p.132; Hiram W. Woodward Jr., "The Life of the Buddha in the Pala Monastic Environment", pp.17-18.

[3] 玄奘《大唐西域记》，卷七。

[4] "猕猴献蜜"的故事梗概为，魔王波旬在聚落中蛊惑人心，让其不对佛供养食物。佛到河边时将钵随意摆在河边，这时有一只猕猴看见树上有蜂蜜可供食，就不顾众比丘呵斥取走佛钵，待猕猴取回蜂蜜奉佛时，佛陀并没有立即接受，猕猴又将钵中的虫子挑出，佛还是没有接受，猕猴又见佛钵边缘沾流蜂蜜，把佛钵拿到河边洗净，再次奉上，佛陀这时才欣然纳受，猕猴高兴至极，不慎坠落井底丧生。依此功德，猕猴死后升三十三天，转生为人。

[5] 关于涅槃变图像的研究见 Sonya S. Lee, *Surviving Nirvana: Death of the Buddha in Chinese Visual Culture*, Hong Kong University Press, 2010; 李静杰：《中原北方宋辽金时期涅槃图像考察》，《故宫博物院院刊》2008年第3期，第6—46页；宫治昭著，贺小平译：《关于中亚涅槃图的图像学的考察——围绕哀悼的形象与摩耶夫人的出现》，《敦煌研究》1987年第3期，第94—102页；陈清香：《涅槃变相研究》，《中华佛学学报》1988年第1期，第295—326页；谭洁：《宋代涅槃变相研究》，中国美术学院2012年硕士学位论文；王艳云：《河西石窟西夏壁画中的涅槃经变》，《敦煌学辑刊》2007年第1期，第133—139页。

图2-1-10　莫高窟第76窟"猕猴献蜜"

图2-1-11　榆林窟第3窟"猕猴献蜜"

图2-1-12　榆林窟第3窟涅槃变弟子像

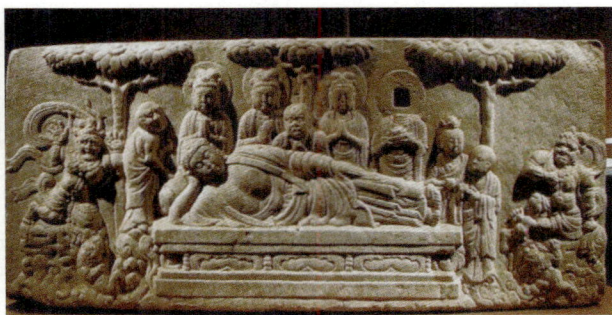

图2-1-13　北京出土辽乾统五年（1105）石函涅槃像

胜。"[1]但在这里，迦叶却绘在原本阿难应该出现的位置，与其相似的例子是20世纪50年代北京出土的辽乾统五年（1105）的一件舍利石函。（图2-1-13）

另一个值得注意的形象是释尊脚旁着汉式朝服的具头光贵人相老者。[2]（图2-1-14）美国西北大学林瑞宾教授在分析榆林窟第3窟建窟背景时曾重点分析该人物，认为八塔变涅槃变中出现的具头光老者和南壁顶髻尊胜佛母曼荼罗塔基前出现的形象均是

---

[1]《大正藏》No.384，第十二卷，第1057页。

[2] 本书撰成之后，敦煌研究院赵晓星研究员于《敦煌研究》（2019年第1期）发表《西夏时期敦煌涅槃变中的抚足者——西夏石窟考古与艺术研究之四》一文，认为西夏时期敦煌涅槃变中出现的抚足者为佛教中的大医王耆婆，这一变化反映了北宋以后佛教社会化的发展，将原来作为继任者的迦叶换成了能够治病的医师。

夏仁宗的真实写照，第3窟是夏仁宗后代为其营建的功德窟。[1]但实际上这位戴冠蓄须、官衣袍服的老者是宋辽之间的涅槃变经常出现的人物，[2]定州静志寺塔地宫壁画、韩城盘乐村壁画、响堂山第5窟、安岳八庙乡卧佛以及广元千佛洞涅槃图中均有类似人物，朝阳北塔天宫内发现的木胎银棺银片上刻有涅槃情景，立于释迦足侧的也是束发、戴冠、着官服的具头光老者，正在用右手扶佛足，（图2-1-15）年代集中在10世纪末至12世纪。与榆林窟涅槃变老者形象最为接近的是东千佛洞第2窟和第7窟中心柱西壁涅槃变在相同位置出现的具头光老者。（图2-1-16、2-1-17）金申和李静杰曾讨论这可能是前来吊唁的拘尸城末罗族人，[3]但没有列出具体理由。

西晋西域沙门竺昙无兰译《迦叶赴佛般涅槃经》中确实记载迦叶从舍卫国赴往拘尸那揭罗国时，见到"俱夷那竭国王及诸邻国王"，又有国贵末罗弗王见迦叶"将诸弟子到，……则敕国人们皆令避道"，[4]但并没有提到"抚佛足"的细节，不足以成为宋、辽之际涅槃变图像中出现贵人相老者这一新现象的确凿依据。笔者通过检索发现，隋代来自北印度犍陀罗国的三藏阇那崛多所译《四童子三昧经》[5]中提到："魔子大智慧，名娑陀婆诃，怆快到佛所，胜仙涅槃故。捧执世尊足，伛身劝请佛，愿愍世间故，释王住一劫。"[6]印度历史上有一位著名的娑陀婆诃王（Śātavāhana），他是古印度南方的憍萨罗国（Kausala）国王，曾因虔心护持著名佛教大德龙树（Nāgārjuna，活动于公元150—250年间）、兴隆佛教而垂名于世。[7]但是，憍萨罗国在公元前230年始从孔雀王国独立出来，与龙树同时期的娑陀婆诃王主要活动于2世纪中叶，时值释

---

[1] Rob Linrothe, "Ushnīshavijayā and the Tangut Cult of the Stūpa at Yü-lin Cave 3", *National Palace Museum Bulletin*, Vol.XXXI, Number 4&5, 1996, pp.1-24.

[2] 富县阁子头石窟涅槃变中还出现一老妇（即优婆夷），应是根据法显译《大般涅槃经》所出："尔时迦叶见佛足上而由污点，即便回顾，问阿难言，如来足上何缘有此。阿难答言，如来初可般涅槃时，四众充满，我时思惟，若另大众同时进者，女人羸弱，不必得前，即便先听诸比丘尼及优婆夷到如来所礼拜供养，尔时有一贫穷优婆夷，年一百岁，见诸婆罗门……倍增悲恸，临佛足上，心大懊恼，污如来足。"可知这位老妇正是污如来足的百岁优婆夷。转引自李静杰：《中原北方宋辽金时期涅槃图像考察》，《故宫博物院院刊》2008年第3期，第13页。

[3] 金申：《辽代舍利石棺上的涅槃图》，《中原文物》2004年第1期，第64页；李静杰：《中原北方宋辽金时期涅槃图像考察》，第13页。

[4] 《大正新修大藏经》涅盘部No.393。

[5] 《四童子三昧经》是《方等般泥洹经》前六品的别译，主要叙述佛将涅槃之际在拘尸那国力士居地、婆罗双树间，为阿难、阿尼娄陀和四童子等一切有情众生说涅槃道，以成就有情善根。《大正新修大藏经》涅盘部No.379。

[6] 《四童子三昧经》卷下。

[7] 如玄奘《大唐西域记》卷10《憍萨罗国》有记："昔者，如来曾于此处现大神通，催伏外道。后龙猛菩萨止此伽蓝，时此国王号娑多婆诃（唐言印正）。珍敬龙猛，周卫门庐。"义净《南海寄归内法传》卷4："又龙树菩萨以诗代书，名为苏颉里离佉，译为密友书。寄与旧檀越南方大国王，号娑多婆汉那，名市寅得迦。可谓文藻秀发，慰诲勤勤。的指中途，亲逾骨肉。就中旨趣，寔有多意。"

图2-1-16　东千佛洞第2窟"涅槃变"局部

图2-1-14　榆林窟第3窟"涅槃变"局部

图2-1-17　东千佛洞第7窟"涅槃变"局部

图2-1-15　朝阳北塔出土木胎银棺"涅槃变"

图2-1-18　榆林窟第3窟八塔变上方的过去七佛与四臂观音

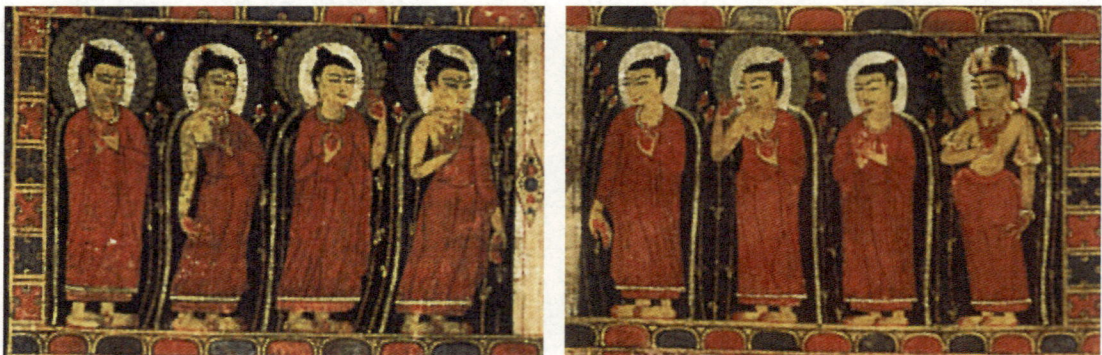

图2-1-19　早期卫藏八塔变唐卡中的过去七佛与弥勒菩萨

尊涅槃800余年之后，何以出现在涅槃场景中？况且"魔子"（即魔王之子）的称号也与"贵人相老者"形象相去甚远。笔者认为，这是唐以后的中原人士基于汉译佛典对"涅槃变"题材作出的改造，之所以选择娑陀婆诃王这一形象来"捧执佛足"或许与龙树菩萨在佛教方面的建树大有关联。龙树在佛教史上的崇高地位毋须赘言，印度佛教史上的众多论师都奉他为继释迦牟尼之后大乘佛教最重要的论师，对龙树菩萨悉心护持的娑陀婆诃王无异于10世纪"佛教复兴"阶段大力扶植佛教发展的中原统治者，经历唐末动乱的中原人士也满怀"愿愍世间故，释王住一劫"的心愿，或许这正是能较好体现宋、辽、西夏之际统治者大力发展佛教的艺术母题。

　　在涅槃场景两端还绘有七位立佛和一位菩萨。七佛象征过去七佛，菩萨则是非常罕见的立像四臂观音。（图2-1-18）早期卫藏唐卡上方也有与榆林窟涅槃变两端相似的形象，即七佛搭配弥勒菩萨的组合，象征佛性不灭，（图2-1-19）但此处四臂观音的绘制原因暂不明了。美国大都会艺术博物馆收藏有一件10世纪的梵文贝叶经经板画，（图2-1-20）现仅存上层经板，画面中央是般若佛母，身侧伴有二胁侍，般若佛母两边绘制八塔变的其中四个情节，从左至右分别是腋下降生、调伏醉象、初转法轮和舍卫城大神变，下层经板因佚失无法得知图像为何。这件经板画传达的信息是印度艺术作品中确有将八塔变和般若佛母绘制在一起的传统，这与贝叶经的经文内容相吻合。

以上八个情节就是成熟八塔变图像中的八相，八相下方的四个方格内还有四个情节，笔者在对内容做出辨识之后发现描绘的是释迦成道之前的四个事件：

Ⅸ．"七步生莲"：画面中有一赤身露体小儿，足踏莲花，右手高举，左臂下垂，这是较有辨识度的"七步生莲"（或称"指天指地"）情节，诸多佛经都有记载：世尊诞生后，即向东南西北各行七步，并以右手指天，左手指地，同时做大狮子吼："天上地下，唯我独尊。"（图2-1-21）

Ⅹ．"泥连禅河沐浴"："猕猴献蜜"情节下方竖框内绘下半身隐没于河水中的佛尊，（图2-1-22）应是表现了悉达多太子苦行六年之后沐浴尼连禅河（Nairantildejanā）的故事，如《过去现在因果经》记载，世尊出家之后，在尼连禅河畔静坐修行满六载，后舍弃苦行而入此河沐浴，净身后接受牧女难陀波罗的乳糜供养，其后便到此河对岸的菩提树下发愿终成正觉。[1]斯坦因藏敦煌遗书S.0373v记有大唐三藏诗五首，其中有《题泥莲河七言》曰："泥莲河水正东流，曾浴金人体德柔。自此更谁登彼岸，西看佛树几千秋"，[2]是对世尊沐浴之地的纪念。

Ⅺ．"目真邻陀龙王护佛"[3]：以全跏趺坐于莲花座上的世尊身后升起九条蛇，形成扇形庇护冠，（图2-1-23）这应当是表现了佛典中目真邻陀龙王在暴风雨季庇护释迦牟尼免受暴雨浇打的"龙王护佛"故事。南传佛教经典《律藏·大品》（Vinaya Piṭaka, Mahāvahha）保留了对释迦牟尼悟道后数周内的经历，其中记载在佛陀悟道后的第二周他来到目真邻陀树下，"一度结跏趺坐，坐受七日解脱乐。此际，不时起大云，连续降雨七日，……时，目支邻陀龙王从己栖处出，局蜷七匝，绕世尊身，举巨首覆头而立，（心中念言：）'毋寒世尊，毋热世尊，虻、蚊、风、热、蛇毋触世尊。'"[4]《方广大庄严经》卷十《商人蒙记品》也有该情节的记载。印度图像中的"龙王护佛"多见佛顶之上五支或七支扇形龙冠，世尊多作禅定印或触地印，（图2-1-24）此处则是不甚常见的转法轮印。

图2-1-20　美国大都会艺术博物馆藏10世纪梵文贝叶经经板画

---

［1］（宋）天竺三藏求那跋陀罗译：《过去现在因果经》卷三，《大正新修大藏经·本缘部上》No.189。

［2］施萍婷主撰稿，邰惠莉助编：《敦煌遗书总目索引新编》，中华书局，2000年，第12页。

［3］关于"龙王护佛"图像的研究见赵玲：《龙王护佛图像研究》，《南京艺术学院学报（美术与设计版）》2013年第1期，第20—26页。

［4］转引自赵玲：《龙王护佛图像研究》，第21页。

图2-1-21 七步生莲

图2-1-22 尼连禅河沐浴

图2-1-23 目真邻陀龙王护佛

图2-1-24 印度"目真邻陀龙王护佛"造像

XII."商人献食"：在与"龙王护佛"相对位置出现的这个情节中，世尊也是全跏趺坐在莲花座上，双手禅定，身后有类似祥云的背景，世尊身两侧各有一俗人装扮男子作供养势。（图2-1-25）《方广大庄严经》卷10有载，"尔时世尊于第七七日，至多演林中在一树下，结跏趺坐观察众生，……时北天竺国兄弟二人为众商之主，一名帝履富婆，一名婆履，智慧明达极闲世法"[1]，见到世尊之后心生崇敬，便准备诸种美味酥蜜、甘蔗、乳糜等向佛陀顶礼施食，世尊在拒绝盛食的金钵、银钵、七宝钵之后，终于接收以石钵承载的食物。榆林窟八塔变下方的这铺壁画应当就是表现了"商人献食"的故事，世尊身侧的两个人物分别是商人帝履富婆（Trapuṣa）和婆履（Bhallika）。

从窟室现存状况来看，清塑佛台掩盖了"降魔成道"下方的空间，无法确定是否还有其他情节，东千佛洞第5窟八塔变下方虽漫漶不清，仍可见残存画迹，想必原本也有除八相之外的其他佛传情节。榆林窟第3窟八塔变下方的这四个情节同时出现于《方广大庄严经》中，图像配置的理念应是与早期卫藏唐卡保持一致，唐卡底行描绘的几个情节（阿私陀占相、逾城出家、受用妃眷、落发出家、苦行修炼、牧女献糜、尼连禅河沐浴等）体现了世尊从降生到初转法轮之间的事迹，榆林窟第3窟绘制的原则与之相合，只是在具体情节的选择上另有偏好。

榆林窟和西夏时期其他八塔变图像与印度波罗时期的页岩石雕、贝叶经插图和卫藏早期唐卡所描绘的内容一致，构成八塔八相的固定组合，为了便于对该图像进行深入分析并就不同地域之间的图像进行横向比对，下文将对13世纪之前的八塔相关文献和图像进行细致梳理，进而找出榆林窟八塔变壁画在同类题材图像发展史上的精准位置。

二、汉藏文典籍中的"八塔"

（一）汉文典籍中的"八塔"

汉文典籍中开始较频繁出现八塔始于唐代高僧的朝拜笔记。唐玄奘《大唐西域记》和慧超《往五天竺国传》中虽没有提到"八塔"这一总称，但是玄奘参礼的众多圣地名目中包含了八大舍利塔所在地，而且慧超文中所述四大灵塔与中天竺四大塔起塔之地名加起来正好与该体系一致。[2] 俄藏敦煌文献中有一篇 Ф209《圣地游记述》，记载一位僧人用时58个月在印度巡礼佛教胜迹的情况，亲礼各地中有"舍卫国祇树给

---

[1]《方广大庄严经》卷10《赞叹品·商人蒙记品》。

[2] 慧超朝拜的四大灵塔分别位于鹿野苑、拘尸那、王舍城、摩诃菩提。中天竺四大塔分别位于舍卫国、毗耶离城（即吠舍离城）、迦毗罗城、中天竺三道宝阶塔处。见（唐）慧超著，张毅笺释：《往五天竺国传笺释》，中华书局，1994年，第19—22、31—42页。

图2-1-25　榆林窟第3窟"商人献食"

孤独园、波罗奈城鹿野林苑、俱尸那城佛入涅槃处"等等，由于Φ209号写卷卷首残缺，前面应该还有八大圣地的其他几处。晚唐五代时期敦煌僧人到印度游历圣地时往往把前人巡礼路线做为指南或参考，如敦煌出土文书汉文文书S.2659V《大唐西域记》第一卷末就有智严题记曰："往西天求法沙门智严《西传记》写下一卷"，智严抄写《大唐西域记》并把它作为前往西天巡礼的指南，Φ209也极有可能是在同样的契机下完成的。俄藏敦煌文献中还有一件编号为Дx00234的文书，孟列夫定名为《圣地游记述》，年代为唐代前期，虽然此件文书甚残，但仍然可见"八塔"字样。[1]唐代敦煌流行的变文里也有《八相变》《八相押座文》等文，[2]从题目看似乎与本节讨论的八塔八相密切关联，但内容却是记述佛陀生平事迹，在"八相"题材的选择上也和八塔变中的"八相"不尽相同，与其呼应的是敦煌壁画中大量出现的佛传故事画，但可以确定的是在晚唐之前，敦煌已有用"八相"概指佛陀生平事迹的传统。

另外，唐义净所译《根本说一切有部毗奈耶杂事》卷记："有其八所，一本生处，二成道处，三转法轮处，四鹫峰山处，五广严城处，六从天下处，七祇树园处，八双林涅槃处，四是定处，余皆不定，"[3]虽仍未明确道出"八塔"之名，但是八大圣地与稍后时期悟空（731—？）在《大唐贞元新译十地等经记》（又称"悟空入竺记"）卷中言及的"八塔"所在地两相吻合，说明八塔体系内各塔对应的印度圣地位置在中唐时期或之前已经基本固定下来。《十地等经》首次详细列出"八塔"作为一完整体系的名号：

> 从此南游中天竺国亲礼八塔。往迦毗罗窣睹城佛降生处塔。次摩揭提国菩提道场成佛处塔，于菩提寺夏坐安居。次波罗痆斯城仙人鹿野苑中转法轮处塔。次鹫峰山说法华等经处塔。次广严城现不思议处塔。次泥嚩袜多城从天降下三道宝阶塔（亦云宝桥）。次室罗伐城逝多林给孤独园说摩诃般若波罗蜜多度诸外道处塔。次拘尸那城娑罗双林现入涅槃处塔。如是八塔右绕

[1] 有关俄藏敦煌Φ209写卷的研究见郑炳林：《俄藏敦煌写本唐义净和尚〈西方记〉残卷研究》，《兰州大学学报（社会科学版）》第32卷第6期，2004年，第14—18页。Дx00234《圣地游记述》的研究见郑炳林、魏迎春：《俄藏敦煌写本王玄策〈中天竺国行记〉残卷考释》，《敦煌学研究》2005年第2期（总第48期），第3—11页。同时参见[俄]孟列夫（L.N. Mensikov）主编：《苏联科学院亚洲民族研究所藏敦煌汉文写本注记目录》（*Opisanie Kitaiskikh rukopisei Dunkhuanskogo fonda Institute Narodov Azii*），1963—1964；袁席箴、陈华平译：《俄藏敦煌汉文写卷序录》，上海古籍出版社，1999年。

[2] 潘重规：《敦煌变文集新书》，台北文津出版社，1994年。

[3] 《大正藏》卷二十四，No.1451，《根本说一切有部毗奈耶杂事》，第三十八卷。

供养瞻礼略周。[1]

　　比慧超稍晚时期的来自罽宾国的高僧三藏般若［Prajñā，唐贞元（785—805 年）中］也曾亲礼八塔，《宋高僧传·唐洛京智慧传》有记："释智慧者，梵名般剌若，……诣中天竺那烂陀寺，……并依承智护、进友、智友三大论师，复游双林、经八塔，往来瞻礼十有八年。"[2] 般若于唐德宗建中三年（782）抵达长安之后奉诏译经，其中《大乘本生心地观经》[3] 提到的八塔塔名和次序与悟空本稍有区别：

> 又此光中现八塔，皆是众生良福田：
> 净饭王宫生处塔；菩提树下成佛塔；
> 鹿野园中法轮塔；给孤独园名称塔；
> 曲女城边宝阶塔；耆阇崛山般若塔；
> 庵罗卫林维摩塔；娑罗林中圆寂塔。
> 如是世尊八宝塔，诸天龙神常供养，
> 金刚密迹四天王，昼夜护持恒不离。

　　般若本"八塔"显然比前述几个版本更有影响力，该体系内的八塔名号和次序全部被辽人继承。辽人崇塔，辽代故地发现的多处佛塔塔身上均刻有八塔塔名，如始建于唐代、辽初及重熙十三年（1044）重修的朝阳北塔，塔身四面中央各有浮雕坐佛一尊，旁立二胁侍，胁侍外侧又各有小塔一，小塔一侧有石额，额内竖书阴刻楷书，南面为"净饭王宫生处塔""菩提树下成佛塔"，西面刻"鹿野园中法轮塔""给孤独园名称塔"，北面刻"曲女城边宝阶塔""耆阇崛山般若塔"，东面刻"庵罗卫林维摩塔""娑罗林中圆寂塔"。[4]（图 2-1-26）另外，辽北塔天宫出土辽重熙十二年（1043）鎏金银塔、辽大安八年（1092）白塔峪塔塔身上也都刻有八塔名号，塔名与《大乘本生心地观经》和朝阳北塔八大灵塔名号完全一致。

　　辽虽与宋同期，却没有继承宋代新译佛典的传统。宋时携梵本佛经至汴京的天

---

[1]　（唐）悟空：《大唐贞元新译十地等经记》，《大正藏》卷 17，第 716 页。八塔塔名中，悟空及其之前的高僧朝圣笔记或译注均没有指出"天降处"所在地，悟空所言"泥嚩袜多城"即梵文 Devāvatāra 的音译，意为"从天降处"（藏：lHa yul nas 'bab pa）。

[2]　《宋高僧传》卷二，《唐洛京智慧传》，见《大正新修大藏经》第五十册，No.2061。

[3]　《大正藏》卷三，第 294 页。

[4]　朝阳北塔塔身上的八个小塔内各塑有一释尊像，除了"庵罗卫林维摩塔""娑罗林中圆寂塔"之外的六塔内均塑造全跏趺坐像释尊（偶有手印不同者），"庵罗卫林维摩塔"内是维摩诘，"娑罗林中圆寂塔"内是右胁而卧的释尊。

息灾（即法贤，？—1000）奉宋太宗之诏在太平兴国寺所建译经院内翻译佛典，其中两部就是围绕八大灵塔而作，分别为《八大灵塔梵赞》（梵：*Aṣṭamahāsthāna Caityavandanāstava*）[1] 与《佛说八大灵塔名号经》（梵：*Aṣṭamahā-caitya-nāma sūtra*）。[2]《梵赞》实则是对梵文本的音译，不谙梵音者单从字面上难以通晓其意，该本对应

图2-1-26　朝阳北塔塔身上的浮雕

的藏文本《八大圣地制多礼赞》仍然存于西藏文《大藏经》。[3]《八大灵塔名号经》对应的藏文本已不存，跟它最接近的是由 10 世纪那烂陀寺上师龙树（Klu sgrub）所著《八大圣地制多赞》，[4]《八大灵塔名号经》与般若本八塔名号基本一致，但仍能看出二者在八塔排列次序和译名方面的差别。[5]

从现在掌握的信息来看，天息灾译本在当时并没有产生多少影响力，西夏故地出土的两幅《金刚座佛与佛塔》唐卡（图 2-1-27）采用竖书榜题的方式标明八塔，分别

---

[1]《大正藏》No.1684。

[2]《大正藏》No.1685。

[3] *gNas chen po brgyad kyi mchod rten la phyag 'tshal ba'i bstod pa*，德格版 No.1168。

[4] *gNas chen po brgyad kyi mchod rten la bstod pa*，德格版 No.1133。关于八塔相关藏文文献的梳理，详见下文。

[5] 天息灾译《佛说八大灵塔名号经》所记八塔为：
　　净饭王都迦毗城，龙弥你园佛生处；
　　摩伽陀泥连河侧，菩提树下成正觉；
　　迦尸国波罗奈城，转大法轮十二行；
　　舍卫大城祇园内，遍满三界现神通；
　　桑迦尸国曲女城，忉利天宫而降下；
　　王舍大城僧分别，如来善化行慈悲；
　　广严大城灵塔中，如来思念寿量处；
　　拘尸那城大力地，娑罗双树入涅槃；
　　如是八大灵塔。

为"净饭王宫生处塔""菩提树下
成道塔""释迦如来□□塔""降
伏外道名称塔""佛从天下宝阶
塔""耆阇崛善大乘塔""菴罗林
会维摩塔""拘尸那城涅盘塔",
榜题内容基本延续了唐《大乘
本生心地观经》、辽塔的传统,但
是"释迦如来□□塔"的出现颇
有让人费解之处,或许因为西夏
人曾接触不同体系的八塔组合而
在图像中对两种(或多种)体系
加以调整。

汉文经典多采用偈赞的形式
颂扬八塔及供奉八塔带来的功德,
内容与佛教艺术中的八塔变题材
基本无涉,诸如"给孤独园名称
塔""耆阇崛山般若塔""庵罗卫

图2-1-27　黑水城出土西夏《金刚座佛与佛塔》唐卡

林维摩塔"等塔名也难以用绘画形式表达,所以敦煌石窟宋夏时期八塔变图像的来源
和绘制依据另有所本。

(二)藏文典籍中的八塔

西藏人前往金刚座朝圣的文字记录最早出现在 11 世纪,[1] 从中可以一窥藏人对佛
陀行迹所至之地的崇奉,他们也有足够充足的条件接触八塔信仰及其图像。《巴协》
(*sBa bzhed*)、《第吴教法史》(*lDe'u chos'byung*)等藏文史籍记载桑耶寺按照汉地样式
建造的中层转经廊配殿绘制有八塔,其中《巴协》还特别提到此八塔是根据《涅槃经》

---

[1]　最早出现在萨迦二祖索南孜摩(bSom nams rtse mo,1142—1182)1167 年所著《佛教入门》(*Chos
la jug pa'i sgo zhes bya ba'i bstan bcos*)中,这部论书是我们迄今所知的第一部藏文佛教史。转引
自 Kurtis R. Schaeffer, "Tibetan Narratives of the Buddha's Acts at Vajrasana",《藏学学刊》第 7 辑,
第 94 页。

绘制的。[1]《大般涅槃经》中记述的八塔实为"八王分舍利"后所建八大舍利塔，从绘画表现形式方面来说应与八塔八相的组合方式相去甚远，或许是八座形制一模一样的舍利塔。[2]

　　藏文史籍中关于八塔实物的记载寥若晨星，不过《大藏经》中却保留有不少相关文献。成书于8—9世纪的于阗佛教史书《于阗国授记》（Li yul lung bstan pa）[3]明确列出八王八分舍利之后所建"八大舍利塔"和糅合了佛陀行迹的"八大制底"两个体系，"八大制底"分别为：

　　　　迦毗罗城之蓝毗尼园塔；摩羯陀国王舍城尼连禅河畔金刚座佛成等正觉
　　处塔；摩羯陀国王舍城佛战胜一百八十万魔军处塔；佛成正等觉后七昼夜不
　　语而梵天请转妙法轮处塔；迦尸国波罗奈斯城附近鹿野苑佛转妙法轮处塔，
　　憍萨罗国舍卫城佛战胜九十六魔众而示大神通处塔；婆蹉国僧伽尸城佛自
　　三十三天界降下处塔，末罗国拘尸那揭罗城二娑罗树下佛涅槃处塔。[4]

　　《于阗国授记》体系的"八大制底"尤其强调佛在王舍城成等正觉前后的神迹故事，有三塔都是为这一历史事件而建，其中"调伏魔军塔"和"梵天请转法轮塔"在10世纪之后藏文典籍记载的八塔体系中再无出现。

　　德格版《大藏经》第3069号经典名为《念诵圣佛顶放无垢光明入普明陀罗尼及契经中所集一百零八支提和五支提建立仪轨》（下文简称《建立仪轨》），[5]从后记可知该仪轨由菩提萨埵（Bo dhi satwa，即莲花戒Kamalaśīla，藏：Padma'i ngang tshul，约

---

［1］巴塞囊著，佟锦华、黄布凡译《巴协》藏文本第135页："sKor khang kha phyir blta la mchod rten brgyad pa mya ngan las'das pa'i rgyud ris"；mKhas pa lde'u, *mKhas pa lde'us mdzad pa'i rgya bod kyi chos 'byung rgyas pa*, 西藏人民出版社，1987年，第349—350页。

［2］谢继胜、常红红在其《莫高窟76窟〈八塔变〉及相关的几个问题——11—13世纪中国多民族美术关系史研究》一文中对桑耶寺二层转经廊配殿内的八塔壁画作出另一种解释，认为该图像也极有可能是11世纪左右的晚成之作，10—11之际往来于中原和印度之间的宋僧或许敦煌地区的波罗样式携入卫藏，具体论证过程见其文第222—223页。

［3］德格版《大藏经》第4202号经典。《于阗国授记》是有关古代于阗建国传说、佛教发展状况的一部非常重要的教法史，很早就引起学界重视，相继有日译本、英译本、汉译本问世，分别见寺本婉雅：《于阗国史》，京都：丁子屋，1921年；Thomas, F.W., *Tibetan Literary Texts and Documents concerning Chinese Turkestan*, Parts I-IV, London: The Royal Asiatic Society, 1935, 1951,1955, 1963；朱丽双：《〈于阗国授记〉译注》（上），《中国藏学》2012年第S1期，第223—268页。

［4］藏文原文详见朱丽双文，第232—233页。

［5］'Phags pa kun nas sgor 'jug pa'i 'od zer gtsug tor dri ma med par snang ba'i gzungs bklag cing mchod rten brgya rtsa brgyad dam mchod rten lnga gdab pa'i cho ga mdo sde las btus pa, 德格版《大藏经》，No.3069。

740—795 年）著成，[1] 仪轨的藏译者不明。

《建立仪轨》是笔者目前所见藏文文献中唯一一部完整描述现存八塔变图像内容的文本。行文虽然简短，但是它基本涵盖了八塔变所涉及的所有神迹故事和发生地点，这八塔八相分别是：

> 龙弥你园降生处，金刚座现证菩提处，舍卫城大神变处，波罗奈斯转法轮处，王舍城降服大象护财处，神自天上降处，广严城猕猴献蜜处，大力地涅槃处，在此佛陀真身舍利八分及其所作大行之地，化现佛塔。[2]

正如上引文中所说，释迦生平／神变故事（即"大行"）和圣地崇拜在这里融为一体，佛教艺术传统中八塔变的主要情节应在 8 世纪之前的印度就基本固定下来并在造像作品中保持稳定发展，因为迄今所见几乎所有的印度页岩石雕和贝叶经插图（主要是《八千颂般若波罗蜜多经》）、敦煌地区宋西夏时期的壁画、辽代佛塔建筑、卫藏唐卡中的八塔变内容均与该文本所描述的情节吻合。

但是菩提萨埵之后的文献却没有继承这一系统。多个文本中记载的八塔名号存在不一致和混乱之处，这或许说明在 10—11 世纪的印度，八塔依然没有形成统一体系，不同的传统并行存在并各自发展。10 世纪那烂陀寺上师龙树著有两部《八大圣地

---

[1] 后记言："slob dpon chen po bo dhi satwas mdzad pa rdzogs so"。与德格版 No.3068 同名的 No.3069 经典也是由莲花戒所著，但是二者内容不同，后者未见八塔的相关记载。《雅砻尊者教法史》中记载在赤松德赞时期，赞普迎请堪布菩提萨埵与轨范师莲花生入藏传法。（释迦仁钦德著：汤池安译：《雅砻尊者教法史》，西藏人民出版社，2002 年，第 35 页）其后他在其师寂护第二次入藏时一同前往，西藏历史上著名的"渐顿之争"就是由他和摩诃衍那主持展开的。《丹噶目录》中收录有一部他所写的《苾刍戒》（*dGe slong gi tshul*）（见 Marcelle Lalou, "Les textes bouddhiques au temps du roi khri-sron lde-bcan: contribution à la bibliographie du kanjur et du tanjur", *Journal Asiatique*, 1953, p. 331），说明其著作在当时已传入卫藏地区。

[2] 藏文原文：
lumbi'i tshal du bltams pa dang / rdo rje'i gdan la mngon par rdzogs par byang chub pa dang / mnyan yod du cho 'phrul chen po bstan pa dang / bā rā ṇa sīr chos kyi 'khor lo bskor ba dang / rgyal po'i khab tu glang po che nor skyong btul ba dang / lha las babs par lha yul nas gshegs pa dang / yangs pa can du spre 'us sbrang rtsi phul pa dang / gyad yul du yong su mya ngan las 'das pa chen po bstan pa dang / brgyad du bgos pa'i sku gdung gi gzugs dang / gzhan yang sangs rgyas 'dus pa chen po mdzad pas zhing khams 'di nyid mchod rten du gyur pa dang /
见 'Phags pa kun nas sgor ' jug pa'i 'od zer gtsug tor dri ma med par snang ba'i gzungs bklag cing mchod rten brgya rtsa brgyad dam mchod rten lnga gdab pa'i cho ga mdo sde las btus pa, 德格版《甘珠尔》，No.3069，叶 156a。

制多赞》，[1]藏译者都是印度译师帝剌喀（Tilaka，或 Tilakakalasa）和西藏译师巴曹尼玛扎（Pa tshab nyi ma grags）。龙树一人著有两部与八塔相关的同名经典，但是两文内容并不相同，不管是在八塔名号还是在次序安排上都有较多出入（详细比对情况见附录一）。[2]同样的情况也见于上文提到的宋法贤译《八大灵塔梵赞》所对应的藏文本中，该藏文译本名为《八大圣地制多礼拜赞》，[3]从后记得知作者为克什米尔王曷利沙（Śrīharṣadeva，10 世纪），译者为印度学者智友（Śrījñānamitra）和西藏译师云丹贝（khe'u brgad yon tan dpal），[4]智友和云丹贝两人生活的年代相差甚多，或许是前者于 8 世纪先将《八大圣地制多礼拜赞》自梵译藏，后者在 11 世纪再度校译。鉴于未见相关汉译本发表，现将文中提到的八大灵塔名翻译如下：

胜三世大神变塔，洁白如雪山之天降塔，遍至如来涅盘塔，广严城塔与波罗奈斯室兽摩罗善怖畏稠林近处塔，舍卫城塔与龙弥你园菩提树旁降生处

---

[1]　梵：Astamahāsthāna caityastotra，藏：*gNas chen po brgyad kyi mchod rten la bstod pa*，德格版《大藏经》No.1133，No.1134。有关这两部《八大圣地制多赞》的研究见 P.C. Bagchi, "The Eight Great Caityas and their Cult", *The Indian Historical Quarterly*, vol.17, No.2 (1941), pp.223-235; Tadeusz Skorupsti, "Two Eulogies of the Eight Great Caityas", *The Buddhist Forum*, Vol. VI, The Institute of Buddhist Studies, Tring, UK & The Institute of Buddhist Studies, Berkeley, USA, 2013, pp.37-56; Nakamura, Hajime: " The Astamahāsthāna caityastotra and the Chinese and Tibetan Versions of a Text similar to it", in *Indianisme et Bouddhisme*: *mélanges offerts à mgr Étienne lamotte*, Université catholique de Louvain, Institut orientaliste, Louvain la veuve, 1980, pp.259-265. 前述几篇文章都提供了两部《八大圣地制多赞》的英译文，此不赘述。

[2]　巴曹日称所译藏文本《八大圣地制多赞》还被回鹘人继承，现藏于德国的一部回鹘文《金光明最胜王经》后附有《八大圣地制多赞》，毛埃（D. Maue）和罗伯恩（K. Röhrborn）在《古回鹘文本〈金光明最胜王经〉中的〈八大圣地制多赞〉》中经过分析后认为回鹘本的《八大圣地制多赞》应是从藏文译出，且文末有藏文尾跋。见毛埃（D.Maue）、罗伯恩（K. Röhrborn），《古回鹘文本〈金光明最胜王经〉中的〈八大圣地制多赞〉》（"Ein Caityastotra aus dem alttürkischen Goldglanz-Sūtra"），载《德国东方学会杂志》（ZDMG）第 129 卷，1979 年，第 282—320 页。转引自 [德] 茨默著，桂林、杨富学译 :《佛教与回鹘社会》，民族出版社，2006 年，第 55 页。

[3]　德格版《大藏经》No.1168。列维（Sylvain Lévi）曾将该赞还原成梵文，见 Sylvain Lévi, "Une poésie inconnue du roi Harsa Çîlâditya," in *The Art of the Xth Congress of Orientalists*, Geneva, 1895, Vol.3, pp.198-199.

[4]　后记中还提到该赞是曷利沙为其母而作，"gnas chen po brgyad kyi mchod rten la phyag 'tshal ba'i bstod pa kha che'i rgyal po shrī ha ri sha de bas yum gyi ched du mdzad pa rdzogs so/ rgya gar gyi mkhan po rā dza shrī dznyā na mi tra dang/ lo tsā ba khe'u brgad yon tan dpal gyis bsgyur ba'o"。

智友是中天竺那烂陀寺僧，前文提及的来自北天竺厨宾的高僧般若就曾跟随他学习唯识、瑜伽、中观、五明等。《雅砻尊者教法史》记载，在热巴坚时期，"赞普迎请印度堪布姿那米扎等诸班智达，翻译昔日未译之佛典甚多"（释迦仁钦德著，汤池安译:《雅砻尊者教法史》，第 38 页）。说明他曾在吐蕃时期亲临藏地。云丹贝是活跃于 11 世纪中期的译师，曾前往尼泊尔和印度等地遍礼高僧大德（见 *Gang can mkhas grub rim byon gyi ming mdzod*, Lanzhou: Kan su'u mi rigs dpe skrun khang, 1992, 第 153 页）。

塔，憍赏弥城塔。[1]

曷利沙撰写的《八大圣地制多礼拜赞》与其他几个文本相比出入较大，前三个塔名没有言及起塔地点，憍赏弥城塔也不见载于其他文本，这也印证了前文提到的10世纪左右印度存在多个八塔体系的说法。

从现存藏文文献的情况来看，有关世尊涅槃后八分舍利所建八大舍利塔与纪念佛陀神迹故事八塔的文献集中出现在7—9世纪和10—12世纪两个时期，基本对应唐宋两朝佛教发展繁盛期，其后，藏传佛教艺术中的"善逝八塔"体系在此基础上继续发展并逐渐走向成熟，以致后期常用形制不同的善逝八塔来取代早期佛教图像艺术中常出现的形制相同的八大舍利塔，八塔搭配八相的八塔变图像也在13世纪之后也逐渐退出佛教艺术的主流，约活动于11—12世纪的俱生游戏（Sahajavilāsa，藏：Lhan cig skyes pa'i rol pa）所撰《观普门入光明无垢顶髻照一切如来心髓三摩耶陀罗尼疏》（下

---

[1] 藏文原文为：

mchod rten thog mar 'jig rten gsum mchod dang ldan cho 'phrul chen po dang //gangs ri'i kha dog ltar gsal lha las babs pa'i gnas 'di dang//gang du bde gshegs mya ngan 'das pa de la spyi bos bdag phyag 'tshal // yangs can wā rā ṇa sī byis pa gsod ri 'jigs rungs bcings 'gram dang//mnyan yod dang ni byang chub shing drung ku sha'i srong mchog ser skya lumbi nī// kau shambi dang mdzod mthug mnyam pa'i grong mchog dpa' skyong yul 'khor dang//

德格版《大藏经》No.1168，gNas chen po brgyad kyi mchod rten la phyag 'tshal ba'i bstod pa，叶480-481。疑 "yangs can wā rā ṇa sī byis pa gsod ri 'jigs rungs bcings 'gram dang" 一句在 yangs can 后少一 "dang" 字。通过藏文本上下文语境和对照梵文本原文也可以看到这一句及其之后的两句都采用一样的句型，将两个地名合并到一句中介绍。此处的 yangs can 即其他藏文文献中出现的 yangs pa can（广严城）。

这段文字对应的梵文原文为：

Caityaṃ cādyaṃ tribhuvanamahitaṃ

śrīmahāpratihāryam

sthānaṃ cedaṃ himagirinilayaṃ

devadevāvatāraḥ

vandeha praṇamataśirasā

nivṛtā yatra buddhāḥ

vaiśālyāṃ dharmacakre śiśumagiriṭaṭe

bhīṣmakāyoditīre

śrāvastyā Bodhimūle kuśinagaravare

lumbinīkāpilālye

kauśambyā smreakoṣṭhe mathursvarapure

nandagopasya rāṣṭre

文简称《无垢顶髻疏》）最能体现转变期八塔的特点。[1] 文中列出的"八塔"是建立在八分舍利所建舍利塔体系之上的，与后期成熟的"善逝八塔"相比，这八塔的名目存在几个混淆之处，如佛陀降生处所建从兜率天降下之天降塔与"善逝八塔"中的从忉利天下之天降塔混淆；拘尸那揭罗城涅槃处所建大神变塔与纪念舍卫城大神变的舍利塔之间的混淆等等，这正说明《无垢顶髻疏》是八塔"善逝八塔"体系尚未定型时期撰成。[2]

俱生游戏之后，萨迦三祖扎巴坚赞（Grags pa rgyal mtshan, 1147—1216）作品全集中还能找到一篇题为《阏伽仪轨广释》（A rga'i cho ga dang rab tu gnas pa don gsal）的文本，文中完整记录了佛塔的礼拜仪式、构件、类型、形制等等，其内描述的八塔正是后期形成定式的藏传佛教"善逝八塔"（见表2-1-1），正如文中所言："佛塔之中有其八，塔基形制各不同，方形、圆形、莲花形、半圆形等状，各各优美"[3]，《阏伽仪轨广释》将八塔用基座的形制加以互相区别，这是迄今发现藏文文献中最早完整记载"善逝八塔"体系的文本，它的出现标志着前期八塔变中的八大舍利塔在13世纪左右最终完成向"善逝八塔"的转变。北京居庸关过街塔门洞内壁上刻有五体文字，其中东壁所刻"造塔功德记"的内容就是以《阏伽仪轨广释》为母本，五体字中属藏文偈

---

[1]　藏文原文为：

De las sangs rgyas kyi sku gdung cha brgyad du bgos pa'i mchod rten chen po brgyad ni grong khyer ser skyar rgyal bo zas gtsang gis yon bdag byas nas dpal lha las babs pa'i mchod rten brtsigs so/ yul ma ha dhā dbus 'gyur tshal du rgyal po ma skyes dgras yon bdag byas nas byang chub chen po'i mchod rten brtsigs so/ grong khyer rtsa mchog tu gyad rnams kyis yon bdag byas nas cho 'phrul chen po'i mchod rten brtsigs so/ yul bā rā ṇa si ru ser skya'i rgyal po tshangs byin gyis yon bdag byas nas dpal chos kyi 'khor lo'i mchod rten brtsigs so/ yul yangs pa can du rgyal po li tsa byi gzhon nus yon bdag byas nas dpal ka ni ka'i mchod rten brtsigs so/ yul mnyan yod du rgyal po gsal rgyal gyis yon bdag byas nas dpal bgra shis sgo mangs brtsigs so/ yul chad ger rgyal po 'dun 'dzin ta las yon bdag byas nas dpal 'od can gyi mchod rten brtsigs so/ yul ti ga tsa shir rgyal po indra ba mis yon bdag byas nas mchod rten padma can brtsigs so/ 见 *Kun nas sgor 'jug pa'i 'od zer gtsug tor dri ma med par snang ba de bzhin gshegs pa thams cad kyi snying po dang dam tshig la rnam par blta ba zhes bya ba'i gzungs kyi rnam par bshad pa*, 德格版《大藏经》No.2688, 第313a—313b叶。俱生游戏所撰《无垢顶髻疏》后被收入洛卓桑波（Blo gros bzang po）的《善逝身像量度论·如意宝》（bDe bar gshegs pa'i sku gzugs kyi tshad kyi rab tu byed pa yid bzhin nor bu），洛卓桑波文本中相应内容的译文见 [意]图齐著，魏正中、萨尔吉主编：《梵天佛地》第一卷，第100页。

[2]　参见廖旸：《"天降塔"辨析》，《故宫博物院院刊》2014年第1期。

[3]　"'di la brgyad yod de/ thams cad du 'ang gdan 'khri'i rnam pa la ni nges pa med de/ gru bzhi 'am/ zlum po 'am/ padma 'am zla gam la sogs pa ji ltar mdzes pa ste", 见 Grags pa rgyal mtshan, A rga'i cho ga dang rab tu gnas pa don gsal ba, *Sa skya bka' 'bum*. TBRC W22271. 9-169-230. Dehra dun: Sakya Center, 1992—1993, 第4a页叶。

文的内容最为详尽且与《阙伽仪轨广释》原文最为接近。[1]

表 2-1-1 《阙伽仪轨广释》所列"善逝八塔"

名称	地点	本行／神迹	形制
聚莲塔	迦毗罗城	降生	塔基四面聚有四瓣或七瓣莲花
大菩提塔	摩揭陀	成道	有四阶基
吉祥多门塔	波罗奈斯	初转法轮	每面有四、八、十二或十六门
大神变塔	舍卫城	现大神变	四面有突出
天降塔	迦尸	降忉利天	四面有阶梯
和合塔	王舍城	和解僧诤	有四阶基，四角被切分
尊胜塔	吠舍离	延长寿量	有三阶基，圆形
涅槃塔	拘尸那揭罗	入灭	无阶基，宝座上安置塔瓶

　　扎巴坚赞之后的藏文文献中涉及造塔仪轨、形制、造塔次第、尺寸的文本不一而足，元代著名佛教大师布顿撰有《大菩提塔量度·加持祥焰》（*Byang chub chen po'i mchod rten gyi tshad byin slabs dpal 'bar*），[2]主要细说建造大菩提塔的次第、尺寸等，并未言及已成体系的善逝八塔，16世纪噶举派藏传佛教艺术大师珠钦·白玛噶波（sGrub chen padma dkar po, 1527—1529）《八大灵塔建造尺度经》（*mChod rten brgyad kyi thig rtse*）[3]是对善逝八塔建造尺寸的详尽解说，再至第悉·桑结嘉措（sDe srid sangs rgyas rgya mtsho）《白琉璃论·除疑答问》（*Vaiḍūrya dkar po g.ya' sel*），此文除了开列八塔塔名、起塔地点及各地发生本行／神迹故事之外，还特别指出文中描述的八塔与那些为

---

[1]　相关研究见 Yeal Bentor, "In Praise of Stupas: The Tibetan Eulogy at Chü-Yung-Kuan Reconsidered", *Indo-Iranian Journal*, 38(1995),pp.31-54; Parimoo, Ratan, *Life of Buddha in Indian Sculpture*: *Asta-mahā-prātihārya: An Iconological Analysis*, Kanak Publications, New Delhi, 1982. 居庸关过街塔门洞内壁所刻"造塔功德记"偈文内容见村田治郎编著：《居庸关》，京东大学工学部，1958年，第二卷，第225—322页。

[2]　《布顿文集》（*Bu ston thams cad mkhyen pa'i bka' 'bum*），pha 函。该文汉译本见《大乘要道密集》之《大菩提样尺寸法》，参见沈卫荣《元代汉译卜思端大师造〈大菩提塔样尺寸法〉之对勘、研究》，谢继胜、廖旸主编：《汉藏佛教艺术研究——第二届国际西藏考古与艺术国际学术讨论会文集》，中国藏学出版社，2006年，第77—198页。《大乘要道密集》中还有两篇关于佛塔建造的文书，即《圣像内置总持略轨》（天竺胜诸冤敌节怛哩巴上师述，持咒沙门莎南屹罗译）、《略胜住法仪》（大元帝师八思巴述，持咒沙门莎南屹罗译），他们与《大菩提样尺寸法》一起构成元代研究塔、像仪轨的文书系列。关于这两个文书的研究见沈卫荣：《西藏历史和佛教的语文学研究》，上海古籍出版社，2010年。

[3]　《白玛噶波文集》（*Kun mkhyen rdzogs pa'i sangs rgyas padma dkar po'i gsung 'bum gyi dkar chag ngo mtshar shel dkar me long*）ka 函。

供养释迦牟尼舍利而建的八大舍利塔不同。[1]这些文本侧重的内容是在塔仪、塔律等类，表现在图像上是用形制各异的八塔取代了之前一模一样的双塔、五塔或八塔组合，与10—13世纪集中出现的以八塔八相表现释迦大行的方式相去甚远。

通过以上对相关汉藏文文献的梳理可以看到，八塔信仰贯穿整个佛教发展史，它在漫长的佛教历史和艺术发展史上形成不同体系并各自发展，不同阶段的文献各有侧重。7—9世纪和10—12世纪是与八塔变图像相关文本创作（或翻译）的两个高峰期，唐高僧般若《大乘本生心地观经》一系的八塔名号，因其偈句工整对仗而以榜题文字的形式被纳入辽、西夏佛塔艺术作品之内，如现存辽代佛塔塔身上的刻文、西夏佛塔唐卡中的榜题等内容都基本出自《大乘本生心地观经》。就八塔变这一艺术题材来说，尽管前述文本记载的八塔八相内容不尽相同，但是迄今所见佛教艺术中的八塔变图像却基本恪守一种固定搭配，即：树下诞生→降魔成道→初转法轮→舍卫城神变→调伏醉象→降忉利天→猕猴献蜜→涅槃，也许艺术家刻意采用易于以图像表现的情节入画，是一个长期选择的过程。8世纪印度高僧菩提萨埵所撰《建立仪轨》是现存藏文文献中最早的也是唯一一部完整描述与现存八塔变图像表现内容吻合的文本，但并不能说《建立仪轨》就是中原八塔变图像创作的文本依据，因为我们暂时找不到任何《建立仪轨》一系的文献在西夏属地流传的证据，而且现存一些印度艺术品遗存证明八塔变中的"八相"早在5世纪时就已作为搭配组合出现，菩提萨埵所写文书或许仅是对一种既定图像传统的记录。与《建立仪轨》或相似文献相比，榆林窟第3窟及西夏时期其他八塔变图像受相关艺术作品影响的成分更大，8—12世纪印度帕拉王朝时期是八塔变题材作品创作的高峰期，它对10—13世纪中原地区涌现的这个新题材的影响力可以想见。

三、从印度到西夏——八塔变图像的流变和传播

义净和般若所记八塔名称与印度和西夏图像中的八塔变区别很大，除了降生、成道、初转法轮和涅槃四情节是固定搭配，其他四个情节均与八塔变图像不能对应，尤其是"猕猴献蜜"和"调伏醉象"两个情节在早期佛传艺术中极少脱离佛传故事组画单独呈现，何以在后期进入八塔八相的固定组合？八塔变中八相的每一个情节都曾大量出现在诸如帕尔芙特（Bhārhūt）大塔和桑奇（Sāñcī）大塔等佛塔周身的石雕上，但作为固定搭配组合却是经历了长期图像选择之后的结果。

---

[1]　见《梵天佛地》第一卷附录，第106页。

四本行出自《大般涅槃经》(Mahāparinirvāṇa-Sūtra),经中强调说佛陀寂灭之后前往此四本行发生之地朝拜则"所获功德不可称计,所生之处,常在人天,受乐果报,无有穷尽",[1]所以自佛传艺术发展之初佛陀形象还未出现之前四本行就被反复表现,现存于大英博物馆、原建于公元前1世纪的阿马拉瓦蒂(Amarāvatī)大塔的一根平面八角形石柱上用浅浮雕依次表现单狮柱[2]、双象法轮柱、菩提树和塔,被认为分别代表了诞生、初转法轮、成道和涅槃。(图2-1-28)[3]出土于印度拉姆纳加尔(Ramanagar)、现收藏在勒克瑙州立博物馆(State Museum of Lucknow)的一件石刻(图2-1-29)[4]从左至右按事件发生时间顺序依次表现诞生、成道、初转法轮和涅槃,制造年代在公元3世纪。新疆克孜尔石窟壁画中的四本行被纳入"阿阇世王闻佛涅槃情节"内,如第4、98、178、193、205、219、224等窟内均绘有行雨大臣手执绘有树下诞生、降魔成道、初转法轮和双林涅槃四相的《佛迹图》,[5](图2-1-30)均属于佛陀传记大体系内的常见题材。

贵霜王朝(Kuṣāṇ,30—375年)时期的其他一些艺术品遗存表明四神变中的某些情节也偶与四本行同时出现在一个画面中,开始逐渐走向后期"八相"[6]的组合。马图拉博物馆(Mathurā museum)藏公元2世

图2-1-28 大英博物馆藏阿马拉瓦蒂石柱浅浮雕细节之一

---

[1] 东晋法显译《大般涅槃经》卷2记载:"尔时如来告阿难言:'若比丘、比丘尼、优婆塞、优婆夷,于我灭后,能故发心,往我四处,所获功德不可称计,所生之处,常在人天,受乐果报,无有穷尽。何等为四?一者如来为菩萨时,在迦比罗斓兜国蓝毘尼园所生之处;二者于摩竭提国,我初坐于菩提树下,得成阿耨多罗三藐三菩提处;三者波罗奈国鹿野苑中仙人所住转法轮处;四者鸠尸那国力士生地熙连河侧娑罗林中双树之间般涅槃处,是为四处。若比丘、比丘尼、优婆塞、优婆夷,并及余人外道徒众,发心欲往彼礼拜,所获功德,悉如上说。'"

[2] 关于狮柱和佛塔关系的研究,见廖旸:《狮柱与佛塔——从印度到中国的演变》,《艺术史研究》第十四辑,2012年,第317—368页。

[3] 石柱局部:菩提树,公元前1世纪,柱全高255.5厘米,直径38.75厘米,大英博物馆藏,编号Asia OA 1880.7-9.109。

[4] Ratan Parimoo, *Life of Buddha in Indian Sculpture: An Iconological Analysis*, Kanak Publications, New Delhi, India, 1982, fig.25.

[5] 有关新疆阿阇世王题材中的四相研究,参见姚世宏《克孜尔佛传四相图》,见《克孜尔石窟探秘》,新疆美术摄影出版社,1996年,第33—39页;栾睿:《做为典籍符号的图像叙事——西域石窟壁画阿阇世王题材再探讨》,《西域研究》2006年第1期,第93—98页。

[6] 如不特别说明,此处及下文所言的"八相"将特指八塔变图像中的"八相"。

纪所造石碑（图 2-1-31）[1]。

清楚地显示四本行中间增加了"降忉利天"这一神变情节，三道宝阶代表佛降处。再至笈多王朝（320—500）时期，"舍卫城神变"也加入其中，加尔各答印度博物馆（Indian Museum of Calcutta）收藏的这件造像碑（图 2-1-32）[2] 上部残损，现已不能确定是否原来刻有"涅槃"情节，石碑底部表现降生（包含乘象入胎、腋下诞生等），

图2-1-29　勒克瑙州立博物馆藏四相石刻浅浮雕

图2-1-30　克孜尔第205窟"四相图"

［1］ John C. Huntington: "Pilgrimage as Image: The Cult of the Astmahāprātihārya, Ⅰ ", *Orientations* Vol. 18 (1987), No. 4, p.57.

［2］ Ratan Parimoo, *Life of Buddha in Indian Sculpture: An Iconological Analysis*, Kanak Publications, New Delhi, India, 1982, fig.90.

图2-1-31 印度马图拉博物馆藏公元2世纪造像石碑

图2-1-32 加尔各答印度博物馆藏造像碑

图2-1-33 印度鹿野苑博物馆藏造像碑

中间四个空间分别描绘成道、初转法轮、舍卫城神变和降忉利天，明确的空间隔断也初具后期梵文贝叶经和唐卡配置故事情节的模式。

现藏于鹿野苑博物馆（Sārnāth Museum）的一件造于 5 世纪晚期的造像碑是迄今所见最早的"八相"作品，（图 2-1-33）[1] 彰显出它在八塔八相图像发展过程中的重要地位，因为这说明早在公元 5 世纪"八相"就作为组合出现在石刻艺术中，显然要早于《建立仪轨》或相似文献成文的年代。在鹿野苑造像碑中，四本行和四神变被安置在八个等分大小的棋格式空间内，其中四本行情节安置在外围，四神变居中，等分的空间暗示了艺术家对这八个情节的同等重视。

八塔并没有在该造像碑中出现的事实说明在笈多王朝时期八塔和八相还未结合，后期佛教艺术中严格意义上的八塔变在这一阶段并没有出现，但是八相的组合却成为固定搭配深刻影响了后期图像，被全部纳入八塔变题材中。

波罗王朝（750—1199）长达近 5 个世纪的统治保证了佛教及佛教艺术在印度东北部（今孟加拉国和印度比哈尔邦地区）的稳定发展，也造就了印度佛教艺术的黄金时期，这也是迄今发现八塔变造像最多的一个时期，以摩揭陀那烂陀寺、摩诃菩提寺等遗址为中心的东北印度发现大量石刻艺术品，那烂陀寺第 18 号原址内尤存有一件佛塔，佛塔仅存的基座部分外围刻有"八相情节"，八相分布示意图如下（图 2-1-34 中标示的方位即八相对应的地理方位）：

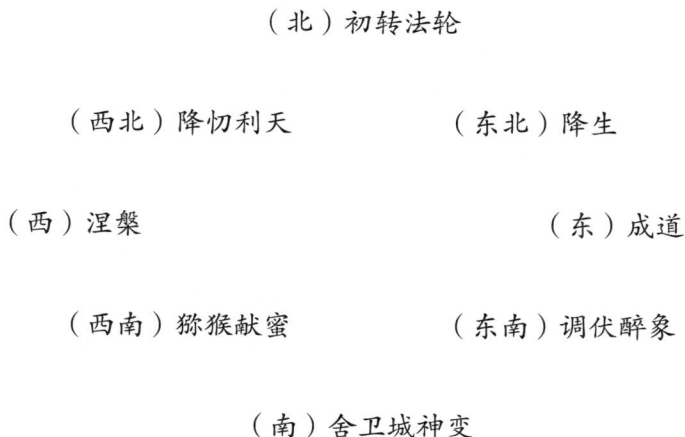

（北）初转法轮

（西北）降忉利天　　　　　　（东北）降生

（西）涅槃　　　　　　　　　（东）成道

（西南）猕猴献蜜　　　　（东南）调伏醉象

（南）舍卫城神变

图2-1-34 那烂陀寺第18号原址佛塔基座八相分布示意图

在这里，四本行并没有安置在四方的对应位置，而是以南方的"舍卫城神变"代

---

[1]　John C. Huntington, "Pilgrimage as Image: The Cult of the Astamahāprātihārya", *Orientations*, Vol.18 (1987), No.4, p.61, fig.18. 同见 Prayapaditya Pal & Julia Meech-Petarik, *Buddhist Book Illuminations*, Ravi Kumar, 1988, Fig.16.

替了东北隅的"降生",这种配置的背后不知是否还另有深意。与那烂陀寺佛塔相似的一件作品是摩诃菩提寺金刚宝座塔上层北面的一座佛塔,基座部分分两层(内框表示上层,外框表示下层),塑有八相,(图2-1-35)分别为:

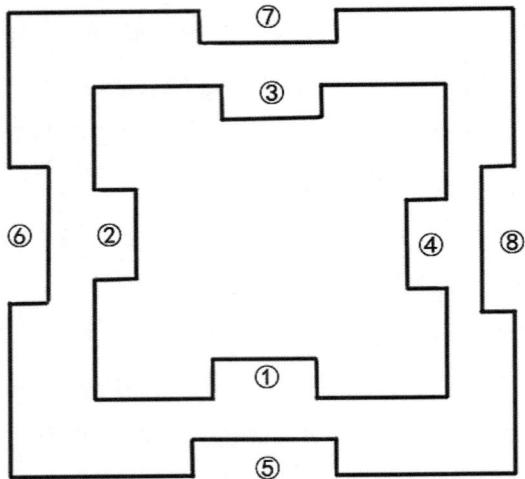

上排:① 舍卫城神变;② 猕猴献蜜;③ 初转法轮;④ 降魔成道
下排:⑤ 涅槃;⑥ 调伏醉象;⑦ 降生;⑧ 降忉利天

图2-1-35 摩诃菩提寺佛塔"八相"图像分布示意图

摩诃菩提佛塔在分配"八相"位置时不再受四本行和四神变这种分类法的限制,也不选择按照事件发生时间顺利安置画面的方式处理。这两件作品的共同意义在于"八相"图像与塔身的融合,这种理念是与辽塔的空间布局理念相同的,前者重在强调佛陀生平和舍利崇拜,而后者意在通过显密图像的交融来营造融合不同宗教理念的空间。

印度9—11世纪数量众多的八相页岩石雕已被多位学者讨论,禅定印释迦牟尼居中、其他七个情节围绕周围的构图最终完成成熟八塔变图像的固定样式,它们作为印度早期佛教艺术遗存的重要性自然不需重申,但就八塔变图像的传播与流变这一议题而言,页岩石雕在其中起到的作用恐怕要另当别论。现今见到的这类作品大都体量巨大,如出土于那烂陀附近一个城镇——贾格迪斯赫普尔(Jagdiśpur)的八相石雕竟高达3米,而且这些石雕基本都没有表现出八塔,只是将八相场景整合在一起,于是八塔擦擦或其他微型携带品的重要性就凸显出来。

加尔各答印度博物馆收藏的这件陶印模制作年代为10世纪,(图2-1-36)[1]陶模正

---

[1] 模制造像在印度有长久历史,唐义净《大唐西域求法高僧传》有载:"归东印度,到三摩呾吒国,国王名曷罗设跋毛……每于日日造拓模泥像十万躯","西方法俗,莫不以此为业",其中所提到的这种"拓模泥像"应当就是指"擦擦"。

面呈凹槽状，中间阳刻八塔八相。令人激动的是，在这件作品里，不仅八相中的每个情节都被安置在佛塔中央，而且画面布局也与11世纪末以降中原的八塔八相图像完全一致（偶将"初转法轮"和"舍卫城神变"对换位置）！暗示了10世纪或许就是后期成熟的八塔变图像的定型期，同样的图像组合也见于位于Solampur Raghunātha寺的八塔变石雕中，[1]制作年代也在10世纪。

画面被清晰地分为8个情景，中央居于佛塔内的是全跏趺坐、触地印释迦牟尼，象征降魔成道、终成正觉的瞬间。最上方为"涅槃变"，描绘右胁而卧的释尊和围绕身侧的3个弟子。"涅槃变"下方、塔刹两侧分别为"调伏醉象"和"降忉利天"，佛陀在这两个画面中均呈站姿，身体稍微侧向中间佛塔。在佛陀头部位置的右方描绘的是"初转法轮"，佛作转法轮印，身侧伴有闻法弟子；左方是"舍卫城神变"。画面最下方的两个画面分别是右面的"猕猴献蜜"和左方的"树下诞生"，这两个画面中的主要人物也通过肢体语言营造画面构图的和谐。"猕猴献蜜"中的佛陀采取侧身垂足坐，这和稍晚时期的卫藏唐卡作品处理方法完全一致。

1000年之后集中

图2-1-36　加尔各答印度博物馆藏10世纪八塔变陶印模

出现的插图本梵文《般若波罗蜜多经》贝叶经基本都绘有八塔变，限于页幅尺寸的限制，采取多叶展示的方式表现八个情节，大多是按照事件发生的时间顺序排列画面，

---

[1]　图片见 Thomas Eugene Donaldson, *Iconography of the Buddhist Sculpture of Orissa*, Indira Gandhi National Center for the Arts, New Delhi, 2001, Vol.2, fig.50.

当与此类陶印、擦擦、或唐卡的布局划为两系。尽管大量汉文材料证明宋、夏时期高频度的"西天取经"运动收获最多的当属贝叶经，[1]贝叶经插图内容题材和风格样式对于中原审美趣味的影响也不容小觑，[2]但仅就独幅画面中的八塔八相题材来说，陶印模等微型携带品在其中所起的作用需要进一步强调。

模印技术在八塔变图像中的应用意味着其相关艺术品的批量制作，体量轻便这一特点也方便前往印度朝拜的僧人或信徒随身携带。以菩提伽耶寺为中心的东北印地区在帕拉王朝时期制作了相当大数量的八塔变擦擦，并作为纪念品出售给前来朝拜的远方信徒，因为我们在西方博物馆藏品中也发现了其他地区出土的八塔变擦擦，如瓦尔特艺术博物馆（The Walters Art Museum）、牛津大学阿什莫林博物馆（Ashmolean museum, Oxford University）收藏的两件11世纪蒲甘作品，（图2-1-37、2-1-38）说明图像也曾流传到该地区。集合了佛陀生平事迹、舍利和圣地崇拜的八塔变模印、擦擦或唐卡让佛教徒的朝圣行为发生改变，开始从外在的身体力行转向内在的精神礼拜。前往印土亲见佛国是一条艰辛之旅，有宋代皇室雄厚财力、物力支持的庞大西渡取经队伍尚要经过至少两年时间的长途跋涉才能抵达，更勿论普通信徒的困难程度了，八塔变相关微型携带物浓缩了早期大乘佛教信徒对于佛陀神奇一生的崇奉、对于释尊生身舍利的狂热、对于佛祖亲历八大圣地的向往，即使不能亲礼西方圣土，信徒通过供奉顶礼八塔图像也能完成了悟佛门甚深法义的"心理朝圣"。

四、榆林窟第3窟的八塔变与西夏时期的八塔信仰

八塔变图像随着宋印佛教交流关系的开展进入中原地区，宋代庞大的取经团队从印度请回的梵文贝叶经、擦擦（或陶模具）等宗教用品是八塔变绘画题材的载体。最早绘有插图的梵文贝叶经纪年是993年，[3]梵文佛经板画出现的年代又可以继续往前追溯到9世纪，所以10世纪后半叶至11世纪中叶中印之间求取或馈赠的梵文贝叶经应该都绘有图像。占据丝路要冲位置的西夏得天独厚，有机会接触西来东往的中印僧

[1] 有关宋初中印佛教交流关系的研究见冉云华（Jan Yun-hua），"Buddhist Relations between India and China", *History of Religions*, Vol.6, No.1 (Aug., 1966), pp.24-42; No.2 (Nov., 1966), pp.135-168; 顾吉辰:《宋代佛教史稿》，中州古籍出版社，1992年，第101—137页。

[2] 宋夏之际汉梵僧人求取或进献梵文贝叶经的热潮对中原地区八塔变图像的影响已由谢继胜、常红红在其文《莫高窟76窟〈八塔变〉及相关的几个问题》中详细探讨，此不赘述。谢继胜、常红红:《莫高窟76窟〈八塔变〉及相关的几个问题——11—13世纪中国多民族美术关系史研究》，第215—218页。

[3] Jinah Kim, *Receptacle of the Sacred: Illustrated Manuscripts and the Buddhist Book Cult in South Asia*, University of California, 2013, p.13.

图2-1-37　纽约瓦尔特艺术博物馆藏模印泥塑　　　　图2-1-38　牛津大学阿什莫林博物馆藏模印泥塑

侣或朝圣者，西夏从建国开始就表现出对贝叶经的极大兴趣，元昊甚至扣留从宋廷返回天竺的印度僧人来求取贝叶经。[1]从印度来华传法的高僧在经过西夏时有时也会逗留境内，如庆历七年（1047），中印度僧日称，经西域至西夏弘化，转至开封，奉召于传法院。[2]另有僧天吉祥、智吉祥（1086—1093）、金总持（1095—1112）等，在北宋皇祐五年（1053）也各持梵本由西夏转至宋地并奉诏入传法院，[3]这些僧人在西夏逗留时间较长，竟被宋人称为"西夏僧"。[4]印度僧人来中原时基本都会携带梵经，西夏持有梵经的数量应该不在少数，因为在1095年夏国还曾向辽国进献贝叶经书。[5]

从印度流入的贝叶经主要是《八千颂般若波罗蜜多经》，其内插图与经文内容无涉，而多以八塔变的情节配合《般若波罗蜜多经》的宗旨向信众传达无上法门，释迦从降生到入灭的人生旅程象征证悟真理的修持过程，信者通过念诵《般若波罗蜜多经》或者供奉八塔变图像都能得到了悟正觉、积累功德的目的，因此一经介绍到中原地区

[1]　（清）吴广成撰，龚世俊等校证：《西夏书事校证》，甘肃文化出版社，1995年，第140页。

[2]　修明：《北宋太平兴国寺译经院——官办译场的尾声》，《闽南佛学》2000年第2期，第176页。

[3]　杨富学：《西夏印度佛教关系考》，《宁夏社会科学》2009年第2期，第107页。

[4]　喻谦编：《新续高僧传四集》卷1《宋京师传法院沙门释吉祥传》，国家图书馆分馆编：《中华佛教人物传记文献全书》第14册，线装书局，2005年，第7125—7128页。

[5]　《辽史》卷26《道宗纪》，中华书局，1974年，第308页。吴广成《西夏书事》："（绍圣二年1095，西夏天祐民安六年）冬十一月，进《贝多叶经》于辽。"

就被应用到佛教艺术中。

敦煌石窟中最早出现的八塔变是在莫高窟第 76 窟，应该是图像自宋初进入中原后立即借用的实例，绘制年代应是像谢继胜教授判定的一样在 10 世纪末、11 世纪初。上下两排图像对称分布在窟门南北两侧，下排图像现已残毁。（图 2-1-39）[1]

飞天				
第七塔 猕猴献蜜	第五塔 舍卫城神变	七政宝	第三塔 初转法轮	第一塔 降生兜率
无存（第八塔）	无存（第六塔）	窟门	无存（第四塔）	无存（第二塔）

图2-1-39　莫高窟第76窟八塔变分布示意图

特别需要指出的是，第 76 窟的图像样式与梵文贝叶经插图中八塔变的编排结构惊人的一致，八塔按照情节发生的时间顺序安排位置，画面右上方是第一塔降生塔，左下方已经残损的情节应是第八塔涅槃塔。贝叶经插图限于页幅尺寸，常用多叶联排的方式顺序安置各画面，如果把各个单叶放置在同一平面观看，就会形成这样的视觉效果（图 2-1-40）：[2]

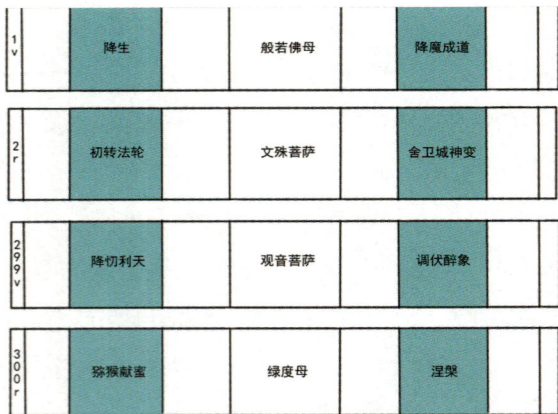

1v	降生	般若佛母	降魔成道
2r	初转法轮	文殊菩萨	舍卫城神变
299v	降忉利天	观音菩萨	调伏醉象
300r	猕猴献蜜	绿度母	涅槃

图2-1-40　贝叶经插图中的"八相"分布示意图

我们若将页面顺时针转动 90°，画幅左侧四情节几乎能和 76 窟上排四画面的顺序完全对应，仅有"舍卫城大神变"代以"降忉利天"，相应的，窟内下排残损的四画面也可以确认自南向北应当是"降魔成道""降忉利天""调伏醉象"和"涅槃"，将贝叶经插图的格局直接借用到石窟壁画中应当是宋人的首创之举。

---

[1] 根据前引谢继胜、常红红《莫高窟76窟〈八塔变〉及相关的几个问题——11—13 世纪中国多民族美术关系史研室》中示意图绘出。

[2] 此处举出的例子是那烂陀寺发现的 1058 年《八千颂般若波罗蜜多经》插图，现收藏于纽约亚洲协会博物馆（Asia Society, New York）。示意图参照 Jinah Kim, *Receptacle of the Sacred: Illustrated Manuscripts and the Buddhist Book Cult in South Asia*, University of California, 2013, Diagram 3-1.

八塔变题材真正得到广泛传播是在西夏时期，西夏刊印汉文本《大方广佛华严经入不思议解脱境界普贤行愿品》卷末题记有云："（太后）散施《八塔成道像》净除业障功德共七万七千二百七十六帧。"[1]该经是罗皇后为悼念仁宗（1139—1193）去世三周年而施印，应为1196年。此处提到的《八塔成道像》暂不能确定是否完整描绘了八塔变中的故事情节，因为像黑水城出土《金刚座佛与八塔》就仅仅绘出中央作触地降魔印的成道像释迦牟尼，以围绕释迦身侧的佛塔象征其他七塔，相似作品还有宁夏贺兰县出土唐卡，（图2-1-41）说明这类舍去具体故事情节、以佛塔代八相的图像也流行一时，传达的宗旨与八塔八相一致。两幅作品中佛塔两侧有竖书榜题，内写各塔名号，继承的是唐代旧译经典《大乘本生心地观经》传统。

东千佛洞第5窟的八塔变（图2-1-42）同样绘制于西夏时期，构图与榆林三窟八塔变基本相同，相比之下前者透露出更浓的波罗艺术风格，与莫高窟76窟的样式最为接近，释尊背龛中的狮羊立兽、胁侍菩萨穿戴的犊鼻裙和璎珞、臂钏、耳铛等物均透露出波罗艺术的典型特点，背龛上方两端绘制的是摩羯鱼而非西夏绘画作品中常见的金鹅。另外，"降忉利天"场景中立于佛两侧的是弟子而不是天人，与印度图像不符，但是这种处理方法和榆林窟是一致的。

与榆林窟第3窟八塔变构图最为相似的是五个庙第1窟中心柱正壁上的八塔变，（图2-1-43）下部甚残，但不见似榆林窟八塔变最上方的涅槃变，涅槃变被挪至后壁中央，与窟门上方的弥勒佛遥相呼应，（图2-1-44）再配合中心柱的形制，传达出龟兹型石窟的设计理念。[2]八塔变和涅槃向信众展现佛陀神奇的一生，但涅槃不是终点和结束，窟门上方的弥勒接替释迦牟尼广度众生，象征佛性不灭。新疆

图2-1-41　宏佛塔出土八塔唐卡

[1]　此卷编号为TK-98，参看孟列夫：《黑城出土汉文遗书叙录》，第28页附图。

[2]　谢继胜教授曾在2012年北京举办的西藏考古与艺术国际学术研讨会上发表报告《从敦煌宋夏时期石窟形制与图像的变化看西夏石窟壁画的密教化研究》，内容涉及西夏石窟形制的龟兹因素，期待相关研究成果尽早发表。

图2-1-42　东千佛洞第5窟八塔变

图2-1-43　五个庙第1窟中心柱八塔变

图2-1-44 五个庙第1窟窟门上方的弥勒佛

龟兹型石窟的常见做法就是在主室前壁窟门上方的半圆形端面上绘弥勒菩萨，[1]如克孜尔第17、224、171窟等，五个庙第1窟窟门上方的弥勒佛是西夏石窟秉承龟兹建窟理念的一个有力证据，这与西夏和回鹘（尤其是高昌回鹘）之间的佛教文化交流是密不可分的。[2]八塔变与弥勒佛组合的例子从莫高窟第76窟中也能看到，在门两侧八塔变图像的中间、窟门上方绘有七政宝。七政宝被认为和转轮王共同出现，并辅助转轮圣王教化百姓，行菩萨道。汉译《大藏经》中记述转轮王七宝的经典主要由三类，即阿含经、弥勒类经典和佛传，[3]弥勒类经典如西晋竺法护《佛说弥勒下生经》、后秦鸠摩罗什《佛说弥勒菩萨下生成佛经》、唐义净《佛说弥勒下生成佛经》等经典明确记述拥有七宝的转轮王所支配的世界清净庄严，兜率天宫中的弥勒菩萨便决定在此地转生为佛。因此敦煌弥勒下生经变壁画中经常在镇国七宝台前描绘七政宝，（图2-1-45）第76窟窟门上方在有限的空间内表现七政宝，象征弥勒菩萨下生处，设计理念与五个庙第1窟是一致的。

不过让人颇费思量的是，榆林窟第3窟窟门上方与正壁八塔变遥相呼应的并不是

---

[1] 关于回鹘和西夏关系的研究成果，有杨富学：《论回鹘文化对西夏的影响》，《宋史研究论丛》，2003年第5辑，河北大学出版社，2003年，第179—194页。

[2] 另有学者认为这个位置出现的交脚菩萨表现的是释迦在兜率天说法的景象。见任平山：《克孜尔中心柱窟的图像构成——以兜率天说法图为中心》，中央美术学院2007年博士学位论文，另参见廖旸：《克孜尔石窟壁画年代学研究》，社会科学文献出版社，2012年，第72—81页。

[3] 阿含类经典有后秦佛陀耶舍与竺佛念译《长阿含经》卷六《转轮圣王修行经》，和卷一八《世纪经·转轮圣王品》、东晋瞿昙僧伽提婆译《中阿含经》卷一五《王相应品·七宝经、转轮王经》，以及同为瞿昙僧伽提婆译《增一阿含经》卷四四《十不善品》。佛传类经典则有《修行本起经》卷上、《太子瑞应本起经》卷上、《过去现在因果经》卷一。参见李静杰：《五代前后降魔图像的新发展——以巴黎集美美术馆所藏敦煌出土绢画降魔图为例》，《故宫博物院院刊》2002年第6期，第58页。

图2-1-45　榆林窟第25窟弥勒经变局部

弥勒菩萨或弥勒佛，而是维摩诘经变之"问疾品"。维摩诘经变是华人自创的艺术题材，这异于八塔变的图像来源。从北朝到宋代时期，该题材在龙门、敦煌地区等地区的石窟壁画中被反复表现，唐代是其创作的高峰期，西夏时期绘制的这铺维摩诘经变应是同类题材发展到晚期的式微之作，何以在窟中占据如此重要的地位呢？于向东曾撰文探讨敦煌维摩诘经变以窟门为中心配置画面的设计意旨，[1]即以窟门喻"不二法门"，只有通过这道门才能进入佛国净土，笔者基本赞同这个观点。自云冈石窟第7窟开创围绕窟门绘制"问疾品"的传统后，敦煌壁画在表现同类题材时基本秉承这一理念，至莫高窟第103窟又发展出窟门两侧绘制文殊"问疾"维摩诘大士、窟门上方

---

[1]　于向东：《敦煌维摩诘经变以窟门为中心的设计意匠——以莫高窟第103窟为中例》，《敦煌学辑刊》2010年第3期，第133—141页。

绘"佛国品"[1]的品字形构图，即以倚坐说法的释迦牟尼为中心，文殊菩萨和维摩诘大士面朝主尊而坐，这种构图深刻影响了中唐以后维摩诘经变的图像样式。榆林窟第3窟将"问疾品"尺幅缩小，直接绘于窟门上方的狭长空间，与云冈窟第7窟的做法一致，（图2-1-46）但是在画面中并不直接出现中央说法布道的释迦牟尼，而是把观者的视线焦点转移到正壁八塔变身上，这样八塔变就拥有了双重含摄功能，一方面与文殊和维摩诘构成讲说大乘佛教"不二法门"的组合，另一方面又与窟门两侧的文殊、普贤变构成"华严三圣"的组合。

　　从榆林窟第3窟窟室的整体图像布局角度来分析，代表早期大乘佛教对释迦牟尼生平信仰的八塔变图像处于主壁中央位置，与窟顶金刚界曼荼罗一起统摄全窟图像，八塔变主尊释迦牟尼与窟门两侧的文殊普贤变遥相呼应，从尊格上来说等同于华严三圣体系内的毗卢遮那佛，这样窟内就出现大日如来、释迦牟尼和毗卢遮那佛多重身份交叠的状况，体现了窟内佛教思想的多元化。八塔变作为大乘佛教义理的浓缩在榆林窟第3窟内与密教图像糅合一体，非但没有任何突兀感，反而是这一时期中原密教复兴和佛教圆融思想潜滋暗长趋势的体现。密宗在早期大乘佛教的发展基础上滥觞于印度之后就逐渐展现与后者结合的趋势，图像的证据也说明了这一点。新疆吐峪沟第44窟是公元5世纪建造，窟顶四壁的绘塑作品营造了大乘佛教典型的"十方三世"思想，但窟内地面中央却出现象征密教坛场的圆形佛台，窟顶四角之四大天王护持中央坛场的功能也不言自明。[2]榆林窟晚唐第25窟主壁绘胎藏界禅定印大日如来并八大菩萨，但榜题所书"清净法身卢舍那佛"又定义其华严教主的身份，（图2-1-47）窟门两侧的文殊普贤变进一步通过"华严三圣"组合加以强调，是显密两系造像互动的实例。[3]藏西11世纪初的塔波寺集会大殿四壁雕塑表现的是金刚界三十七尊曼荼罗，南北壁塑像的下部则以壁画的形式分别描绘《华严经·入法界品》的主要内容"善财童子五十三参"[4]

---

[1]　"佛国品"是源自《维摩诘经》中的《佛国品》，图像艺术中的"佛国品"通常以释迦牟尼倚坐说法为中心，身两侧各立弟子和菩萨，画面两端还有持宝盖等供佛的宝积等长者以及维摩诘。

[2]　有关吐峪沟第44窟图像体现的宗教内涵的研究，见赖鹏举：《敦煌石窟造像思想研究》，文物出版社，2009年，第55—64页。有关敦煌石窟窟顶四大天王图像的研究，见米德昉：《敦煌莫高窟第100窟研究》，兰州大学2013年博士学位论文，第137—143页。

[3]　关于榆林窟第25窟大日如来并八大菩萨的研究，见谢继胜：《川青藏交界地区藏传摩崖石刻造像与题记分析——兼论吐蕃时期大日如来与八大菩萨造像渊源》，《中国藏学》2009年第1期；陈粟裕：《榆林25窟一佛八菩萨图研究》，《故宫博物院院刊》2009年第5期。

[4]　华严经《入法界品》在西藏前弘期就已经有藏译本，名 Sangs rgyas pha! po che zhes bya ba shin tu rgyas pa chen po'i mdo，（德格版 No.44）9世纪上半叶由印度胜友（Jiñamitra）、天王菩提（Surendrabodhi）和西藏智军（Ye shes sde）自梵文译出。

图2-1-46　云冈石窟第7窟窟门上方释迦与文殊、维摩诘像　　图2-1-47　榆林窟第25窟正壁卢舍那佛

和佛传故事，《华严经》本身就蕴含密教的某些元素。[1]此类例子不胜枚举，证明显密结合是佛教发展到一定阶段之后的必然趋势，是佛教信仰世界面临的共同现象。关于榆林窟第3窟显密图像配置内涵的分析，本书将在第五章第二节详细展开。

回到本节讨论的八塔变图像来说，它与密教图像相结合的传统也并非肇始于10世纪的中原地区，出土自9世纪那烂陀地区的这座微型铁塔已被多为学者注意，[2]（图2-1-48）塔周身塑释尊八相，底部塑八大菩萨。唐那提译《师子庄严王菩萨请问经》记载，在方坛上涂八圆坛，供养文殊、普贤、观音、弥勒、地藏、虚空藏、执金刚主、止诸障等菩萨，[3]明确点明八大菩萨的密教属性并被纳入曼荼罗中，那烂陀铁塔塔座所塑八大菩萨构成护持塔身的外围，浓缩佛陀生平的八相围于其内，塔身似乎象征大日如来，这样显密图像就被完美融为一体。我们发现辽塔的设计理念和图像构成与印度佛塔是完全一致的，特别是前文提到的朝阳北塔，佛塔四面分布四方佛、八塔名号和八大菩萨，佛塔本身代表大日如来法身，只是将八相图替换成汉文佛典传承体系中的八塔名号。佛塔北塔天宫出土的1043年的鎏金银塔（图2-1-49）以智拳印大日如来搭配象征释迦牟尼生平的八塔，塔内书八塔名号，显密图像结合的方式与榆林窟第

---

[1]　参见 Douglas Osto, "Proto-Tantric Elements in the Gaṇḍavyuha-Sūtra", *Journal of Religious History*, Vol.33, No.2, 2009, pp.165-177.

[2]　这件作品首先正式公布在 Pratapaditya Pal 1984 年主编的图录中，*Light of Asia: Buddha Sakyamuni in Asia*, p.137, cat.No.68；相关讨论另见 Pratapaditya Pal, "A Note on the Maṇḍala of the Eight Bodhisattva", *Archives of Asian Art, Vol.26* (1972/1973), pp.71-73；赖富本宏：《密教佛の研究》，法藏馆，1990年，图62。

[3]　郭祐孟：《敦煌石窟"卢舍那佛并八大菩萨曼荼罗"初探》，《敦煌学辑刊》2007年第1期，第46页。

25 窟华严教主卢舍那佛引领胎藏界八大菩萨的本质一样。

　　1000 年左右前往印度菩提伽耶地区朝圣、取经的几组宋僧曾在金刚座塔附近留下五方汉文碑刻，[1]以志朝圣之举，碑文是对这段历史的确凿见证，弥足珍贵。其中在 1022 年由河西僧可蕴所立的石碑上方有一组三尊像，中央为触地印释迦牟尼，两侧为三面六臂摩利支天像，（图 2-1-50）另一件同年刻制的碑文在同样位置也有相似图像，通过拓片可以清晰看到"金刚座佛盖记"字样，（图 2-1-51）说明中央作触地印的确实是降魔成道像的释迦牟尼，碑头左侧惜已残损，无法确认原有尊神为何，右侧是三面六臂摩利支天。以摩利支天搭配降魔印释迦牟尼或八塔变图像的实例还有著名的印度贾格迪斯赫普尔（Jagdispur）10 世纪石雕，（图 2-1-52）释尊莲台下方的

图2-1-48　那烂陀出土8世纪微型铁塔

"凸"字形底座表面刻有更多内容，底座正面表现扰佛成道的魔众，左右两侧各有三面八臂摩利支天和六面十二臂的摩利支天像，（图 2-1-53、2-1-54）背龛两侧最下方，接续八相的是八大菩萨，说明八塔变与八大菩萨的组合在 10 世纪末的印度依然流行。榆林窟第 3 窟北壁东侧绘摩利支天搭配正壁八塔变图像的传统或许正是延续了东北印度的做法，宋僧在菩提伽耶建立的石碑恰好证明中原人士对这种组合的熟知。

　　八塔变图像集中出现在 10—13 世纪的宋辽西夏属地，其他地区罕难见到同一系统的造像，拉萨布达拉宫俐玛拉康（Li ma lha khang）内收藏有几件 11—12 世纪的金铜佛像，（图 2-1-55）但与同时期中原制造八塔变造像的热情相比不可同日而语。现在见到的西藏八塔变题材作品中最精美的一件是 2008 年北京瀚海春季拍卖会上出现

[1]　关于这几方碑刻的研究见周达甫：《改正法国汉学家沙畹对印度出土汉文碑的误读》，《历史研究》1957 年第 5 期，第 79—82 页；Cunningham Alexande, *Mahabodhi, or the Great Buddhist Temple under the Bodhi Tree*, London, W. H. Allen Publication, 1892, pp.69-74.

图2-1-49 朝阳北塔出土银塔所錾刻大日如来与八塔名号

图2-1-50 加尔各答印度博物馆藏汉文碑碑头之一

图2-1-51 加尔各答印度博物馆藏汉文碑碑头之二

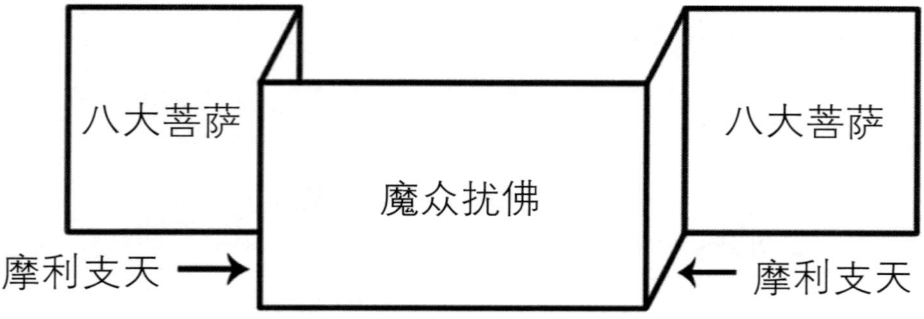

图2-1-52 印度贾格迪斯赫普尔出土10世纪石雕底座雕刻内容示意图

图2-1-53　贾格迪斯赫普尔石雕底座
左侧摩利支天

图2-1-54　右侧摩利支天

的这尊金铜像，（图2-1-56）年代大致在13世纪，分体浇铸，背屏、主尊一组三尊像和底座可分离。中央主尊及其背光中的七个场景构成八塔变的全部情节，释迦牟尼身侧伴有观世音菩萨和弥勒菩萨。八相的位置和图像特征与印度帕拉和中原的八塔变一致，最上端涅槃变两侧分别塑观世音菩萨和四臂般若佛母，这两个形象也是梵文贝叶经插图中伴随八塔变经常出现的神祇。沿着背光最外侧边缘的八个立像是过去七佛和弥勒菩萨（背光右下角），明显承袭了早期图像的设计理念。背屏中，在释迦牟尼头光位置还有一个值得注意的形象，全跏趺坐于莲花座上，手作转法轮印，应该是五方佛系统内的大日如来，与其呼应的是底座下排雕刻的马、大象、狮子、孔雀、金翅鸟等动物，以五方坐骑喻指五方部主，整个造像集合了大乘佛教教主释迦牟尼和密教五方佛两个体系。底座前方正对观者的五尊像分别是四臂观音、金刚手和文殊菩萨，这是西藏早期佛教艺术中特别流行的"事续三怙主"，看来西藏艺术家在面对八塔变题

图2-1-55　布达拉宫俐玛拉康藏八塔变金铜造像

图2-1-56　2008年瀚海春拍八塔变金铜造像

图2-1-57　炳灵寺第151窟佛传壁画

材时也加入了本土信仰偏好。[1] 以八塔变表现佛陀生平事迹的题材在西藏本土并没有真正流行开来，这很大程度上是因为 12 世纪以降西藏佛传文学的发展使《如意藤本生》及其衍生作品很快占据了西藏佛传艺术的主页，中原的佛传题材作品也逐渐转向中央绘成道像主尊、周围环绕以棋格式佛传和本生故事情节的构图，如炳灵寺上寺第 151 窟（图 2-1-57）、甘肃永登妙因寺万岁殿佛传壁画等。

宋辽西夏和卫藏地区的八塔变都以印度波罗艺术为范本，印度图像传入中原的时间要早于卫藏，这大大改变了先前学界对于西夏所谓"藏传佛教"风格图像来源问题的看法，我们在理解西夏前期出现的一些新题材时，如八塔变、五护佛母、不空羂索五尊曼荼罗[2] 等，它们是否主要经过卫藏僧人之手而传入西夏境内，值得重新思考。

五、小　结

榆林窟第 3 窟八塔变是敦煌地区在宋辽西夏时期从印度帕拉王朝新引入的绘画题

---

[1] 八塔变题材流入卫藏的途径可能有两种，一是源自印度，后弘期印、中高僧大德致力于西藏佛教的复兴，藏文文献对往返两地论师的事迹多有记载（相关研究见 Kurtis R. Schaeffer, "Tibetan Narratives of the Buddha's Acts at Vajrasana,《藏学学刊》第 7 辑，第 92—125 页；Roberto Vitali, "In the Presence of the 'Diamond Throne': Tibetans at rDo rje gdan", in *The Earth Ox Papers: Proceedings of the International Seminar on Tibetan and Himalayan Studies*, 2009, pp.161-208）。带有八塔变插图的《八千颂波若蜜多经》曾在卫藏流行，前文提到的现收藏于纽约亚洲协会艺术博物馆的般若经实际上是由两部年代不同的写本组成（分别成于 1073 和 1151 年），其中年代稍晚的写本附有藏文后记，记载持有该写本高僧的传承序列，后记中提到的 7 个人物分别是 Mahāpaṇḍita śakya Śri（1127—1225），Byams pa dpal（1172—1220），bZhang rings（13 世纪末），Bu ston（1190—1364），Chos dpal bzang po，mKhas grub blo gros brtan pa（1276—1342），sTang lo tsā ba，可惜的是后记没有记载从 1073 年到 Mahāpaṇḍita Śakya Śri 的传承，相关研究见 Susan L. Huntington & John C. Huntington, *Leaves from the Bodhi Tree: The Art of Pala India (8th—12th centuries) and Its Internatioal Legacy*, 1990, pp.185-189。这证明八塔变图像也曾随着般若经的传播在卫藏流传，《第吴教法史》《巴协》等史书中关于桑耶寺壁画中绘制八塔的记载确实是响应了 10—13 世纪八塔信仰中兴的潮流。

另一源头是以安多地区为中心的河西走廊，即所谓的"下路弘法"的发源地。尽管阿底峡（Atiśa）入藏在西藏佛教发展史上的重要性被反复强调，Ronald Davidson 却敏锐地注意到，11 世纪中期之前安多僧人在卫藏地区的活动能力要远远高于印度僧人，阿底峡 1046 年才正式从藏西向卫藏动身传法，初期又遭遇种种困境，鲜有聚众布道、建立寺院的活动，其影响力殆要重估。（见 Ronald Davidson, *Tibetan Renaissance: Tantric Buddhism in the Rebirth of Tibetan Culture*, Columbia University Press, 2005, pp.108-112）反而从 10 世纪末开始，宋廷组织下的西天取经团已频繁往返于中印之间，范成大《吴船录》中记载继业三藏从印度返回中土时"至泥波罗国，又至磨逾里，过雪岭至三耶寺，由故道自此入阶州"（引自前引谢继胜、常红红文），四地名串连起来的路线尼泊尔→芒域→桑耶寺→阶州，正是从尼泊尔入藏，穿过卫藏、沿着唐蕃古道进入四川甘肃的路线，由此推测，八塔变图像在这种契机下传入西藏腹地也不无可能。

[2] 此处所指的不空羂索五尊曼荼罗是以二臂白色观世音菩萨为主尊的曼荼罗，它不同于敦煌吐蕃时期流行的以四臂不空羂索观音为主尊的组合，是 11 世纪初西夏新引进的图像样式，其来源是东北印度或尼泊尔的成就法。同时期卫藏同类题材的缺乏也证明 12 世纪中期之前某些西夏图像的印度或尼泊尔来源。

材之一，画面中人物典型的汉式着装削弱了该题材的域外性质，传达出浓郁的汉式绘画风格，配合其传达的早期大乘佛教主题与窟门上方和两侧的维摩诘变、文殊普贤变构成华严系统。窟内出现的某些密教题材也能从印度图像中找到其与八塔变搭配的相似组合，如四臂观音、摩利支天等，或是直接采自波罗原型。细观榆林窟第3窟的密教图像，不见后期无上瑜伽密续中占主导地位的双身像本尊、护法、空行母等形象，窟内的金刚界曼荼罗、恶趣清净曼荼罗、顶髻尊胜佛母、摩利支天母、不空羂索观音五尊以及五护佛母等造像主要依据《大日经》《金刚顶经》《恶趣清净怛特罗》等中期密教经典绘制，大部分是继承了敦煌早期密教图像的题材，但在图像志特征上却与源自印度的造像传统一致，应是代表了西夏前期的佛教发展状况。

与"八塔"组合相关的文本可分为截然不用的两个系统，一是8世纪印度高僧菩提萨埵所撰《念诵圣佛顶放无垢光明入普明陀罗尼及契经中所集一百零八支提和五支提建立仪轨》（德格版第3069号），这是现存藏文文献中最早也是唯一一部与现存八塔变图像内容完全吻合的文本。二是汉藏文文献中现存较多的八塔偈赞，各文本之间多少存在内容上的出入，说明8世纪到10世纪八大灵塔赞记录的塔名存在多种体系，并不十分统一，但唐高僧般若《大乘本生心地观经》一系的八塔名号却较为固定地以榜题文字的形式被纳入辽、西夏佛塔艺术中。

图像遗存证明，八塔变经历了八相→一塔＋八相→八塔＋八相的发展过程，8—12世纪的波罗王朝是成熟的八塔八相组合的完成期，在石雕、擦擦、微型塔、唐卡等佛教艺术品中被反复表现，图像载体从体量巨大的石雕逐渐转移到便于携带的擦擦、佛教经板画或插图，这种转变深刻影响了敦煌壁画10—13世纪涌现的新题材。宋代兴起的西天取经热潮是大量印度佛经及其佛教艺术题材进入内地的契机，于阗地区发现的11世纪配有释迦生平八塔八相插图的《般若波罗蜜多经》残片[1]证明10—12世纪取经僧团途经之地都受到这股风潮的影响，插图风格和内容与印度和尼泊尔等地区发现的贝叶经相同。莫高窟第76窟八塔变样式与梵文贝叶经插图的配置方式完全对应，按事件发生的时间顺序排列画面，而榆林窟第3窟、东千佛洞第5窟、五个庙第1窟内的八塔变则更多受到印度八塔变擦擦或其他微型携带品的影响，中央坐成道像释迦牟尼、周围对称分配其他七相情节的构图也被12世纪卫藏唐卡吸收，并影响了《如意藤本生》一系佛传故事作品的构图模式。

---

[1] Deborah E. Klimburg-Salter, "Indo-Tibetan Miniature Painting From Himachal Pradesh", in *Tibetan Studies: Proceedings of the 6th Seminar of the International Association for Tibetan Studies*, The Institute for Comparative Research in Human Culture, 1994, p.446.

第二节 净土变

> 若有善男子善女子，闻说阿弥陀佛，执
> 持名号，若一日、若二日、若三日、若四
> 日、若五日、若六日、若七日，一心不乱，
> 其人临命终时，阿弥陀佛，与诸圣众，现在
> 其前。是人终时，心不颠倒，即得往生阿弥
> 陀佛极乐国土。
>
> ——姚秦鸠摩罗什译《佛说阿弥陀经》

　　榆林窟第3窟南北壁中央各绘一铺净土变。[1]关于这两铺净土变的定名，学者有不同结论，罗继梅认为南壁是东方药师变，北壁是西方净土变。[2]霍熙亮在《榆林窟、西千佛洞内容总录》中分别记为南壁观无量寿经变和北壁净土变，并未给出北壁经变的具体绘制内容。[3]王艳云把两铺都辨识为观无量寿经变，不过没有对壁画内容多作讨论。[4]施萍婷主编的《敦煌石窟全集·阿弥陀经画卷》是对敦煌石窟群中西方净土变相的全面考察，书中提到该窟南壁确实为观无量寿经变，并附其下方格式隔断空间内的两个画面，认为其表现的分别是"未生怨"和"十六观"的情节。文中没有提到与之对应的北壁绘制内容，或许可以从中推断作者并不认为对北壁所绘亦为弥陀类经变。[5]本节将根据相关文本和图像材料对这两铺净土变的具体题材继续进行探究。

---

[1]　关于观无量寿经变的研究，见金维诺：《西方净土变的形成和发展》，《佛教文化》1990年第2期，第30—35页；王惠民：《敦煌净土图像研究》，中山大学历史系博士学位论文，2000年；孙修身：《敦煌石窟中的观无量寿经变相》，收入《敦煌研究文集·敦煌石窟经变篇》，甘肃民族出版社，2000年；施萍婷：《敦煌石窟全集·阿弥陀经画卷》，香港：商务印书馆，2002年3月。

[2]　罗继梅：《安西榆林窟的壁画》，载《中国东亚学术研究计划委员会年报》第三期，1964年，第3页。

[3]　敦煌研究院编：《中国石窟·安西榆林窟》之《榆林窟、西千佛洞内容总录》，文物出版社，1997年，第254页。

[4]　王艳云：《西夏晚期七大经变画探析》，首都师范大学2003年博士学位论文，第44页。

[5]　施萍婷：《敦煌石窟全集·阿弥陀经画卷》，香港：商务印书馆，2002年，第134页。

一、西方净土变的相关经典

西方净土变是对西方阿弥陀佛相关佛典的图绘。与阿弥陀佛信仰相关的佛教经典卷帙浩繁，其中最著名的是康僧铠译《佛说无量寿经》、[1]鸠摩罗什译《佛说阿弥陀经》、畺良耶舍译《佛说观无量寿经》[2]和菩提流志所译的《无量寿经优婆提舍愿生偈》[3]（简称无量寿经论，也称《往生论》），即所谓的"三经一论"。这些弥陀经典从南北朝开始就在中原流行，是净土经变图像的主要绘制依据。

《佛说阿弥陀经》主要叙述佛向弟子舍利弗描述西方极乐净土的景象，极乐国土中有"七重栏楯，七重罗网、七重行树，皆是四宝周匝围绕"，另有"七宝池、八功德水充满其中，……四边皆道，金、银、琉璃、颇梨合成。上有楼阁，亦以金、银、琉璃、颇梨、车璩、赤珠、马瑙而严饰之"。七宝池中的莲花放各色光芒，微妙香洁。佛国中还有种种奇妙杂色之鸟，其功能是"欲令法音宣道变化"，保持佛国清净，不存"三恶趣"和"三恶道"。可以看到，《佛说阿弥陀经》重在描述西方净土的庄严妙相，依据该经绘制的变相称为阿弥陀经变，标志场景是"七宝池""八功德水"和"众鸟宣道"。

相应的，无量寿经变是根据《佛说无量寿经》进行绘制，内容选取佛经中的"安乐国土"与"三辈往生"两部分内容入画，因阿弥陀经变没有"化生"情节，故画面中有无"往生"便成为无量寿经变有别于阿弥陀经变的主要标志。[4]所谓"三辈往生"[5]就是释尊教授世间一切有情众生通过念诵无量寿佛功德、发信愿菩提心而往生西天净土的方法，告知世人往生净土的重点不在于功德智慧之高低，而在于是否信愿念佛，壁

---

[1]（曹魏）康僧铠译：《佛说无量寿经》，《大正藏》第360号经典。

[2]（刘宋）畺良耶舍译：《佛说观无量寿经》，《大正藏》第365号经典。

[3] 婆薮般豆菩萨造，（北魏）菩提流志译：《无量寿经优婆提舍愿生偈》，《大正藏》第1524号经典。

[4] 公维章的研究表明，"化生"也不能作为判定某经变是否为无量寿经变的唯一依据，敦煌壁画中三大经变画之间相互混同的现象也很多，详见其文《莫高窟第220窟南壁无量寿经变札记》，《敦煌研究》2002年第5期，第8—12页。

[5] 此三辈分别为：

其上辈者，舍家弃欲而作沙门，发菩提心，一向专念无量寿佛，修诸功德，愿生彼国。此等众生，临寿终时，无量寿佛与诸大众，现其人前。即随彼佛往生其国，便于七宝华中，自然化生，住不退转。

其中辈者，十方世界诸天人民，其有至心愿生彼国，虽不能行作沙门，大修功德。当发无上菩提之心，一心专念无量寿佛，多少修善，奉持斋戒，起立塔像，饭食沙门，悬缯燃灯，散华烧香，以此回向，愿生彼国。

其下辈者，十方世界诸天人民，其有至心欲生彼国，假使不能作诸功德，当发无上菩提至心，一向专意，乃至十念无量寿佛，愿生其国。若闻深法，欢喜信乐，不生疑惑，乃至一念念于彼佛，以至诚心，愿生其国。

画中在表现这一主题通过绘制童子于莲花中自然化生得到彰显。

盛唐之后，观经逐渐超越无量寿经变成为敦煌弥陀类净土变中最受欢迎的题材，由于观经中并没有描述西方极乐世纪的种种庄严，所以敦煌所有绝大多数观经变都是糅合了《观经》与《阿弥陀经》或《观经》与《无量寿经》的内容，即表现西方庄严净土相与"未生怨""十六观"的情节，这也是判断某一铺净土变相是否为观经变的关键。

观经篇幅并不长，内容包括三个部分，其中"序分"讲述全经的缘起，重点叙述"未生怨"的故事：王舍城阿阇世太子受恶友教唆，将其父囚禁，其母韦提希夫人心念国王，偷带食物前去探望，阿阇世得知后将母囚禁，不准出离，韦提希夫人心中忧闷，求佛指点迷津。"正宗分"即"十六观"，接续"序分"故事继续发展剧情，讲述释迦告诉韦提希夫人如何观于西方极乐世界，提出往生净土的诸种观想法门，其中第一至第十三观介绍韦提希夫人在释尊教导下观想西方极乐世界之美妙与"西方三圣"的各种功德妙相，第十四观至第十六观讲述"九品往生"。

观经中记载的"十三观"分别为：日想；水想；地想；树想；八功德水想；总观想（宝楼观）；华座想；像想；遍观一切色身相（观无量寿佛身相光明）；观观世音菩萨真实色身像；观大势至菩萨色身相；普观想（观无量寿佛极乐世界）；杂观想（一丈六像在池水上）。[1] 图像作品在表现这些情节时一般绘韦提希夫人跪坐，面前化现她观想的不同法门，较有辨识度。"十六观"的后三观为"九品往生"，是在无量寿经变"三辈生观"的基础上进一步细分，往生净土者依其因缘而有上中下三辈，三辈又分上中下三品，故称"三辈九品"。

弥陀类经变自在内地图像作品中出现就很快彰显成熟的构图体系，也因题材内容辨识度较高，成为石窟经变类壁画中较易确定主题的一类经变。敦煌西方净土绘制的高峰期在盛唐，其中观经变在三种净土变中绘制数量最多，是当时最受欢迎的西方净土题材，至五代宋西夏时期渐成颓势，不管从数量还是艺术水平上都无法与前朝匹敌。榆林窟第3窟的净土变虽是河西地区出现最晚的一批作品，但仍以其精湛的技法、严整的形制惊艳世人。

---

[1]（刘宋）畺良耶舍译：《佛说观无量寿经》，《大正藏》第365号经典，第342页。

二、榆林窟第3窟南壁"观无量寿经变"[1]

榆林窟第 3 窟南壁的这铺净土变在 20 世纪 80 年代之前一直被识读为不带有标志性情节的一般西方净土变相，罗继梅根据南北两壁主尊手印的不同，把南壁解读为东方"药师经变"。[2] 80 年代敦煌研究院工作人员将窟内十六罗汉清代塑像移出修理时，始发现经变下方的棋格，认为绘制内容是"十六观"并最终将其定名为"观无量寿经变"。[3] 笔者通过现场调查，发现这种棋格不止出现在南壁中铺下方，与其毗邻的东、西两铺下方也有尺寸相同的方格，整个南壁加起来一共 34 个格子，内绘不同情节。东铺顶髻尊胜佛母下方的画面磨损较为严重，几乎所有情节都已经漶漫不清、难作识别，只能勉强确认格子数量为两排四段共 8 个。中铺净土变和西铺恶趣清净曼荼罗下方图像保存情况相对良好，对应格子数量分别是 16 个和 10 个。（图 2-2-1）施萍婷在讨论榆林窟第 3 窟南壁这铺净土变时发表两张细节图，从中可以清楚地看到净土变下方上排西起第二个方格（图 2-2-2）内绘一俗装女子双手合十，跪坐岸边临河而观，远水

图2-2-1　榆林窟第3窟南壁观无量寿经变

图2-2-2　榆林窟第3窟"十六观"之"日观"

---

[1] 敦煌研究院刘永增研究员在《藏学学刊》2017 年第 2 期发表《榆林窟第 3 窟的阿閦净土变与观无量寿经变——兼谈初盛唐时期所谓的触地印如来像》一文，认为榆林窟第 3 窟南壁所绘应为阿閦净土变。实际上，从笔者下文分析可知，该铺净土变下方棋格内绘制的"十六观"与"未生怨"内容非常明确，主尊仍应判定为触地印的阿弥陀佛，表现的是观无量寿经变。

[2] 罗继梅：《安西榆林窟的壁画》，载《中国东亚学术研究计划委员会年报》第三期，1964 年，第 3 页。

[3] 敦煌研究院编：《中国石窟·安西榆林窟》，文物出版社，1997 年。

之上升起一轮红日，当是"十六观"中的"日观"。笔者在现场调查时也曾对这些方格内绘制内容做手绘笔记，发现西铺恶趣清净曼荼罗下方至少还有如下几个情节可以解读：

1. 上排西起第一格，画面下方绘角楼和城墙，墙内现两身人物，俗装女子侧身而立、双手合十，正向身光、头光具足的佛尊礼敬。城墙应是喻指西方净土国境，画面表现的或许为韦提希夫人"观无量寿极乐世界"。

2. 上排西起第二格，临水岸变，身具圆光之妙相菩萨高坐方台之上，旁边有一女人手托圆盘，上盛供物，表现的或是韦提希夫人"观观世音菩萨真实色身"。

3. 上排西起第三格，画面中央被一佛二弟子诸菩萨占据，左下角安置一天王，右下角为伏地礼拜的俗人，当是"观无量寿佛身相光明"。

4. 下排西起第一格，画面左面为一立姿佛陀，身光头光之后再绘虹光烘托圣相庄严，佛尊下方有水纹，右方俗人装扮女人作虔诚礼拜状，也许表现的是"杂观想"，即观一丈六像在池水上。

如前所述，"日观"是观经中记载的第一观，至第十三观"杂观想"结束。从榆林窟第3窟现存图像安排的顺序来看，中铺净土变下方上排西起第二格至西铺恶趣清净曼荼罗下方底排最后一格表现的内容正是观经变中的"十三观"，画师按经文叙述的顺序自左向右（即自东向西）依次描绘。

"日观"以东所绘内容应是"未生怨"的故事。在施萍婷发表的另一张细节图（图2-2-3）中可见一年轻贵人相男子骑马趋向城门，城门前站立一黑帽长髯男子，立姿乖张，施萍婷认为它表现的或许是"阿阇世太子随顺调达恶友之教"，也有可能是"阿阇世太

图2-2-3　榆林窟第3窟南壁净土变下方"未生怨"情节之一

子收执父王"，[1]在笔者对该壁东端其他方格内所绘内容作进一步考察之前，暂时无法评判这一识读的精准性，如若果真如其所言，那么南壁安置"未生怨"的顺序应该是自西向东，并一直延续到东铺顶髻尊胜佛母曼荼罗下方，与"十六观"情节走向顺序相反，因为"阿阇世太子随顺调达恶友之教"和"阿阇世太子收执父王"的情节发生在"未生怨"故事开端。（图2-2-4）

榆林窟第3窟南壁中的"未生怨"和"十六观"横贯整个壁面下方，一字排开，这种构图不见于其他观经变。该经变自盛唐开始就在敦煌石窟内大量绘制，随着图像的发展，"未生怨"和"十六观"等情节围绕中心画面排列的构图样式愈加多样灵活，如盛唐第148窟、第320窟是将"未生怨"和"十六观"分别绘制在中央净土庄严相左右两侧；（图2-2-5）第217窟和第103窟的"未生怨"呈"L"型构图，分布在中央净土相左方和下方，右方配"十六观"；（图2-2-6）第237窟的观经变则是采用了上方西方净土庄严相、下方"十六观""未生怨"的严整布局。（图2-2-7）无论构图方式为何，每一部分画面都是紧紧围绕在净土变相周围的，像榆林窟第3窟这样脱离中央"净土庄严相"、将范围延伸至其他两铺下方的例子不见于其他洞窟，是对传统构图样式的突破。

南壁画面主要部分表现西方净土的妙相。弥陀净土经典的共通之处在于都描绘了佛国净土的极乐美好，日本美术史家依据经文，将净土变分为如下几个组成部分："虚空段""宝楼阁段""三尊段""宝池段""宝地段""宝树段"，[2]如莫高窟初唐翟家窟第220窟南壁的无量寿经变（图2-2-8），画面中段安置三尊像及其他天人侍从，上方虚空中现十方诸佛前来拜见，飞天舞动、乐器不鼓自鸣；三尊面前为"七宝池"，池中碧波粼动，莲花有一茎九枝，朵朵莲花或开或闭，其内承托或坐或立化生童子，象征"三辈九品往生"；[3]三尊两侧的宝楼阁段所占比例相对较小，楼阁建筑的细节并未刻意凸显；画面最下方的"宝地段"则表现"众鸟宣道"和"伎乐献舞"的场景。第220窟的"西方净土庄严"奠定了表现西方极乐世界的基本形态，深刻影响了晚唐五代同类题材经变的构图。榆林窟第3窟南壁的"净土庄严相"在结构上大大异于前朝作品，首先从比例上来看，建筑细节得到充分体现，更像宋代流行的"界画"，尊神天人体量缩小，人物和建筑的比例几乎与实物完全吻合，建筑不再是佛与菩萨的背景，诸尊安然行走于阁楼亭台之间。更重要的是三尊被安置在画面最上方，即后殿位

---

[1] 施萍婷主编：《敦煌石窟全集5·阿弥陀经画卷》，商务印书馆，2002年，第136页。

[2] 转引自施萍婷主编：《敦煌石窟全集5·阿弥陀经画卷》，商务印书馆，2002年，第31页。

[3] 关于该铺净土变定名的讨论见公维章：《莫高窟第220窟南壁无量寿经变札记》，《敦煌研究》2002年第5期，第8—12页。

图2-2-4　榆林窟第3窟南壁净土变下方"十六观"与"未生怨"情节配置示意图

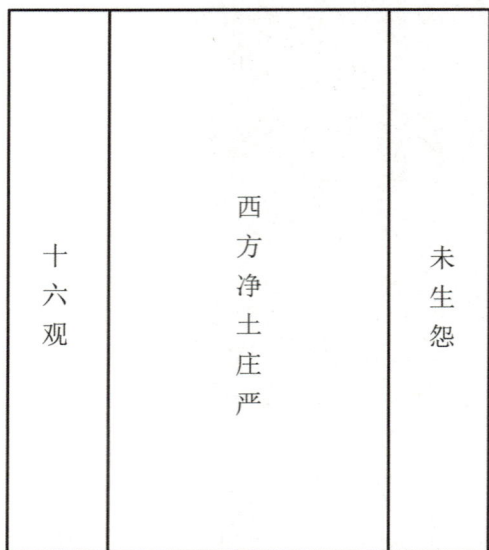

图2-2-5　莫高窟第148窟东壁观无量寿经变示意图

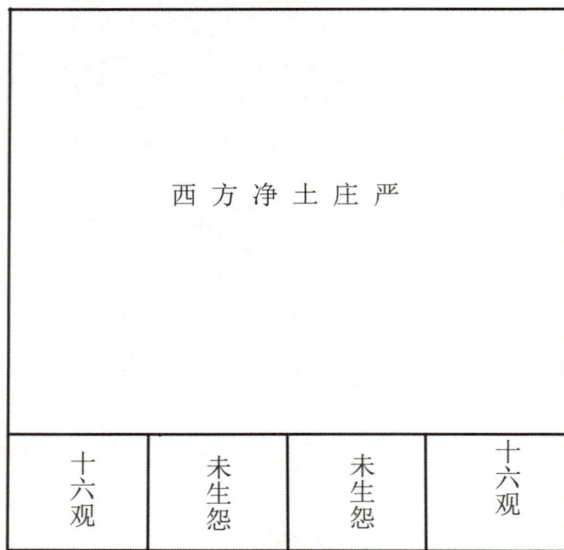

图2-2-7　莫高窟第237窟南壁观无量寿经变示意图

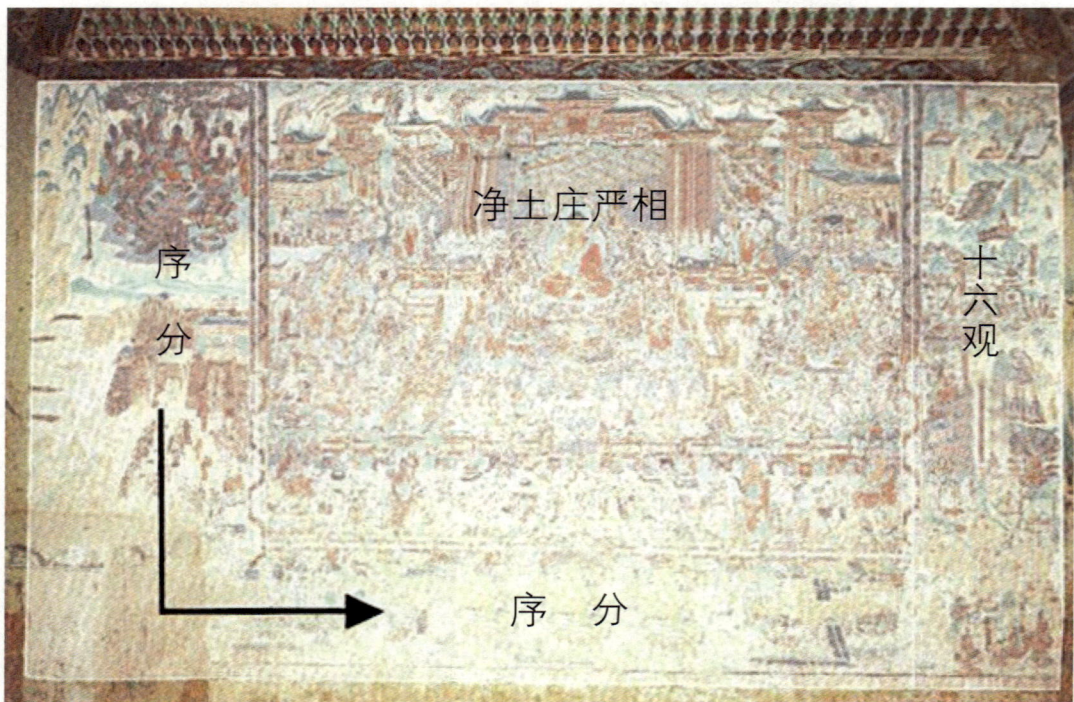

图2-2-6　莫高窟第217窟观经变示意图

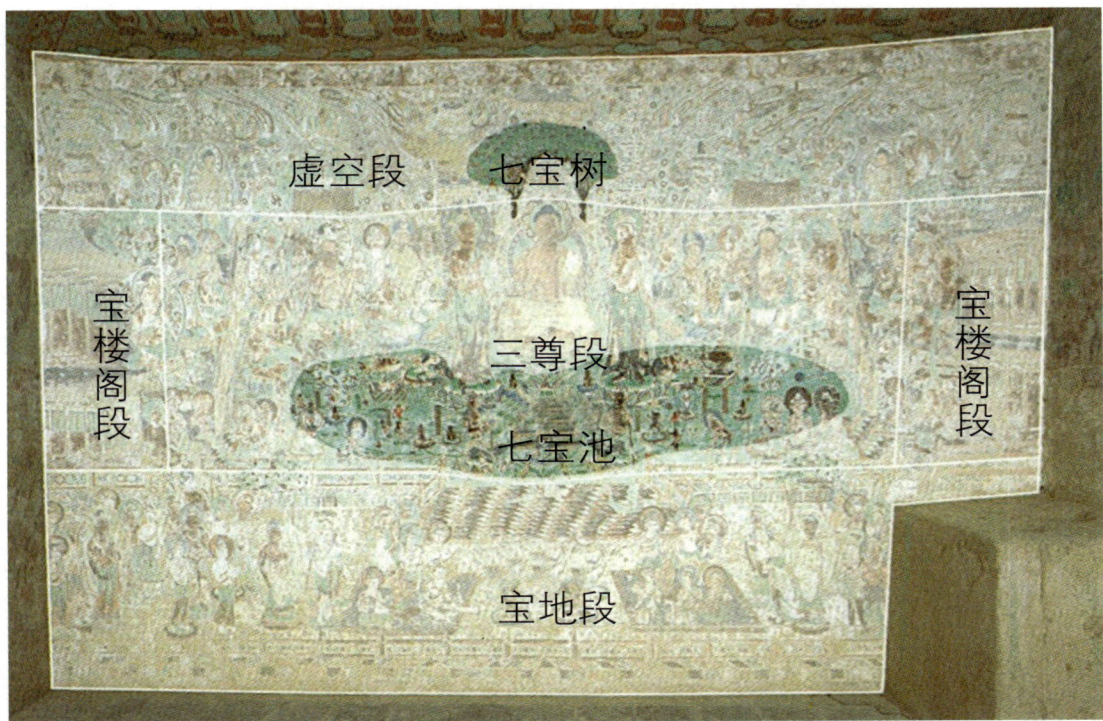

虚空段　　七宝树

宝楼阁段　　　　三尊段　　　　宝楼阁段

七宝池

宝地段

图2-2-8　莫高窟第220窟观经变内容示意图

置，"众星捧月"般的向心模式被打破，其余与会者呈 X 型分布，以画面中轴线为中心侧身而立。其次，在构图要素方面，弥陀经变中较具标志性的"七宝池"在这里已经消失，院内是大面积的平地，"八功德水""鸟宣道品"等阿弥陀净土或无量寿净土的特点在这里都没有体现。整个画面更像是人间仙境，而非遥不可及的西天净土，或许其中融入了窟主或画师的特别构思，通过和现实建筑类同的构造来意喻西夏净土有诸佛菩萨住坐护持。

南壁观经变还有一个比较特殊的细节是主尊手印，左手禅定、右手触地。现在可见的西方净土变主尊有两种尊格，一种是西方极乐世界教主阿弥陀佛，另一种是讲说西方净土经的释迦牟尼佛，均源出于"三经一论"等佛典。唐代绝大多数的无量寿经变和阿弥陀经变都采用说法印，如莫高窟盛唐第44窟、莫445窟、莫124窟等，个别为一手施无畏印、一手牵衣角（或作禅定印），如莫高窟隋代第401窟、386窟，初唐第431窟等等。像榆林窟第3窟一样手作触地印的阿弥陀佛有莫高窟第328、331、335、386窟等。

图2-2-9　榆林窟第3窟北壁净土变

三、榆林窟第3窟北壁"观无量寿经变"或"药师经变"[1]

北壁净土变与南壁观经变的样式几乎完全相同，（图2-2-9）仅在建筑结构的局部处理上略有差异。上方"虚空段"有乘云而来的十方诸佛，系有飘带、不鼓自鸣的乐器悬于后殿上方。大殿中央全跏趺端坐的主尊妙相庄严，双手作禅定印，身两侧伴有二菩萨，天衣帛带，侧向主尊而坐，二菩萨手中持物均为经书，无法确认身份。大殿前方院落聚集菩萨弟子天王等众，也是呈"X"形井然分布。

笔者调查现场图像时，在北壁净土变下方也发现了与南壁构图相同的棋格式绘图，惜保存情况不佳，绝大多数图像已无法识读。再加上"净土庄严相"已不见前朝西方净土庄严相的几个标志性情节，如"七宝池""八功德水""鸟宣道品"等，要彻底还原壁画绘制之初的意旨并非易事，这有赖于将来更加细致的实地考察和图像分析，笔者在此也只能暂时提出两种辨识的可能性。

---

[1]　补注：笔者于2017年12月作为陕西师范大学丝绸之路历史文化研究中心与浙江大学汉藏佛教艺术研究中心"敦煌西夏石窟考察营"成员之一，对榆林窟第3窟再次深入考察时，在该窟北窟中夹净土变下方棋格内发现《佛说观无量寿经》的内容，由此也可以判定此铺壁画可定名为"观无量寿经变"，特此更正。

十六观　　未生怨　　十六观　　　　　未生怨　未生怨　　十六观

图2-2-10　莫高窟第171窟的三铺"观无量寿经变"

（一）或为"观无量寿经变"

北壁下方的格子横贯北壁下围一字排开，数量与南壁相同，均是34个，在格局上南北壁完全对称，所以两壁所绘内容均是"未生怨"和"十六观"的可能性极大，那么由此也可以判断北壁所绘或许也是观无量寿经变。

敦煌石窟内在对称壁面绘制两铺弥陀净土变的例子屡见不鲜，以观无量寿经变为例，在同一窟室内绘两铺甚至三铺观经变的现象集中出现在盛唐时期，如莫高窟第172窟、第44窟、第188窟等盛唐窟南北壁面都是这样处理的。盛唐第171窟一室之内甚至同时绘制三铺观经变，分别位于东、南、北三壁，西壁龛内绘阿弥陀五十菩萨图，可谓莫高窟首屈一指的"净土窟"，每铺观经变的未生怨、十三观和九品往生都绘在棋格内，其中"未生怨"部分用四列八段共三十二个格子绘制，自右向左向下"蛇

119

形"排列，"十六观"的内容用三列六段十八个格子来表现。（图2-2-10）图像的证据说明净土信仰在唐代以后广而盛行，这在很大程度上得益于日趋完备的净土经典论疏迭出，光是《佛说观无量寿经》的注疏本就多达十余种，诸本内容上的扩充也连带影响了观经图像的发展，尤其是"未生怨"故事依据慧远、善导注疏本[1]又增加了阿阇世太子生前与其父结怨的内容，形成新的"未生怨因缘"故事，表现在图像上就是情节数量渐次增加。[2]另一方面，净土宗[3]的中兴也保证了弥陀净土题材的持续流行，该宗以专修往生阿弥陀佛净土之法门而得名，东晋慧远大师为初祖，后经唐代善导法师正式创立。其所提倡的通过念诵佛名来快速成佛、往生阿弥陀佛西方净土的方法受到信众的推崇，特别是对醉心于实践性佛教的西夏人来说尤其具有吸引力，《无量寿经》和《观无量寿经》都记载阿弥陀佛在心念往生于西方净土的人临终之际，会出现在信众眼前，其中后者特别强调这一点，[4]通过大量绘制净土类图像来积累福德、往生灭罪的做法，寄托着西夏信众对天界净土的向往。还需指出的是，这种在一窟之中对称配置两铺题材相同的弥陀经变的设计理念，有别于弥陀经变与其他经变的空间呼应关系，如西方净土经变搭配未来佛弥勒经变来演绎华严界十方三世的思想；搭配东方药师经变构成横三世的佛教宇宙观。一窟之内重复绘制观经变的目的或许仅是为了凸显该题材在接引信众往生净土方面的功用。

（二）或为药师经变

根据达摩笈多《佛说药师如来本愿经》记载："药师琉璃光如来所有诸愿及彼佛国土功德庄严，乃至穷劫说不可尽，彼佛国土一向清净，无女人形，离诸欲恶，亦无一切恶道苦声。琉璃为地，城关、垣墙、堂阁、柱梁、斗拱周匝罗网，皆七宝成，如极乐国。"[5]玄奘译《药师琉璃光如来本愿功德经》也说："彼佛土一向清净，无有女人，亦无恶趣及苦音声，琉璃为地，金绳界道，城阙宫阁轩窗罗网皆七宝成，亦如西方极

［1］ 二本分别为（隋）慧远撰《观无量寿佛经义疏》（《大正藏》第1749号经典），（唐）善导集记《观无量寿佛经疏》（《大正藏》第1753号经典）。

［2］ 这种现象在莫高窟藏经洞出土纸画、绢画中也能看到，相关研究见沙武田：《敦煌画稿研究》之《观无量寿经变稿》，第78—98页。

［3］ 相关研究成果见张曼涛：《净土宗史论》，北京图书馆出版社，1979年。陈扬炯：《中国净土宗通史》，江苏古籍出版社，2000年。

［4］ 《佛说观无量寿经》经首有"御制无量寿佛赞"，其内记载："西方极乐世界尊，无量寿佛世希有，能灭无始亿劫业，令彼苦恼悉消除。若人能以微妙心，尝以极乐为观想，广与众生分别说，举目即见阿弥陀。"畺良耶舍译：《佛说观无量寿佛经》，第340页。

［5］ （隋）天竺三藏达摩笈多译《佛说药师如来本愿经》，《大正藏》第449号经典，第402页。

图2-2-11　莫高窟第148窟药师经变

乐世界，功德庄严，等无差别。"[1] 正如经文所言，东方药师琉璃光净土[2]和西方阿弥陀净土大无二致，概相类同，那么两种经变在描绘净土妙境时自然可以采用相同的背景，比如莫高窟148窟的观经变和药师经变分别绘制在窟口南北两侧，布局基本左右对称，建筑结构形式也十分类似，（图2-2-11）这几乎是自唐代开始药师经变与弥陀经变绘制的固定模式。

从佛教义理层面来说，西方净土和东方净土代表大乘佛教十方三世的宇宙空间观；从民众信仰层面来说，阿弥陀佛信仰是世人往生之后生命的依止者，而药师佛是民众现世生活的仰赖者，[3]所以这两种经变构成搭配关系在石窟图像中出现之后，历经唐、五代、宋一直流行到西夏时期，显示出比弥陀经变与其他经变搭配关系更为持续、稳定的发展态势，敦煌西夏时期洞窟内弥陀经变和药师经变的分布位置可参见表2-2-1：

[1]　（唐）玄奘译《药师琉璃光如来本愿功德经》，《大正藏》第450号经典，第404页。

[2]　关于敦煌药师经变的研究，见松本荣一：《药师净土变相研究》（1，2，3），《国华》第523、524、526号，1934年6、7、8月；李玉珉：《敦煌药师经变研究》，《故宫学术季刊》第七卷第三期，1990年，第1—39页；罗华庆：《敦煌壁画中的"东方药师净土经变"》，《敦煌研究》1989年第2期；王惠民主编：《敦煌石窟全集6·弥勒经画卷》，商务印书馆，2002年，第137—249页；郭俊叶：《敦煌赴会药师十二大愿图考》，《庆贺饶宗颐先生九十五华诞敦煌学国际学术研讨会论文集》，中华书局，2012年。

[3]　杨明芬（释觉旻）：《唐代西方净土礼忏法研究——以敦煌莫高窟西方净土信仰为中心》，民族出版社，2007年，第283页。

表 2-2-1　敦煌西夏时期弥陀经变和药师经变分布位置

窟号	主室南壁	主室北壁	主室西壁	主室东壁
莫高 88	阿弥陀经变（残）	药师经变（残）		
莫高 164	阿弥陀经变、药师经变各一铺	阿弥陀经变、药师经变各一铺		
莫高 234	阿弥陀经变二铺	阿弥陀经变二铺		药师经变
莫高 400	阿弥陀经变	药师经变		
莫高 418	前部人字披下药师经变一铺	前部人字披下阿弥陀经变一铺		
榆林 29			阿弥陀经变一铺	药师经变 一铺
东千佛洞 7	阿弥陀经变一铺	药师经变一铺		

从盛唐开始，药师经变中央净土会两侧会以条幅画形式展现"十二大愿""九横死"的内容，从构图上更加配合与其构成对称关系的观无量寿经变中的"未生怨"和"十六观"。"十二大愿"是药师佛在过去世行菩萨道时所发的誓愿，愿为众生解除疾苦，使其具足诸根，趋入解脱；"九横死"指九种非自然死，为了避免死于非难，故要通过药师经提供的解难增福的方法增命延寿。这两部分内容在图像中的表现方式与观经变对"未生怨""十六观"的处理方法基本一致，即用空间隔断明确的方格来展现各个情节，榆林窟第 3 窟北壁净土会下方 34 个棋格描绘的也极有可能是"十二大愿""九横死"的内容。

笔者在此只是尝试性地提出两种对榆林窟第 3 窟北壁中铺净土变题材的判断，更加精准的判断还有赖于将来细致的现场调查和其他学者的研究成果。

四、从净土变中的建筑样式看西夏与宋的文化交流关系

研究中国古代建筑艺术的学者早已注意到榆林窟第 3 窟南北壁净土变和窟门南北两侧文殊普贤像中美仑美奂的亭台楼阁，[1] 其构图、设色、用线以及建筑的结构、造型和唐代样式不同，却和宋、金建筑风格相通。由于战争原因，西夏宫殿、寺院、

[1]　相关研究见萧默：《敦煌建筑研究》，文物出版社，1989 年，第 89 页。另见其文《莫高窟壁画中的佛寺》，收入敦煌研究院编《中国石窟·敦煌莫高窟》，第四卷，文物出版社，1987 年，第 188 页；赵声良：《榆林窟第 3 窟壁画中的亭、草堂、园石》，《敦煌研究》2004 年第 1 期，第 7—19 页；王艳云：《河西石窟西夏壁画中的界画》，《宁夏社会科学》2007 年第 1 期，第 112—115 页；陈育宁、汤晓芳：《西夏官式建筑再探》，《西夏学》第 7 辑，2011 年 10 月，第 12—33 页。

官第等建筑现已不存，难窥其貌，文献中有关西夏建筑的记载往往缺乏对构件和形制的细节描述，因此石窟壁画、考古发掘文物等材料在西夏建筑研究领域中的重要性就得到凸显。

榆林窟第3窟南北壁两铺净土变中的建筑布局几乎完全相同，均取建筑群落（寺院或皇宫）后部中轴线附近的堂室。大殿为重檐歇山顶，面阔三间，下有须弥座，殿左右接廊庑。殿前有开阔庭院平地，庭院左右各一水池，池中各立楼阁一座，均是重檐歇山顶，南壁的楼阁下层比北壁还多出一个歇山面向前方的龟头屋。画面下方的三座门屋之间连以长廊，建筑形制均是单层、覆重檐歇山顶。以上三层殿堂形成类似四合院的闭合空间，这是宋代以降官式建筑有别于唐代建筑布局的主要特点之一，如山西万荣县建于北宋景德三年（1006）的汾阴后土庙内保留有一块刻于金天会十五年（1127）的庙貌碑图（图2-2-12）[1]，可以清楚地看到当时庙祠被大致分为三个院落，每一重庭院都与榆林窟第3窟净土变中的建筑格局极其相似。又如河北正定县隆兴寺中建于北宋皇祐四年（1052）的摩尼殿，殿身为重檐歇山顶，殿基几近方形，四面正中又各伸出抱厦，类似的构造在宋代绘画作品中也常见到，如《明皇避暑宫图》《水殿招凉图》等等。（图2-2-13）

党项民族重视对中原汉族文化的学习，

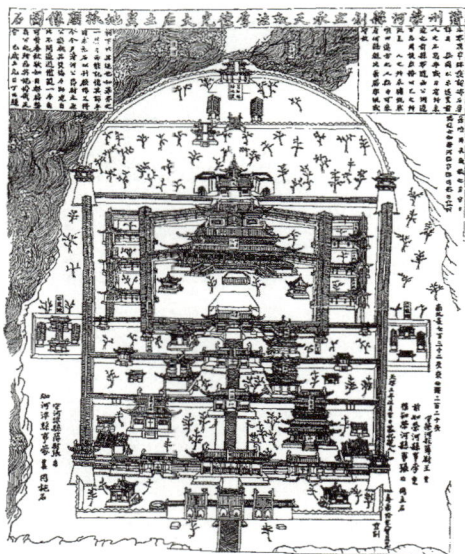

图2-2-12　山西汾阴后土庙1127年庙碑线刻图

图2-2-13　《明皇避暑图》

---

[1]　图引自刘敦桢主编：《中国古代建筑史》（第二版），中国建筑工业出版社，2005年，第201页，图116-1。

居住方式逐渐从择帐而居的游牧生活转向架屋定居，[1]掌握了建造大型木构建筑的技术。考古发掘显示西夏旧都兴庆府（即今宁夏银川）及其周边地区曾有若干规模宏大的建筑群落，贺兰山麓沿线是当时皇室修建离宫、佛殿的集中区域，如位于银川市西北约 90 千米的贺兰山大水沟口，有一处规模宏大的西夏离宫建筑遗址，绵延长达 10余里，遗址中尚可见台基、垣石、踏步、台阶等遗迹，主体建筑依山自下而上筑成阶梯状，布局紧凑。[2]贺兰山东麓拜寺沟附近发现总面积约 10 万平方米的寺院建筑群，塔前平地、塔后山腰及附近的山脚、高台等处都有建筑遗迹可寻，[3]足可想见当时佛殿堂宇规模之大。文献中记载的西夏官式建筑也极尽瑰丽、恢宏之势。宋代田况撰《儒林公议》载，李德明（981—1032）于北宋天禧五年（1021）把政治中心从西平府迁到怀远镇，下令仿照宋朝皇室建筑营造自己行宫，"僭帝"之心昭然，[4]也从侧面反映西夏建国之前的统治者就非常重视对汉式宫殿建造技术的引进学习。元昊在兴庆府西建有避暑宫"营离宫数十里，台阁高十余丈，日与诸妃游宴其中"[5]；天都山南牟宫"内建七殿，极壮丽，府库、官舍皆备"[6]，西夏国主经常游幸。黑水城出土西夏文文献中有几则关于西夏建筑的诗歌，[7]"琉璃瓦密合似龙甲，日日所览览不尽，……廊檐如翼赛鹜列，时时所见俱惊愕"[8]，"琉璃瓦连绵不断波光闪，回廊微微如同鸟翼开"[9]，诗歌描述的殿堂飞檐翘角、灵动舒展，与敦煌壁画中建筑的风格相吻合。

五、小　结

根据敦煌研究院的统计，西夏时期的净土变共有 90 余铺，其中观无量寿经变仅有榆林窟第 3 窟这一例，是敦煌地区同题材壁画中出现最晚的一铺。西夏人在敦煌石

［1］《旧唐书·西戎传》记：党项"居有栋宇，其屋织牦牛尾及羊毛覆之，每年一易"。

［2］孙昌盛：《西夏建筑的艺术特性》，《宁夏社会科学》2000 年第 1 期，第 88 页。

［3］宁夏文物考古研究所等：《贺兰县拜寺沟西夏遗址调查简报》，《文物》1994 年第 9 期。

［4］"号令补属，宫室旌旗，一拟王者。每朝廷使至，则撤官殿题榜置于庑下，使辖始出馆钱已，更赭袍，鸣鞭捎鼓，吹导还宫，殊无畏避。"（宋）田况，《儒林公议》，《子藏·杂论》第 270 部。

［5］（清）吴广成：《西夏书事》，第十八卷，甘肃文化出版社，1995 年，第 168 页。

［6］（清）吴广成：《西夏书事》，第十八卷，第 166 页。

［7］这件文书收编于史金波等主编《俄藏黑水城文献》第 10 册，（上海古籍出版社，1996 年）编号为ИНВ. No.121v，定名为《宫廷诗集》，其内保存的 29 首诗歌中，有 5 首涉及西夏建筑，分别为：《御驾西行烧香歌》《万花厅同乐歌》《护国寺歌》《圣殿俱乐歌》《新修太学歌》。相关研究见梁松涛：《西夏文〈宫廷诗集〉整理与研究》，2008 兰州大学博士论文；聂鸿音：《西夏文〈新修太学歌〉考释》，《宁夏社会科学》1990 年第 3 期，第 8—12 页；梁松涛：《西夏文诗歌所反映的西夏建筑特点及其文化特质》，《宋史研究论丛》2011 年第 1 期，第 588—601 页。

［8］《宫廷诗集》甲种本第 13 首《新修太学歌》，《俄藏黑水城文献》第 10 册，第 294 页。

［9］《宫廷诗集》甲种本第 10 首《护国寺歌》，《俄藏黑水城文献》第 10 册，第 292 页。

窟中绘制净土变的热情虽然远不敌前朝，但依然可以从中管窥净土信仰在西夏社会的流行，汉传佛教体系内的净土宗因修行方式简易、能够佑护命终之人往生西方极乐净土，因此对西夏信众有较大吸引力。[1]西夏刻印西夏文、汉文佛经中有《圣大乘无量寿经》《佛说阿弥陀经》《净土求生顺要论》《净土求生礼佛高赞偈》等大量西方净土类文本，[2]其中藏于俄罗斯科学院东方文献研究所编号为 ИHB. №.6518 的西夏文《阿弥陀经发愿文》记载：

> 以此善根，故皇先圣，上居最乐佛宫，当今皇帝永驻须弥圣境。皇后千秋，圣裔蕃茂，文臣武将，福禄咸集，法界含灵，往生净土。[3]

这说明西夏的阿弥陀或西方净土信仰与皇室的推崇关系密切，夏仁宗之母曹氏在1156年建造了一座弥陀佛殿并印施三千部《阿弥陀经》，如此大规模的发愿肯定会进一步推动原本在民间就有信仰基础的阿弥陀崇拜。[4]另外，由西夏僧人智广、慧真等人编辑的《密咒圆因往生集》收录较多反映净土思想的经咒，如《无量寿如来念诵仪咒》《阿弥陀佛心咒》《阿弥陀佛根本咒》等等，主要功能就是帮助信徒往生净土，文中关于各种陀罗尼经咒和仪轨的描述也为这一"显教"主题增添密教色彩，西夏弥陀类经典确实有显密两个系统兼容并蓄的特点。

　　榆林窟第3窟的观无量寿经变与密教图像彼此呼应，之所以能共处一室，除了"净土"主题原本就蕴含的密教因素[5]之外，还与西夏宗教信仰体系的特点有关。本书在分析榆林窟第3窟文殊普贤图像时就已简要分析，西夏佛教在很大程度上受到辽代"圆教"的影响，即华严和密教两种信仰传统并重，兼修各类法门，而西夏又在此基础上加入自己的新阐释，将华严和净土信仰作进一步融合，最终构成华严、密教、净土等多元信仰的统一仪轨体系。[6]我们在榆林窟第29窟可以看到与榆林窟第3窟相似的图像配置，南、北壁中铺的文殊普贤像与正壁释迦牟尼说法图构成"华严"信仰

[1]　关于西夏净土信仰的研究，可参见孙昌盛：《略论西夏的净土信仰》，《宁夏大学学报·哲学社会科学版》1999年第2期，第27—30页；张元林：《从阿弥陀来迎图看西夏的往生信仰》，《敦煌研究》1996年第3期，第76—81页；李玉珉：《黑水城出土西夏弥陀画初探》，《故宫学术季刊》1996年第13卷第4期，第1—39页。

[2]　公维章：《西夏时期敦煌的净土信仰》，《泰山学院学报》2008年第5期，第81页。

[3]　聂鸿音：《西夏文〈阿弥陀经发愿文〉考释》，《宁夏社会科学》2009年第5期，第94页。

[4]　聂鸿音：《西夏文〈阿弥陀经发愿文〉考释》，《宁夏社会科学》2009年第5期，第96页。

[5]　唐代不空金刚（Amoghavajra）就译有《无量寿如来观行供养仪轨》（《大正藏》No.930）和《九品往生阿弥陀三摩地集陀罗尼经》（《大正藏》No.933）。

[6]　可参见索罗宁：《西夏佛教之系统性初探》，《世界宗教研究》2013年第4期，第22—38页。

体系，南、北壁东端的阿弥陀经变和药师经变演绎"净土"思想，南、北壁西端的两尊护法神像则彰显"密教"特点，这些石窟图像所反映的西夏宗教信仰特点与文献经典的记载情况是两相契合的。

第三节 文殊、普贤菩萨并侍从像

> 文殊师利，流囗东方
> 镇华夏而伏毒龙，住清凉而居山顶
> 普贤菩萨，十地功圆
> 化百种之真身，利十万之世众
> ——敦煌出土文献 P.3564《莫高窟功德记》

　　榆林窟第 3 窟窟门两侧分别绘制骑狮文殊像和骑象普贤像，[1] 这一对图像是佛教石窟艺术中被反复表现的题材。文殊、普贤成对出现的组合方式在多个信仰体系中都能找到，如法华体系内的释迦、多宝佛并文殊普贤菩萨，[2] 华严体系内的卢舍那佛、文殊、普贤组成的"华严三尊像"，[3] 弥勒净土体系内的"弥勒三尊像"，药师体系内的"药师三尊像"以及由观音、文殊、普贤构成的"东方三圣像"[4] 等等。印度犍陀罗艺术中常见的释迦、弥勒、观音三尊像的组合在传播、发展的过程中逐渐分化，弥勒和观音独自发展并各自形成信仰体系。[5] 而在中国内地，由于法华、华严思想的影响，

[1] 敦煌研究院最初在记录各窟绘塑内容时，将此类文殊（或普贤）并侍从的题材定名为"文殊变"和"普贤变"。但是严格意义上的"经变"或"变"是指用富有情节的故事画来表现某部佛经的内容，但是文殊和普贤与众随从的组合并没有特定的经典依据或造像仪轨，敦煌研究院贺世哲先生根据莫高窟第 192 窟发愿文及伯希和藏敦煌藏经洞出土第 3564 号文书所记载的莫高窟第 36 窟发愿文所述"文殊并侍从""普贤并侍从"定名，故笔者在此也采用其他一些学者的做法，用文殊像（普贤像）或文殊并侍从像（普贤并侍从像）替代之前的"文殊变"和"普贤变"称谓。

[2] 《妙法莲华经·见宝塔品》记载："……释迦牟尼以右指开七宝塔户……皆见多宝如来坐狮子座……尔时多宝于宝塔中，分半座与释迦牟尼佛……即时释迦牟尼入其塔中，分其半座，结跏趺坐。尔时大众见二如来，在七宝中狮子上结跏趺坐。"《法华经·序品》以文殊菩萨为上首菩萨，《安乐行品》中又担任《法华经》的重要宣说者。普贤菩萨出现在《法华经·普贤菩萨劝发品》，释迦牟尼为普贤说佛灭度后得《法华经》的四个方法，普贤发愿护持受《法华经》者。

[3] 对这种组合产生最重要影响的应是唐李通玄的"三圣圆融"说，即观想毗卢遮那佛与文殊、普贤二菩萨等三圣融为一体且无障碍之观门。澄观在其《三圣圆融观门》中也说到："三圣者，本师毗卢遮那如来、普贤文殊二大菩萨是也。"

[4] 这种组合是现代学者或民间的称呼，见孙晓岗:《文殊菩萨图像学研究》，甘肃人民美术出版社，2007 年，第 172 页。

[5] 殷光明:《从释迦三尊到华严三尊的图像转变看大乘菩萨思想的发展》，《敦煌研究》2010 年第 3 期，第 1—10 页。

图2-3-1a　莫高窟第220窟文殊像

图2-3-1b　莫高窟第220窟普贤像

图2-3-2a　莫高窟第331窟西壁文殊像

图2-3-2b　莫高窟第331窟西壁普贤像

释迦（或卢舍那佛）、文殊、普贤三尊像占据了石窟艺术的主流。作为显教思想的集中代表，榆林窟第 3 窟的文殊普贤像与其他密教图像共处一室，彰显显密造像及其思想的紧密关联，不空译《大乘瑜伽金刚性海曼殊师利千臂千钵大教王经》卷一较好地阐释了密教背景下卢舍那佛、文殊菩萨、普贤菩萨三者依然是"三圣合一"的关系：

> 说经之根，宗本有三：一者毗卢遮那法身，本性清净，出一切法金刚三摩地为宗；二者卢舍那报身，出圣性普贤愿力为宗；三者千释迦化现千百亿释迦，显现圣慧身，流出曼殊师利身作般若母为宗。[1]

敦煌艺术开始对称绘制骑狮文殊和骑象普贤图像是在隋末唐初，唐阿地瞿多译《陀罗尼集经》卷一《金轮佛顶像法》言："其下左边画作文殊师利菩萨，身皆白色，顶背有光，七宝璎珞宝冠天衣种种庄严，乘于狮子。右边画作普贤菩萨，庄严如前，乘白象"[2]，张彦远所著《历代名画记》也有记："慈恩寺塔面东西间，尹琳画，西面菩萨骑狮子，东面骑象"[3]，证明自初唐就有对称绘制骑狮文殊和骑象普贤像的传统。敦煌石窟内的图像遗存与史料记载情况一致，莫高窟初唐建造的第 220 窟西壁佛龛左右两壁分别绘制骑狮文殊和骑象普贤图，（图 2-3-1a、b）初唐第 331 窟东壁入口上部绘法华经变，文殊和普贤对称分布在释迦、多宝佛两侧。（图 2-3-2a、b）孙晓岗认为敦煌的骑狮文殊图是在隋末唐初由夜半逾城发展而来，骑象普贤是从佛传中的乘象入胎情节继承过来，[4]概可从之。

唐代的文殊与普贤并侍从像多对称绘制在窟室正壁佛龛外的南北两侧，内容上从构图简单的菩萨主尊并善财、昆仑奴的组合逐渐发展成侍从数量众多、齐聚菩萨天王帝释梵天罗汉等形象的复杂组合，图像愈加强调自然环境的描绘。时至五代宋西夏时期，文殊普贤像的绘制位置逐渐转移到窟门两侧壁，[5]与正壁主尊形成华严信仰体系的呼应关系，而释迦、多宝佛搭配文殊普贤像所构筑的法华信仰体系则基本不见于敦煌窟室，这种转变的原因应与辽代"圆教"对华严和密教的推崇有直接关系。文殊菩萨与普贤菩萨的侍从队伍基本与唐代相差不大，五代时从五台山传入敦煌的"新样

---

［1］《大正藏·密教部》第 1039 号经典。

［2］《大正藏》卷十八。

［3］张彦远：《历代名画记》卷三。

［4］孙晓岗：《文殊菩萨图像学研究》，第 49 页。

［5］关于西夏时期文殊普贤像在窟内位置的分配情况，见公维章：《西夏时期敦煌的五台山文殊信仰》，《泰山学院学报》2009 年第 2 期，第 16 页。

文殊五尊像"[1]是这一时期图像的重大变革,即在旧样文殊、普贤并侍从像的基础上增加佛陀波利、文殊老人、于阗王和善财童子等四随从,这是该图像发展到最后阶段的主要标志,也是西夏榆林窟第 3 窟和其他文殊与普贤并侍从像有别于前朝图像的特点。下文将重点分析西夏此类图像的构成内容。

一、榆林窟第3窟的文殊、普贤菩萨并侍从像[2]

榆林窟第 3 窟这两铺壁画从艺术水平上来说堪称敦煌文殊、普贤图像的巅峰之作,构图和技法甚佳,人物形象以线描为主,融合高古游丝描、铁线描、兰叶描等多种笔法,人物面貌生动传神。整个画面将线描与水墨山水、青绿淡彩相结合,宋代画院绘画风格的影响痕迹昭然。[3]

窟门北侧是文殊像。(图 2-3-3)主尊并侍从十八位在山水之间行进,群峰巍峨耸立,波涛汹涌的水面上云气缭绕,众位神祇踩踏云上,作闲适行进之状。文殊菩萨游戏坐于青狮背上、璎珞严身、衣带飘然,菩萨左手作禅定印,右手于胸前持如意。牵驭青狮的深目浓须、头戴高冠的这位少数民族形象当是于阗王,右侧一手持钵、一手持锡杖的僧人应为印僧佛陀波利,左侧老者长眉髭髯,左手执持的经书惹人注目,当是文殊化现的老人。其前高冠朝服的帝释天两手捧盘、内盛珠宝,其他天子、菩萨等形象也采取中原贵族的服饰。画面左下角的善财童子脚踩莲花,双手捧执莲花面向主尊。画面最右端两位甲胄严身的天王站在青狮之后,护持主尊。

窟门南侧是普贤像,(图 2-3-4)构图与北侧的文殊像基本相同,只是尊数略有差别,不见北壁画面左下角的五位贵族相人物和高举宝盆的侍从。画面左侧伸向水面的

[1] 关于"新样文殊像"的研究,见荣新江:《归义军史研究——唐宋时代敦煌历史考察》,上海古籍出版社,1996 年。孙修身:《中国新样文殊与日本文殊三尊五尊像之比较研究》,《敦煌研究》1996 年第 1 期,第 44—52 页。沙武田:《敦煌"新样文殊"画稿研究》,载《敦煌画稿研究》,民族出版社,2006 年,第 650—669 页。孙晓岗:《文殊图像学研究》,甘肃人民美术出版社,2007 年。

[2] 补注:两铺壁画下方保留的一些壁画内容,此前由于图像漶漫难辨和现场考察条件所限,笔者未能涉及。近日,浙江大学汉藏佛教艺术研究中心博士后张书彬在参加 2017 年 12 月敦煌石窟联合考察时,辨识出该图像表现的是普贤菩萨化现女尊考验昙翼的感应故事。具体考记可参见张书彬:《中古法华信仰新图像类型之考释——以榆林窟第 3 窟〈昙翼感普贤菩萨化现女身图〉为中心》,《新美术》2019 年第 12 期,第 22—30 页。

[3] 赵声良在分析了榆林窟第 3 窟文殊、普贤并侍从像中山水的技法风格之后,认为该窟山水画绘制于13 世纪早中期或者更晚。见赵声良:《榆林窟第 3 窟山水画初探》,《艺术史研究》,第 1 辑,中山大学出版社,1999 年。

图2-3-3　榆林窟第3窟文殊并侍从像

图2-3-4　榆林窟第3窟普贤并侍从像

河岸上绘有著名"取经图"，[1]具头光的玄奘和身后的猴行者、白马面向普贤虔诚礼敬。

王中旭曾指出榆林窟具足十八人的图像可能就是画史中记载的"降灵文殊像""降灵普贤像"。[2]南宋周密《云烟过眼录》卷一记载："陆探微《降灵文殊》，高宗御题，本兰坡故物，后归乔氏。大小人物共十八人，飞仙四，皆佳。内亦有番僧手持骷髅盂者，盖西域僧。然此画纤毫无遗恨，真奇物也。"[3]这位持钵西域僧应该就是来自北印度的高僧佛陀波利。《宣和画谱》也记，徽宗御府还藏有五代㣉孱《降灵文殊像》一，《降灵普贤像》一，宋孙知微《文殊降灵图》一等等，说明从五代宋时期开始，将佛陀波利包含在内的新样文殊组像已被融入旧样文殊像中，成为当时比较流行的绘画题材。不过还需要审慎思考的一点是佛陀波利和文殊老人在整个画面中所占比例是否和其他侍从一样，这也是五代之前以"五台山化现图"为故事背景的文殊像与西夏文殊像较为明显的一个区别，在无法得见《降灵文殊像》《降灵普贤像》画面内容的情况下，需以秉持谨慎态度为宜。

（一）文殊、普贤"新样五尊像"

榆林窟第 3 窟这两铺壁画完整表现了文殊、普贤的"新样五尊像"，人物比例、动作等与其他侍从和谐共融，注重表现各形象之间的互动交流，这不同于此前文殊、普贤并侍从像着意突出文殊菩萨、善财童子和于阗王等三尊的做法。关于新样文殊的讨论始于 1975 年敦煌研究院清理莫高窟第 220 窟甬道时发现的同光三年（925）壁画，（图 2-3-5）有题记言"新样大圣文殊师利菩萨一躯并侍从"，不同学者就新样与旧样划分标准究竟为何的问题展开讨论，最终基本认定以下两条为基本依据：狮子的驭者是否从昆仑奴变成于阗王，背景是不是强调五台山灵异化现环境的描绘。[4]新样文殊从五台山传入敦煌地区并很快成为当地绘制的流行题材，新图像中出现的于阗王和善

---

[1] 有关该取经图的研究，见刘玉权：《玄奘取经图研究》，载《1990 年敦煌学国际研讨会文集：石窟艺术编》，辽宁美术出版社，1995 年，第 1—19 页。郑怡楠：《瓜州石窟群唐玄奘取经图研究》，《敦煌学辑刊》2009 年第 4 期。于硕：《唐僧取经图像研究——以寺窟图像为中心》，首都师范大学 2011 年博士论文。

[2] 王中旭：《故宫博物院藏维摩演教图的图本样式研究》，《故宫博物院院刊》2013 年第 1 期，第 112 页。

[3] （宋）周密著，《云烟过眼录》，《四库全书》子部，杂家类，卷 163，第 871 页。

[4] 1978 年敦煌文物研究所《莫高窟第 220 窟新发现的复壁壁画》提出四条新旧文殊图像的区别，即：传统的骑狮文殊菩萨和骑象普贤菩萨没有对称分布；文殊菩萨从侧面像变为正面像；狮子的驭者从昆仑奴变为于阗王；"新样文殊"的粉本由于阗国传到敦煌。孙修身对此些标准除于阗国王出现外予以全面否定，认为新样文殊在盛唐就已出现，表现的是文殊化贫女的故事，且仍旧与普贤一起出现。荣新江 1988 年在《归义军史研究》中对前述说法进行纠正，认为画稿不是源自于阗，而是五台山地区。沙武田《敦煌"新样文殊"画稿研究》认为新样文殊的特征，主要是善财童子和于阗国王。孙晓岗后又在《文殊菩萨图像学研究》一书中继续深入论证，最终确立两条标准：驭者为于阗王，背景描绘五台山化现场景。

财童子，依据的是北宋清凉山大华严寺坛长妙济大师延一编著的《广清凉传》"菩萨化身为贫女"条：

> 大孚灵鹫寺者，九区归响，万圣修崇，东汉肇基，后魏开拓。不知自何代之时，每岁首之月，大备斋会，迩尔无间，圣凡混同。七传者，有贫女遇斋赴集，自南而来，凌晨届寺，携抱二子，一犬随之，身余无赀，剪发以施。未遑众食，告主僧曰："今欲先食，遽就他行。"僧亦许可，令僮与馔，三倍贻之，意令贫女二子俱足。女曰："犬亦当与。"僧勉强复与。女曰："我腹有子，更须分食。"僧乃愤然语曰："汝求僧食无厌，若是在腹未生，曷为须食。"叱之令去。贫女被诃，即时离地，悠然化身，即文殊像，犬为狮子，儿即善财及于阗王。五色云气，霭然遍空。

文殊菩萨、善财童子和于阗王构成"新样文殊三尊像"组合，莫高窟 220 窟发现的"新样大圣文殊师利菩萨"正是这种搭配方式，敦煌出土五十余幅"大圣文殊师利菩萨"版画描绘同样的三尊组合，（图 2-3-6）归义军曹元忠时期大力支持刊刻流通的举措促进了此类图像在中原的传播。

"新样文殊五尊像"是在此基础上加入佛陀波利和文殊老人而形成，源自佛陀波利在五台山参见文殊老人的故事，《佛顶尊胜陀罗尼经序》[1]《广清凉传》[2]圆仁著《入唐求法巡礼记》[3] 等文献均有记载。《阿娑缚抄》卷九十九也言："佛陀波利、善哉童子、大圣老人、难陀童子、于阗国王，已上文殊使者也。"[4]学界关于佛陀波利和文殊老人何时加入"新样文殊三尊像"暂无定论，但可以确定的是骑狮文殊"五台山化现图"对新样文殊五尊像有显而易见的影响。"文殊化老人"的故事发生在五台山，佛陀波利遇见文殊老人这一情景仅是"五台山化现图"的局部之一，这两个形象被点缀

---

[1] "《佛顶尊胜陀罗尼经》者，婆罗门僧佛陀波利，仪凤元年从西国来，至此汉土，到五台山此，遂五体投地，向山顶礼曰："如来灭后，众圣潜灵，唯有大士文殊师利，于此山中汲引苍生，教诸菩萨，波利所恨，生逢八难，不睹圣容，远涉流沙，故来敬谒。伏乞大慈大悲普覆，令见尊仪。"……礼已举首，忽见一老人从山中出来，……老人言："既不将经来，空来何益？纵见文殊，亦何得识？师可却向西国，取此经（指《佛顶尊胜陀罗尼经》）将来，流传汉土，即使遍奉众生，广利群生……"《大正新修大藏经》，第 19 册，第 349 页。

[2]《广清凉传》中的记载大致与《佛顶尊胜陀罗尼经序》内容相同。见（宋）延一编《广清凉传》卷三，《大正新修大藏经》第 2099 号经典。

[3] 圆仁《入唐求法巡礼记》卷二，五月一日条："行到竹林寺断中，斋后，巡礼寺舍，有般若道场，曾有法照和尚于此堂念佛，有敕谥为大悟和尚。迁化来二百年，今造影安置堂里。又画佛陀波利仪凤元年来到台山见老人时之影。"

[4]《大正藏》图像部第 9 卷，第 238 页下栏。

图2-3-5　莫高窟第220窟"新样大圣文殊师利"　　　　图2-3-6　敦煌出土"大圣文殊师利菩萨"版画

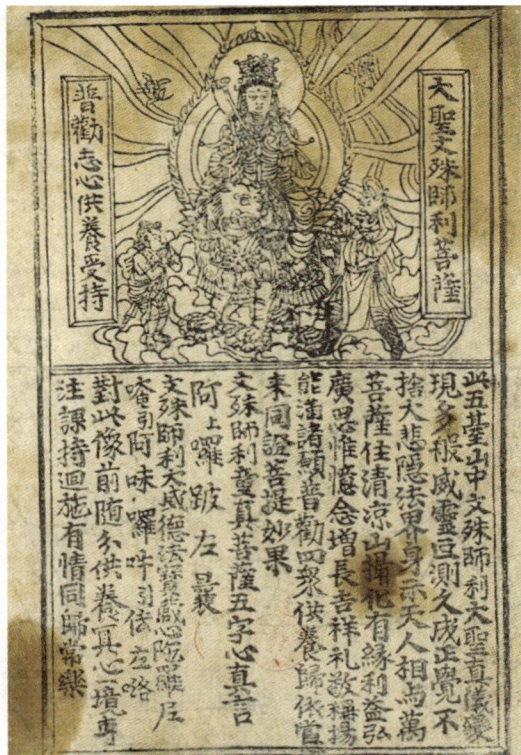

在五台山背景之内，作用是用来图示五台山发生的神迹故事，相对于文殊主尊及侍从而言明显处于次要地位，并没有与文殊、善财童子和于阗王形成组合。敦煌五代至宋时期的图像遗存也证明了这一点，如莫高窟第61窟正壁五台山化现图中的"文殊化老人"与其他情节占用的空间相当，并没有被刻意凸显（图2-3-7）；法国吉美艺术博物馆藏EO.3588号绢画《五台山文殊菩萨化现图》在尺幅上缩小了五台山应化事件的表现规模，但"文殊化老人"被完整保留下来，绘制在文殊三尊像和四胁侍菩萨的正下方，体量明显小于其他侍从；（图2-3-8）榆林窟第32窟是曹元忠时期营建的窟室，窟门北侧绘文殊并侍从图，佛陀波利和文殊老人被安置在于阗王脚边，从比例上看地位次于前三尊。（图2-3-9）从这些例子可以看到10世纪左右敦煌地区流行的"新样文殊像"仅包含文殊菩萨、善财童子、于阗国王此三尊像，佛陀波利和文殊老人作为"五台山化现图"的组成部分与文殊三尊像一起出现，但并未正式构成五尊组像，所谓成熟的"骑狮文殊五尊像"应该始于西夏时期。独立构图的"骑狮文殊五尊像"在稍后的南宋文殊造像也能见到，现藏日本的南宋临安府贾官人铺刻本《佛国禅师文殊指南图赞》以图绘形式讲述《华严经·入法界品》"善财童子五十三参"的故事，其中第一参为善财童子到娑罗林中恭见文殊菩萨，画面中绘制了有于阗王、佛陀波利和文

图2-3-7 莫高窟第61窟"五台山图"之"佛陀波利见文殊老人"局部

图2-3-8 法藏敦煌出土品EO.3588

图2-3-9 榆林窟第32窟文殊并侍从像

殊老人相伴的骑狮文殊。（图 2-3-10）

　　与"骑狮文殊五尊像"相对应的"骑象普贤五尊像"应该是随着文殊图像的发展而形成的样式。敦煌出土印刷品中有骑象普贤三尊像（图 2-3-11），包括普贤、善财童子和驭象者，与同时期出土的文殊三尊像极为相似，五代、宋石窟内绘制的新样文殊并侍从壁画对称位置出现的普贤像也相应增加了善财童子、驭象者和天人侍从。新样文殊的产生有赖于"五台山化现图"的推动，而僧人在巡礼五台山时，有时也能见到普贤菩萨与文殊菩萨一起化现，圆仁《入唐求法巡礼记》记载久居大华严寺的天台座主志远和尚就曾亲见普贤菩萨。[1]《佛祖统纪》记唐代国师法照"忽睹众宝宫殿文殊普贤及万菩萨佛陀波利"[2]，甚至在莫高窟第 144 窟西壁佛龛东侧的"普贤并侍从像"背景中出现了"五台山"的榜题，[3] 说明两种图像在某一时期内共

图2-3-10　《佛国禅师文殊指南图赞》插图

享同一种背景，普贤像随着文殊像的发展作出相应变动。以榆林窟第 32 窟为例，窟门北侧文殊像中的于阗王脚下安置"五台山化现图"的典型情节"佛陀波利见文殊老人"，窟门南侧普贤变则在相应位置（即驭象奴脚下）增加了一红衣僧人拜见山间白衣老者的情节。（图 2-3-12）发展至宋夏时期，"新样普贤像"中又加入新的成员，即与文殊像中的佛陀波利和文殊老人形象几乎完全相同的罗汉和老年儒生，这证明文殊像和普贤像长期以来都作为一组对称图像保持同步发展，后者应该是五台山新样文殊像出现以后为了保持图像的对称性才被创造出来，因为我们暂时找不到普贤像中这两个人物绘制的文本依据。在"普贤并侍从像"的长期发展过程中，只有普贤菩萨的驭象者形象基本保持不变，始终呈现偏袒上身、皮肤黝黑的少数民族特征。

　　榆林窟第 3 窟这两铺壁画最上方各出现一圆形，其内绘制的正是"新样文殊五尊像"（图 2-3-13）和"新样普贤五尊像"（图 2-3-14）。文殊五尊像保存情况不佳，主尊

---

[1]　圆仁：《入唐求法巡礼记》，卷二，五月十六日条。

[2]　（宋）志磐：《佛祖统纪》，《大正新修大藏经·史传部》，第二十六卷，第 1105 页。

[3]　陈粟裕：《五台山与牛头山——榆林 32 窟〈文殊、普贤并侍从图〉与菩萨住地的讨论》，《美术研究》2013 年第 3 期，第 29 页。

图2-3-11 敦煌出土"大圣普贤菩萨"版画

图2-3-12 榆林窟第32窟普贤并侍从像局部

已经漫漶难以辨识，其他四尊尚清晰，善财童子和佛陀波利行走在前，回首望向文殊菩萨，于阗王站在一侧牵引青狮，文殊老人头戴高冠，站在青狮后方。普贤五尊像的绘制角度不同于前者，普贤菩萨和白象直面观者，文殊老人和驭象奴位于右侧，佛陀波利和善财童子位于左侧，值得注意的是居坐象背上的普贤菩萨一派印度波罗风格，舒展左腿坐于莲花座上，头戴宝冠，发辫披散两肩，璎珞、臂钏、手镯等饰物严身，右手于胸前捻持莲茎，从普贤菩萨的形象可以推知北壁上端的文殊像应该也是同一种风格。显密图像融合的特点与亥母洞出土新样文殊唐卡一致，也和该窟整体的图像配置理念相吻合。

这种圆形构图的"新样文殊五尊像"还被元人继承，北京1346年建成的居庸关过街塔内壁两侧刻有四大天王，其中北方多闻天王胸前配的圆形护心镜内表现的就是一组"骑狮文殊五尊"，（图2-3-15）主尊被刻画为密教形象，这种处理方法和西夏做法一致。元代的佛教发展和西夏佛教之间有明显的继承关系，后至今已有不少学者从不同角度发表成果对这一议题深入讨论，比如帝师制度[1]、大黑天崇拜[2]、版画艺术风

---

[1] 相关成果见邓如萍、聂鸿音、彭玉兰：《党项王朝的佛教及其元代遗存——帝师制度起源于西夏说》，《宁夏社会科学》1992年第5期；Elliot Sperling, "rTsa mi lo tsa ba Sangs rgyas Grags pa and the Tangut Background to early Mongol-Tibetan Relations", in *Tibetan Studies: Proceedings of the 6th Seminar of the International Association for Tibetan Studies*, Fagernes, 1992, pp.801-824; 沈卫荣：《初探蒙古接受藏传佛教的西夏背景》，载《西域历史语言研究集刊》第1辑，科学出版社，2007年，第273—286页。

[2] 见沈卫荣：《西夏、蒙元时代的大黑天神崇拜与黑水城文献——以汉译龙树圣师造〈吉祥大黑八足赞〉为中心》，载《贤者新宴》第5辑，上海古籍出版社，2007年，第153—167页；黄杰华：《黑水城出土藏传佛教实修文殊〈慈乌大黑要门〉初探》，《中国藏学》2009年第3期，第114—120页。

图2-3-13　榆林窟第3窟新样文殊五尊像

图2-3-14　榆林窟第3窟新样普贤五尊像

格[1]、杭州飞来峰石刻[2]等等，从新样文殊、普贤五尊像这一貌似微小的艺术题材也同样可以看到西夏佛教艺术的强大渗透力。居庸关云台六体铭文中有西夏文《造功德记》，书写者为党项族僧人智妙弥通，参与具体施工的那麟、那征均是党项人，新样文殊五尊像应该就是由这些投靠元朝的西夏人介绍进来的。[3]

西夏时期脱离普贤像而独立构图的"骑狮文殊五尊像"目前发现如下两例。榆林窟第2窟正壁中央位置绘制文殊及其胁侍像，（图2-3-16）文殊菩萨及其坐骑狮子呈正面像，菩萨手持如意，半跏趺坐，驭者为于阗王，左右绘二菩萨和二天王，最上方分别是僧人相的佛陀波利和头戴冠帽的俗家老人，应是文殊老人，善财绘在青狮正前方。窟内中央佛坛上也塑有文殊群像，连同于阗王、善财童子、二菩萨、二天王一并七尊塑像，未见文殊老人和佛陀波利。从正壁中央图像和中央佛坛上绘塑作品来看，榆林窟第2窟显然是以供奉"新样文殊并侍从像"为主的窟室，若说莫高窟第61窟是归义军曹氏家族营建的"文殊堂"，那么榆林窟第2窟就是属于西夏人自己的"文殊

[1]　见熊文彬：《从版画看西夏佛教艺术对元代内地藏传佛教艺术的影响》，《中国藏学》2003年第1期，第66—79页。

[2]　见谢继胜、高贺福：《杭州飞来峰藏传石刻造像的风格渊源与历史文化介值》，《西藏研究》2003年第2期，第41—50页；赖天兵：《从藏汉交流的风格形态看飞来峰元代造像与西夏艺术的关系》，《敦煌研究》2009年第5期，第74—78页。

[3]　西夏灭亡后，一部分党项族统治阶级投元，得到元朝重用，被列为"色目人"，元朝利用他们来通知汉人。《元史·李恒传》载：恒父李惟中，世为西夏皇室。陷元，从经略中原，有功。擢为达鲁花赤，佩金符。又记："余阙，……唐兀氏，世家河西武威"，余阙后赐进士及第，因修辽、金、宋三史而被招入翰林，得到元廷重用。

图2-3-15 居庸关多闻天王

图2-3-16　榆林窟第2窟正壁新样文殊五尊像　　　　　图2-3-17　武威亥母洞出土唐卡

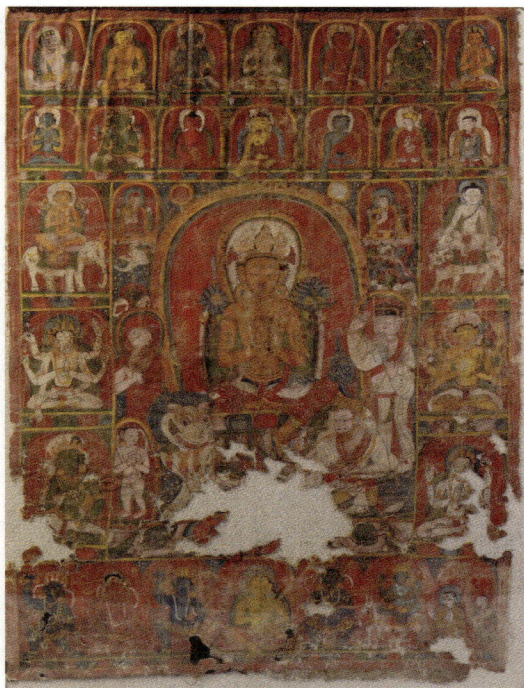

堂"，[1] 将新样文殊绘在主壁的做法，敦煌石窟仅此一例，体现出西夏时期文殊信仰盛极一时。

　　武威新华村亥母洞出土的一幅西夏唐卡的中央主尊也是新样文殊五尊，[2]（图2-3-17）画面传达的汉藏艺术风格和显密结合的图像内容饶有趣味。主尊文殊菩萨呈正面相，半跏趺居坐在侧身而立的青狮上，文殊并不是汉地流行的手持如意的显教形象，而是双手于胸前执持莲茎、双莲各托经书和利剑、头戴三叶冠、身饰璎珞宝钏的密教文殊！主尊周围环绕的四胁侍依旧是"新样文殊"体系内的于阗王、善财童子、佛陀波利和文殊老人。主尊文殊头光两侧分别是骑象普贤和狮吼观音，而非更为常见的文

[1]　感谢谢继胜教授对"文殊堂"这一名称的点示。新近，敦煌研究院赵晓星博士发表《榆林窟第2窟正壁文殊图像解析——西夏石窟考古与艺术研究之三》一文（《敦煌研究》2018年第5期，第16—25页），认为该铺壁画是以五台山文殊为中心，将《文殊师利般涅槃经》和《文殊真实名经》的相关内容组合到一起，反映当时文殊信仰和社会现实密切结合的历史事实。

[2]　有关这幅唐卡的研究见谢继胜：《一件极为珍贵的唐卡——武威市博物馆藏亥母洞出土唐卡分析》，刊于北京大学文博学院编《宿白先生八秩华诞纪念文集》，文物出版社，2002年，第595—611页。该文英译版见 Xie Jisheng, "A unique Tangut Thangka in the Wuwei City Museum: Study of a Thangka Discovered in the Tara Cave Temple"，收入谢继胜、沈卫荣、廖旸等编《汉藏佛教艺术研究：第二届西藏考古与艺术国际学术研讨会论文集》，中国藏学出版社，2006年，第427—458页。

殊与普贤组合。狮吼观音和普贤下方分别是三面八臂黄色摩利支天和三面八臂白色顶髻尊胜佛母，再其下是青色金刚萨埵和白色四臂观音。主尊文殊菩萨上方还有两排小尊，各排绘七身形象，其中上排中间五尊为五方佛，从左至右分别是宝生如来→不动如来→大日如来→阿弥陀如来→不空成就如来，第二排中间三尊分别是三世佛：西方阿弥陀佛→中央释迦牟尼→东方药师佛，画面左上角还绘大成就者密哩瓦巴（Virupa）。可以说，西夏佛教艺术的几个主要特色在这一幅唐卡中都得到集中体现：新样文殊信仰；大成就者崇拜；释迦牟尼为教主的显教与五方佛引领下的密教演绎出的"显密圆融"思想；上师崇拜；四臂观音崇拜；等等。

（二）四大天王

两铺文殊和普贤并侍从像中一共出现四尊天王形象，分别各操兵戈立于侍从队伍最后方护持天众。文殊像中右手持箭、左手持弓的应该是南方增长天王，手持斧的天王身份暂不能确定；（图2-3-18）普贤像中右手持三叉戟、左手持宝塔的是北方多闻天王，另一位双手于胸前作合十印的天王也无法确认身份。（图2-3-19）持斧的天王在榆林窟第29窟西壁中央的普贤像也出现，对应位置出现的手持利矛的天王又与第3窟不同。榆林窟第3窟南壁东端顶髻尊胜佛母曼荼罗中，围绕主尊而立的亦是各持兵戈的四大天王，不过从中也难寻与其他窟室天王持物的共同点。

敦煌石窟内绘有为数不少的四大天王像，但是各天王的持物并不统一，除北方多闻天王（或称毗沙门天王）手托宝塔的形象较为固定和富有辨识度外，其他三尊的持物在各窟多少都有变化。敦煌出土绢画作品中的四大天王与石窟壁画的特点一致，各天王手中持物不尽相同，如法国吉美艺术博物馆藏伯希和MG17775号作品，千手观音上方两侧绘四大天王，东方持国天右手持宝珠，左手持剑，南方增长天右手持羂索，左手持剑，西方广目天和北方多闻天则两手合掌作礼拜状，若不是有榜题标识，难以辨别身份，藏于大英博物馆的一件千手观音绢画下方左右角的四大天王更因缺乏榜题和标志性持物而不易区分。

（三）龙　王

五代之前的文殊、普贤并侍从图经常出现天龙八部像，他们是守护佛法的八部神祇，一般包括天、龙、夜叉、乾闼婆、阿修罗、迦楼罗、紧那罗和摩侯罗伽等八尊，通过头顶的龙、蛇、摩羯鱼、孔雀、狮等形象标识身份。（图2-3-20）五代之后的文殊、普贤并侍从像逐渐省去天龙八部的内容，增加胁侍菩萨等天人形象。榆林窟第3窟没有绘制天龙八部，文殊并侍从像下方的五尊戴宝冠、着朝服的贵人相人物，应是

图2-3-18　四大天王局部　　　　　　　　图2-3-19　四大天王局部

《广清凉传》中记载的"五龙王"。《广清凉传》卷下"朔州慈勇大师"条云：

> 又于云中，现文殊大圣，处菡萏座，据狻猊之上。及善财前导，于阗为
> 御，波离后从，暨龙母五龙王等，执珪而朝。[1]

拱手而朝的形象与壁画所绘内容较为符合。

（四）普贤像中的"取经图"

榆林窟第3窟"普贤并侍从像"左侧探出一块平地，唐僧师徒面向普贤菩萨而立，唐僧带有头光，双手合十，身披袈裟，脚穿麻鞋，身后的猴行者口齿微张，毛发较长，着小袖襦白裤，也作虔诚礼敬状，白马背上驮莲台，其上承托的经袱散发虹光，象征经书的神圣珍贵。（图2-3-21）此处的"唐僧取经图"是敦煌西夏石窟内发现的5

---

[1]《大正藏》第51册，第1126页下栏。

图2-3-20　莫高窟第159窟西壁龛外北侧文殊变

图2-3-21　《取经图》

处取经图之一，其他四处分别位于榆林窟第 3 窟东壁北侧十一面千手观音像下方、榆林窟第 2 窟西壁北侧水月观音像右下角以及东千佛洞第 2 窟南、北壁西侧的两铺水月观音像中，均为西夏统治瓜沙地区时期绘制的作品，是迄今中原所见最早的一批唐僧取经图。

以往学者在研究这些图像时，侧重从以下两个方面着手：一是从艺术的角度分析图像的内容和特点，[1] 二是从历史和文献的角度分析图像与唐僧前往天竺途经瓜州之历史故事之间的关系，[2] 但对为何在 11 世纪的瓜州地区突然兴起绘制取经图的热潮，却鲜有提及，笔者在此将结合当时的历史文化背景尝试作出分析。

文献记载显示，在西夏建国之前，唐僧取经故事就已成为宋代壁画或绘画作品争相表现的题材，如北宋景祐三年（1036）欧阳修与友人在扬州寿宁寺中曾看到描绘玄

---

[1]　如刘玉权：《玄奘取经图研究》，《1990 年敦煌学国际研讨会文集：石窟艺术编》，辽宁美术出版社，1995 年版，第 1—19 页；刘玉权：《榆林窟第 29 窟水月观音图部分内容新析》，《敦煌研究》2009 年第 2 期，第 1—4 页；赵莉、吴炯炯：《"唐僧取经图"与〈西游记〉图像在甘肃地区的流布》，《图书与情报》2009 年第 5 期，第 158—160 页；于硕：《唐僧取经图像研究——以寺窟图像为中心》，首都师范大学 2011 年博士学位论文。

[2]　如郑怡楠：《瓜州石窟群唐僧取经图研究》，《敦煌学辑刊》2009 年第 4 期，第 93—111 页。

奘取经的壁画，[1]另有宋代董逌的《广川画跋》卷四就有《书玄奘取经图》，[2]画史记载的这两例图像在艺术呈现形式上应与西夏石窟中的独幅人物组像有较大差距，可能更加接近相传出自元代画家王振鹏之手的《唐僧取经图册》，[3]是由多个取经故事情节构成的连环画册。如所周知，以唐玄奘取经故事为原型的《大唐西域记》[4]和《大慈恩寺三藏法师传》[5]在7世纪之前就已撰成，可在文本完成之后的几个世纪内均未见相关题材的画作留存于世，也未见画史记载，直到10世纪末、11世纪初始成为图画表现的对象，这不得不让人思考"取经图"在这一时期突然涌现的原因。

首先需要指出的是，虽然瓜州石窟几处"唐僧取经图"中的三个形象的确是唐玄奘、胡人石盘陀（或猴行者）[6]和驮经白马，但是这组形象已被赋予超出原本故事情境的象征意义，带有某种"符号性"，我们应结合中原较为流行的"圣僧"崇拜思想来理解。僧人在佛教发展和佛教教义传播过程中起到重要的推动作用，加上寺院"俗讲""佛曲"等顺应普通信众审美趣味的宣传手段，中国佛教在发展过程中造就了许多宗教偶像，真实的历史人物逐渐转变成各种神迹故事的主角，原始史料经过历代高僧或文人的渲染、增减、曲解、臆想而变得愈加奇幻灵异，民间信众把这些具有超凡神迹的人物加以神化，并为其造像、虔心供养。记载唐玄奘西天取经这一事件的三部著作《大唐西域记》→《大慈恩寺三藏法师传》→《大唐三藏取经诗话》正是按照这样的演变模式创作出来的，可是7至10世纪中原信徒眼中的"圣僧偶像"不是玄奘，而是刘萨诃和泗州和尚。

---

[1] 蔡铁鹰：《西游记资料汇编》，中华书局，2010年，第20页。

[2] 曹炳建：《新发现的〈西游记〉资料及其解读》，《南京师大学报（社会科学版）》2009年第1期，第132页。

[3] 关于该《图册》的研究，可参见咘部彰、板仓圣哲：《唐僧取经图册"解题"》，收入日本平成十三年（2001）日本株式会社二玄社影印《唐僧取经图册》；曹炳建、黄霖：《〈唐僧取经图册〉探考》，《上海师范大学学报》2008年第6期，第72—82页。

[4] 由玄奘和辩机撰写，主要记录玄奘在西域诸国游历求法的经历，是研究中亚、南亚等地区的历史地理、宗教史、中外关系史的重要著作，可参见季羡林校本《大唐西域记校注》，中华书局，1985年。

[5] 由玄奘弟子慧立、彦悰编撰，成书于与武周垂拱四年（688），全书共十卷，前五卷记述玄奘西行天竺的经历，后五卷主要讲述玄奘返回中原之后译经的情况，较《大唐百域记》而言，加入许多神魔奇幻成分，为玄奘西行求法的真实经历加入许多传奇成分。

[6] 石盘陀是《大慈恩寺三藏法师传》中描写的帮助玄奘备马、渡瓠芦河、出玉门关的胡人，并未受戒。而猴行者直到南宋刊行的《大唐三藏取经诗话》才开始出现，不过李时人、张锦池等先生认为《大唐三藏取经诗话》早在五代宋初就已成书，并在民间流传。西夏时期"唐僧取经图"中描绘的随从接近猴相，但作俗人装扮，大概可以体现"石盘陀"转向"猴行者"迁渡期的样貌特征。

图2-3-22 莫高窟第72窟《凉州瑞像》局部　　　图2-3-23 镰仓时代的《玄奘画像》　　　图2-3-24 法藏敦煌出土绢画EO.1141

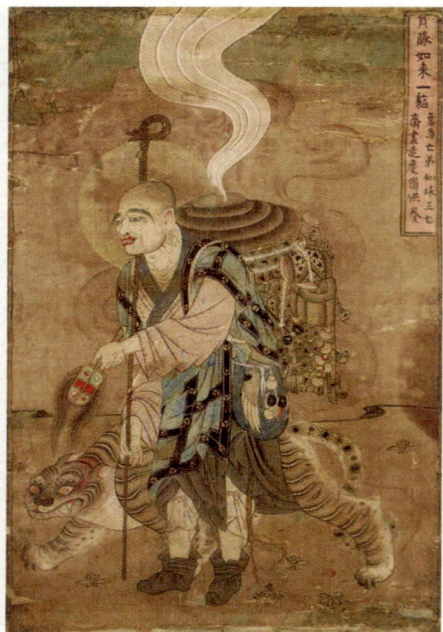

　　尽管刘萨诃[1]是活动于东晋末到南北朝初期的一位游方僧人，但他在隋唐至敦煌敦煌归义军时期的佛教信徒中影响力极大，因其颇具神化色彩的感应故事、凉州瑞像传说、[2]前往天竺求经访学等事迹而广受尊崇，莫高窟从7世纪晚期就开始绘塑与刘萨诃相关的作品，尤以第72窟南壁晚唐至五代壁画《凉州瑞像》内容最丰富、构图最复杂。（图2-3-22）同窟西壁（即正壁）龛门两侧绘文殊、普贤菩萨并侍从像，其中北侧文殊菩萨像上部绘刘萨诃圣迹故事，与之对称的南侧普贤菩萨像上部则是著名的泗州和尚圣容像。泗州和尚[3]即唐代高宗显庆年间从中亚何国入唐的僧人僧伽和尚，

---

[1] 相关研究可参见史苇湘：《刘萨诃与敦煌莫高窟》，《文物》1983年第6期，第5—13页；饶宗颐：《刘萨诃事迹与瑞像图》，《1987年敦煌石窟国际学术讨论会文集》，辽宁美术出版社，1990年，第336—349页；韦陀著，杨汉璋译：《高僧刘萨诃与敦煌壁画》，收入敦煌研究院《资料工作通讯》，1989年第3期；巫鸿：《再论刘萨诃——圣僧的创造与瑞像的发生》，收入《礼仪中的美术——巫鸿中国古代美术史文编》，生活·读书·新知三联书店，2005年，第431—454页。

[2] 亦称"番禾瑞像"，据佛典和敦煌遗书等资料记载，刘萨诃在前往天竺求法时途径河西走廊，并在此授记，将来会有佛像从凉州番禾县的山谷中出世。80余年之后，此地确实应验了刘萨诃的预言，出现雷霆地裂、瑞像出世的神异之事。"番禾瑞像"基本的造型样式是：佛呈立姿，赤足站在莲台之上，右手下垂作施与愿印，左手曲臂执握衣角，身后常现庆峨山岩。

[3] 关于泗州僧伽和尚的研究成果可参见，马世长：《泗州和尚、三圣像与僧伽三十二变相图》，《艺术史研究》第11辑，中山大学出版社，2009年；罗世平：《敦煌泗州僧伽经与泗州和尚信仰》，《美术研究》1993年第1期，第64—68页。

图2-3-25　古如拉康达摩多罗像　　　　　图2-3-26　山嘴沟石窟伏虎罗汉壁画

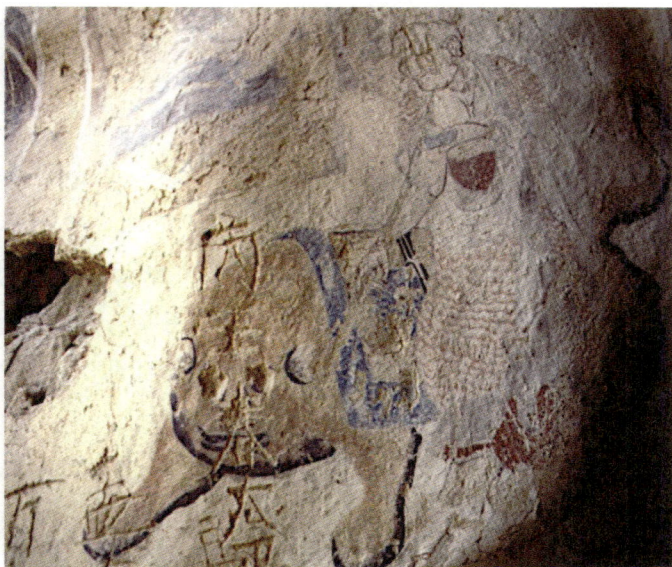

因感应神异事迹颇多，宋赞宁《宋高僧传》将他归入感通类。[1] 与刘萨诃一样，僧伽死后被不断神化，具备各种奇异功能，被认定为十一面观音菩萨的化身，成为众人崇拜的圣僧，敦煌、四川、陕西等多个地区都可以见到该僧的绘塑作品。僧伽和尚相关文献和图像出现的年代集中在唐至宋初这一时期，[2] 与刘萨诃圣僧崇拜的盛行时间相仿，莫高窟第72窟的文殊普贤并侍从像壁画将刘萨诃与僧伽和尚绘入其中，并安置在文殊、普贤菩萨上方，反映敦煌当地信众对此二僧"世间佛"崇高地位的肯定。从这一角度出发再来反观瓜州西夏石窟壁画中的"唐僧取经图"，会认为它的出现自在情理之中，刘萨诃、僧伽和尚、唐玄奘或其他圣僧均是中国佛教在地方化发展过程中塑造出来的宗教偶像，有深厚的民间信仰基础。

　　回到本节要讨论的唐玄奘图像来说，部分学者将它与敦煌地区发现的数幅行脚僧像联系在一起，[3] 对比日本东京国立博物馆藏镰仓（1185—1333）《玄奘画像》（图2-3-23）

[1]　（宋）赞宁撰：《宋高僧传》卷十八"唐泗州普光王寺僧伽传"，《大正藏》No.2061，第822—823页。

[2]　罗世平：《敦煌泗州僧伽经像与泗州和尚信仰》，第66页。

[3]　诸户文男：《敦煌画中的玄奘图考》，《丝绸之路月刊》，1979年11月；Victor H. Mair, "The Origins of an Iconographical Form of the Pilgrim Hsüan-tsang", *T'ang Studies* 4（1986），pp.29-41；王惠民：《敦煌画中的行脚僧图新探》，《九州学刊》第6卷4期，1995年，第43—55页；韦陀（Roderick Whitefield）著，包菁萍译：《敦煌绘画中的取经僧形象》，收于《2000年敦煌国际学术讨论会文集（石窟艺术卷）》，甘肃民族出版社，2003年，第24—41页；Dorothy C. Wong, "The Making of a Saint: Images of Xuanzang in East Asia", *Early Medieval China* 8（2002），pp.43-81；谢继胜：《伏虎罗汉、行脚僧、宝胜如来与达摩多罗》，《故宫博物院院刊》2009年第1期，第76—96页。

和法国吉美博物馆藏敦煌出土绢画 EO.1141，（图 2-3-24）可以发现两种形象均是背负经囊、手持麈尾、脚穿草履，主要区别在于玄奘身侧没有老虎跟随，上方也没有化佛。镰仓时代《玄奘图像》应该是在晚唐行脚僧形象的影响下由日本画家创作出来的，也就是说，中原 12 世纪之前的行脚僧像与唐僧并无联系，二者的共同来源实际上是唐五代时期流行于世的唐代华严大师李通玄（635—730）居士"真容图"，[1] 并最终借由后弘期安多地区下路弘法僧人之手传入卫藏，影响藏传"十八罗汉"图像体系中的达摩多罗像。（图 2-3-25）行脚僧图像的流行可以证明李通玄"三圣圆融"华严思想在 10—12 世纪中原有广泛信仰基础，辽与西夏佛教的核心形态"圆教"就是在李通玄、清凉澄观等唐代大师华严思想的基础上加入显密各类修行法门，宁夏贺兰山山嘴沟石窟 2 号窟窟顶上方所绘汉传"十八罗汉"体系中的伏虎罗汉应是糅合了汉地禅余水墨画中的世俗罗汉相和敦煌唐五代行脚僧身侧随行的老虎而最终定型。[2]（图 2-3-26）

　　榆林窟第 3 窟以及瓜州其他几处取经图中的唐玄奘虽然在形象上和"行脚僧"联系不大，可是两种图像背后承载的历史信息相似。唐代画史文献中有唐代寺院壁画绘制行脚僧像的记载，[3] 晚唐、五代敦煌绢画也多见"宝胜如来"像，但在敦煌壁画中，行脚僧图像集中出现在莫高窟沙州回鹘时期的洞窟内，如第 306、308、365 窟等，时代约为 10—12 世纪，[4] 这一时期是中国佛教的重要发展阶段，本书第一章第二节已用较大篇幅分析了 10 世纪末中原兴起的佛教复兴运动，中、印僧侣之间频繁往来交流的盛况与有唐一代何其相似，唐玄奘最突出的贡献是取经和译经，并为接下来整个唐代佛教的高速发展奠定坚稳基础，所以，对曾经亲历唐末动乱、志在复兴中原佛教的宋代统治者和广大佛教徒而言，唐僧玄奘与其他来往于唐竺之间的行脚僧便成为特定时期的"宗教偶像"。西夏瓜州地区集中出现的"唐僧取经像"应放置到宋代初年中印之间频繁的佛教交流关系中解读，图像传达的是西夏人对丝路上西来东往传播佛教

---

[1] 根据王惠民的考证，行脚僧形象的来源应是唐代李通玄居士像，《全唐文》卷 816 咸通（860—874）时人马支撰集的《释大方广佛新华严经论主李长者事迹》，叙述最为详细："李长者，讳通元……后复囊挈经书，遵道而去。……忽逢一虎，当途驯伏，如有所待，长者语之曰：吾将著论释《华严经》，可与吾译一栖止处。言毕虎起，长者徐而抚之，将所挈之囊挂于虎背，任其所止。"另有《续贞元释教录》云："升元二年（938），僧勉昌进请编（李通玄著《新华严经论》）入藏。大唐光文肃武孝高皇帝令书十本，写《李长者真仪》十轴，散下诸州，编于藏末。"引自王惠民：《敦煌画中的行脚僧图新探》，《九州学刊》1995 年第 6 卷 4 期，第 48—49 页。

[2] 参见谢继胜：《伏虎罗汉、行脚僧、宝胜如来与达摩多罗》，《故宫博物院院刊》2009 年第 1 期，第 76—81 页。

[3] 张彦远《历代名画记》"两京寺观壁画"记载，唐代画家韩幹、陆曜在浙西甘露寺文殊堂内外壁各绘"行道僧四铺"，吴道子在长安景公寺绘"行僧"，刘行臣在敬爱寺绘"行脚僧"。朱景玄《唐朝名画录》记载，唐代周昉绘"大云佛寺殿前行道僧，广福寺佛殿前面两神，皆殊觉当代"。

[4] 谢继胜：《伏虎罗汉、行脚僧、宝胜如来与达摩多罗》，《故宫博物院院刊》2009 年第 1 期，第 83 页。

教义的"取经僧"的赞颂和尊崇。

在画面内容方面，西夏画师选择采用敦煌当地寺院"俗讲"和"变文"的流行主题——唐玄奘取经故事中的主要人物：唐玄奘、猴行者和白马。[1]唐僧取经故事不仅受到西夏党项和敦煌其他民族的欢迎，也曾传入回鹘，回鹘译师胜光法师（Šaïngqo Šäli tutung，约10—11世纪）曾把慧立、彦悰撰写的《大慈恩寺三藏法师传》译成回鹘文，另有百济康义（Kogi Kudara）和茨默（P. Zieme）陆续发布的两件吐鲁番出土《大慈恩寺三藏法师传》文书残见用汉语和回鹘语对照书写，说明当时西行印度的这位高僧在回鹘社会中有巨大影响力，[2]从中也可以推测，整个丝路沿线在这一时期或许都曾受到这股"玄奘/取经僧信仰"风潮的影响。更为复杂的是，玄奘故事与五台山崇拜、新样文殊五尊像、西夏时期大成就者信仰产生密切关联，又与唐五代行脚僧、佛陀波利、帕当巴桑杰（Pha dam pa sangs rgyas，？—1117）及其弟子无生上师的身份有不同程度的混淆，各种关系纷繁交错，共同构成11—13世纪广大河西地区新一轮的"圣僧信仰"，信众崇奉的对象逐渐从刘萨诃、泗州和尚等"神僧"转向"取经僧/译经僧"。

10世纪前往五台山朝拜的印度僧人非常熟悉唐僧事迹，将唐僧和佛陀波利相提并论，认为此二人均曾莅临五台山，希望借由五台山巡礼之行获得与其等量的功德或皇室的器重。[3]佛陀波利于唐高宗凤仪元年（676）来华，由他翻译的《佛顶尊胜陀罗尼经》是汉译8种版本中最为流行的一部，目前我们在敦煌汉文写经中看到的《佛顶尊胜陀罗尼经》绝大多数都是佛陀波利译本，[4]佛陀波利因在五台山得见文殊菩萨化现的老人而广为人知，并被绘入"五台山图"，在西夏广受推崇的"新样文殊五尊像"正是在10世纪末的敦煌形成雏形的，佛陀波利和文殊老人的地位进一步得到凸显。有意思的是，藏文文献将佛陀波利的故事附会到后弘期入藏传法的印度大成就者帕当巴桑杰

---

[1]　这些"俗讲"和"变文"内容可能是来自《大慈恩寺三藏法师传》，也有可能是《大唐三藏取经诗话》，后者虽然正式刊行于南宋，但李时人等先生考证认为《大唐三藏取经诗话》很有可能在晚唐五代时期就已成书，并成为寺院"俗讲"的底本。可参见李时人、蔡镜浩：《〈大唐三藏取经诗话〉成书年代考辨》，《徐州师范学院学报（哲学社会科学版）》1982年第3期，第22—30页。

[2]　引自[德]茨默著，桂林、杨富学译：《佛教与回鹘社会》，民族出版社，2006年，第48页。

[3]　敦煌汉文遗书P.3931号写卷《印度普化大师五台山巡礼记》记载从印度僧人普化大师在五台山进行为时十三天的巡礼活动，该写卷序言中提到："大周昭王代，佛出西天；汉明帝时（衍）朝，法传东夏。自后，累有三藏携瓶来至五峰。玄奘遇于德宗，波利逢于大圣，前无垢藏幸遇庄皇，此吉祥天喜逢于今圣，师乃生长在摩羯陀国内，出家于那烂陀寺中，唐标三藏普化大师，梵号啰么室利祢缚。早者别中天之鸠领，趋上国之清凉，历十万之危途，岂辞艰阻，登百千之峻巅，宁惮劬劳。"P.3931写卷全文见李正宇：《印度普化大师五台山巡礼记》，《五台山研究》1990年第1期，第32—33页。

[4]　刘淑芬：《灭罪与度亡——佛顶尊胜陀罗尼经幢之研究》，上海古籍出版社，2008年，第12页。

图2-3-27　白居寺吉祥多门塔内的新样文殊五尊塑像

身上，甚至将"新样文殊五尊像"中的佛陀波利替换成身色黝黑的帕当巴桑杰！江孜白居寺吉祥多门塔第二层第十五间佛殿文殊殿内的文殊主眷五尊塑像正是这样表现的。[1]（图2-3-27）帕当巴桑杰入五台山、见文殊菩萨的故事最早见载于15世纪中期成书的《青史》，[2]笔者认为造成藏人这种认知的主要原因，就是西夏贺兰山作为北五台山的地位的提升，以及帕当巴桑杰等印度大成就者信仰在西夏社会的流行。

由于西夏统治者的苦心经营，宁夏贺兰山逐渐取代山西五台山成为文殊道场，尤其是在西夏彻底控制丝路南北通道之后，许多意欲前往山西五台山朝圣的信徒由于东行道路阻断，转而参拜贺兰北五台山，与山西五台山相关的人物、传说等也随之移入贺兰山体系。[3]所以诸多藏文史籍中提到的11—14世纪前往"五台山"礼敬文殊菩萨的高僧大德，实际到达的地方很有可能就是贺兰山，吐蕃人将帕当巴桑杰与佛陀波利身份混淆，主要影响因素可能是帕当巴桑杰所传教法曾被译成汉文在西夏境内流传。根据孙鹏浩的研究，《大乘要道密集》中有四篇文本与帕当巴桑杰及其弟子有密切关联，[4]最值得一提的是其中一篇名为《无生上师出现感应功德颂》的文书，由"马蹄山修行僧拶巴座主依梵本略集"，赞颂帕当巴桑杰教法传人"无生上师"的种种感应故事，这位无生上师一生所到之地有女王国、尹吾国、葱岭、高昌国等西天三十六国

［1］见萨尔吉：《佛陀波利→当巴桑杰←菩提达摩》，收入王邦维等主编《佛教神化研究——文本、图像、传说与历史》，中西书局，2013年，第169页。

［2］'Gos lo tsa ba gzhon nu dpal, *Deb ther sngon po*, Si khron mi rigs dpe skrun khang, 1984, pp.1063-1064.

［3］谢继胜：《伏虎罗汉、行脚僧、宝胜如来与达摩多罗》，《故宫博物院院刊》2009年第1期，第93页。

［4］孙鹏浩：《有关帕当巴桑杰的西夏汉文密教文献四篇》，收入沈卫荣主编《文本中的历史：藏传佛教在西域和中原的传播》，中国藏学出版社，2012年，第85—97页。

土，许多地名都能在玄奘传记《大慈恩寺三藏法师传》中找到！尤其是"万程河边降龙王"一偈和相传绘制于元代的《唐僧取经图册》中的"万程河降大威显胜龙"有明显继承关系，[1]这说明，唐僧取经很可能对当时某些印度、吐蕃高僧的藏文生平传记造成影响，而西夏汉译密教文献中记载的印度大成就者神异故事也在某种程度上为元人撰述唐僧取经传说提供了不少素材。依此来看，由于10—13世纪中印僧人往来甚多，西夏人把这些对中、印佛教文化交流做出突出贡献的高僧——如唐玄奘、佛陀波利、达摩多罗、帕当巴桑杰、无生上师等人——都纳入贺兰北五台山信仰和行道僧信仰的大体系下，清道光二十六年（1846）《五台山图》中可以同时看到会见文殊老人的佛陀波利、有老虎相随的行脚僧（或达摩多罗）以及在"西天洞"中修行的帕当巴桑杰，应该就是受到西夏时期多个"行道僧"或"取经僧"重叠形象的影响。

通过以上对西夏时期行脚僧/取经僧/大成就者多元信仰的分析，再次仔细观察榆林窟第3窟西壁南侧普贤菩萨并侍从像中的所谓"唐僧取经图"，会发现唐僧略微"胡化"的面相似在情理之中，图像采用了唐玄奘携猴行者、白马取经归来朝见普贤菩萨的故事语境，但图像背后承载的是10—13世纪多民族佛教文化交流的厚重历史。

二、西夏时期的其他文殊、普贤并侍从像

除了第3窟，敦煌窟群中还有其他几个西夏窟室内绘有文殊、普贤并侍从像。榆林窟第29窟东壁和西壁中铺对称分布文殊像和普贤像，各绘十三尊人物，（图2-3-28a、b）分别是文殊或普贤四尊像（未出现佛陀波利）、四菩萨、二天王、男女俗人和一梵像天人，其中两位俗人的装束特征和该窟南壁窟门东西两侧下排的西夏供养人一致。第29窟是榆林窟群中为数不多的几个有比较明确营建背景的窟室，刘玉权先生曾根据窟内供养人画像榜题和第25窟、第19窟题记等材料，论证该窟是由瓜州监军司通判赵麻玉等人建于乾祐二十四年（1193），[2]称得上是赵氏家族的"家窟"。可能画师应这批供养人的要求将家族中的某几个人物绘入佛教题材，一来可以彰显家族地位，二来也可以积累功德。背景中的山峰趋于模式化，艺术水平远不及榆林窟第3窟。

五个庙第1窟内的文殊和普贤像同样位于窟门两侧壁，（图2-3-29a、b）保存情况不佳，壁画下半部分磨损较多，现在尤可看到十二身形象，文殊和普贤五尊像各自

---

[1]　曹炳建、黄霖：《〈唐僧取经图册〉探考》，《上海师范大学学报（哲学社会科学版）》2008年第6期，第77页，转引自孙鹏浩：《有关帕当巴桑杰的西夏汉文密教文献四篇》，第93页。

[2]　刘玉权：《榆林窟第29窟窟主及其营建年代考论》，收入敦煌研究院编《榆林窟研究论文集》，上册，上海辞书出版社，2011年，第357—365页。

图2-3-28 a 榆林窟第29窟文殊像

图2-3-28 b 榆林窟第29窟普贤变

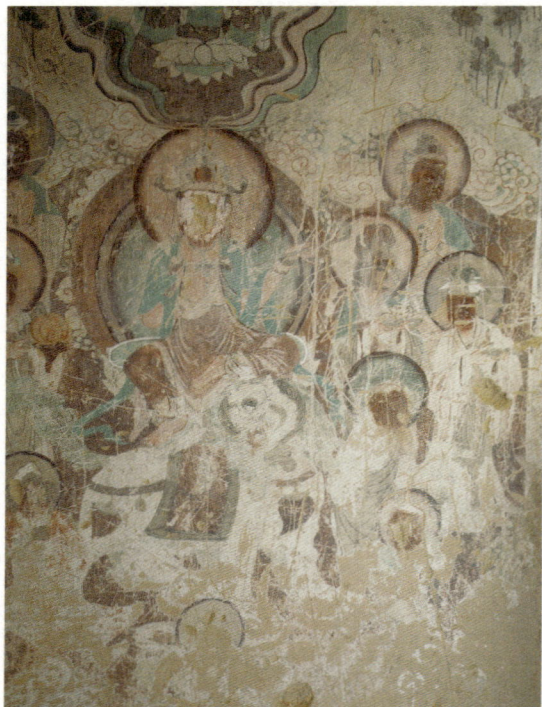

图2-3-29 a 五个庙第1窟文殊变

图2-3-29 b 五个庙第1窟普贤变

被其他神祇围绕前行。文殊像背景中出现的"化佛手""化佛足"是"五台山化现图"的标志场景，我们在榆林窟第32窟的文殊普贤像背景中也能看到。现存西夏洞窟中，五个庙第1窟的图像配置理念与榆林窟第3窟最为接近，窟门两侧的文殊普贤像对应中心柱正壁的八塔变，形成释迦三尊的组合，中心柱的出现使八塔变图像挪至前室，后壁涅槃变又重新强调大乘教主释迦牟尼对文殊普贤菩萨的引领作用。后壁东西两侧的十一面千手观音和三面八臂观音与榆林窟第3窟的十一面千手观音和五十一面千手观音可做对比。东西两壁北侧分别绘制曼荼罗，因壁面漶漫而无法辨识具体题材，但显密图像错落安置的做法与第3窟契合。

东千佛洞现存两个洞窟内绘有文殊、普贤像，其中第5窟绘制在北壁和南壁东端，现仅存北壁的普贤像，（图2-3-30）普贤菩萨并侍从一并8尊行进在云海之中，云气的画法偏于单一、呆板。第6窟的规模偏小，现仅存正壁一佛二菩萨塑像、南北两壁的文殊普贤像以及窟门两侧对称绘制的护法金刚。文殊像位于北壁，（图2-3-31）保存状况比南壁普贤像稍好，文殊菩萨手持如意全跏趺坐在回首张望的青狮背

图2-3-30 东千佛洞第5窟普贤变

上，驭者于阗王立于一侧引缰，文殊老人和佛陀波利走在侍从队伍前方，青狮后方有一菩萨和一天王。南壁与其对应的普贤像构图基本相同。（图2-3-32）

除了石窟壁画，现藏于圣彼得堡冬宫博物馆的黑水城出于西夏佛教艺术品中也藏有五件风格各异的卷轴画，再考虑这两位菩萨及其侍从像通常对称出现的事实，可猜测现存黑城艺术品中至少有五套文殊普贤图像。X-2345号卷轴画（图2-3-33）在出版时被定名为"观音"，[1]大概是因为在这幅作品中并未出现高鼻深目胡人装扮的驭象奴，白象体型被缩小，安置在普贤菩萨居坐的方形台座侧面，视觉上更像是台座的装饰纹样，从而造成辨识难度。台座前方站立头抓三髻的善财童子和手托经囊的佛陀波利，文殊老人长眉银须、黑帽长袍，侍立于普贤身后。X-2447文殊菩萨像（图2-3-34）和X-2444普贤菩萨像（图2-3-35）从构图、风格、技法等方面来看非常接近，但饰物细节、用色、晕染方式等层面的区别仍然显示这两幅作品应是出自不同画家之手。[2]两幅画中都没有出现佛陀波利，仅有善财童子、驭者和老人分别围绕在文殊、普贤身侧。另一件X-2445号作品（图2-3-36）的风格与前三幅作品相比差别较大，手法偏简陋、呆板，重彩平涂的做法和前述作品精细线描的处理方式迥异，构图方面采用了与早期唐卡相似的格局，即主尊居中，体量较大并占据画面主要空间，其他侍从和天人则对称分布两侧，不讲究立体空间的营造，背景中零星点缀的花饰不是内地的传统母题，更像是生活在西夏属地的非汉族人士绘制的。普贤菩萨及其坐骑采取正面像，画面中未见驭象奴，善财童子、文殊老人、佛陀波利、二天王和二菩萨各安其位，均侧向主尊而立。佛陀波利手中没有经书或经笈，肩上系著的红色背带暗示经书背于其

---

[1]　许洋主等编译：《丝路上消失的王国——西夏黑水城的佛教艺术》，台北：历史博物馆，1996年，第206页，图版49。

[2]　许洋主等编译：《丝路上消失的王国——西夏黑水城的佛教艺术》，第212页。

图2-3-31　东千佛洞第6窟北壁文殊变

图2-3-32　东千佛洞第6窟南壁普贤变

图2-3-33　俄藏黑水城出土卷轴画X-2345

图2-3-34　俄藏黑水城出土卷轴画X-2447

后。最后要介绍的这幅 X-2446 号绢画（图 2-3-37）保存情况不佳，但仍可体会到其构图比前面几幅作品更加紧凑生动，注重表现人物之间的交流互动，与榆林、东千佛洞诸窟内的壁画有很多可比性。

图2-3-35　俄藏黑水城出土卷轴画X-2444

图2-3-36　俄藏黑水城出土卷轴画X-2445

三、小　结

从前文对新样文殊绘塑作品的分析，可以看到文殊菩萨在西夏社会受到特别尊崇，这与当时宁夏贺兰山逐渐取代山西五台山成为"文殊菩萨道场"有很大关系。西夏文类书《圣立义海》"山之名义"条记有"五台净宫"，释为"菩萨圣众现生显灵，禅僧修契、民庶归依处是善宫，野兽见人不惧"[1]，这里的"菩萨圣众"应该就是指的文殊菩萨及其侍从像。

贺兰山中曾营建许多佛寺，《西夏纪事本末》之后所附《西夏地形图》中就标有"五台山寺"，另有黑水城出土《密咒圆因往生集》前题款记载

图2-3-37　俄藏黑水城出土卷轴画X-2446

---

[1]　史金波：《西夏佛教史略》，第119页。

"北五台山清凉寺出家提点沙门慧真编集"，莫高窟第 444 窟窟门北侧有西夏汉文题记"北五台山大清凉寺僧沙□□光寺主……"，说明当时贺兰山已被营造为西夏的五台山文殊道场，16 世纪之后的藏文文献甚至认定达摩多罗（Dharmatāla）为贺兰山人，想必是将达摩多罗与传统五台山神迹故事中会见文殊老人的佛陀波利身份置换，[1] 从中也可以想见藏人对贺兰山文殊道场地位的认同。

明代史籍《宁夏志笺证》记载元昊曾梦感自己化身"新样文殊五尊像"中的佛陀波利来拜见文殊老人，[2] 暗示元昊对五台山及其相关神迹故事的向往，而实际上，早在西夏立国前，太宗李德明就在西夏境内着手营建五台山，在德明母罔氏去世之际，他向宋廷"请修供五台山十寺，乃遣阁门祇侯袁瑜为致祭使，护送所供物至山"[3]。德明皇帝在西夏境内修建的"五台山十寺"模仿的就是从唐开元年间到北宋时期统领山西五台山诸寺的"五台山十寺"[4]，关于这"十寺"的名称，目前有唐、宋两个系统，分别以莫高窟 61 窟《五台山图》壁画中的题记和宋释志磐所撰《佛祖统纪》的记述为代表，饶有趣味的是，德明虽然向宋廷祈请修供"五台山十寺"，在寺院名称上却沿用了唐代系统。[5] 本书在第二章第一节分析八塔变图像时提到，西夏故地出土唐卡中标注的八塔名号榜题延续的是唐般若《大乘本生心地观经》八塔塔名体系，而非宋代法贤新译的《佛说八大灵塔名号经》体系，从中似乎可以看出西夏对唐、宋两朝佛教传统的取舍态度。

---

[1] 参见谢继胜：《山嘴沟石窟壁画及其相关的几个问题》，收入宁夏文物考古研究所编《山嘴沟西夏石窟》，文物出版社，2007 年，第 336—341 页。

[2] "文殊殿，在贺兰山中二十余里。闻之老僧，相传元昊僭居于此，梦文殊菩萨乘狮子现于山中，因见殿宇，绘塑其像。画工屡为之，皆莫能得其仿佛。一旦工人咸饭于别室，留一小者守视之，忽见一老者鬤蟠然，径至殿中，聚主彩色于一器中波之，壁间金碧辉焕，俨然文殊乘狮子相。元昊睹之甚喜，恭敬作礼，真梦中所见之相也，于是人皆崇敬。逮之元时，香火尤盛，敕修殿宇，每岁以七月十五日，倾城之人及邻近郡邑之人诣殿供斋、礼拜。今则冰火之后焚毁荡尽。"
（明）朱旃撰：《宁夏志笺证》，宁夏人民出版社，1996 年，第 96 页。

[3] （元）脱脱：《宋史》，卷四八五，中华书局，1977 年，第 13990 页。

[4] 《广清凉传》卷中《法照和尚入化竹林寺》："护军中尉宾国公扶风窦公，……没皇帝诞圣之日，于五台山十寺普通兰若，设万僧供。"（《大正藏》No.2099，第 1116 页）《广清凉传》卷中《亡身徇道俗十七·释无染》："时院僧智颙，为五台山十四都检校，主厘僧务。"（《大正藏》No.2099，第 1116 页）敦煌出土文献 P.4625《五台山赞》："此山多饶灵异鸟，五台寺乐轰轰。"

[5] 敦煌莫高窟第 61 窟《五台山图》的寺院题记中，寺院前冠以"大"字的十所寺院应是唐至五代时期的"五台山十寺"，分别是：大清凉寺、大金阁寺、大王子寺、大贤寺、大建安寺、大竹林寺、大福圣寺、大佛光寺、大华严寺、大法华寺。《佛祖统纪》卷四十三"太平兴国五年（980）正月"条载："诏重修五台十寺，以沙门芳润为十寺僧正。十寺者，真容、华严、寿宁、兴国、竹林、金阁、法华、秘密、灵境、大贤"，西夏时期的"北五台山大清凉寺"显然是属于唐至五代一系的"五台山十寺"。转引自公维章：《西夏时期敦煌的五台山文殊信仰》，《泰山学院学报》2009 年第 2 期，第 17 页。

第三章

榆林窟第3窟密教图像研究（上）

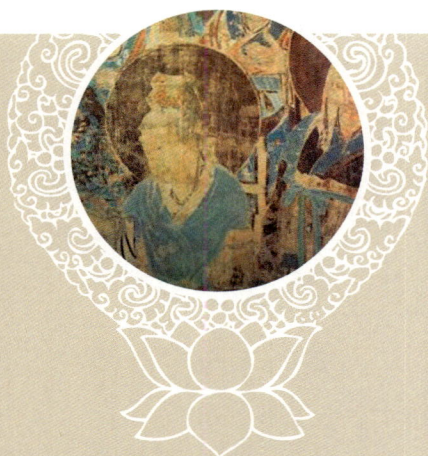

第一节　千手观音

六神通之妙业，八自在之玄功

持恭实而纳崇山，析毫端而容大海

岂止分身百亿，现影三千而已也

千手千眼菩萨者

即观世音之变现，伏魔怨之神迹也

——（唐）智通译《千眼千臂观世音菩萨陀罗尼经咒[1]

观音及其各种化身是敦煌壁画最常表现的对象，其中千手观音多达 70 余铺，[2]绘制时代从中唐一直持续到元，再加上敦煌藏经洞出土艺术品中同类作品的数量，可以想见该题材当时的流行程度。[3]千手千眼观世音菩萨（藏：sPyan ras gzigs phyag stong spyan stong，梵：Sahasrabhujāryāvalokiteśvara）在唐武德年间（618—626）由中天竺僧传入唐土，[4]随着密教的逐渐兴盛，千手千眼观音因其"千眼照见、千手护

[1]（唐）智通译：《千眼千臂观世音菩萨陀罗尼神咒经》序，《大正藏》No.1058。

[2] 关于该窟千手观音像的研究，见刘玉权：《榆林窟第 3 窟〈千手经变〉研究》，《敦煌研究》1989 年第 4 期。郑汝中：《榆林第 3 窟千手观音经变乐器图》。吴晓晴：《观音信仰及其图像研究——以千手千眼观音为例》，台湾辅仁大学硕士论文，2009 年。Elena Pakhoutova, *Reproducing the Sacred Places: the Eight Great Events of the Buddha's Life and their Commemorative Stupas in the Medieval Art of Tibet (10th -13th Century)*, Dissertation of the University of Virginia, 2009, pp.165-175.

[3] 有关观音千手千眼观音的研究见 Reis-Habito Maria Dorothea, "The Repentance Ritual of the Thousand-armed Guanyin", *Studies in Central and East Asian Religions: Journal of the Seminar for Buddhist Studies*, Copenhagen &Aarhus 4 (Autumn), pp.42-51；松本荣一：《敦煌画的研究》第六章之"千手千眼观世音菩萨"，东方文化学院东京研究所刊，1937 年；彭金章：《千眼照见 千手护持——敦煌密教经变研究之三》，《敦煌研究》1996 年第 1 期，第 11—31 页；胡文和：《四川与敦煌石窟中的〈千手千眼大悲变相〉的比较研究》，《佛学研究中心学报第三期》，1998 年，第 291—331 页；李禅娜：《九至十一世纪的吐蕃观音崇拜——以敦煌古藏文文献研究为中心》，收入沈卫荣主编：《文本中的历史：藏传佛教在西域和中原的传播》，中国藏学出版社，2012 年，第 36—76 页；于君方：《观音——菩萨中国化的演变》，商务印书馆，2012 年，第 268—294 页。

[4] "自唐武德之岁，中天竺婆罗门僧瞿多提婆，于细毡上图画形质及结坛手印经本至京进上。太宗见而不珍，其僧悒而旋蹩。至贞观年中，复有北天竺僧，赍千臂千眼陀罗尼梵本奉进。文武圣帝敕令大总持寺法师智通，共梵僧翻出咒经并手印等。"（唐）波仑著，《千眼千臂观世音菩萨陀罗尼神咒经序》，《大正藏》第 20 册。

持"[1]的神力得到信众推崇，称为诸观音化身中最为流行的几个形象之一。西夏千手观音图像的绘制数量虽难敌前朝，但对观音信仰的虔信程度亦不遑多让，榆林窟第3窟东壁的南北两端对称绘制的两铺千手观音代表了西夏石窟观音图像的最高水平，形制规模、用线、设色等均属上乘。两尊分别被定名为"十一面千手千眼观音"和"五十一面千手千眼观音"，[2]学界关注较多的是南铺"五十一面千手观音"，其独特的图像特征和构图元素引发学者从不同角度出发加以讨论，[3]但大多数集中在对该观音千手执持物什的研究上，如乐器、农作工具等等，至于十一面观音经变中唐僧与猴行者的出现、"五十一面千手观音"身份的判定、千手背景中出现社会生活场景的原因和寓意等问题，还没有得出令人满意的解答，本节将从如上几个角度着力，进一步解读这两铺千手观音经变的图像学特征。

一、十一面千手观音

北壁所绘为白色十一面千手观音，颈上十一首由十菩萨面和一佛面组成，（图3-1-1）《大正藏·密教部》保留的十余部千手观音相关经典中，[4]有两部记载了面数为十一的千手观音。唐代沙门苏嚩罗译《千光眼观自在菩萨秘密法经》载："画摩尼与愿

---

[1]（唐）伽梵达摩译：《千手千眼陀罗尼经》。

[2] 东壁南铺的"五十一面观音"一度被误读为"千手千钵文殊菩萨"，如李浴：《安西万佛峡（榆林窟）石窟志》《榆林窟佛教艺术内容调查》（《榆林窟研究论文集》（上册），敦煌研究院编：上海辞书出版社，2011年，第4、16页）；阎文儒：《安西榆林窟调查报告》（沈阳博物馆专刊《历史与考古》第1号，1946年）；罗继梅：《安西榆林窟的壁画》（《中国东亚学术研究计划委员会年报》第三期，1964年，第3页）等等。

[3] 如刘玉权《榆林窟第3窟〈千手经变〉研究》扼要探讨《千手经》和《千手经变》图像在汉地传播的肇始、《千手经变》的图像配置特点、榆林窟第3窟五十一面观音经变的独特构图以及表现技法和艺术风格等问题。郑汝中《榆林窟第3窟千手观音经变乐器图》对此铺五十一面观音经变图中出现的乐器做研究，并结合相关文献记载着重讨论了胡琴、凤首箜篌和扁鼓三种乐器。谢继胜教授对该铺壁画中出现的"劳动场景"的解释独辟蹊径，在《西夏藏传绘画》以及《藏传佛教艺术发展史》第三种（中）第三卷《榆林窟藏密壁画》中，他通过对壁画劳动场景和文本中所记载的印度大成就者形象的比对，认为这些劳动场景实际上表现的是印度大成就者的故事，体现大成就者信仰在河西地区的传播。

[4]《大正藏·密教部》中有十三部千手千眼观音经典，编号为第1056—1068号，皆译于唐代。其中以智通于唐太宗贞观年间（627—649）译《千眼千臂观世音菩萨陀罗尼神咒经》二卷本最早，其次是伽梵达摩译本《千手千眼观世音菩萨广大圆满无碍大悲心陀罗尼经》一卷，译于高宗永徽年间（650—655），另有菩提流志译本（《千手千眼观世音菩萨姥陀罗尼身经》一卷，《大正藏》第1058号经典）和不空译本（不空译《千手千眼观世音菩萨大悲心陀罗尼》一卷，《大正藏》第1064号）实际上分别是智通和伽梵达摩译本的同本异译。《藏外佛教典籍》中还收有宋成都府侯溥编集的《圆通三慧大斋道场仪》也记载千手千眼观音的相关仪轨。（宋）侯溥著，侯冲整理：《圆通三慧大斋道场仪》，载方广锠编《藏外佛教文献》，中国人民大学出版社，2008年第2编，第176—180页。

图3-1-1　榆林窟第3窟东壁北铺十一面千手观音

观自在菩萨像，作慈悲体黄金色，顶有十一面，当前三面作菩萨相，右边三面白牙出上相，左边三面忿怒相，当后一面爆笑相，顶上一面如来相。"[1] 宋天息灾译《佛说大乘庄严宝王经》也记："大悲观自在……示现百千臂，其眼亦复然，具足十一面。"[2] 彭金章、李翎曾统计敦煌地区十一面千手观音颈首排列方式，[3] 他们所讨论的十余例同题材造像各面排列形式多样，并未形成特定模式，这跟汉译千手千眼观音佛典并未细说各首位置不无关系。李翎试图通过十一面构成方式的"图像谱系"对不同地区的同题材造像进行溯源、流变方面的讨论，却没有注意到成就法文本对图像样式的决定性作用。

（一）从榆林窟第 3 窟北壁千手观音十一面排列方式看其图像来源

北壁千手观音颈上十一面采用 3+3+3+1+1（自下而上）的排列方式，在敦煌同题材图像中独此一例，和唐至五代宋敦煌地区观音颈上十一面采用的 3+5+3 式、3+5+2+1 式、3+7+1 式（图 3-1-2a、b、c）等造像分属两个图像体系，榆林窟第 3 窟的十一面千手观音没有沿袭敦煌本地传统，而是明显受到 10 世纪末开始的佛教复兴热潮影响，图像特征与藏文新译密典所记内容吻合。藏文《大藏经》中存有一部阿底峡（Atisa Dipankarasrijñana）撰写、仁钦桑波（Rin chen bzang po）在 11 世纪初译成的《圣千手观世音自在成就法》（ *'Phags pa spyan ras gzigs dbang phyug phyag stong sgrub thabs* ），德格版 No.2736，文中细释千手观音十一面的排列顺序和颜色，并认为十面代表十波罗蜜，共同围绕最上方的无量寿化佛：

> 自性圣千手千眼观世音身放白色光芒……主面呈白色，具三目，右面
> 绿色，左面红色，均呈平和寂静相。其上三面正面为绿，右面为白，左面

---

[1]（唐）唐代沙门苏嚩罗译：《千光眼观自在菩萨秘密法经》，《大正藏》第 1065 号。

[2]（宋）天息灾译：《佛说大乘庄严宝王经》，《大正藏》第 1050 号经典。

[3] 见彭金章：《千眼照见 千手护持——敦煌密教经变研究之三》，《敦煌研究》1996 年第 1 期，第 14 页；李翎：《十一面观音像式研究——以汉藏造像对比研究为中心》，《敦煌学辑刊》2004 年第 2 期，第 77—88 页。现根据二人统计数据，制表如下：

时代	窟号	面首排列方式（自下而上）
中唐	莫高窟 361 窟	3+5+3
五代	莫高窟 402 窟	3+5+3
宋	莫高窟 141 窟	3+5+2+1
宋	莫高窟 380 窟	3+4+3+1

为红。复其上主面为红，右面为绿，左面为白。再复其二为忿怒深青黑面，獠牙外露，金色焰发。此十面代表十波罗蜜，最上方无量光佛有像伐度迦（Bandūka）花一般鲜红的脖颈。[1]

德格版《大藏经》第2737号经典《圣十一面观世音自在成就法》（*rJe btsun 'phags pa spyan ras gzigs dbang phyug zhal bcu gcig pa'i sgrub thabs*）与前述千手观音成就法撰、译者相同，都在11世纪初引入西藏，文内记载的观音十一首排列方式和前述《圣千手观世音自在成就法》完全相同，只在面色上略有差异：

面有十一，正面皎白，其右为绿，其左为红，（此三面）均示现微笑寂静相。其上中面为绿，右面为红，左面为白。复其上中面为红，右面为白，左面为绿。复其上示现忿怒面，色青黑，獠牙外露，极其怖畏。面有三目，发髻高耸。[2]

第2737号经典虽然名为"十一面观音"成就法，但内容实则记载的是具有十一面的"千手千眼观音"，千手由八大手和992小手构成，最大的区别是十一面千手千眼观音的992只小手皆施与愿印，而千手千眼观音的992只小手皆有持扨。所以在这里有必要对十一面千手观音和十一面观音的关系稍示说明。

"千手观音"和"十一面观音"（梵：Ekādaśamukha Āvalokiteśvara）虽然同属观音化现身相，神格相同，却有各自的文本依据和图像发展体系。唐译四部汉文佛典记

---

[1] 'Phags pa spyan ras gzigs phyag stong sku mdog dkar la 'tsher ba······rtsa ba'i zhal kun nas dkar ba spyan gsum mnga' ba g.yas pa ljang gu/ g.yon pa dmar ba/zhal thams cad kun nas 'dzum pa'i nyams can de'i steng ma ljang gu/ de'i g.yas dkar ba/ g.yon pa dmar ba/ de'i steng ma dmar po// de'i g.yas ljang gu/g.yon dkar po/ de'i steng na khro bo'i zhal/ dbu skra ser po zhal bcu po ni pha rol tu phyin pa bcu'o/ de'i steng ma banduka'i me tog ltar dmar ba mgrin pa yan chod 'thon pa······见莲花生著，仁钦桑波译：《圣千手观世音自在成就法》（*'Phags pa spyan ras gzigs dbang phyug phyag stong sgrub thabs*），德格第2736号经典，第116a页。

[2] Zhal bcu gcig pa/ rtsa ba'i zhal kun nas dkar pa/ g.yas pa ljang gu/ g.yon pa dmar pa/ zhal thams cad kun nas 'dzum pa'i nyams can/ de'i dbus ljang gu/ g.yas dmar po/ g.yon dkar po/ de'i dbus dmar po/ g.yas dkar po/ g.yon ljang gu'i bye brag rnams so/ de'i steng du zhal rnam par gtsigs shing 'jigs pa/ nag po mche ba snang pa/ gun du khros pa/ spyan gsum pa ral pa bsgreng pa'o/ 见莲花生著，仁钦桑波译：《圣十一面观世音自在成就法》（*rJe btsun 'phags pa spyan ras gzigs dbang phyug zhal bcu gcig pa'i sgrub thabs*），德格版《大藏经》第2737号，第248页。

图3-1-2a 法国吉美博物馆藏　　图3-1-2b 莫高窟第321窟十一面观音　　图3-1-2c 莫高窟第334窟十一面观音
MA.6320号藏品

载的"十一面观音"有二臂、四臂两种形象，[1]在图像发展过程中又衍生出六臂、八臂甚或十二臂的尊形；[2]而唐译"千手观音"经典中最早出现的是一面千手观音，[3]及到苏嚩罗《千光眼秘密法经》具足十一面，再至善无畏、不空译本记载五百面千手观音，可见两个体系是平行发展的。

　　相比汉译佛典而言，西藏后弘期新译密典记载的情况就较为混乱，千手观音有十一面千手千眼和十一面十八手两种形象，[4]其中十一面千手千眼又以大手数量不同分为四十大手九百六十小手和八大手九百九十二小手两种尊形。反观十一面观音，笔者检索藏文文献后发现十一面观音只有十一面八个臂和十一面千臂这两种身形见载于册[5]，十一面八臂观音又可分为立姿和趺坐姿。趺坐十一面八臂观音最早可追溯至8世纪，并于10世纪11世纪初开始广泛流传，尤以西藏西部和西夏境内的存世作品最

---

[1] 唐不空译《十一面观自在菩萨心密言念诵仪轨经》(《大正藏》第1069号经典)所记菩萨为四臂十一面。唐阿地瞿多译《十一面观世音神咒经》记二臂十一面观音。北周耶舍崛多《佛说十一面观世音神咒经》和唐玄奘《十一面神咒心经》为同本异译，其内记载形象与阿地瞿多译本相同。

[2] 关于敦煌十一面观音图像的研究，见彭金章：《敦煌石窟十一面观音经变研究——敦煌密教经变研究之四》，《段文杰敦煌研究五十年纪念文集》，世界图书出版公司，1996年，第72—86页。

[3] 如唐智通译:《千眼千臂观世音菩萨陀罗尼神咒经》，《大正藏》第1057号；菩提流志译:《千手千眼观世音菩萨姥陀罗尼身经》一卷，《大正藏》第1058号。

[4] 十一面十八臂千手千眼观音见载于 Tathāgatavajra 撰，11世纪印度译师 Nyi ma'byung gnas zla ba 和西藏译师 khyung grags 译《千手千眼成就法》(*Phyag stong spyan stong gi sgrub thabs*)，德格版《大藏经》第2848号经典。

[5] 见德格版《大藏经》第2756号经典，《具十一面观世音成就法》(*sPyan ras gzigs bcu gcig pa'i zhal can gyi sgrub thabs*)，撰、译者者不详。
萨迦派传承、编集之《成就法集》(*sGrub thabs kun btus*)中另收一篇《圣十一面观音成就法》(*'Phags pa spyan ras gzigs bcu gcig zhal dpal mo lugs kyi sgrub thabs rjes gnang dang bcas pa'i skor rnams bzhugs so*)，其内记载一种以十一面八臂观音为主尊、四周伴以四方佛的五尊曼荼罗。

多。与这一图像最为契合的文献是《宝源百法》（Rin 'byung brgya rtsa）中收录的十一面救八难观音成就法（bCu gcig zhal 'jigs pa brgyad skyob kyi sgrub thab），[1] 文内详细描述了主尊十一面跏坐观音与八尊救难观音的身相特征，也是目前所见唯一一部提到十一面观音全跏趺坐姿的文本。该图像体系由月官（Chandragomi，7世纪）传主阿底峡尊者经几辈噶当派上师传承之后又传入噶举派。但是，笔者在核对原文后发现，此成就法中记载的主尊并非为十一面八臂，而是十一面千臂，[2] 因此，迄今所见藏西和西夏地区的十一面八臂跏坐像应是文本记载的简化形式。千手观音和十一面观音的共同特征是头面排列顺序，3+3+3+1+1 式观音成就法及图像在 10 世纪末、11 世纪初以后才进入西藏和中原，观世音菩萨被提升到西藏"雪域怙主"地位也是后弘期的创造。[3]

榆林窟第 3 窟千手观音与藏文成就法记载的千手观音各面排列样式一致，自下而上按照 3+3+3+1+1 的样式安置，只是各面颜色上的区别在这里没有得到体现，可能画师基于全窟图像整体设计理念而对图像作统一调整，因为同窟南壁西铺恶趣清净曼荼罗中围、北壁西铺金刚界曼荼罗中围以及南壁东铺顶髻尊胜佛母曼荼罗上方、北壁东铺摩利支天曼荼罗上方的四组五方佛均呈肉色，也未做身色区分。

我们还要解决的一个重要问题是榆林窟第 3 窟北壁十一面千手观音的图像来源和传播路径，因为很显然它不是沿袭敦煌本地传统，同时期绘塑作品中也找不出第二例头面排列方式与其一致的造像。宁夏贺兰县宏佛塔内发现一幅千手观音唐卡，[4] 可惜头部缺损，无法得见头面排列方式，不过从最上部化佛位置来推测，该尊应该

[1]　关于这一题材的详细考证见常红红《东千佛洞第二窟十一面救八难观音图像研究》，《中国藏学》2016 年第 14 辑，第 30—50 页。成就法原文见 Yi dam rgya mtsho'i sgrub thabs rin chen 'b yung gnas, dPal brtsegs bod yig dpe rnying zhib 'jug khang nas bsgrigs ,Jo nang rje btsun tA ra nA tha'i gsung 'bum dpe bsdur ma, krung go'i bod rig pa spe skrun khang, 2008,vol.2,pp.258-259

[2]　《宝源百法》中的《十一面救八难观音成就法》提到，十一面观音的形象与《莲花色比丘尼传承之十一面观音成就法》相同（'phags pa bcu gcig zhal dpal mo lugs bzhin las）。后者记载的主尊具十一面，双腿并拢站立，而且，在介绍完八大主手持物之后，文中继续描述"剩余的九百九十二手施与愿印"。（phags lhags ma dgu brgya dang dgu bcu rtsa gnyis mchog sbyin gyi phags rgyas rnams par brkyang ba）原文见 Yi dam rgya mtsho'i sgrub thabs rin chen 'byung gnas,p.232.

[3]　多位学者已就这一观点发表成果。Matthew Kapstein 在 The Tibetan Assimilation of Buddhism 一书中论述，虽然前弘期《登嘎目录》（lDan dkar ma）等译经目录中包含多部观音陀罗尼经，但缺少全民观音崇拜的确凿文字记载，是 11、12 世纪阿底峡、巴哩译师、热琼巴·多杰札巴等人将观音信仰推向新的高度。Leonard W. van der Kuijp 在 The Dalai Lamas and the Origins of Reincarnate Lamas 一文中认为观音称为"雪域怙主"是西藏 11 世纪的创造，《松赞干布遗训》和《玛尼宝训》在这一信仰过程中起到关键作用。见 Matthew Kapstein, The Tibetan Assimilation of Buddhism: Conversion, Contestation, and Memory, New York: Oxford University Press, 2000, pp.144-155; Leonard W. Van der Kuijp, "The Dalai Lamas and the Origins of Reincarnate Lamas", Martin Brauen ed., The Dalai Lamas: A Visual History, Chicago: Serindia Publications, pp.19-24.

[4]　插图参见宁夏回族自治区文物管理委员会办公室雷润泽等编著：《西夏佛塔》，文物出版社，1995 年，图版四六。

图3-1-3a　东千佛洞第2窟窟门北壁十一面八臂观音

图3-1-3b　东千佛洞第7窟中心柱南侧十一面八臂观音

图3-1-4a　黑水城出土十一面八臂观音唐卡

图3-1-4b　黑水城出土十一面八臂观音唐卡

也是十一面千手观音。有幸我们在西夏十一面八臂观音像中找到至少四处可以比照分析的实物遗存，分别是东千佛洞第2窟窟门北侧和第7窟中心柱南侧十一面八臂观音，（图3-1-3a、b）黑水城出土艺术品中的两件十一面八臂观音唐卡。（图3-1-4a、b）四件作品图像特征和艺术风格一致，透露出浓郁的印度波罗风格，主尊采用全跏趺坐姿，十一面均是按照自下而上3+3+3+1+1的样式逐层排列，各面颜色与前引藏文成就法所记内容虽略有出入，仍可看到图文之间的紧密联系。榆林窟第3窟千手观音尽管在风格上采用了中原的汉式绘法，但从图像志角度来分析，它与这四件十一面八臂观音作品当源自于同一种图像体系。

图3-1-5　托林寺出土十一面八臂观音擦擦

文献记载情况似乎显示"十一面千手观音"和"十一面观音"是保持同步发展的，吐蕃时期译经目录同时载有两位尊神的陀罗尼经咒，12世纪宁玛派伏藏经典《玛尼全集》中的《注释分支——大注释总纲要》也记载大悲观音有三身，分别是一面四臂法身大悲观音、十一面八臂报身大悲观音、千手千眼化身大悲观音，[1] 三身地位等同，但是图像遗存却证明十一面观音比千手观音更早得到崇奉，前者的流行范围更加广阔。藏西出土大量十一面八臂观音擦擦，（图3-1-5）西方各大博物馆藏品、私人藏品中的同题材金铜造像也不在少数，（图3-1-6）这些作品的年代最早可到8世纪。壁画中出现最早的十一面八臂观音像是在西藏阿里东嘎石窟1号窟（图3-1-7），约绘制于11世纪，但是其六臂形象却无法与文本对应。11—13世纪十一面八臂观音与西夏发现的同题材作品在图像样式和风格上如出一辙。

反观十一面千手观音，西藏本土很难找到早于15世纪的造像。今印度拉达克地区的阿奇寺（Alchi）松载殿（gsum brtsegs）东壁13世纪壁画绘有一尊11面22臂观

---

[1]《玛尼全集·注释分支——大注释总纲要》（*Chos rgyal srong btsan sgom po'i ma ni bka' 'bum las bshad thabs kyi yan lag bshad 'grel chen mo spyi'i khog dbub sogs bzhugs*），青海民族出版社，1991年，第343—384页。

图3-1-6　鲁宾艺术博物馆藏金铜佛像

图3-1-7　东嘎石窟1号窟十一面八臂观音

音,（图 3-1-8）未见与其完全对应的文本,应当是德格《大藏经》第 2736 号经典所记 11 面、40 大手、960 小手的简化形式。西藏阿里古格故城白殿内有一处较为标准的千手千眼观音壁画,观音十一面叠为五层,八大手之外的手臂也持有各类法器。（图 3-1-9）榆林窟第 3 窟千手观音绘制时间与西藏本土造像同时或略早,在思考图像来源这一问题时,不应过于强调卫藏佛教艺术对西夏的单向影响,还须注意印度梵文贝叶经插图在传播图像样式、风格、母题方面的重要作用。

笔者在上一节讨论八塔变图像的来源与流变问题时已就 11—13 世纪梵文贝叶经插图在中原的影响力做过分析,前往印土求取梵经是当时的风潮,持有、供奉贝叶经成为宋、夏、辽诸国信众寄托佛教虔诚信仰的流行方式。《八千颂般若波罗蜜多经》的插图除了体现释迦从降生到入灭的人生旅程的八塔变情节之外,还将很多密教尊神穿插其中,共同凸显释尊教法的圣严深广,千手观音像就被囊罗在内。带有千手观音插图的贝叶经随着宋初中、印之间频繁交流而进入中原并影响当地造像的可能性极大,榆林窟第 3 窟千手观音排列十一面的方式要么是源自梵文贝叶经插图所绘十一面

图3-1-8　阿奇寺松载殿千手观音　　　　图3-1-9　西藏阿里古格故城白殿千手观音，16世纪

千手观音像，要么是受到同时期十一面八臂观音样式的影响。

（二）正大手及其持物、法印

根据彭金章先生的统计，榆林窟第 3 窟北壁千手观音具足 100 只大手。[1] 在构图方面左右几乎完全对称，因左右手中持物略有区别，故整个画面共出现接近 60 种持物。（图 3-1-10）

关于千手观音正大手的持物和手印，约有 7 部汉藏文佛典加以记载，其中唐代 5 部、宋代 1 部、11 世纪藏文成就法 1 部，分别为：

1. 唐伽梵达摩《千手千眼观世音菩萨广大圆满无碍大悲心陀罗尼》；
2. 唐不空《千手千眼观世音菩萨大悲心陀罗尼》；
3. 唐苏嚩罗《千光眼观自在菩萨秘密法经》；
4. 唐不空《摄无碍大悲心大陀罗尼经》；
5. 唐菩提流志《千手千眼观世音姥陀罗尼身经》；
6. 宋侯溥《圆满三慧大斋道场仪》；

---

[1]　彭金章：《千眼照见 千手护持——敦煌密教经变研究之三》，附表 4，第 29 页。

图3-1-10　榆林窟第3窟北壁十一面千手观音线描图

7. 阿底峡撰、仁钦桑波译《圣千手观世音自在成就法》，德格版《大藏经》No.2736。

菩提流志译本记录了18正大手的千手观音，与其他6部经典差异最大。不空《千手千眼观世音菩萨大悲心陀罗尼》实为伽梵达摩《千手千眼观世音菩萨广大圆满无碍大悲心陀罗尼》的同本异译，在千手观音正大手的数量和持物上却略有不同，伽梵达摩译本缺甘露手。[1]苏嚩罗译本共记录42大手，与伽梵达摩译本同，各持物名相也完全一致。宋代侯溥所撰《圆满三慧大斋道场仪》沿袭不空一系的传统，正大手有43，不空的另一部著作《摄无碍大悲心曼荼罗仪轨》虽也记录了千手观音的43只大手，但持物与手印与前述经典略有差异。藏文本千手观音成就法记载的40大手持物或手印和汉译密典出入较大，显示11世纪初新译密典承载着不同以往的图像体系，此40种持物分别为：

（千手观音）主臂于胸前作合十印，左下手持黄色莲花，右下手持数珠。左第三手持甘露瓶，右第三手作断除野兽恶鬼欲念之胜施印。左第四手持金轮，右第四手持弓箭。余右手依次分别执持如意宝珠、释迦牟尼化佛像、宝镜、水晶镯、斧、净瓶、白拂尘、宝火晶、宝水晶、施无畏印、宝杖、金刚杵、宝剑、钵、金刚羂索、摩尼宝。余左手依次执持宝瓶、莲花承托之无量光佛、宝篮、宝树、宝无量宫、右旋宝螺、三叉戟、宝箭、宝铃、骷髅杖、铁钩、宝矛、红莲花、五色云、宝印契、宝梵筴、青莲花。[2]

---

[1] 有关千手观音正大手之甘露手的讨论，见黄璜：《〈梵像卷〉第93页千手千眼观世音图像再考》，《南京艺术学院学报（美术与设计版）》2014年第1期，第61—70页。

[2] 藏文原文为：

"rtsa ba 'i phyag gnyis thugs kar thal mo sbyar ba/ de 'i 'og ma g.yon pas gser gyi padma rtsa ba dang bcas pa 'dzin pa/ g.yas kyi 'og mas bgrang phreng 'dzin pa/ g.yon gyi gsum pa na ril ba spyi blugs 'dzin pa/ g.yas kyi gsum pa na yi dgas bkres skom gyi gdung ba sel ba 'i mchog sbyin pa/ g.yas kyi bzhi ba na 'khor lo 'dzin pa/ g.yon gyi bzhi pa na mda' gzhu 'dzin pa 'o// de nas g.yas kyi phyag rnams su go rims ji lta ba bzhin du yid bzhin gyi nor bu rin po che dang/ sprul pa 'i sku rgyal ba shākya thub pa dang/ me long dang/ shel gyi gdu bu dang/ dgra sta dang/ phub dang/ ril ba bhrīngga ra dang/ rnga yab dkar po dang/ rin po che me shel dang/ rin po che chu shel dang/ skyabs sbyin pa dang/ rin po che 'i kha ṭwāṃ ga dang/ rdo rje dang/ ral gri dang/ lhung bzed dang/ rdo rje 'i zhags pa dang/ rin po che bsnams pa 'o// g.yon pa 'i phyag rnams su go rims ji lta ba bzhin du rgyun 'brum gyi snod thogs pa 'i phyag dang/ padmo 'i steng du 'od dpag tu med pa dang/ rin po che 'i za ma tog dang/ rin po che 'i shing dang/ rin po che 'i gzhal med khang dang/ rin po che 'i dung g.yas su 'khyil pa dang/ khar gsil dang/ rin po che 'i mda' dang/ rin po che 'i dril bu dang/ thod pa 'i khar ba dang/ rin po che 'i lcags kyu dang/ rin po che 'i mdung dang/ padma le brgan dang/ sprin rnam pa lnga dang/ rin po che 'i phyag rgya dang/ rin po che 'i glegs bam dang/ padma sngon po bsnams pa 'o//"

阿底峡与仁钦桑波合译《圣千手观世音自在成就法》，德格版No.2736。

图3-1-11　西藏15世纪千手观音唐卡

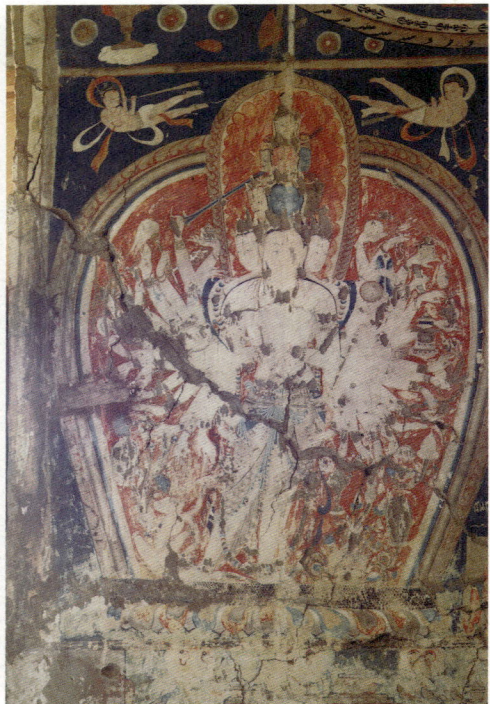

图3-1-12　东嘎石窟1号窟千手观音

　　藏文成就法规定的千手观音40大手持物与唐密佛典最大的区别，在于缺少日精摩尼和月精摩尼。敦煌、四川、云南等地发现的千手观音造像一般都见到观音右上手持日精摩尼，内绘乌金鸟，左上手托持月精摩尼，内绘阎浮提树，二摩尼有时位置对调，乌金鸟和阎浮提树有时也略去不绘，仅以日轮、月轮代之。[1]日精摩尼和月精摩尼几乎成为中唐以后观音的标志性持物，是佛教艺术进入汉地之后的地方化特色。藏传佛教造像体系内的千手观音与成就法文本内容一致，从未出现日轮和月轮，各手持物及其排列顺序也较忠实于文字记载，这个特点在存世西藏千手观音唐卡中均能看到。（图3-1-11）西藏阿里东嘎石窟1号窟约12世纪壁画中的十一面千手观音共有四十大手，持物与仁钦桑波译本所载一致，堪称这一图像体系的范本。（图3-1-12）榆林窟第3窟的十一面千手观音头侧出现日轮和月轮（内绘形象暂时难以确认），显然是秉承了汉地传统，也就是说，这尊观音像在颈上11面的排列方式上，选择采用藏传佛教造像体系的传统，而在各大手持物方面，沿袭的却是汉地观音图像系统。

　　现在我们能看到的汉藏文佛典中没有一部确切记载千手观音100正大手持物与

---

[1]　有关日精摩尼和月精摩尼的研究，见张元林：《敦煌藏经洞所出绘画品中的日、月图像研究》，饶宗颐主编《敦煌吐鲁番研究》第12卷，上海古籍出版社，2011年，第245—268页。

手印者，此处绘出的 60 余种持物将经典中常
见的 40 大手持物包含在内，其余 20 多种物品
则没有经典依据。诸种乐器，如琵琶、拍板、
钟、钹、（上兆下鼓）鼓等也出现在东壁南铺
五十一面千手观音经变中，画师一方面是以现
实器物形制为基础，忠实反映当时社会音乐生
活，另一方面又借鉴佛国净土各类器乐"不鸣
自鼓"的情景，烘托千手观音所护持的国土安
乐美好。

（三）"唐玄奘"与"猴行者"

十一面千手观音下部左右两侧，分别立
有两身头有圆光的形象，右侧是一年轻僧人形
象，着右袒褊衫，双手合十，面对观音虔诚礼
拜。左侧为一猴相随从，右手持握锡杖，上挑
经盒，左手上举至额前，目光探向主尊。（图

图3-1-13　榆林窟第3窟十一面千手观音左
下方猴行者

3-1-13）最早注意到这一组形象并做深入研究的是段文杰先生，认为其表现的是唐玄
奘和孙悟空取经归来的情景，他对瓜沙地区的石窟展开详细调查，最终确定 5 处"取
经图"，其他 5 处分别绘于：同窟西壁南侧普贤变；榆林窟第 2 窟西壁北侧水月观音图
右下角；东千佛洞第 2 窟北壁西侧和南壁西侧的两幅水月观音图。[1] 本书在第二章第
三节已结合 11—13 世纪广大河西地区的历史文化背景分析了这一时期突然兴起绘制
"唐僧取经图"热潮的原因，在这里笔者将继续针对唐玄奘、猴行者与千手观音菩萨
的关系展开讨论，解释为何这两个形象会出现在千手观音菩萨眷属队伍当中。

通常情况下，千手千眼观世音菩萨下方左右两侧对称安置眷属随从。[2] 各经轨记
载的眷属名目和数量不一，多者甚至可达百位，画师在选择绘制哪些眷属方面有较高
自由度，敦煌地区 50 余幅千手观音经变中出现的眷属组合方式灵活多变。此处共出

---

[1]　段文杰：《玄奘取经图研究》，敦煌研究院编《1990 年敦煌学国际研讨会文集·石窟艺术编》，辽宁美
　　　术出版社，1995 年，第 1—19 页。后被收入敦煌研究院编：《榆林窟研究论文集》，上海辞书出版社，
　　　2012 年，上册，第 332—341 页。

[2]　有关千手观音眷属的研究，见滨田瑞美：《敦煌唐宋时代千手千眼观音变眷属众》，《奈良美术研究》
　　　第 9 号，2010 年 2 月；滨田瑞美：《莫高窟吐蕃时期的千手千眼观音变——以眷属图像表现为中心》，
　　　樊锦诗主编《敦煌吐蕃统治时期石窟与藏传佛教艺术研究》，甘肃教育出版社，2012 年，第 283—
　　　300 页。

现 6 身形象，包括二菩萨、二天王、玄奘和猴行者，可惜菩萨和天王手中持物不清，暂时无法确认身份。至于唐玄奘和猴行者，在敦煌石窟其他 5 处"取经图"中均以"一僧一徒一马"的组合方式出现，仅占据壁面一隅，而在榆林窟第 3 窟十一面千手观音经变中却侍立主尊左右，特殊位置说明二人担当的角色较为重要。

与其他 5 处取经图不同的是，此处猴行者带有头光，这一细节尚未引起其他学者的足够重视，而它正是判断猴行者"神格"的重要依据，正如段文杰先生所言，拥有头光说明他"已被画师列入观音菩萨侍从神灵的行列"。[1] 研究中国文学史的学者很早就开始关注《西游记》中孙悟空的原型问题，诸多学者发表不同观点，[2] 其中日本学者尤其推崇"佛典说"，即《大唐三藏取经诗话》中的"猴行者"是由佛教典籍中的猴形护法衍化而来，笔者认为这正是解释千手观音经变中为何出现"猴行者"的关键。

善无畏译《千手观音造次第法仪轨》和伽梵达摩译《千手千眼观世音菩萨广大圆满无碍大悲心陀罗尼经》列举的千手观音眷属"二十八部众"中均包括"毕婆伽罗王"，[3] 11 世纪末日本僧侣定深著《千手经二十八部众释》指出伽梵达摩译本对"二十八部众"的误解，重新分为 49 尊部众，并将"毕婆伽罗王"释为：

> 毕婆伽罗王，山神部也，言毕婆伽罗者梵名也，毕者广也，大也，婆伽罗者，又名磨迦罗，此云猕猴，是则金光明所称猕猴王是也。[4]

元代日本僧人澄圆编撰《白宝钞》之《千手观音法杂集》基本沿袭了定深的释义："毕婆王释山神部也，毕者广也，大也，婆家罗者亦云摩迦罗，此云猕猴，出《金光明经·诸天药叉护持品》。"[5] 可见猕猴王确实是千手观音二十八部众中的一员而扈从千手观音，在神格上属于药叉神将。

---

[1] 段文杰：《玄奘取经图研究》，敦煌研究院编《1990 年敦煌学国际研讨会文集·石窟艺术编》，第 3 页。

[2] 关于孙悟空的形象来源，学者们众说纷纭，大致有如下几派说法：一、印度诞生说，认为孙悟空（或猴行者）是印度史诗《罗摩衍那》中的神猴哈奴曼，胡适、郑振铎等人力主此说；二、中国本土说，主要倡导者是鲁迅，认为其原型应从《古岳渎经》中的无支祁身上寻求；三、佛典说，主要代表是日本学者太田辰夫、矶部彰、中野美代子和国内学者赵国华、蔡铁鹰等人。相关研究成果可参见，[日] 矶部彰著，赵博源译：《元本〈西游记〉中孙行者的形象——从猴行者到孙行者》，收入赵景深主编《中国古典小说戏曲论集》，上海古籍出版社，1985 年，第 301—327 页；赵国华：《论孙悟空神猴形象的来历——〈西游记〉与印度文学比较研究之一》（上、下），1986 年第 1、2 期，第 39—48、44—54 页；蔡铁鹰：《猴行者与佛教密典中的猴形神将——孙悟空形象探源之六》，《淮阴师范学院学报（哲学社会科学版）》1989 年第 4 期，第 35—39 页。

[3] 分别见（唐）善无畏译：《千手观音造次第法仪轨》，《大正藏》第 20 册 No.1068；（唐）伽梵达摩译：《千手千眼观世音菩萨广大圆满无碍大悲心陀罗尼经》，《大正藏》第 20 册 No.1060。

[4]《大正藏》第 61 册 No.2243，第 749b—754c 页。

[5]《大正新修大藏经·别卷》之《白宝抄》，《千手观音法杂集下》。

此外，撰写于 12 世纪的《觉禅钞》卷三《药师法》中有关于"十二神将"的记载，其中西方申位"安底罗大将"的相关描述如下：

> 《大集经》二十四云：东方海中有瑠璃山，高二十白旬，中有虎、兔、龙。南方海中有颇梨山，高二十由旬，有蛇马羊。西方海中有白银山，高二十由旬，中有猴、鸡、犬，北方海中有黄金山，高六由旬，中有诸、鼠、牛。所住之窟，经各有名。东方树神，南方火神，西方风神，北方水神。……其窟窟是菩萨住地，一一兽皆修声闻慈云云。……西：安陀罗者是传送，即申神、观音。……申位甲身将军，猴头人身，持刀……[1]

更重要的是，《觉禅钞》插图将安底罗大将描绘成身穿白衣的猕猴，与南宋刊本《大唐三藏取经诗话》中"白衣秀才猴行者"之间的相似性显而易见，[2]（图 3-1-14）后者当是源于密教经典。

图3-1-14　12世纪《觉禅钞》插图

既然猴相的毕婆伽罗王是千手观音的胁从，《大唐三藏取经诗话》中护持玄奘前往西天取经的"白衣秀才猴行者"源于《药师法》中身穿白衣的安底罗大将，那么榆林窟第3窟十一面千手观音经变中出现"猴行者"便在情理之中了，其背上挑负的经

---

[1]　[日本] 矶部彰著，赵博源译：《元本〈西游记〉中孙行者的形象——从猴行者到孙行者》，收入赵景深主编《中国古典小说戏曲论集》，上海古籍出版社，1985 年，第307—308 页。

[2]　[日本] 矶部彰著，赵博源译：《元本〈西游记〉中孙行者的形象——从猴行者到孙行者》，收入赵景深主编《中国古典小说戏曲论集》，上海古籍出版社，1985 年，第308 页。

筮暗示了"玄奘取经"的故事语境。

观音右侧是一位双手合十、虔诚礼敬的僧人,结合左侧的挑经猴行者来看应是唐玄奘。玄奘曾经住坐的唐长安城大慈恩寺内存有尉迟乙僧绘制的大悲观音画像,[1] 再结合《白宝钞》等佛典中关于观音随从猴形毕婆伽罗王的记载,可基本构建起玄奘——猴行者——观音三者之间的紧密联系。[2] 另外,唐玄奘或与其形象相似的"行脚僧"还在 12 世纪左右被列入佛教神系,和其他尊神处于同一个画面。唐金刚智译有《般若守护十六善神王形体》,[3] 文中规定了守护《般若经》之十六尊夜叉善神的形象,金刚智本人绘制的十六善神图后被日本僧人空海携回日本,在这幅绘制于 12 世纪的《玄奘与十六善神图》中,可以看到身负经囊手持拂尘的唐玄奘和深沙大将被十六药叉善神环绕,(图 3-1-15)日本京都南禅寺藏 13—14 世纪《释迦三尊与十六善神图》以释迦牟尼佛为中心,左右伴以文殊菩萨、普贤菩萨、十六善神、唐玄奘和深沙大将。[4](图 3-1-16)

结合以上例证,我们对榆林窟第 3 窟十一面千手观音、唐玄奘与猴行者的组合

[1] 《唐朝名画录》记载:"尉迟乙僧者,吐火罗国人,贞观初,其国王以丹青奇妙,荐之阙下,……乙僧,今慈恩寺塔前功德,又凹凸花面中间千手眼大悲,精妙之状,不可名焉。"(唐)朱景玄撰,温肇桐注:《唐朝名画录》,四川美术出版社,1985 年,第 9 页。

[2] [日]矶部彰著,赵博源译:《元本〈西游记〉中孙行者的形象——从猴行者到孙行者》,第 309 页。

[3] 此十六善神为:
    提头攞宅善神,绿青色,开口现忿怒相貌,被甲胄着赤衣,右手持大刀,左手捧鉾,发紫色也;毗卢勒叉善神,赤紫色,忿怒相现闭唇之形,右拔折啰,左押腰,被甲胄着白青色衣,鬓发绀色;摧伏毒害善神,鬓耸立弭也,赤肉色,右手持大刀,左手向外当胸,被甲胄着白色衣服余如常;增益善神,赤肉色,四臂容怒鬼,右第一手持大刀,第二手把剑轮,左第一手持杨枝,第二手捧半月,着袈裟其色绿色,裳红悬颈璎珞;欢喜善神,绿色,顶上有孔雀,其色金色,右手持一股钩,左手押腰,被甲胄着赤衣,鬓发丹色,面体忿怒也;除一切障难善神,黄色,作嗔怒相,六臂被鲜白衣服,右手持三戟叉,次手持经典,次手捧舍利宝塔,左手持红莲华,次手持宝钩,次手把宝螺,戴宝冠着袈裟,吹天衣风,璎珞环钏如常;拔除罪垢善神,裸形被赤绿色袈裟,发毛耸立,赤黄色相也,右手持棒,其棒有五叉,左手作拳置顶上,嗔眼开口,利牙出上下,甚怖畏也;能忍善神,空色,右手持大刀,左手持槊,被顶巾,其色自下至踝才见胄端,鬓发紫也(已上右方立之);吠室罗摩拏善神,青黑色,现嗔王相,作闭唇相,右手持金刚棓,左手捧全身舍利宝塔,被甲胄着赤衣,鬓发紫色也;毗卢博叉善神,肉色,悬黑丝臂,以笔作书写之势,被甲胄着绿色衣服,鬓发赤色,微笑之形也;离一切怖畏神,形体如帝释天,但顶上有髑髅,髑髅上有三股形;救护一切善神,青白色,相貌如毗沙门天,左右手合掌,十指端有红色微敷莲华,衣服赤黄色;摄伏诸魔善神,发毛耸立,黑肉色,相貌以璎珞为庄严,右手持剑,左手下掌向外,衣服黄色;能救诸有善神,白绿色颜貌玉相也,二手虚心合掌屈二头指,附中指背第一文,胄上被白色袈裟,裳赤色也;师子威猛善神,肉色戴师子宝冠,右第一持斧,第二手持剑,左第一手持梵夹,第二手持三叉戟,被袈裟其色绀色也,着小服虎皮,极恶忿怒也;勇猛心地善神,被甲胄绿色,如能救诸有,二手外缚当胸,微笑之相也(已上左方立之)。(唐)金刚智三藏译:《般若守护十六善神王形体》,《大正藏·密教部》No.1293。

[4] 李翎:《"玄奘画像"解读——特别关注其密教图像元素》,《故宫博物院院刊》2012 年第 4 期,第 44 页。

图3-1-15　日本南禅寺藏《释迦与十六善神》　　　　　图3-1-16　《玄奘与十六善神》

关系或许会有较为明晰的认识，唐玄奘和猴行者虽然仍未脱离"唐僧取经"故事的语境，但在此扮演的主要是千手观音眷属的角色，二者均有较为明确的进入佛教造像体系的路径。

二、五十一面千手观音

东壁南侧绘制的"五十一面千手观音"（图3-1-17）最初由敦煌研究院根据观音颈上头面的数量而命名，各面分上下十层重重垒叠，由下而上第一层3面，第二至六层各安7面，第七至八层5面，第九层2面，最上一层1面，共为51面。观音头部周围安置三座汉地风格的七级楼阁式佛塔，上方佛塔之顶端出现化佛，化佛之上应现须弥山和忉利天宫。观音背光上方虚空住坐一佛二菩萨，中央主尊头光身光具足，全跏趺坐在莲台之上，双手作禅定印，左右两侧菩萨面向主尊而坐，手印和持物相同，均为一手持经书，一手牵引绕系佛经的绳子，具体身份待考。一佛二菩萨在此传达的可能是大乘佛教"十方"思想，作用等同于其他千手观音造像中位于观音上方两侧的十方佛，五佛一组，乘云赴会，与不空译《千手千眼观世音菩萨广大圆满无

图3-1-17　榆林窟第3窟东壁南侧"五十一面观音"

碍大悲心陀罗尼》"今颂《大悲
陀罗尼》时，十方佛即来为作证
明，一切罪障皆消灭"[1]的记载吻
合。62只正大手呈扇形环绕在观
音身侧，但其手中持物已远远超
过62件，在观音背光围出的巨
大空间内，诸种动物、植物、生
产工具、乐器、兵器、法器、生
活场景等有160余个，绘制内容
左右两侧完全对称。观音背光之
外又伸出八手各持净瓶，分别向
两边倾洒甘露，甘露向下倾泻并
最终流入波涛汹涌的海水，最下
方的两只巨臂分别护持两位俗装
人物，疑与该窟供养人有丝缕关
联。观音站立的莲台两侧，分别
是手捧花盘的功德天女和持杖遥
望主尊的婆薮天，左右下角安置
两位怒相护法神，其中右侧尊神
为一面六臂，身呈绿色，主臂当

图3-1-18　五十一面观音左下方明王

胸作理智救世印，余右二手分别持剑和金刚杵，余左二手分持金刚铃和索，当为青面
金刚，与莫高窟第144窟千手观音右下角明王形象一致；[2]左侧为一面八臂蓝色尊神，
主臂于胸前交错并作期克印，上方二手持握金轮，右余二手分持金刚杵和骷髅杖，左
余二手分持宝杖和金刚镢。（图3-1-18）

　　该五十一面千手观音经变因其宏大规模、独特构图和复杂内容很早就引起学者的
关注，探讨的主要问题包括该经变的图像配置方式和艺术特征、[3]持物中出现的乐器
种类[4]等等，本节将主要就以下两个方面展开讨论：1. "五十一面观音"的具体身份

[1]　《大正藏》No.1064。

[2]　莫高窟第144窟左下角明王一面四臂，题记为"马头金刚神"，右下角明王为一面六臂，二手交腕，
　　　左手一持羂索（数珠？）、一持物不明，右一手持杵、另一持物不明，题记记为"青（面）金刚"。

[3]　刘玉权：《榆林窟第3窟〈千手经变〉研究》，《敦煌研究》1987年第4期，第13—18页。

[4]　郑汝中：《榆林第3窟千手观音经变乐器图》，收入《1990年敦煌学国际研讨会文集》（石窟艺术编），
　　　辽宁美术出版社，1995年，第273—287页。

和形象来源；2. 千手中出现的各种生活场景与西夏社会的大成就者信仰之间的关系。

（一）"五十一面观音"

五十一面千手观音及东壁北侧的十一面千手观音均呈正面立姿，这是宋代之后千手千眼观音造像采用的主要姿势，[1] 不同于中唐、晚唐时期造像流行的全跏趺坐式。[2] 在同窟对称位置安置两尊千手观音像的做法也具有时代特点，根据彭金章的统计，[3] 盛唐时期和千手观音经变对称的题材，有观音普门品、卢舍那佛等，中唐时期有观音菩萨、地藏菩萨、千手千钵文殊菩萨，晚唐、五代、宋时期基本是以千手千眼观音菩萨对应千手千钵文殊菩萨，[4] 而回鹘、西夏、元代则主要是以两铺千手千眼观音菩萨相互对称为特点，如榆林窟第 39 窟南、北壁各绘回鹘千手观音像各一铺，莫高窟第 76 窟南北壁绘 10 世纪末或 11 世纪初十一面千手观音各一铺，莫高窟第 3 窟南、北壁的一面千手观音也几乎完全相同，最近有学者考证该窟壁画应绘制于西夏时期而非元，[5] 如果该结论成立，则将这种构图集中出现的时间段压缩至 10—13 世纪。笔者认为这种构图特点很可能是受到胎藏界曼荼罗尊神配置方式的影响。胎藏界曼荼罗下方第二重虚空藏院以虚空藏菩萨为主尊，左右两侧分别安置全跏趺坐千手千眼观世音菩萨和金刚藏王菩萨（Aṣṭottaraśatabhujavajradhara），（图 3-1-19a、b）代表虚空藏菩萨福智二门中的智、德二体。金刚藏王菩萨身呈青黑色，颈上有十六面或二十二面，臂有一〇八只，执持一〇八种破除烦恼之兵刃，[6] 在形象上与千手千眼观音非常相似，只在身色方面有所区别，从而构成胎藏界曼荼罗虚空藏院南北两端几近对称的视觉效果，或许宋夏石窟内对称安置的千手观音造像受到了胎藏界曼荼罗构图的影响。榆林窟第 3 窟的五十一面观音目前身色几近为黑，可能为白色氧化而致，但也不能排除原本就呈青

---

[1]《大正藏》现存佛典并无有关立姿千手观音的明确记载，仅能从苏嚩罗译《千光眼观自在菩萨秘密法经》的只言片语中找寻线索："（观音）身上现出一千宝臂，各执宝物，即从座起。"说明文本中记载的该尊也可呈立姿。

[2] 有多部汉文经典记载呈坐姿的千手观音，如苏嚩罗译《千光眼观自在菩萨秘密法经》载："住于莲华台，放大净光明……庄严大悲体，圆光微妙色，跏趺右押左。"（《大正新修大藏经》第 20 卷，第 125 页）善无畏译《千手观音造次第法仪轨》记千手观音"上首正体身大黄色，结跏趺坐大宝莲华台上。"（《大正新修大藏经》第 20 卷，第 138 页）不空译《摄无碍大悲心曼荼罗仪轨》记载："……中有本尊像，号千手千眼……离热住三昧，跏趺右押左。"（《大正新修大藏经》第 20 卷，第 130 页）

[3] 彭金章：《千眼照见 千手护持——敦煌密教经变研究之三》，《敦煌研究》1996 年第 1 期，第 21 页。

[4] 张彦远《历代名画记》卷 3《记两京外州寺观画壁·两京寺观等画壁》载："慈恩寺……塔下南门大悲观音尉迟（乙僧）画，西壁千钵文殊，尉迟画。"

[5] 见沙武田、李国：《敦煌莫高窟第 3 窟为西夏洞窟考》，《敦煌研究》2013 年第 4 期，第 1—11 页。

[6] 全佛编辑部编：《密教曼荼罗图典二·胎藏界》（中），中国社会科学出版社，2003 年，第 216—218 页。

图3-1-19a 胎藏界曼荼罗中的千手观音　　图3-1-19b 胎藏界曼荼罗中的一百零八臂金刚藏王菩萨

黑色的可能，或许为金刚藏王菩萨的变异形态，因此关于该观音的具体身份还有很多讨论空间，留待将来深入研究。

从文献记载情况来看，并没有五十一面尊神的相关文字描述，《大正新修大藏经·别卷·白宝口抄》第五十六《千手法》也言："凡十一面者，本面外十面也，是十波罗蜜菩萨围绕本尊义也，故十一面与二十七面开合异也，三十面（说或）三十一面（记或）五十面（记或）此三种本说未勘之。"[1]千手观音的面数在诸多相关经典中记载不一，最常见的是一面[2]、十一面[3]和五百面[4]者，唐般刺蜜帝译《首楞严经》还提到千手观音"能现众多妙容，能说无边秘密神咒，其中或现一首三首，五首七首九首十一首，如是乃至一百八首千首万首四千灿迦罗首"。唐至宋代寺窟壁画中就可以看到一面、三面、七面和十一面的观世音菩萨，[5]而且观音正大手数量也无一例外均是四十只或四十二只，图像基本恪守经典。从五代、回鹘时期开始，佛教走向复兴、各种宗派法会盛行、世俗性的礼忏仪式使某些密教题材趋于地方化，因此画师笔下出现许多不拘泥于文字记载的异形千手观音，五十一面观音应是在这样的时代大背景下创作出

[1] 《大正新修大藏经·白宝口抄》，第634页。

[2] 记载一面千手观音的有（唐）智通译《千眼千臂神咒经》和（唐）菩提流志译《千手千眼姥陀罗尼身经》。

[3] 如（唐）苏嚩罗译《千光眼秘密法经》和（宋）天息灾译《佛说大乘庄严宝王经》。

[4] 如（唐）善无畏译《千手观音造次第法仪轨》和（唐）不空译《摄无碍大悲心曼荼罗仪轨》。

[5] 彭金章：《千眼照见 千手护持——敦煌密教经变研究之三》，《敦煌研究》1996年第1期，第17页。

来的，而且有些佛典并未规定观音头面的具体数量，[1] 这也为画匠提供更多发挥空间。

晚唐段成式《寺塔记》卷下记载杨法成在唐长安翔善坊保寿寺内塑"先天菩萨"像，"凡二百四十二首，首如塔式，分臂如意蔓"[2]，242 面的怪诞形象未见于任何佛典，说明早在 9 世纪便出现脱离经典记载的"异形"观音。发展至 10 世纪，为了适应广大信众现世利益的需要，诸多观音伪经和感应故事应运而生，用以赞颂观世音菩萨的救世慈悲精神和神通能力，敦煌出土 10 世纪写本《观音证验赋》便是主要传述观音菩萨的应验事迹，[3] 此后千手观音形象更加趋于多样化。如吴越忠懿王钱俶（947—978 年在位）曾在今杭州一带印制两万幅"十二面观音二十四应现"绢像散施民间；（图 3-1-20）[4] 12 世纪编撰的《白宝抄·千手观音法杂集》记有通身黄金色的二十七面千手观音；[5] 台北故宫博物院藏南宋千手千眼观音像为三十二面；（图 3-1-21）今山西朔州崇福寺弥陀殿南壁绘金代千手千眼观音，具足千臂十八面，手中持物种类、数量等与榆林窟第 3 窟五十一面千手观音不相上下，（图 3-1-22）更为难得的是，榆林窟第 3 窟千手观音经变中出现的乐器（笙、笛、鼓、响板、钟）、动物（水牛、马）甚至社

---

[1]　（唐）般剌蜜帝译：《大佛顶如来密因修证了义诸菩萨万行首楞严经》，《大正藏》No.945。

[2]　关于先天菩萨，有以下几位学者述及，小林士太郎：《唐代大悲观音》，《佛教美术》，第 20—22 页，1953—1954 年；王惠民：《敦煌千手千眼观音像》，《敦煌学辑刊》1994 年第 1 期，第 63—78 页；姚崇新：《对大足北山晚唐五代千手千眼观音造像的初步考察》，重庆大足石刻艺术博物馆编《2005 年重庆大足石刻国际学术研讨会论文集》，第 450 页。
　　段成式《寺塔记》卷下记载："长安翔善坊保寿寺，本高力士宅，天宝九载，捨为寺。寺有先天菩萨帧，本起程度妙积寺。开元初有尼魏八师者，常念大悲咒，双流县百姓刘意儿，年十一，自欲事魏尼，尼遣之不去，常于奥室立禅。尝白魏云：先天菩萨见身此地，遂簁灰于庭，一夕有句迹数尺，轮理成就，因谒化工，随意设色，悉不如意。有僧杨法成，自言能画，意儿常合掌仰祝，然后指授之以匠，十稔工方毕。后塑先天菩萨，凡二百四十二首，首如塔式，分臂如意蔓，其榜子有一百四十，日鸟树一，凤四翅，水肚树，所题深怪，不可详悉，画样凡十五卷。柳七师者，崔宁之甥，分三卷往上都流行，时魏奉古为长史进之，后因四月八日，赐高力士。今成都者，是其次本。"郭若虚《图画见闻志》卷 5《故事拾遗》"先天菩萨"条内容大致相同，当是引自上文。

[3]　该残卷现藏于上海图书馆，馆藏号 812555。写本原文参见《上海图书馆藏敦煌吐鲁番文献·附录·叙录》，收入《上海图书馆藏敦煌吐鲁番文献》第四册，上海古籍出版社，1999 年，第 21 页。关于残卷内容的研究，可参见王翠玲：《敦煌残卷"观音证验赋"与永明延寿》，《成大中文学报》第十期，2002 年，第 167—182 页。

[4]　一件以原作为范本的复制品至今仍保存在日本京都大学久原文库，并收入《大正藏》图像部。参阅周心慧主编：《中国古代佛教版画集》第一册，第 23 页。
　　值得注意的是，观音菩萨的化身应现一般有《法华经·普门品》所记三十三化身和《楞严经》卷六所记三十二应身，少有"二十四应现"。而且画幅最上端的第一"观自在现"和第十三"观水月现"形象几乎完全对称，构图方式和西夏石窟中往往对称出现的水月观音图相似（如榆林窟第 2 窟、榆林窟第 29 窟、东千佛洞第 2 窟、五个庙第 1 窟等），二者之间的关系值得深究。

[5]《白宝抄·千手观音法杂集》记《胎藏记》云："千手千眼观自在，通身黄色，有二十七面。"又引《大原记》："圆堂本黄金色，二十七面"。又引《观自在莲花顶瑜伽法》："又有莲花顶轮成就法，行者于顶观置二十七面"。参见《大正藏·图像部》卷 10。

图3-1-20　钱俶施印"十二面观音二十四应现"　　图3-1-21　台北故宫博物院藏南宋千手观音

会生活场景（踏碓、推磨等）都极其相似，表现出同一历史时期内不同地域的造像之间的共性。从以上例子可以看到，10世纪以降的千手千眼观音形象很多都与经典记载无法吻合，随着佛教信仰在民间的流传而被信众赋予新的阐释方式。

单就头面数量而言，榆林窟第3窟五十一面观音与重庆宝顶山大佛湾南宋千手观音最为接近。大佛湾千手观音一面三目，头戴宽大宝冠，冠上錾刻49个小像，象征49面，连同正面共有50面。这两尊形象可能与五百面千手观音菩萨有关，因"五百面"数量较多难于表现，而以一代百，善无畏译《千手观音造次第法仪轨》："其尊之正面天冠上有三重，诸头面之数有五百，当面之左右造两面，右名莲华面，左名金刚面也。"[1]不空千手观音译本记载的除主面之外的497面共分三重安置，与大佛湾千手观音宝冠上的49面排列方式一致，榆林窟第3窟五十一面观音也有可能是不空本五百面千手观音的简化形象。

（二）"社会生活场景"与西夏大成就者信仰

五十一面观音背光之内出现的数个社会生活场景饶有趣味，成为现代学者研究西

---

[1] 善无畏译《千手观音造次第法仪轨》，《大正藏》第20卷，第138页。另有唐不空译《摄无碍大悲心曼荼罗》仪轨》："号千手千眼……顶上五百面，具足眼一千。"（《大正藏》第20卷，第130页）

图3-1-22　山西朔州崇福寺弥陀殿金代千手观音　　　　图3-1-23　莫高窟第428窟"法界人中像"

夏农耕生产工具、日常生活用具的重要图像材料，[1]如锻铁图中的鼓风机、酿酒图中的蒸馏灶、踏碓捣米图中的杠杆机械传动装置等等，被认为如实反映了当时的社会生产和物质文明状况。在这些已发表的研究成果中，谢继胜教授对这些劳动场景的解释独辟蹊径，认为其中表现的人物事迹与印度大成就者有密切关联，[2]笔者将在此基础上继续探究榆林窟五十一面观音经变中所绘社会生活场景的内涵，以及西夏社会大成就者信仰的流行。

　　这些劳动场景实则是绘在观音手臂之上，设计理念与法界人中像相仿，即在佛身或佛衣上绘制"须弥世界""六道众生"，用以展现《华严经》中卢舍那法身的法界体

---

[1]　相关研究成果有，金毓黻：《从榆林窟壁画耕作图谈到唐代寺院经济》，《考古学报》1957年第2期；于豪亮：《"从榆林窟壁画耕作图谈到唐代寺院经济"读后》，《考古通讯》1958年第5期；王静如：《敦煌莫高窟和安西榆林窟中的西夏壁画》，《文物》1980年第9期；王进玉：《敦煌石窟西夏壁画"酿酒图"新解》，《广西民族大学学报（自然科学版）》2010年第3期。

[2]　谢继胜：《榆林窟藏密壁画》，收于谢继胜等主编《藏传佛教艺术发展史》（上），上海书画出版社，2010年，第217页。

性。[1]法界人中像集中出现在北朝至隋这一阶段，莫高窟第428窟隋代造像被认为是年代最晚的一铺佛衣画，（图3-1-23）而实际上，学界并没有注意到宋代又重新燃起对该题材的浓厚兴趣，今山西高平开化寺大雄宝殿（建于1073—1096年）东壁南段卢舍那佛正是对法界人中像这一早期题材的追忆，佛尊全跏趺坐于莲台之上，胸前绘日月星辰和天宫楼阁，腹部双膝等处安置地藏、观音和其他听经菩萨，肘间尤有其他人物形象，[2]意谓卢舍那佛身可包容三千法界、泯灭众生苦恼，对于刚刚历经法灭罹难的中原信众来说依然具有较大吸引力。

法界人中像的造像经典依据并不是整部《华严经》，而是其中的《十住经》"法云地"，[3]图像表现的虽是卢舍那佛体纳须弥世界，实则为菩萨修行的最高阶位——"一切佛国体性三昧"和"光照九道众生"，也就是说，修行者要进入菩萨之身才能"于其身内见有三千大千世界庄严众事"。[4]依此来看，榆林窟第3窟在五十一面观音手臂所及之处绘制各种生活劳动场景，与华严《十住经》传达的菩萨利益九道众生的思想两相适应。另外，在主要宣说观世音菩萨心咒和功德的《佛说大乘庄严宝王经》中也有相似记载："时观自在菩萨，告大自在天子言：'汝于未来末法世时，有情界中而有众生执著邪见，皆谓汝于无始已来为大主宰，而能出生一切有情。是时，众生失菩提道，愚痴迷惑作如是言：此虚空大身，大地以为座，境界及有情，皆从是身出。'"[5]这些都可成为画匠在菩萨身上绘制世间众生百态的经典依据。

五十一面观音经变中共出现12个生活场景，又因左右内容完全对称，所以共有6种场面，分别为农耕、锻铁、酿酒、踏碓、行旅和百戏。敦煌石窟的其他经变画中也偶有类似场景，但均有确切的经典依据，如弥勒经变中的农耕活动展示的是弥勒净土"一种七收"的神奇景象，（图3-1-24）楞严经变中的"肉肆图"为《楞严经·断食肉品》情节之一，维摩诘经变中的"酒肆图"表现维摩诘居士"入诸酒肆，能立其志"的情节等等。榆林窟第3窟的图像内容在大乘佛典中找不到与之对应的文字记述，却和印度大成就者生平故事保持高度一致，现将按照自上而下的顺序依次进行比对分析。

[1] 关于"法界人中像"的研究成果，也参见[日]吉村怜著，贺小萍译：《卢舍那法界人中像的研究》，《敦煌研究》，1986年第3期，第68—77页；赖文英：《论新疆阿艾石窟的卢舍那佛》，《圆光佛学学报》第十六期，第151—188页；赖鹏举：《五世纪以来北传地区"法界人中像"与〈十住经〉"法云地"》，《敦煌研究》2007年第6期，第1—6页。

[2] 图版参见金维诺主编：《中国寺观壁画典藏·山西高平开化寺壁画》，河北美术出版社，2001年，第32页。

[3] 赖鹏举：《五世纪以来北传地区"法界人中像"与〈十住经〉"法云地"》，《敦煌研究》2007年第6期，第1—6页。

[4] 赖文英：《论新疆阿艾石窟的卢舍那佛》，第162—165页。

[5] （宋）天息灾译：《佛说大乘庄严宝王经》卷一，《大正藏》No.1050，第49c页。

图3-1-24 榆林窟第25窟弥勒经变中的"一种七收"

1. 踏碓者：一俗装男子手扶横杆，右脚着地，左脚踩踏杵杆一端，使杵头起落舂米。（图3-1-25）八十四大成就者中也有一位踏碓师（Dengipa），原为印度沙力布札地方国王的一位大臣，其依止上师卢伊巴（Luipa）将他卖给酒店女主人，通过每日舂米修行而获得究竟成就。

2. 锻铁者：图中出现三位男子，左侧两人一组，手中高举铁锤，正欲砸向置于中央石台上的热铁，右侧男子坐在方凳上操作风箱。（图3-1-26）大成就者中的铁匠师名为干巴力巴（Kamparipa），受瑜伽士指点而开始修习佛法，接受加持灌顶之后，悟得在打铁过程中禅修的方法，终获成就。

3. 酿酒者：图中描绘两位女子，一坐一立，在酿酒台旁边劳作交谈。（图3-1-27）这一场景可能意指大成就者中的饮酒者萨拉哈（Saraha）的故事，他本是空行母的儿子，因为众婆罗门反对他饮酒而在国王等人面前示现神通，后来通过禅修证得大手印法的无上成就。

4. 农耕者：一农夫在田地中辛勤耕作，右手扬鞭，左手扶犁，前方有两头牛奋力前行。（图3-1-28）这个情节与大成就者中"种田者"（Midhinapa）的故事相同，农夫名为梅蒂那（Midhina），某日在田间耕作时遇到瑜伽士，后者给予他加持灌顶，并教他生起圆满次第的禅修方法，梅蒂那经过 12 年观修之后终于断除轮回中的诸种贪念而得到证悟。

5. 行旅者：两位俗装男子头戴宽檐大帽，肩挑行囊作行走状。（图 3-1-29）这一情节疑与大成就者卓吉巴（Jogipa）有关，他是印度贱民阶层，在上师夏拉哇处得到吉祥喜金刚灌顶后，前往 24 圣地朝圣修持。

6. 舟坊：舟坊中虽未出现人物形象，（图 3-1-30）但很有可能意指大成就者中的海中取宝者沙姆达（Samudrapa），他原属印度贱民种姓，靠从海中取宝来维持生计，后来得到阿津达上师的指点，授予他解脱轮回的法门，经过 3 年修持而得到证悟。

通过上文分析可以看到，五十一面观音经变中的 6 个劳动场景确实与大成就者故事情节有惊人的一致性，画匠在选择绘制内容时应不是随意选取，肯定与西夏社会流行的印度大成就者信仰有直接关联。10—13 世纪河西走廊地区还发现多处同题材造像，如莫高窟第窟第 465 窟主室四壁下缘有完整的 84 位大成就者像，榆林窟第 3 窟出现的这几个场景基本都可以在莫高窟第 465 窟中找到，[1] 甘肃马蹄寺上观音洞 1 号窟亦残留几尊成就者像，（图 3-1-31）宁夏贺兰山山嘴沟石窟 1 号窟出现内地最早的大成就者密哩斡巴造像。另外，近年考古学家在新疆吐鲁番盆地火焰山西段的大桃儿沟第 9 窟内也发现绘制于 12 世纪左右的八十四大成就者壁画作品，各尊在窟内左右侧壁分四排安置，每排 11 幅，共 88 幅（其中 4 幅非大成就者），（图 3-1-32）更重要的是，大桃儿沟第 9 窟和莫高窟第 465 窟均出现"执镜师"，该形象既不见于西藏江孜白居寺的大成就者壁画，[2] 也不见于目前流传最广的两个大成就者组合名单，[3] 说明它们采用的可能是同一种在河西一带较为流行的地方化文本或绘画底本。

［1］　敦煌研究院赵晓星曾在 2009 年 "第四届西藏考古与艺术国际学术研讨会" 上发表《莫高窟第 465 窟八十四大成就者图像考释》，她通过现场调查和新刊俄藏敦煌壁画照片，全面记录了窟中八十四位大成就者图像，纠正前人若干错误，并新考释出 30 多位大成就者身份。

［2］　白居寺大成就者壁画的内容可参见 Ulrich von Schroeder, *Empowered Masters: Tibetan Wall Paintings of Mahāsiddhas at Gyantse*, Serindia Publications, Chicago, 2006.

［3］　陈玉珍：《藏传佛教与回鹘》，西北民族大学 2012 年硕士学位论文，第 27 页。
　　这两个文本分别由无畏施吉祥（Abhayadattaśrī，11 世纪末 12 世纪初）和金刚座师（Vajrasana，12 世纪）撰成，关于大成就者文本的介绍详见下文。

踏碓手

图3-1-25至图3-1-30　榆林窟第3窟"五十一面观音像"中的生活场景

图3-1-31　大桃儿沟第9窟大成就者

除了以上图像遗存，与大成就者相关的文本也曾在西夏属地流传。《大乘要道密集》中收录三篇与印度大成就者相关的文本：《解释道果金刚句》《新译大手印金璎珞要门》和《成就八十五师祷祝》，最初由吕澂先生作汉藏文对勘，并略加考释。[1]《解释道果金刚句》对应藏文本《道果明点》（*Lam 'bras bu dang bcas pa'i gdams ngag*），[2] 汉译本称由瑜伽自在大成就者密哩斡巴所作，该文书的西夏文译本也在西夏境内出现。《新译大手印金璎珞要门》对应藏译本《金刚歌作法要门明点金璎珞》（*rDo rje'i mgur bzhengs ba nyams kyi man ngag thig le gser gyi phreng ba*），[3] 记录四十位大成就者的道歌，该文本的编集者铭得哩斡不从俗说，其内收录的道歌所对应的成就者名字与其他几个文本差异较大。[4]《成就八十五师祷祝》即德格版《大藏经》所收金刚座师（Vajrasana）造《八十四大成就者祈请文》（*Grub thob brgyad cu rtsa bzhi'i gsol 'debs*），[5] 有后记言：班第达毗卢遮那（Vairocana）与译师却吉扎巴（Chos kyi grags pa）同译，[6] 此处的却吉

---

[1]　吕澂：《汉藏佛教关系史料集》，《中国文化研究所专刊·乙种·第一册》，华西协和大学，1942 年。

[2]　德格版 No.2284。

[3]　德格版 No.2449。全称为《吉祥乌氏衍那处修集会轮时四十成就瑜伽行者所唱金刚曲·观想要门明点金璎珞》（*dPal Udiyanar tshogs 'khor byas ba'i dus su rnal 'byor pa grub pa thob pa bzhi bcus rdo rje bzhengs pa nyams kyi man ngag thig le gser gyi phreng ba*）。

[4]　吕澂：《汉藏佛教关系史料集》，第 12 页。

[5]　德格版 No.3758。根据吕澂的考察，北京版和那塘版所收《八十四大成就者祈请文》均名实相符，记录八十四位成就者，德格版再最后一位 Sarapa 后增加 Sarasu，而成八十五位。

[6]　"Paṇḍita ba'i ro tsa na dang lo tsā ba shrī chos kyi grags pas bsgyur cig zhus te gtan pa phab pa'o"

扎巴应是著名的来自康区的路拶讹巴哩，藏文史籍对他有不同称呼，如巴哩仁钦扎
（Ba ri rin chen grags），法称（Dharma grags 或 chos kyi grags）等等，[1] 他与金刚座和毗
卢遮那是师徒关系，藏文《大藏经》中保留了很多他和两位上师合作翻译的经典。巴
哩作为从康区发轫的大学者，在西夏属地有较高知名度，由他翻译的大成就者文本理
应在河西地区流传较广。

　　在所有与印度大成就者相关的文本当中，使用最多的是 11 世纪末 12 世纪初印度
学者无畏施吉祥（梵：Abhayadattaśrī，藏：Mi 'jigs pa sbyin pa dpal）撰《八十四大成
就者传》（Grub thob brgyad cu rtsa bzhi'i lo rgyus），[2] Alice Egyed 于 1984 年发表的蒙古
文木刻版画所用刻本就是依据无畏施吉祥本制作而成。[3] 更重要的是，这部《八十四
大成就者传》的译者门珠喜饶（sMon 'grub shes rab）[4] 是西夏人！Keith Dowman 考证
出无畏施吉祥实际上就是《究竟瑜伽鬘》的作者无畏笈多（Abhayākaragupta），而门
珠喜饶就是著名的西夏译师拶弥桑杰扎巴（Tsa mi lo tsā ba Sangs rgyas grags pa, 1060-
?），他与无畏施吉祥还曾合作翻译另一部《八十四大成就者现证帐安立》（Grub thob
brgyad cu rtsa bzhi'i rtogs pa gur du bzhengs pa），[5] 五世达赖喇嘛《闻法录》则是更加
明确地指出拶弥译师的全名为"拶弥桑杰扎巴门珠喜饶"（Tsa mi Sangs rgyas gryas pa
sMon grub shes rab），[6] 所以能够确定《八十四大成就者传》正是由西夏拶弥译师从印
度上师金刚座处传承下来。

　　综合来看，西夏译师对大成就者信仰的流行和传播作出突出贡献，重要文本的撰译
工作均由他们完成，至迟到 12 世纪，八十四大成就者的组合就已经形成并依照不同体系

---

[1] Ronald M. Davidsn, *Tibetan Renaissance: Tantric Buddhism in the Rebirth of Tibetan Culture*, Columbia University Press, New York, 2005, p.295.

[2] 北京版《藏文大藏经》No.5091。
多位学者对这一版本的大成就者传展开研究，如：Albert Grünwedel, "Die Geschichten der Vierundachtig Zauberer (Mahāsiddhas) aus dem tibetischen übersetzt", *Baessler-Archiv* (5), 1916; James B. Robinson, *The Eighty-Four Siddhas*, a dissertation of the University of Wisconsin-Madison, 1975; Keith Dowman, *Masters of Mahāmudra: Songs and Histories of the Eighty-Four Buddhist Siddhas*, State University of New York Press, 1985.

[3] Alice Egyed, *The Eighty-Four Siddhas: A Tibetan Block print from Mongolia*, Budapest, 1984.

[4] 后记为：Grub thob brgyad cu rtsa bzhi'i lo rgyus rgya gar tsam paṇḍita'i bla ma chen po mi 'jigs pa sbyin pa dpal gyis zhal nas gsungs pa ltar/ dge slong smon grub shes rab kyis legs par bsgyur ba rdzogs so/

[5] Keith Dowman, *Masters of Mahāmudra: Songs and Histories of the Eighty-Four Buddhist Siddhas*, pp.384-388.

[6] 五世达赖喇嘛，《闻法录》（*gSan yig*），第 2 册，第 199 页。
"*rdo rje gdan pa / de la tsa mi sangs rgyas grags pa smon grub shes rab dang a bha yā ka ra gnyis kyis gsan / gnyis ka la dpal rgwa lo/*" 文中提到金刚座师将教法传与拶弥佛称门珠喜饶和无畏施二人，此二人又传与热路拶讹。

并行发展。藏西拉达克地区阿奇寺（Alchi）三层殿（gSum brtsegs）文殊菩萨塑像的裙布上满绘大成就者组像，（图 3-1-32）再根据前文提及的新疆吐鲁番大桃儿沟、莫高窟、马蹄寺、榆林窟、山嘴沟等石窟内的大成就者像，可基本重构 11—13 世纪大成就者图像传播的主要路径。

大成就者来自社会各个阶层，而且大部分都是出身低微、生活贫困的下层阶级，通过瑜伽上师的教化和自性的精进禅修才能最终获得解脱成就，大成就者证悟的过程让广大徒众相信，是否能够获得究竟成就与个人的性别、年龄、职业、阶级种姓或社会地位毫无关联，而在于行者精进的程度，因此对于迫切追求现世利益和向往脱离轮回烦扰之净土的西夏信众来说有较大吸引力。

三、小　结

本节主要分析了榆林窟第 3 窟东壁十一面千手观音和五十一面千手观音的图像内容、特点和内涵，可以认为西夏画匠不拘泥于某一种绘画传统，而是将不同体系的造像元素融会贯通，最终形成具有西夏特色的新风貌。北壁千手观音颈上十一面采用 3+3+3+1+1（自下而上）的排列方式，在敦煌同题材图像中独此一例，遵循的是 11 世纪初由阿底峡撰写、仁钦桑波译成的《圣千手观世音自在成就法》（*'Phags pa spyan ras gzigs dbang phyug phyag stong sgrub thabs*）的相关记述，其图像也有可能是伴随 10 世纪末插图本梵文贝叶经的流通传入内地。十一面观音 100 只正大手则是沿袭了汉地观音图像系统，此处绘出的 60 余种持物将汉文经典中常见的 40 大手持物包含在内，其余 20 多种物品没有经典依据。另外，我们在理解十一面千手观音两侧的"唐玄奘"和"猴行者"时，不应完全囿于唐僧取经故事的特定语境，二者在此扮演的主要是千手观音眷属的角色，有明确的进入佛教造像体系的文本依据和发展路径。就南侧的五十一面千手观音而言，其与北侧十一面千手观音相互对称的配置方式可能受到胎藏界曼荼罗虚空藏院南北两端十一面千手观音菩萨和二十二面一百〇八臂金刚藏王菩萨对称构图的影响，五十一面的观音形象不见载于目前可见的任何经典，或为善无畏《千手观音造次第法仪轨》等文本所记"五百面千手观音"的简略、变异形式。观音千手背景中出现的 6 种社会生活场景与印度大成就者故事有惊人一致性，文本和图像的证据也能有力证明西夏大成就者信仰盛极一时，西夏译师对该系信仰的流行和传播做出突出贡献，榆林窟第 3 窟、莫高窟第 465 窟、马蹄寺上观音洞、贺兰山山嘴沟石窟等地出现的大成就者像与藏西、吐鲁番两地的同题材造像制作时间相仿，共同演绎 11—13 世纪大成就者信仰以及图像的早期风貌。

图3-1-32　阿奇寺松载殿文殊菩萨塑像的大成就者像

第二节 顶髻尊胜佛母曼荼罗

此一切如来乌瑟腻沙最胜总持法门，
能延寿命消除罪业速得清净。若以素帛或桦
皮上书写此总持法门，安置塔中作广大供
养，作供养已右绕千匝恭敬礼拜，随力供养
获增智慧。若七日寿命延至七年。若七年寿
命延七十岁，获得如是长寿安乐无诸疾病，
得宿命通明记不忘。若戴顶上如前所获消除
罪障。

——（宋）法天《佛说一切如来乌瑟腻
沙最胜总持经》[1]

本节主要对榆林窟第 3 窟北壁南段的顶髻尊胜佛母曼荼罗[2]展开研究，探寻该
图像创作的文本依据。（图 3-2-1a、b）

此曼荼罗外围有金刚环。顶髻尊胜佛母（藏文：gTsug tor rnam par rgyal ma；
梵文：Uṣṇīṣavijayā）身居曼荼罗内院的佛塔之中，以全跏趺端坐莲花座上，三面八
臂，身呈白色（现已氧化为黑色），主面之外的其他二面颜色已无法确定。顶结发髻，
宝饰庄严。右四手自上而下分别持莲茎，茎枝蜿蜒延伸至头顶，上托无量寿佛像；
持箭；作胜施印；当胸持交杵金刚。右四手自上而下分别当胸作怖指；持弓；施无
畏印；持净瓶。佛母身后背龛也极具西夏特点，与黑水城出土唐卡中的构图如出一
辙，为波罗早期风格的龛门样式，背龛顶端条板上对称分布二金鹅，尾部羽毛呈卷

---

[1]《大正藏》No.866。

[2] 关于该铺曼荼罗的研究见 Rob Linrothe（林瑞宾），"Ushinishavijaya and the Tangut cult of the Stupa
at Yu Lin Cave 3", *The National Palace Museum Bulletin, vol.31, No.4-5*(1996), pp.1-25; "Xia Renzong
and the Patronage of Tangut Buddhist art: The stupa and Ushnishavijaya Cult", in *Journal of Sung-Yuan
Studies*, pp.91-123. 其他几篇与顶髻尊胜佛母曼荼罗图像相关的力作有：熊文彬：《杭州飞来峰第 55
龛顶髻尊胜佛母九尊坛城造像考》，《中国藏学》1998 年第 4 期，第 81—95 页；孙昌盛：《黑水城出
土顶髻尊胜佛母曼荼罗木板画考》，《敦煌研究》2001 年第 2 期，第 23—28 页；谢继胜：《西夏藏传
绘画——黑水城出土西夏唐卡研究》，河北教育出版社，2002 年，第 92—102 页；廖旸：《南京弘觉
寺塔地官出土金铜尊胜塔像新考》，《故宫博物院院刊》2011 年第 6 期，第 42—57 页。

图3-2-1a　榆林窟第3窟顶髻尊胜佛母曼荼罗

注：左下角，原图如此，已裁去遮挡壁画的塑像。

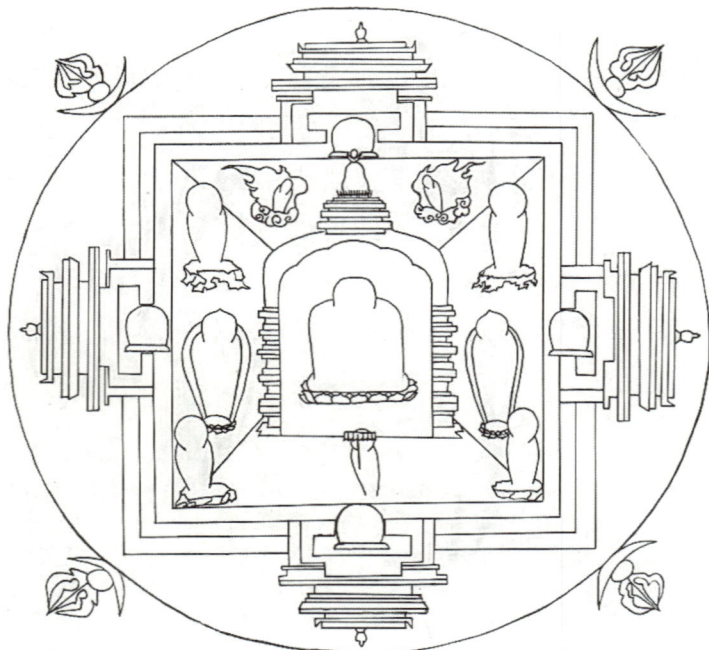

图3-2-1b　榆林窟第3窟顶髻尊胜佛母曼荼罗线描图

曲状，向上蜿蜒而构成顶轮，背屏两侧弯钩上搭有白色布饰。身侧有二胁侍，分别为白色（现已变为黑色）的观世音菩萨和蓝色的金刚手菩萨，二菩萨持物除各自身份标志物（白莲花和金刚杵）外还有拂尘。塔上方两侧有二净居天子正向佛母倾倒净水。内院呈对角线分为四色，院中还配有四大天王像，位于对角线处。金刚墙设四门，门内安置四明王。塔基前还有一个执持伞盖具头光老者形象。外围金刚环之外的空间也被对角线分为四个空间，四色与金刚墙内的四色对应，金刚环外四隅绘有金刚杵头，意指这个坛场建立在一个安镇大地的交杵金刚之上。

　　自美国西北大学林瑞宾教授在 20 世纪 90 年代专门撰文研究了该铺曼荼罗之后，鲜有其他深入研究的文章。林瑞宾虽将主尊正确辨识为顶髻尊胜佛母，但对曼荼罗内的其他眷属未做讨论。敦煌研究院刘永增研究员在《故宫博物院院刊》2013 年第 4 期上发表《敦煌石窟尊胜佛母曼荼罗图像解说》一文，用大量篇幅分析了榆林窟第 3 窟顶髻尊胜佛母曼荼罗的图像内容和文本依据。本节所利用的文献材料与刘文略有不同，拟从汉藏文仪轨文书出发，对榆林窟第 3 窟这铺顶髻尊胜佛母十四尊曼荼罗绘制的文本依据继续进行讨论。

一、榆林窟第3窟顶髻尊胜佛母曼荼罗的相关仪轨文书

　　顶髻尊胜佛母虽然是尊胜陀罗尼[1]的人格化形象，但并不说明这两者之间存在必然的依存关系。现存汉文《大藏经》中唐代翻译的诸种汉译本《佛顶尊胜陀罗尼经》和北宋（约对应西藏的后弘期初期）之后翻译的佛顶尊胜经之间存在很大差异，可分为截然不同的两个体系：前者在行文中并没有出现顶髻尊胜佛母这一形象，讲述的是释迦牟尼启示帝释天通过念诵佛顶尊胜陀罗尼帮助善住天子清除一切业障、免受坠入地狱之苦，强调该陀罗尼息灾度亡的功能。敦煌藏经洞出土文物中就有一幅"尊胜咒坛"画稿，编号为斯坦因藏品 S.174，（图 3-2-2）画稿用图示的形式再现了尊胜咒仪轨施

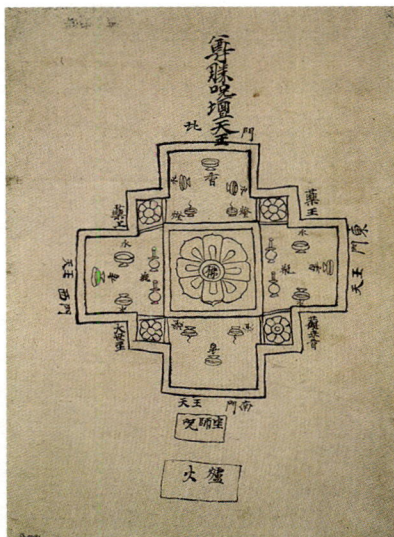

图3-2-2　敦煌出土尊胜咒坛场画稿S.174

---

[1]　关于《尊胜咒》《尊胜经》和《尊胜佛母成就法》等文本的研究见林光明：《汉传唐本：尊胜咒研究》，台北：嘉丰出版社，2006 年；杜旭初：《〈如来顶髻尊胜佛母现证仪〉汉藏对勘及文本研究》，收入沈卫荣主编《文本中的历史：藏传佛教在西域和中原的传播》，中国藏学出版社，2012 年。

行过程中需要的用具，并用汉字一一标明各器物的名称，如水、瓶、灯、香等，位于八瓣莲花中央的主尊为佛，坛场四门配有四大天王，坛场中并不出现顶髻尊胜佛母；而另一体系的经典则记载了顶髻尊胜佛母的形象，或是描述单尊，或是描述曼荼罗内的全部神祇，因此这一体系的经典才是本节重点分析的对象。

佛教文献中记载的顶髻尊胜佛母曼荼罗主要有两种构成样式，即九尊曼荼罗和三十三尊曼荼罗[1]。榆林窟第 3 窟的曼荼罗显然是在顶髻尊胜佛母九尊曼荼罗的模式上又加入了四大天王和塔基前的执伞老者形象，从而构成十四尊曼荼罗。汉藏文佛教经典中记载有顶髻尊胜佛母形象的文本不在少数，但是相当大一部分经典只描述了主尊的形象，完整记载该曼荼罗中全部神祇的藏文经典主要有如下几种[2]：

1.《一切如来顶髻尊胜陀罗尼仪轨》（*De bzhin gshegs pa thams cad kyi gtsug tor rnam par rgyal ba shes bya ba'i gzhugs rtog pa dang bcas pa*），法军（Chos kyi sde）和 巴哩译师译，德格版 No.594；

2.《一切如来顶髻尊胜陀罗尼仪轨》（*De bzhin gshegs pa thams cad kyi gtsug tor rnam par rgyal ba shes bya ba'i gzhugs rtog pa dang bcas pa*），佚名，德格版 No.595；

3.《薄伽梵母顶髻胜母赞》（*bCom ldan 'das ma gtsug tor rnam par rgyal ma la bstod pa*），月官（Candragomin）造，德格版 No.3115；

4.《圣顶髻尊胜佛母成就法》（*'Phags ma gtsug tor rnam par rgyal ma'i sgrub thabs*），扎巴坚赞（Grags pa rgyal mtshan）译，德格版 No. 3601；

5.《顶髻尊胜佛母成就法》（*gTsug tor rnam par rgyal ma'i sgrub thabs*），扎巴坚赞（Grags pa rgyal mtshan）译，德格版 No. 3602；

---

[1]　顶髻尊胜佛母三十三曼荼罗见《曼荼罗仪轨·金刚鬘》（*Vajravāli-nāma-maṇḍalasādhana*，藏：*dKyil 'khor gyi cho ga rdo rje phreng ba*，收入德格版丹珠尔（*sDe dge bstan 'gyur*），新德里 1982—1985 年出版）第四十五篇 "顶髻尊胜佛母三十三尊"（*gTsug tor rnam par rgyal ma lha so gsum*）。

[2]　由于顶髻尊胜佛母在汉藏两地都是极受尊奉的神祇，汉藏文典籍中有关该佛母成就法和经咒的文本数量较多，本文列举的几个文本均是和榆林窟第 3 窟的顶髻尊胜佛母九尊曼荼罗制作年代有直接关系的文献材料，大致集中在 11—13 世纪。此后仍有内容翔实的尊胜佛母成就法集，均是收录了前代译师译作的 "集译" 法集，如八思巴（'Phags pa,1239-1280）《尊胜佛母修法千供》（*rJe btsun rnam par rgyal ma'i sgrub thabs stong mchod dang bcas pa*）；三世土观洛桑却吉尼玛（Thu'u bkwan Blo bzang chos kyi nyi ma, 1737-1802）所著《顶髻尊圣母九尊修法千供修法仪轨——无死甘露之流》（*gTsug stor rnam par rgyal ma lha dgu'i sgrub thabs stong mchod kyi cho ga dang bcas pa 'chi med bdud rtsi'i chi rgyun*）；蒋贡龚珠洛追塔耶（'Jam mgon Kong sprul Blo gros mtha' yas）与降央钦则旺波（'Jam dbyangs mKhyen brtse'i dbang po）所著《成就法集》（*sGrub thabs kun btus*）中收录的《尊胜佛母成就法集建立明释》（*gTsug tor rnam par rgyal ma'i rtog pa'i tika sgrub thabs stong mchod rjes gnang gi cho ga sogs chos skor tshang ba*）等。

6.《密答喇百法》（*Mi tra brgya rtsa*）之第四篇《顶髻尊胜佛母九尊成就法》（gTsug tor rnam bar rgyal ma lha dgu'i sgrub thabs），瑜伽友（Mitrayogin）造。

汉文经典中则有宋代法天（？—1001）译本《佛说一切如来乌瑟腻沙最胜总持经》一卷本，大正藏 No.987。

为方便比对文本和图像的差异，下文将依次对这几部经典进行分析。

（一）根据第 3115 号经典的后记[1]可知《薄伽梵母顶髻胜母赞》是由古印度大乘瑜伽行派著名学者月官（约 7 世纪）所著，藏文本译者不详。文本采用七字偈颂的形式描述了顶髻尊胜佛母九尊曼荼罗的主尊和胁侍：

skyon gyis ma gos sku mdog dkar/ /zhal gsum phyag brgyad spyan gsum mnga'/ /dbu rgyan mgul rgyan snyan char bcas/ / rin chen sna tshogs mdzes pas brgyan / /padma zla ba'i gdan la bzhugs/ /dbus dkar g.yas ser g.yon zhal sdo/ /khro mo'i cha lugs mche ba gtsigs/ /phyag g.yas sna tshogs rdo rje dang / /pad steng rgyal ba 'od dpag med/ /mda' dang mchog sbyin phyag rgya'o/ /g.yon pa sdigs mdzub zhags ba dang/ /gzhu dang mi 'jigs phyag rgya dang / /bum pa dag ni legs par bsnams/ /rnam par snang mdzad dbu brgyan cing / /'od zer dkar po 'phro zhing 'du/ /stod g.yogs lha yin bza' can/ /blo dang tshe 'phel mdzad ba mo/ /pu ri'i nang du mdzes par bzhugs/ / bcom ldan 'das ma nyid la bstod/ /g.yas na rje btsun spyan ras gzigs/ /sku mdog dkar po skyon ma gos/ /g.yon na pad bsnams g.yas pa na/ /rnga yab 'dzin la bdag phyag 'tshal/ /g.yon gyi gsang ba'i bdag bo ni/ /utpal mdog 'dra rdo rje g.yon/ / g.yas pa rnga yab mdzes 'dzin pa/ /mthu stobs can la phyag 'tshal lo/ /shar lho nub byang phyogs bzhi yi/ /khro bo'i rgyal po bzhi po ni/ /mdun na khro rgyal mi g.yo ba/ /sngo bsangs g.yas na ral gri 'dzin/ /g.yon na sdigs mdzub skra brdzes pa/ /sprul rgyan stag gi sham thabs can/ /padma nyi ma'i gdan la bzhugs/ /ma rungs 'dul la phyag 'tshal lo/ /khro chen 'dod pa'i rgyal po ni/ /sngo bsangs lcags kyu 'bar ba bsnams/ /ma rungs 'dul ba'i rgyan cha can/ /thams cad 'gugs la phyag 'tshal lo/ /khro chen dbyug pa sngon bo ni/ /zhal gcig phyag gnyis g.yas pa na/ /dbyug to g.yon pa sdigs mdzub mdzad/ /sngo bsangs kun 'dul

---

[1] "gTsug tor rnam par rgyal ma'i bstod pa slob dpon tsan dra go mis mdzad pa rdzogs so"，德格版丹珠尔第 3115 号，第 430 叶。

khyod la bstod/ /khro bo'i rgyal po stobs po che/ /utpal mdog 'dra phyag gnyis pa/ /g.yas pa rdo rje sdigs mdzub g.yon/ /bdud 'dul drag po khyod la bstod/ /zhal gcig phyag gnyis sku mdog sngo/ /kun kyang stag dang sprul gyis brgyan/ /padma nyi ma'i gdan la bzhugs/ /bar chad zhi mdzad khyed la bstod/ /steng gi phyogs na mdzes pa yi/ /gnas gtsang lha yi bu gnyis po/ /lha yi bu ni gnyis po yang/ /lha yi rgyan dang na bzas mdzes/ /phyag na bdud rtsi'i bum pa bsnams/ /bdud rtsi'i char 'bebs kun la snyoms/ /dag pa'i sku la phyag 'tshal bstod/[1]

该顶髻胜母赞的汉译本仍可见于明英宗正统四年（1439）泥金写本的《如来顶髻尊胜佛母现证仪》这部成就法集中，有跋言：元八思巴述，释莎南屹啰译。萨迦派内的顶髻尊胜佛母修法具有流传有序的传承，由金刚持（rDo rje 'chang）传文殊菩萨（'Phags pa 'Jam dpal）、杰答哩（华言"胜敌"）（Jetāri, dGra las rnam par rgyal ba）、大金刚座师（rDo rje gdan pa）、小金刚座师（rDo rje gdan pa chung ba）、巴哩译师、萨迦五祖（Chos rje Sa skya pa yab sras rnams）。[2]在这一传承中没有看到此《薄伽梵母顶髻胜母赞》的作者月官，但从汉藏译本完美契合的事实来看，也许月官所造《顶髻胜母赞》经过几辈之后（从传承序列上来说，应排在杰答哩之前）为萨迦派所继承。中译本如下：

其身白色无垢染，　三面八臂具三目，
头冠耳环及璎珞，　七宝杂色妙庄严，
莲花月上跏趺坐，　中白右黄左青面，
勇猛忿怒啮利牙，　右手执持杂色杵，
莲花座上阿弥陀，　执箭胜施妙手印，
左手怖指持羂索，　持弓护持施护印，
甘露净瓶妙庄严，　毗卢遮那顶髻尊，
天衣首带身庄严，　智能长寿增长母，
宝塔腹中端严坐，　婆伽梵母我敬礼，
右持慈悲观自在，　其身白色如珂雪，

[1] Candragomin, bCom ldan 'das ma gtsug tor rnam par rgyal ma la bstod pa, 德格版丹珠尔第3115号，第428—430叶。

[2] 'Phags pa, Lam 'bras lam skor sogs kyi gsan yig bzhugs, The Complete Works of the Great Master of the Sa skya Sect of the Tibetan Buddhism, Vol.6, p.32/4/6. 转引自杜旭初：《〈如来顶髻尊胜佛母现证仪〉汉藏对勘及文本研究》，载《文本中的历史》，第323页。

左手当胸持莲花，　　右持拂子我敬礼，

左立密主金刚手，　　优钵花色左持杵，

右持拂子妙庄严，　　猛力之身我敬礼，

东南西北四门内，　　具威猛神四金刚，

面前不动金刚王，　　青色右手执持剑，

左手怖指竖黄发，　　身严宝色及毒蛇，

展左蜷右勇猛立，　　能降暴恶我敬礼，

雄力欲乐金刚王，　　青色光艳执持钩，

威暴庄严于自身，　　一切勾召我敬礼，

雄力青杖金刚王，　　青色右手执持杖，

左手当胸作怖指，　　降伏魔类我敬礼，

雄猛大力金刚王，　　优钵罗花之妙色，

右手执杵左怖指，　　降伏魔冤我敬礼，

各各杂色蛇庄严，　　一面二臂具青色，

乘住莲花日轮座，　　降伏四魔我敬礼，

上方复有端严相，　　净居天中二天人，

天衣寿带妙庄严，　　各各手执甘露瓶，

雨露如雨润群生，　　洒灭一切贪毒火。

　　月官所著《薄伽梵母顶髻胜母赞》描述了一组完整的顶髻尊胜佛母九尊曼荼罗的神祇，主尊顶髻尊胜佛母三面八臂，居坐佛塔之中，右手分持金刚杵、莲花上托无量寿佛像、箭和作胜施印；左四手分持羂索并作怖指、弓、施无畏印和宝瓶，二胁侍分别为白色观世音菩萨和青色金刚手菩萨，东南西北四门之内分别安置不动明王，右手执剑；欲帝明王，右手执钩；蓝杖明王，右手执杖；大力明王，右手执优钵罗花。四明王左手均作怖指。佛塔上方有净居二天子手执甘露瓶倾洒甘露。

　　（二）德格版第3601和3602号经典均是由扎巴坚赞[1]自梵本译出，是扎巴坚赞《成就法海》（梵文：*Sādhanasāgara*；藏文：*sGrub thabs rgya mtsho*）254篇成就法中的两篇。但是学界对于这部法集的作者扎巴坚赞却有不同认定，主要围绕在萨迦派杰尊

[1]　有关扎巴坚赞及其成就法集文本的研究，见 Gudrun Buhnemann, *Sādhanaśataka and Sādhanaśatapañcāśikā: Two Buddhist sādhana collections in Sanskrit manuscript*, Wien, 1994.

扎巴坚赞（Sa skya pa rje bstun Grags pa rgyal mtshan, 1147—1216）[1]和雅砻扎巴坚赞（Yar klungs Grags pa rgyal mtshan，1242—1346）二人的讨论上。Gudrun Bühnemann 教授曾利用《青史》和《布顿佛教史》中的材料加以论证，倾向于认为 13 世纪的雅砻扎巴坚赞才是《成就法海》的作者，[2]如果该结论成立，则这两篇文本都不在本文讨论的时期之内，因为显然榆林窟第 3 窟的顶髻尊胜佛母曼荼罗的创作年代要远远早于雅砻扎巴坚赞的生活年代。在这里值得指出的是，笔者在比对不同版本的成就法时发现德格版第 3601 号经典就是《成就法鬘》（Sādhanamālā）这部梵文成就法仪轨集成中第 211 篇《圣顶髻尊胜佛母成就法》（Āryyoṣṇīṣavijayāyai）的藏文译本，所以且不论《大藏经》中的这两部《圣顶髻尊胜佛母成就法》的作者扎巴坚赞是生活在 11—12 世纪还是 13—14 世纪，它们所依据的梵文经典作为 11—12 世纪密教成就法仪轨的典范仍然具有重要的参考意义。熊文彬曾将这两个文本中有关该曼荼罗的内容译出，为了比对方便，仍将其译文引用如下。

德格版第 3601 号经典《圣顶髻尊胜佛母成就法》：

尊胜佛母居佛塔内，身白色，三面，每面三眼，八臂，宝饰庄严，结金刚跏趺坐于杂色莲花座和日垫上。主面白色，右面黄色，左面蓝色。右侧四手分持交杵金刚、红色莲花上托之无量光佛和箭，作胜施印；左面四手分持弓、羂索、并作期克印，施无畏印，持宝瓶。顶严饰大日如来像，上衣天缯服端严，种种饰物严身，放白色光。其右为世自在，左手持莲花，右手持拂尘；其左为金刚手，身青莲花色，左手持青莲花。其上托剑，右手持拂尘。其东西南北四方分别为不动明王、欲帝明王、蓝杖明王和大力明王。均身蓝色，一面二臂，额开第三目，展右姿，下身着虎皮裙，头发倒立，饰八龙，安居于杂色莲花和日垫上之上。左手持羂索，并作期克印，右手分持剑、钩、杖和金刚杵。顶部为二净居天，持盛满甘露的宝瓶，正倾倒甘露。此为

---

[1] 在《五十善世间护法》（Rigs kyi 'jig rten mgon po lnga bcu pa, 梵：Kulalokanāthapañcadaśaka，德格版 No.436）后记中提到"大班第达 Vimalasribhadra 亲自精校，shud ke 扎巴坚赞于吉祥萨迦大寺译。"（Pandi ta chen po bi ma la shri bha dra'i zhal snga nas/ byang chub rin chen gyis bskul nas/ shud ke grags pa rgyal mtshan gyis dpal sa skya'i gtsug lag khang chen por bsgyur ba'o）Vimalasribhadra 是活跃于 14 世纪的克什米尔佛学大师（关于 Vimalasribhadra 的研究见 T.D Dhar, Saints and Sages of Kashmir, APH Publishing, 2004, p.37）另外三世噶玛巴文集中也有记 Yar klung pa shud ke grags pa rgyal mtshan，似乎可以肯定 shud ke 扎巴坚赞即是萨迦派的雅砻扎巴坚赞，活跃于 13—14 世纪。后一条记载感谢中国藏学中心历史所魏文见告。

[2] Gudrun Buhnemann, Sādhanaśataka and Sādhanaśatapañcāśikā: Two Buddhist sādhana collections in Sanskrit manuscript, pp.15-16.

佛母及其眷属之布局。[1]

德格版第 3602 号经典《顶髻尊胜佛母成就法》：

　　三面，每面三目，青春妙龄，姿态优美，集诸如来功德于一身，种种宝
饰庄严，衣服放光，犹如秋月。右面善相，如瞻部那陀金色，左面怒相。当
胸之右手持金刚杵，第二手持莲花，其上托佛像，第三手持箭，第四手作胜
施印；左手法器和手印依次为持羂索并作期克印、持弓、作无畏印和持宝
瓶。安居佛塔内修行。空中为大佛云，安请诸菩萨，其心间足处月轮中，为
瑜伽世自在，色如秋月，从莲花金刚生；右侧为手持拂尘和莲花金刚者，此
为左右之胁侍。其前为不动明王，右为欲帝明王，背后为蓝杖明王，左为大
力明王，手持金刚等法器。诸明王左手均持羂索，并作期克印。安立杂色莲
花和日垫上。[2]

　　（三）另外一篇非常重要的顶髻尊胜佛母九尊曼荼罗成就法仪轨收于瑜伽友
（Mitra yogin, 或 Mi tra rdzo ki）所著的《密答喇百法》（Mi tra brgya rtsa）[3]中。田中

---

[1]　熊文彬：《杭州飞来峰第 55 龛顶髻尊胜佛母九尊坛城造像考》，《中国藏学》1998 年第 4 期，第 85 页。
　　藏文原文见熊文斌彬文注 18，同见，Grags pa rgyal mtshan, 'Phags ma gtsug tor rnam par rgyal ma'i sgrub
　　thabs, 德格版第 3601 号，第 452—453 叶。
　　《成就法鬘》中的梵文原文如下：
　　caityaguhāntaḥsthāṃ sitavarṇāṃ trimukhāṃ trinetrāṃ aṣṭabhujāṃ sarvvālaṅkārabhūṣitāṃ
　　viśvadalakamalacandrasthāṃ baddhavajraparyyaṅkāṃ prathamasitavadanāṃ dakṣiṇe pītamukhāṃ vāme
　　nīlamukhāṃ daṃṣṭrāpuṭāvaṣṭabdhauṣṭhāṃ dakṣiṇacaturbhujeṣu viśvavajra-raktāravindastha-
　　amitābhajinaśaravaradahastāṃ vāmacaturbhujeṣu
　　dhanuḥtarjjanīpāśa-abhayabhadraghaṭahastāṃ vairocanamukuṭinīṃ divyavasanaparidhānottarīyāṃ
　　sitaprabhāmālinīṃ paśyet / tasyā dakṣiṇe lokeśvaro vāme padmadhārī dakṣiṇe cāmarahastaḥ, vāme vajrāpāṇiḥ
　　kuvalayadalaśyāmaḥ vāme kuvalayasthavajradhārī dakṣiṇe cāmarahastaḥ / etau niṣaṇṇau cintanīyau /tataḥ
　　pūrvvadakṣiṇapaścimottareṣu acalaṭakīrājanīladaṇḍamahābalāḥ / sarvve nīlā dvibhujā ekamukhāḥ trinetrāḥ
　　pratyālīḍhā vyāghracarmmāmbarā ūrddhvakeśā aṣṭanāgābharaṇā viśvadalakamalasūryyākrāntā vāme
　　tarjjanīpāśahastā dakṣiṇe khaḍga-aṅkuśavajradaṇḍahastā bhavanīyāḥ / upari śuddhāvāsakāyikau devaputrau
　　cintanīyau pūrṇakumbhabhṛtāmṛtaṃ pravarṣmāṇau /
[2]　熊文彬：《杭州飞来峰第 55 龛顶髻尊胜佛母九尊坛城造像考》，《中国藏学》1998 年第 4 期，第 85—
　　86 页。藏文原文见熊文彬文注 19，同见 Grags pa rgyal mtshan, gTsug tor rnam par rgyal ma'i sgrub
　　thabs, 德格版第 3602 号，第 454—455 叶。
[3]　关于《密答喇百法》的研究，见森雅秀『アビサマヤ　ムクター　マーラー』所说のマンダラ，《密教
　　学研究》31，1999.03；Kimiaki Tanaka, Mitrayogin's 108 Mandalas: An Image Database, Vajra Publication,
　　Kathmandu, Nepal, 2013.

公明先生把瑜伽友视为 12 世纪晚期的印度大成就者，[1]不过《青史》中有一条记载说他是大成就者帝洛巴（988—1069）的弟子，[2]在另一处也记录了此《密答喇百法》的传承次第：金刚持 (rDo rje 'chang)—观世音 (Spyan ras gzigs)—大成就者瑜伽友 (Siddha Mitrayogin)—班第达不空金刚（Don yod rdo rje）。[3]此不空金刚应是活跃于 11 世纪的大成就者，在藏文史籍里偶尔被称为"小不空金刚"，热琼巴（Ras chung pa）[4]、卓弥译师 ('Brog mi lo tsā ba)[5]、巴哩译师[6]均曾在印度跟随他学习，于 11 世纪初在巴哩译师的邀请下入藏，瑜伽友的生活年代应略微早于不空金刚，活跃于 11 世纪中期左右。《密答喇百法》中记载的顶髻尊胜佛母曼荼罗对于分析榆林窟第 3 窟这一铺曼荼罗有重要参照作用，现将藏文原文转写如下：

> gzhal yas khang grub bzhi sgo bzhi pa/ phyin rim pa bzhin sngo ser dmar ljang dkar ba'i rtsig ba lnga dang ldan pa'i/ shes pa nas/ gzhal yas khang gi nang gi steng 'og rnams shar sngo/ lho ser/ nub dmar/ byang ljang/ dbus dkar par gyur ba'i dbus su sna tshogs padma 'dab ma brgyad pa'i lte bar zla ba'i dkyil 'khor/ sgo bzhir padma dang ni ma'i gdan re re/ gdan dbus ma'i steng du rang nyid bcom ldan 'das ma gtsug tor rnam par rgyal ma sku mdog gdas la ri la nyi ma shar ba ltar dkar zhin dngas la dri ma med pa'i 'od zer 'phro ba zhal gsum phyag brgyad ma/ rtsa zhal dkar po sgeg pa'i nyams/ g.yas zhal ser po zhi ba/ g.yon zhal sdon po drag po'i nyams can/ spyan gsum gsum phyag g.yas kyi dang pos sna tshogs rdo rje thubs kar 'dzin pa/ gnyis pas padma gdan la gnas pa'i 'od dpag med/ gsum pas mda'/ bzhi pas mchog sbyin mdzad pa/ g.yon gyi dang pos thugs kar sdigs mdzub

［1］ Kimiaki Tanaka, *Mitrayogin's 108 Mandalas: An Image Database*, p.5.

［2］ "Tilli pa'i dngos kyi slob ma rol pa'i rdo rjes rjes su gzung nas……" 'Gos lo gzhon nu dpal, *Deb ther sngon po*, Si khron mi rigs dpe skrun khang, 1984，第 1200 页。

［3］ 藏文原文："Mi tra brgya rtsar grags pa'i dbang gi brgyud pa ni/ rdo rje 'chang/ spyan ras gzigs/ grub thob mi tra dzo gi/ des pandi ta don yod rdo rje la gnang……" *Deb ther sngon po*，第 1212 页。

［4］ 见 'Brug pa padma dkar po, *Chos 'byungs bstan pa'i padma rgyas pa'i nyin byed*, bod ljong bod yig dpe rnying dpe skrun khang, 1992 年，第 375—376 页。

［5］ 见 Ronald M. Davidson, *Tibetan Renaissance: Tantric Buddhism in the Rebirth of Tibetan Culture*, Columbia University Press, 2004, p.181.

［6］ "gZhan yang rdo rje gdan pa dang/ paṇḍi ta don yod rdo rje la sogs la sgrub thabs stong rtsa brgyad gsan zhing"，"复从金刚座、班第达不空金刚等听闻了一千零八种成就法"，见 "Ba ri lo tsā ba rin chen grags kyi rnam thar", *Sa skya bka' 'bum*, TBRC W20751，257 叶。
关于巴哩译师的研究，见 Ronald M. Davidson, *Tibetan Renaissance*, pp.297-299；徐华兰：《巴哩译师传略》，《中国藏学》2012 年第 2 期，第 72—86 页。

dang bcas pa'i zhags pa/ gnyis pa mi 'jigs pa sbyin pa/ gsum pas gzhu/ bzhi pas tshe'i bdud rtsis gang ba'i bum pa 'dzin pa/ …… rin po che'i dbu rgyan la sogs pa'i rgyan thams cad kyi brgyan cing lta gyi na bzas mdzes pa/ 'od kyi dkyil 'khor rab tu 'bar ba'i dbus na rdo rje skyil krung kyis bzhugs pa'o/ de'i g.yas kyi 'dab ma la spyan ras gzigs dkar po g.yas padma dkar po dang/ g.yon rnga yab dkar po 'dzin pa/ g.yon gyi pad 'dab la phyag na rdo rje sngo ba sangs g.yas pad sdong gi steng na gnas pa'i rdo rje dang/ g.yon rnga yab dkar po 'dzin pa/ rin po che'i rgyan dang dar gyi na bza' gsol ba bzhengs stabs kyi bcom ldan 'das ma'i zhal la blta ba'o/ de'i mdun rgyab kyi pad 'dab la gtsang ma'i gnas kyi lha'i bu gnyis ye shes kyi bdud rtses gang ba'i rin po che'i bum pa bzung nas bcom ldan 'das ma la sku khrus gsol pa'i tshul can no/ shar sgor mi g.yo ba g.yas ral gri/ lho sgor 'dod pa'i rgyal po g.yas lcags kyu/ nub sgor dbyug sngon can g.yas dbyug pa/ byang sgor stob po che g.yas rdo rje 'dzin pa thams cad kyang sku mdog ston po g.yon pas ma rungs pa la sdigs pa'i mdzub can/ bzhi ga'i dbu skra dmar ser gyen du 'bar ba sogs khro bo'i nyams thams cad rdzogs ba stag gi pags pa'i sham thabs can/ rin po che dang sprul gyi brgyan pa/ me dpung 'bar dbus ma g.yon brkyang ba'i stabs kyi bzhugs pa'o/[1]

译文如下：

  无量宫有四隅四门，其内有青、黄、红、绿、白五种颜色。无量宫内上下各方东方为青色，南方黄色，西方红色，北方绿色，中间白色，中央是如杂色八瓣莲花的月轮。四门分别饰以莲花和日垫。坐垫中央之上自性薄伽梵母顶髻尊胜佛母，身色有如山中升起的明日般洁白，放射出无邪光芒，三面八臂，主面白色，相貌俊美；右面为黄色寂静相；左面为蓝色忿怒相。每面各有三目。右第一手持杂色金刚，第二手持托有无量寿像的莲花，第三手持箭，第四手作胜施印；左第一手持索并作怖指，第二手作施无畏印，第三手持弓，第四手持装有长寿水的净瓶。……顶严宝饰，上衣天缯服端严，金刚跏趺坐于光圈之中。其右胁侍为白色观世音，右手持白莲花，左手持白色拂尘；左胁侍为青色金刚手，右手持莲花，上托金刚杵，左手持白色拂尘。宝

---

[1] sKal bzan thub bstan & 'on rgyal sras, *Mi tra brgya rtsa'i dkyil 'khor lha tshogs rnams kyi mngon par rtogs pa*, Delhi: Ngawang Topgyal, 1985.

饰庄严，白色天衣，面如薄伽梵母。佛母前后的莲瓣上是净居二天子，降满瓶中溢出之智慧甘露为薄伽梵母净身。东门有不动明王，右手持剑；南门有欲帝明王，右手持铁钩；西门有蓝杖明王，右手持杖；北门有大力明王，右手持金刚杵。均身青色，立于熊熊火焰中。四身均为红色焰发倒立，着虎皮裙，宝饰庄严，左展姿站立在熊熊火焰中。

如果再结合韩国文化基金会（Hahn Cultural Foundation）收藏的《〈密答喇百法与金刚鬘曼荼罗〉手绘卷》中的顶髻尊胜佛母九尊曼荼罗（图3-2-3）来看，可以清楚地看到《密答喇百法》的顶髻尊胜佛母曼荼罗是严格按照密教曼荼罗的空间表现方式来描绘的，上方为西，规定了外围无量宫的四隅四门、内院五方的颜色等，这与榆林窟的顶髻尊胜佛母曼荼罗是相契合的，而前述几个成就法中均没有描写这些内

图3-2-3　韩国文化基金会收藏《顶髻尊胜佛母曼荼罗》

容。俄尔寺收藏的139幅唐卡中的第131幅《顶髻尊胜佛母九尊坛城》[1]也是这种配置放方式。但是《密答喇百法》成就法中描述的主尊并没有居坐在佛塔中，二净居天也没有安排在佛塔上方两侧而是位于主尊上下两方（即曼荼罗中的东方和西方）的莲瓣中，更没有提及榆林窟曼荼罗中的四大天王和塔基前的老者形象，因此图像和文本之间的差异依然较大。

（四）最后要讨论的德格版第594和595号这两部同名经典《一切如来顶髻尊胜陀罗尼仪轨》相对于其他文本篇幅较长，第594号有十六叶，有后记言此陀罗尼仪轨是由法军和巴哩译师二人译成；[2]第595号经典共十叶，无后记。笔者通过比对发现

［1］　bSod nams rgya mtsho & Musashi Tachikawa,*The Ngor Mandalas of Tibet*: Plates, The Centre for East Asian Cultural Studies,1991, P.131.

［2］　"De bzhin gshegs pa thams cad kyi gtsug tor rnam par rgyal ba zhes bya ba'i gzungs rtogs pa dang bcas pa rdzogs so// Paṇḍi ta chos kyi sde dang/ khams pa lo tsā ba dge slong ba ris bsgyur cing zhus te gtan la phab pa/"

两个文本绝大部分内容是相同的，只是第 594 号在顶髻尊胜佛母陀罗尼咒之后加入了将近六叶的《圣清一切恶趣顶髻尊胜陀罗尼》（'Phags pa ngan 'gro thams cad yongs su sbyong ba gtsug tor rnam par rgyal ba zhes bya ba'i gzungs）的部分内容，[1]进一步强调此陀罗尼咒清净恶趣的功能，而剩下的内容则几乎和第 595 号经典完全一致，因此这两个文本极有可能都是由法军和巴哩译师二人翻译完成的。

　　第 595 号《一切如来顶髻尊胜陀罗尼仪轨》即是宋代法天译《佛说一切如来乌瑟腻沙最胜总持经》，两部经典各依梵本 Sarvatathāgatoṣṇīṣavijaya-nāma-dhāraṇīkalpasahita 译成，法天汉译本约早于法军、巴哩译师藏译文约半个多世纪。文中详细记载了顶髻尊胜佛母坛场的制作步骤及其主尊眷属，现将汉、藏译文中的相关内容择出，对比如下，见表 3-2-1：

表 3-2-1　顶髻尊胜佛母汉、藏文仪轨内容对照表

《一切如来顶髻尊胜陀罗尼仪轨》	《佛说一切如来乌瑟腻沙最胜总持经》
maṇḍala gru bzhir byas la me tog dkar po bkram ste/	作四方曼拏罗。以白花散上
mtshams bzhir zhun mar gyi mar me bzhi bzhag la/	燃酥灯四盏安坛四隅
a gu ru dang du ru ska'i bdug pa byas la	焚沈香乳香
de bzhin du dri'i chis gang ba'i snod	满钵盛阏伽水
me tog dkar pos brgyan te/	复用白花作鬘
gzungs kyi snying po can gyi mchod rten nam sku gzugs dbus su bzhugs su gsol la/	以此总持或安塔中或功德像中安于坛
'di'i cho ga ni/ mchod rten cho ga mchog gyur pa/ de nas yang dag bshad par bya/	复有最上塔庙之法
gser dang/ indra nī la dang/ dngul dang/ ②	或以金银为塔，钵讷摩啰实为塔
padma Tā ga la sogs pa'i rang bzhin mang po'i rin po ches spras pa ③	乃至种种珍宝之塔

[1]　'Phags pa ngan 'gro thams cad yongs su sbyong ba gtsug tor rnam par rgyal ba shes bya ba'i gzungs, bka' 'gyur (shel mkhar bris ma). TBRC W1PD127393. 后记言：'Phags pa ngan 'gro thams cad yongs su sbyong ba gtsug tor rnam par rgyal ba zhes bya ba'i gzungs rdzogs so// rgya gar gyi mkhan po dzi na mi tra dang/ su ren dra bo dhi dang/ zhu chen gyi lo tsa ba ban dhe ye shes sdes bsgyur cing zhus te gtan la phab pa/ 可知此经典是由印度著名学者胜友（Jinamitra）和善帝觉（Surendrabodhi）所著，由智军译成藏文。《一切如来顶髻胜陀罗尼仪轨》中集录的内容在《圣清一切恶趣顶髻圣陀罗尼》本的第 223b-227b 叶。

[2]　此处藏文应译为：或以金为塔，以青玉为塔，以银为塔。

[3]　此处应译为：乃至红宝石之类的种种珍宝之塔。

续表

《一切如来顶髻尊胜陀罗尼仪轨》	《佛说一切如来乌瑟腻沙最胜总持经》
sor bcu gnis kyi tshad padma'i steng na bzhugs pa/①	如法庄严高十二指安莲华座
de'i logs bzhir 'jig rten skyong ba bzhi lag na rgyal mtshan bsnams pa'o/	于塔四面安护世四天王以手执幢
————————————	于彼塔前安帝释天主以手执弓
me tog dang/ bdug pa dang/ dri lag na bzung ba'i gnas gtsang ma'i lha'i bu rnams dang/	复安净居天子手执香花及涂香等
lha rnams kyi dbang po brgya byin lag na gdugs thogs pa dang②	————————————
g.yas dang g.yon gyi logs gnyis na spyan ras gzigs dang/	于塔左面安观自在菩萨
rdo rje 'chang gnyis	右安金刚手菩萨
rnga yab dkar po phyag na bsnams pa gnyis bya'o/	各执白拂
de lta bu'i chogs	塔仪如是
mchod rten la g.yas bskor gyi sbyor bas padma'i 'dab ma la bri bar bya'o/③ de bzhin gshegs pa thams cad kyi gtsug tor rnam par rgyal ba zhes bya ba'i gzungs bris la/	复次别画莲华。周围画此一切如来乌瑟腻沙最胜总持。安在塔内
de nas gtsug tor rnam par rgyal bzhes bya ba'i gsungs tshon snam lus bas gzungs kyi yi ge las sprul pa'i mchod rten gyi nang du bri bar bya'o/	用上好彩色画彼乌瑟腻沙最胜总持功德形像并微妙字。用像安于塔内
tshe dpag tu med pa 'od zer stong gi phreng ba can/④	身有千光
padma dang zla ba'i gdan la bzhugs pa/	坐莲华月轮
ston ka'i zla ba lta bu'i 'od can/⑤	————————————
rgyan thams cad kyis brgyan pa/	一切庄严
zhal gsum pa/ spyan gsum gsum pa/ phyag brgyad pa/⑥	面如满月像有三面三目八臂
g.yas pa'i zhal zhi ba gser gyi 'od zer dang ldan pa'o/	右面善相金色
g.yon pa ni mche bas ma mchu mnan pa mi bzad pa/ utpa la sngon po'i 'od zer gyi 'od ldan pa'o/	左面作忿怒相利牙青莲华色

[1] 此处应译为：高十二指，安莲花座。

[2] 此处应译为：众神之主帝释天以手执伞盖。此句应对应法天本的"于彼塔前安帝释天主以手执弓"。二译本中帝释天的持物有所区别。

[3] 此处应译为：于塔中按右旋顺序画莲华。

[4] 此处应译为：具无量寿及千光鬘。

[5] 此处缺译：色如秋月。

[6] 此处应译为：有三面三目八臂。

续表

《一切如来顶髻尊胜陀罗尼仪轨》	《佛说一切如来乌瑟腻沙最胜总持经》
dbus ma ni sgeg pa dang bcas shing dkar ba'o/	正面圆满白色
g.yas pa'i phyag gis snying gar sna tshogs rdo rje'o/	右一手在心执羯磨杵
de bzhin du padma gnas pa'o 'od dpag tu med pa dang/	第二手执莲花上有无量寿佛
mda' dang/ mchog sbyin pa'o/①	第三手执箭。第四手作施愿印
g.yon stigs mdzub dang bcas pa'i zhags pa dang/	左第一手作金刚拳执索竖头指
de bzhin du gzhu dang/ mi 'jigs pa dang/ bum pa'o/	第二手执弓。第三手结无畏印。第四手执宝瓶
yang mgo bor mchod rten la gnas pa'i oṃ dang/②	顶戴塔
mgrin par aḥ dang/③	于颈上安唵字
snying gar hūṃ ngo/④	心上安阿字
dpral bar traṃ ngo/⑤	额上安吽字
lte ba'i phyogs su hrī'o/⑥	脐上安怛囕字
rkang pa gnyis la oṃ aḥ/⑦	足上安讫哩字
yi ge 'di rnams bkod la rakśa svāhā dang bcas pa 'di'i nang du rang gi ming dang spel pa'o/	恶阿啰叉娑嚩贺为拥护。于真言下书已名字
de'i logs gnyis su padma dang rdo rje 'chang gnyis rnga yab dkar po/ phyag na bsnams ba bya'o/	于像两边画观自在菩萨金刚手菩萨。手执白拂
steng du bdud rtsi'i char gyi rgyun 'bebs bzhin ba'i gnas gtsang ma'i lha'i bu gnyis so/	于像上面画净居天人降甘露雨
logs bzhir khro bo mi g.yo ba dang/ 'dod pa'i rgyal ba dang/ dbyugs sngon po dang/ stobs po che zhes bya ba ste/	于帧四面，画忿怒金刚不动尊明王吒枳明王你罗难拏明王大力明王

[1] 以上四句藏文原文均没有说明手中持物的序列。左四臂的情况亦同。

[2] 此处应译为：顶戴塔，唵字安其上。

[3] 此处应译为：于颈上安阿字

[4] 此处应译为：于心上安吽字

[5] 此处应译为：于额上安怛囕字。

[6] 此处应译为：于脐上安讫哩字。

[7] 此处应译为：于足上安唵字。藏文成就法中顶髻尊胜佛母额、喉、心、脐、足五处安置的种子字顺序与法天译本不一致。扎巴坚赞两个成就法中的记载均与德格版第594、595号经典相同。但是《成就法鬘》第191篇《佛顶尊胜母成就法》记载：于头顶、额、喉、脐、两足依次放置 hūṃ, traṃ, hriḥ, aṃ, aḥ 五字。

续表

《一切如来顶髻尊胜陀罗尼仪轨》	《佛说一切如来乌瑟腻沙最胜总持经》
ral gri dang lcags kyu dang/ dbyug pa dang/ rdo rje bsnams pa'o/ g.yon ba gdug pa can 'jigs pa'i sdigs mdzub ched du byed pa'o/[①]	各执剑钩金刚杵金刚杖令降恶魔

根据两个文本描述的内容，可绘制此曼荼罗的线描图（图 3-2-4），这与榆林窟第 3 窟的顶髻尊胜佛母曼荼罗最为吻合！文本中完整地叙述了此曼荼罗的金刚环、金刚墙和内院，金刚环内共出现十四位尊神，即其他成就法仪轨中常见的九位尊神再加上四大天王和塔基前的帝释天，四大天王均一手持幢，另一只手中的持物限于出版图片的清晰度不高暂时无法识读；帝释天身着俗装，手执伞盖。帝释天手中执伞这一细节似乎暗示了榆林窟这铺顶髻尊胜佛母曼荼罗极有可能是根据藏文本《一切如来顶髻尊胜陀罗尼仪轨》绘制的，因为法天本《佛说一切如来乌瑟腻沙最胜总持经》记载的帝释天的手中持物为弓。[2] 本书在前几个章节已经提到，巴哩译师的译作曾被译成汉文在西夏境内传播，说明他的作品在当时的西夏社会已经有了一定影响，那么这也为证明榆林窟第 3 窟内的顶髻尊胜佛母曼荼罗绘制的文本依据为藏文本的《一切如来顶髻尊胜陀罗尼仪轨》这一结论提供了些许证据。

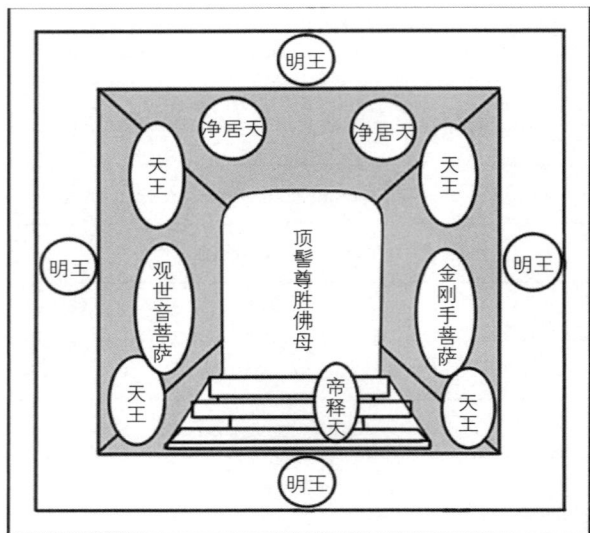

二、西夏的其他顶髻尊胜佛母曼荼罗图像

现已公开的西夏时期的顶髻尊胜佛母曼荼罗作品为数不少，但是像榆林窟第 3 窟

---

[1] *De bzhin gshegs pa thams cad kyi gtsug tor rnam par rgyal ba shes bya ba'i gzungs rtog pa dang bcas pa*, TBRC W.22084, sde dge bka' 'gyur, No. 595, 叶 474-475；476；476-479。

[2] 此处所指"弓"当为彩虹弓。迦梨陀娑《云使》中有一段记载："东方，珠宝交光般绚烂，催魔者弓弩的一段，出现在蚁蛭山巅"，罗鸿将"催魔者弓弩的一段"解释为彩虹，云中的彩虹是因陀罗（即帝释天）弓弩的一部份。见 [印度] 迦梨陀娑著，罗鸿译：《云使》，北京大学出版社，2011 年，第 31 页，注 2。感谢中国社科院民族所廖旸研究员对这则信息的提供。

图3-2-5　山嘴沟第3窟顶髻尊胜佛母

这样完整且忠实地按照成就法仪轨来绘制的绘画作品则寥寥可数。迄今发现的大多数西夏时期顶髻尊胜佛母曼荼罗采用的是早期卫藏唐卡的构图方式，即中央安置主尊，其他眷属神围绕周围，并不出现金刚环和金刚墙，也不刻意追求立体空间的营造。曼荼罗内的神祇数量也多少不一，甚至出现迄今所见成就法不曾记载的组合方式。

（一）四尊式曼荼罗：宁夏贺兰山山嘴沟石窟第3窟有一铺顶髻尊胜佛母组像，（图3-2-5）主尊三面八臂，两侧下方有二胁侍，或为观自在菩萨和金刚手菩萨，帝释天手举伞盖立于尊胜佛母正下方。四个人物形象的着装均是汉式风格，体现出西夏人对密教题材及其艺术风格的改造。

（二）七尊式曼荼罗：东千佛洞第七窟的顶髻尊胜佛母曼荼罗（图3-2-6）位于中心柱北侧壁，三面八臂顶髻尊胜佛母身侧围绕四位菩萨装眷属，净居二天子居塔上方两侧。笔者暂时还没有找到这两铺曼荼罗对应的仪轨文献，当然也不排除画家在创作时做出超越文本之外的改造之举。东千佛洞的这两铺曼荼罗似乎与黑水城出土TK164号《圣观自在大悲心总持功能依经录》经首版画（图3-2-7）存在些许关联，居坐在佛塔中央的主尊布置在画面右侧，左侧四位菩萨装胁侍采用四分之三侧面转向主尊，下排两位菩萨均手持佛尘，按成就法的记载来推测，应是观自在菩萨和金刚手菩萨；上排两位菩萨手中分别持瓶和幢，而这两种持物在东千佛洞第2窟的四个胁侍菩萨中也能看到。就曼荼罗中的尊数而言，《圣观自在大悲心总持功能依经录》经首版画与东千佛洞第7窟的曼荼罗更为吻合，但是具体细节还需经过现场调查之后才能确认。[1]

（三）九尊式曼荼罗：甘肃安西东千佛洞第二窟中还有一铺顶髻尊胜佛母九尊曼荼罗，（图3-2-8）但是原本位于外院四门内的四大明王被四菩萨所代替。白色三面八臂尊胜佛母居坐佛塔中央，塔上方左右为二净居天子，佛母下方两侧分立观自在菩萨和金刚手，此处的金刚手不是西夏时期其他顶髻尊胜佛母曼荼罗中常见的寂静相金刚

[1]　内蒙古绿城出土文物中也有一件《顶尊胜相总持功能依经录》，西夏文刻本，经首版画所绘也是三面八臂顶髻尊胜佛母和四胁侍，应是和黑水城TK164号文本出自一模本，不过顶髻尊胜佛母的形象却被刻反，左右手持物和法印全部对调，或许是刻工失误之举所致，见史金波、翁善珍：《额济纳旗绿城新见西夏文物考》，《文物》1996年第10期，第75页，图八。

图3-2-6　东千佛洞第7窟顶髻尊胜佛母

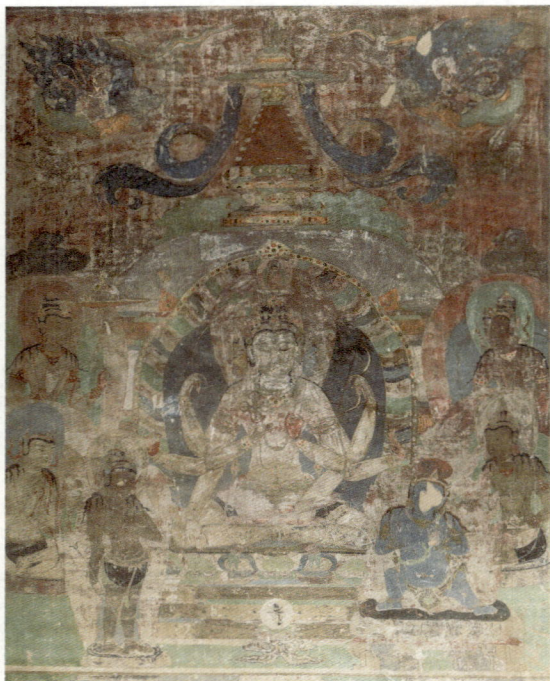

图3-2-8　东千佛洞第2窟佛母

图3-2-7　黑水城出土TK164号佛经经首版画

图3-2-9　榆林窟第29窟西壁南侧金刚手像　　　图3-2-10　黑水城出土顶髻尊胜佛母曼荼罗木板画之一

手菩萨，而是忿怒相，不过手中持物和手势依然保留了寂静相金刚手菩萨所持的拂尘和金刚杵，这不同于典型藏传佛教艺术传统中一手施期克印持金刚杵并指向空中、另一手当胸作忿怒拳印并执索的金刚手，且与榆林窟第29窟西壁南侧金刚手的表现方式也有出入。（图3-2-9）

（四）十尊式曼荼罗：与榆林窟第3窟顶髻尊胜佛母曼荼罗表现方式最接近的两个作品是黑水城出土的两个顶髻尊胜佛母曼荼罗木板画。[1]（图3-2-10、3-2-11）与榆林窟曼荼罗相比，这两个作品的制作更为严谨，完整地表现了三层金刚环，包括外层火焰，中层金刚杵和内层莲瓣。金刚墙内的空间被分为四个颜色，下方为蓝色，其他三方的颜色按右旋顺序分别为黄、红、绿。金刚墙四门内的明王均身呈青色，着虎皮裙，右手此物从顶髻尊胜佛母下方开始以右旋为序分别为剑、钩、杖和杵。笔者通过分析倾向于认为这两个曼荼罗是参考了两个不同经典绘成，四门（包括门内的四大明王）四隅以及外院的画法与《密答喇百法》中的《顶髻尊胜佛母曼荼罗成就法》惊人地一致，在迄今所见的所有顶髻尊胜佛母成就法中，这是唯一一部规定了金刚墙和外院四方颜色的仪轨。而内院并没有绘制《密答喇百法》所记"如杂色八瓣莲花般的月轮"，而是采用了这一时期常见的二维平面化的处理方式，将顶髻尊胜佛母、二胁侍菩萨、净居二天子和帝释天六个形象安置在内院中，这一部分是与法军和巴哩译师本《一切如来顶髻尊胜陀罗尼仪轨》相吻合的。（注意塔基前帝释天手中持物为伞幢而非

---

[1]　关于这两块木板画的研究，见孙昌盛：《黑水城出土顶髻尊胜佛母曼荼罗木板画考》，《敦煌研究》2001年第2期，第23—28页。

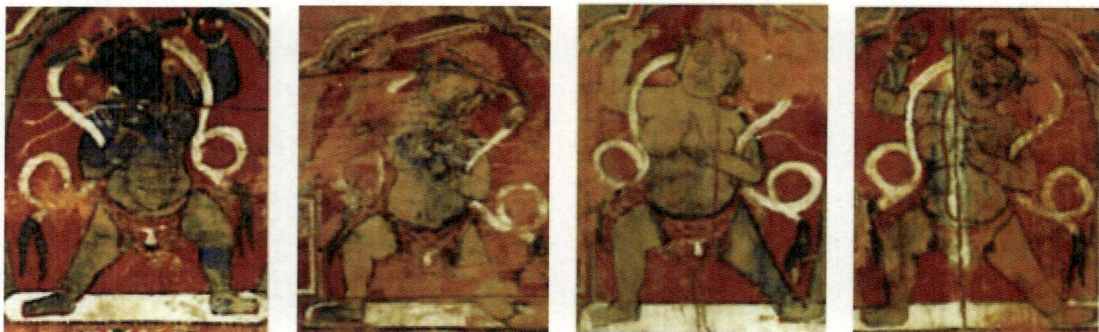

图3-2-11　黑水城出土顶髻尊胜佛母曼荼罗木板画之二及其明王细节

弓）虽然黑水城木板画与榆林窟第 3 窟的顶髻尊胜佛母曼荼罗有许多共同点，但是两者仍然会给观者截然不同的审美感受，主要原因就在于黑水城木板画中体现出的浓厚的印藏风格，榆林窟曼荼罗中着汉式甲胄的四大天王在黑水城木板画中不再出现，原本着中原俗装的帝释天在这里也改穿宝钏璎珞和短裤，最终使得黑水城这两幅顶髻尊胜佛母曼荼罗呈现出明显的藏传佛教艺术特点。

三、榆林窟第3窟顶髻尊胜佛母曼荼罗绘制年代分析

最后需要特别说明的是，榆林窟第 3 窟顶髻尊胜佛母曼荼罗的主尊也表现出与迄今发现的西夏时期的其他顶髻尊胜佛母形象都不相同的特点，即左四手中的持宝瓶手不是作禅定印放置在腿上，而是自然下垂于身体左侧。（图 3-2-12）制作于 11 至 12 世纪初的一幅顶髻尊胜佛母九尊坛城唐卡在处理这一细节时与榆林窟曼荼罗相同，（图 3-2-13）阿奇寺（Alchi）新殿（Lha khang gso ma）中有一铺顶髻尊胜佛母壁画，主尊持瓶的左手也是自然下垂，（图 3-2-14）新殿的壁画年代虽约为 13 世纪，但考虑到 13—

图3-2-12　榆林窟第3窟顶髻尊胜佛母线描

15 世纪的藏西寺院壁画经常会遵循早期的粉本，还保留了 11 世纪以来这一地区流行的部分图像题材和样式，因此这些壁画对于分析西夏时期的佛教艺术也具有重要的参考意义。顶髻尊胜佛母在印度、中国的广大地区均有深厚的信仰基础，但是迄今所见得早于 11 世纪的作品却屈指可数，这又回到本文开篇提及的一个问题，即唐代翻译的佛顶尊胜经（或咒）[1]与宋代以降译成的顶髻尊胜佛母成就法这两个体系的经典在

---

[1]　在中国和日本佛典中，最初该尊被译为"佛顶尊胜"，其后地婆诃罗（Divakara）在《最胜佛顶陀罗尼净除业障咒经》（《大正藏》第 970 号经典）中将其改为"尊胜佛顶"。在 973—981 年间翻译《最胜佛顶陀罗尼经》（《大正藏》第 974a 号经典）的法天也译为尊胜佛顶。

图3-2-13　12世纪顶髻尊胜佛母唐卡

图3-2-14　阿奇寺新殿顶髻尊胜佛母

图3-2-15　克什米尔或喜马偕尔邦造像

图3-2-16　勒德纳吉里造像

内容上的差异。西藏吐蕃时期著名的译经目录《旁塘目录》收录有两篇佛顶尊胜陀罗尼仪轨：'Phags pa gtsugs tor rnam par rgyal ba'i gzung cho ga dang bcas ba 和 'Phags pa gtsug tor dri ma med par snang ba'i gzungs sngags cho ga dang bcas pa，[1] 均属于第一种体系内的经典，未描述尊胜佛母的形象，这也可以解释为何吐蕃时期鲜有尊胜佛母的造像。制作于 10—11 世纪的克什米尔或喜马偕尔邦的一尊金铜像是迄今发现的较早的八臂顶髻尊胜佛母造像之一，（图 3-2-15）[2] 佛母八臂持物及排列顺序都和后期造像差异较大，右四手自上而下分持箭、莲花座上的无量寿佛像、与愿印和当胸持金刚交杵，左四手持物自上而下分别为期克印并羂索、瓶、（残）与（未辨识）。出土于印度勒德纳吉里（Ratnagiri）的一尊顶髻尊胜佛母（图 3-2-16）年代也大致定在 10 世纪末 11 世纪初，金刚跏趺坐于莲花座上，主臂右手作与愿印，另外右三手已残；左四手中，主臂当胸作期克印，另有一手撑莲座，手中持莲茎，其上有净瓶，其他两手分别持弓和念珠。从现有的几个例子来看，12 世纪初之前的顶髻尊胜佛母并没有统一的图像样式，不论手中持物还是持物的排列顺序都没有形成固定范式，其中也未见持宝瓶手作禅定印置于腿上的例子。前文提及早期唐卡和阿奇寺新殿壁画说明了顶髻尊胜佛母的持瓶手自然下垂于身侧或腿前或是一种早期样式，榆林窟第 3 窟的顶髻尊胜佛母曼荼罗的创作年代应比迄今发现的其他西夏时期顶髻尊胜佛母图像都要早。黑水城出土《圣观自在大悲心总持功能依经录》（与《胜相顶尊总持功能依经录》《御制后序发愿文》合为一卷）经首版画是迄今发现的年代最早的西夏藏传佛教风格的木刻版画，有确切纪年为 1141 年，而在这幅版画中顶髻尊胜佛母已然将持瓶手作禅定印放在腿上了，这说明榆林窟第 3 窟壁画的绘制年代极有可能还要早于 1141 年。西夏时期佛经雕版印刷业的发达促进了佛教艺术的传播和发展，《胜相顶尊总持功能依经录》是西夏社会最为流行的佛经之一，迄今已在各地博物馆、图书馆中发现至少 20 种藏品、凡九种不同版本，[3] 其经首版画中的顶髻尊胜佛母的形象随着佛经的流通广泛传播开来，在这种契机下逐渐形成一种图像范式，其后创作的顶髻尊胜佛母形象基本保持稳定，和 1141 年经首版画相差无二，只是偶尔会将左四手中的持弓手和施无畏印手互换位置。榆林窟第 3 窟的顶髻尊胜佛母曼荼罗壁画如果不是刻意选择较早的粉本来遵

---

[1] dKar cha 'phang thang ma/ sgra 'byor bam po gnyis pa, Bod lzongs rten rdzas bshams mdzod khang nas bsgrigs, Pe cin mi rigs dpe skrun khang gis bskrun zhing 'grem spel byas, 2003, 第 23 页。

[2] Chandra L. Reedy, Himalayan Bronzes: Technology, Style and Choices, Newark: University of Delaware Press; London: Associated University Press, 1997, Pl. U305. 另见 Pal, Bronzes of Kashmir, New Delhi, Munshiram Manoharlal Punbisher, 1975, p.186; Ulrich Von Schroeder, Indo-Tibetan Bronzes , Visual Dharma Pub., 1981, fig.26C.

[3] 段玉泉：《西夏文〈胜相顶尊总持功能依经录〉再研究》，《宁夏社会科学》2008 年第 5 期，第 105—109 页。

循，应是在这种图像范式固定下来之前绘制完成的。

四、小　结

本节在分析、比对几种汉藏文仪轨文书的基础上，倾向于认为榆林窟第3窟的顶髻尊胜佛母十四尊曼荼罗图像与法军和巴哩译师所译藏文本《一切如来顶髻尊胜陀罗尼仪轨》（德格版《大藏经》No.595 和 No.595）的描述最为契合，图像中描绘的三面八臂顶髻尊胜佛母、观世音与金刚手二胁侍菩萨、二净居天、帝释天、四大天王和四大明王与经典的描述完全吻合。藏译本《一切如来顶髻尊胜陀罗尼仪轨》所对应的汉译本《佛说一切如来乌瑟腻沙最胜总持经》仅在帝释天手中持物的描述上有细微区别，前者为伞盖，而后者为弓，或许因其依据的梵本不同而造成，但因梵典全本现已不存无法进一步加以求证。目前笔者并不能完全确定榆林窟第3窟这铺顶髻尊胜佛母曼荼罗是否正是按照藏译本进行绘制，主要考虑到西夏与印度（或尼泊尔等地区）之间的密切佛教交流促使大量梵文佛典传入，西夏统治者在建国之前就表现出对"贝叶梵经"的极大兴趣，[1] 其后有不少西夏境内僧人前往印度等地求取佛法，[2] 亦有很多高僧来到西夏属地讲经、译经、说法，其中最负盛名的高僧之一便是来自克什米尔的拶也阿难捺（Jayānanda）。[3] 他的名字出现在众多藏文和西夏文佛经跋页中，活动于西夏仁宗初年，即12世纪初。在黑水城和绿城发现的多部《圣观自在大悲心总持功能依经录》和《胜相顶尊总持功能依经录》汉文、西夏文译本均有题跋言："拶也阿难捺传"，[4] 后由鲜卑宝源和周慧海分别译为汉文和西夏文，其对应的藏文本为黑水城出土藏文文书

---

[1] "天竺入贡，东行经六月至大食国，又二月至西州，又二月至夏州。先是，僧善称等九人至宋京，贡梵经、佛骨及铜牙菩萨像，留京三月，宋帝赐束帛遣还。抵夏州，元昊留于驿舍，求贝叶梵经不得，羁之。"（清）吴广成撰，龚世俊等校证：《西夏书事校证》，甘肃文化出版社，1995年，第140页。

[2] 如明宣宗撰《敕赐宝觉寺碑记》中就记录了一位燕丹（Yon-tan）国师西行印度的事迹，这位燕丹国师是西夏国师嵬名思能的上师。陈爱峰、杨富学：《西夏印度佛教关系考》，《宁夏社会科学》2009年第2期，第105页。另外一名前往天竺求法的著名西夏学者是拶弥译师（rTsa mi lo tsā ba Sangs rgyas pa），相关研究见 Elliot Sperling, "rTsa-mi Lo-tsā-ba Sangs-rgyas-pa and the Tangut Background to Early Mongol-Tibetan Relations", *Tibetan Studies: Proceedings of the 6th Seminar of the International Association for Tibetan Studies*, Vol.2: pp.801-824, Oslo: The Institute for Comparative Research in Human Culture, 1994.

[3] 见 [美] 范德康著，陈小强、乔天碧译：《拶也阿难捺：十二世纪唐古忒的喀什米尔国师》，《国外藏学研究译文集》第14辑，西藏人民出版社，1998年，第340—351页。

[4] 史金波、翁善珍：《额济纳旗绿城新见西夏文物考》，《文物》1996年第10期，第72—80页；俄罗斯科学院东方研究所圣彼得堡分所、中国社会科学院民族研究所、上海古籍出版社合编：《俄藏黑水城文献》第4册，上海古籍出版社，2000年，第29—51页。

XT-67 号。[1] 捼也阿难捼所传《胜相顶尊总持功能依经录》原典或许是梵文，有云居寺发现的藏、汉合璧的西夏仁宗仁孝年间（1140—1193）所译、明正统十二年（1447）重刊本《圣胜慧到彼岸功德宝集偈》汉文题跋曰："天竺大钵弥怛、五明显密国师、讲经律论、功德司正、口裹乃将沙门捼也阿难捼亲执梵本证义"，说明捼也阿难捼用以"证议"的是梵文经典。沈卫荣教授曾考证与黑城出土《胜相顶尊总持功能依经录》内容最为接近的是藏文《大藏经》续部德格版第 597 号经典 *'Phags pa ngan 'gro thams cad yongs su sbyong ba gtsug tor rnam par rgyal ba zhes bya ba'i gzungs*（《圣清一切恶趣顶髻尊胜陀罗尼》），[2] 该藏文经典的部分内容也出现在德格版第 595 号经典 *De bzhin gshegs pa thams cad kyi gtsug tor rnam par rgyal ba shes bya ba'i gzhugs rtog pa dang bcas pa*（《一切如来顶髻尊胜陀罗尼仪轨》）中，说明二者所依梵典有重合之处，或许也能按此推论与榆林窟第 3 窟顶髻尊胜佛母曼荼罗配置相吻合的藏文本《一切如来顶髻尊胜陀罗尼仪轨》亦有梵文原典在西夏社会流传。

另外，笔者在比对迄今所见 11—13 世纪的几种顶髻尊胜佛母形象之后，认为榆林窟的顶髻尊胜佛母是一种早期样式，佛母左四手中的持宝瓶手自然垂于身体一侧的画法有别于后期形成范式的"禅定印持宝瓶手"，在不排除画师或者赞助者刻意选择早期粉本来遵循这种可能性的前提下，倾向于认为榆林窟第 3 窟顶髻尊胜佛母曼荼罗的绘制年代或比 1141 年刊行的《胜相顶尊总持功能依经录》经首版画还要早，学界一直以来都将榆林窟第 3 窟判定为 12 世纪晚期以后营建的窟室，如果这个推论成立的话，将会把该窟的营建年代提前半个多世纪。岳键曾在其文《敦煌西夏石窟断代的新证据——三珠火焰纹和阴阳珠火焰纹》[3] 中运用类型学的方法对西夏时期洞窟的龙饰纹样进行分析，指出榆林窟第 2 窟的两处龙饰均为三爪龙，西夏从立国到乾顺驾崩，所用龙饰图案均为三爪龙，直到夏仁宗仁孝（1124—1193）即位之后才出现四爪龙，并举例西夏陵 6 号（即乾顺的显陵）为三爪龙，仁孝的碑刻图案则改用四爪龙。该结论和本节观点可以互为论证，证明榆林窟第 3 窟也许正是建于乾顺时期（1086—1139）。

---

[1]　见沈卫荣：《汉、藏文版〈圣观自在大悲心总持功能依经录〉之比较研究》，《西藏历史与佛教的语文学研究》，上海古籍出版社，2010 年。

[2]　见沈卫荣：《序说有关西夏、元朝所传藏传密法之汉文文献——以黑水城所见汉译藏传仪轨文书为中心》，《西藏历史与佛教的语文学研究》，注 32。

[3]　岳键：《敦煌西夏石窟断代的新证据——三珠火焰纹和阴阳珠火焰纹》，《西夏学》第 7 辑，上海古籍出版社，2012 年，第 235—242 页。

第三节　摩利支天曼荼罗

> 尔时世尊告诸苾刍有天女名摩利支，有
> 大神通自在之力，常行日月天前。日天月天
> 不能见彼，彼能见日，无人能见无人能知，
> 无人能捉无人能缚，无人能害无人能欺诳，
> 无人能债其财物，无人能责罚。不为怨家能
> 得其便。[1]
>
> ——（唐）不空译《佛说摩利支天经》

在南壁东端与顶髻尊胜佛母相对应的位置绘制另一铺曼荼罗，形制与顶髻尊胜佛母曼荼罗基本相同，外围有金刚墙，墙开四门，门内安置明王四尊。金刚环外四隅安置金刚杵头，内院之外被对角线等分的四个空间颜色也与北壁曼荼罗一致。主尊同样是居于曼荼罗内院的佛塔之中，身色为黄色，三面八臂，右面为白色（现为黑色），左面隐约可见蓝色猪面。主尊以左展姿立于莲花座上，座旁有车轮，主臂两手置于胸前，右手持金刚杵，左手作怖指并持索，其他右三手自上而下分持箭、金刚钩和针左三手分持弓、无忧枝和线佛塔上方左右两侧各有三位净居天手持净瓶倾洒甘露，四胁侍菩萨分列佛塔塔瓶两侧，均是一面四臂形象，身色各异，其中右下菩萨呈猪相。（图3-3-1）

从主尊左面的蓝色猪脸可知这铺壁画描绘的是摩利支天（藏：'Od zer can ma，梵：Marīci）[2] 与四胁侍菩萨、四明王构成的九尊曼荼罗，足下莲花座旁的车轮代指猪车，而未见其他摩利支天图像中在前拉擎猪车的七头（或一头）猪。

摩利支天源自印度婆罗门教中猪首人身的日神苏里耶（Sūrya），苏里耶足下拉驰

---

[1]（唐）不空译：《佛说摩利支天经》，《大正藏》No.1255b。

[2] 关于敦煌地区摩利支天图像的研究见松本荣一：《阳炎、摩利支天像の实例》，《国华》1936年第46编第6册；Bautze-Picron, Claudine, "Between Sakyamuni and Vairocana: Marici, Goddess of Light and Victory", *Silk Road Art and Archaeology*, Vol.7, 2000, pp.263-310; 张小刚：《敦煌摩利支天经像》，《2004年敦煌石窟研究国际学术会议论文集》，第382—408页；刘永增在2012年北京举办的第五届西藏考古与艺术国际学术讨论会上以《敦煌石窟中的尊胜佛母与摩利支天曼荼罗》为题作报告，梳理敦煌地区的三处摩利支天绘塑作品（榆林窟第3窟，东千佛洞第5窟和莫高窟第3窟（清代塑像），后发表论文《敦煌石窟摩利支天曼荼罗图像解说》，《敦煌研究》2013年第5期，第1—11页。

图3-3-1 榆林窟第3窟摩利支天曼荼罗

注：右下角原图如此。

图3-3-2a　大英博物馆藏Ch.00211　　　　　　图3-3-2b　吉美博物馆藏EO.3566

车舆的七匹马逐渐演变为佛教中摩利支天足下的七头猪。[1]天息灾所译《一切如来大秘密王未曾有最上微妙大曼拏罗经》记载摩利支天是观自在菩萨部所作的变化相,[2]是胎藏界体系内观世音菩萨的化身之一,但在大多数情况下她仍被认为是以金刚界五方佛体系内的大日如来为部主。

　　摩利支天在中原地区有广泛的信仰基础,今汉文《大藏经》中保存有多部摩利支天陀罗尼经[3]、念诵法[4]和仪轨,[5]不空译《末利支提婆华鬘经》和《佛说摩利支天经》记载了一面二臂天女形璎珞加身的摩利支天女,后者所记较详——摩利支天左手把天扇,右手垂下仰掌向外,展五指作与愿势,另有二天女各执白拂侍立左右,[6]这种形

---

[1] Thomas E. Donaldson, *Iconography of the Buddhist Sculpture of Orissa*, Abhinav Publication, 2001, Vol.1, p.306.

[2] (宋)天息灾译:《一切如来大秘密王未曾有最上微妙大曼拏罗经》卷二,《大正新修大藏经》No.889。

[3] 失译《佛说摩利支天陀罗尼咒经》一卷;阿地瞿多译:《陀罗尼集经·摩利支天经》一卷;不空译:《佛说摩利支天菩萨陀罗尼经》一卷。

[4] (唐)不空译:《摩利支菩萨略念诵法》一卷,《大正新修大藏经》No.1258。

[5] (唐)不空译:《佛说摩利支天经》一卷,《大正新修大藏经》No.1255b;不空译:《末利支提婆华鬘经》一卷,《大正新修大藏经》No.1254;天息灾:《佛说大摩里支菩萨经》七卷,《大正新修大藏经》No.1257;失译《摩利支天一印法》一卷,《大正新修大藏经》No.1259。

[6] 见不空译:《佛说摩利支天经》,第261页。

象与敦煌对藏经洞出土纸画 Ch.00211，EO.3566，MG.17693 相吻合，（图 3-3-2a、b）敦煌石窟壁画中也可见天女相摩利支天，如莫高窟第 8 窟、榆林窟第 36 窟西壁门上所绘摩利支天，遵循的是与纸画相同的图像传统。

敦煌出土文献中有汉藏文两种摩利支天写本，汉文本有 20 余份，内容大都是失译《佛说大摩利支天陀罗尼经》的省简本，即只保留了经典中的念诵法和咒语部分。[1] 藏文本的情况与汉文本相似，迄今发现的四部《摩利支天陀罗尼经》（Lha mo 'od zer can zhes bya ba'i gzungs）[2] 与藏文《大藏经》第 564 号经典内容也基本相同，但藏文写本年代要早于《大藏经》译本约两个世纪。[3] 这些文书的书写年代基本集中在归义军时期，也说明《摩利支天经》的传入年代应不早于晚唐，不过陀罗尼经典并不涉及佛母形象的描述。

张小刚曾根据敦煌出土汉文摩利支天经的序言或后序提及的地名、人名等论证敦煌摩利支天经应该是来自当时党项的属地灵州、朔方地区，[4] 这也暗示了摩利支天信仰在西夏故地的深厚信仰基础。除了榆林窟第 3 窟，创作于西夏时期的其他几例摩利支天图像还有东千佛洞第 5 窟南壁西侧的摩利支天像，（图 3-3-3）画面脱落严重，但仍可见三面八臂的主尊呈右展姿立于佛塔中央，右面为白色寂静相，左面为蓝色忿怒猪面，主臂右手持金刚杵，左手作怖指置于胸前，其他各手持物多漶漫不清，仅见右上手持箭，右下手持针，左上手持无忧花等。黑水城出于艺术品中有一幅三面十臂摩利支天母唐卡，（图 3-3-4）佛母身白色，两腿略弓呈蹲立姿态，三面之中左面为猪面，十手中的持物是在榆林窟第 3 窟摩利支天母八种持物的基础上增加最上方左右两手执持的日月，脚下踩踏的恶鬼等形象不见于榆林窟和东千佛洞的摩利支天像。另外，与西夏同时期的大理国佛画师张胜温为利贞皇帝段智兴（1172—1199）绘制的《梵像卷》[5] 中也有三面八臂的"南无摩梨支佛母"像，（图 3-3-5）可见这类多面多臂密教

---

[1] 张小刚:《敦煌摩利支天经像》，第 382 页。
　　敦煌文献中与摩利支天相关的文书有：
　　《佛说摩利支天经》：P.2805（尾题天福六年、941）、P.3136c、P.3824e、S.0699、S.2059、S.2681、S.5391、S.5531f、S.5618d、北 8241（九件）。
　　《摩利支天菩萨陀罗尼经》：P.3100a、P.3759b、S.5646b（三件）。
　　《佛说摩利支天陀罗尼咒》P.3912a（一件）。

[2] 这四个文本分别是 Pelliot tibétain 71，Pelliot tibétain 98，Pelliot tibétain 428，Pelliot tibétain 429，IOL. TIB.J. 385，其中 IOL.TIB. J. 385 是原本接续在 Pelliot tibétain 428 之后，两件实为一个写本。参见 Jacob Dalton &Sam Van Schaik, *Tibetan Tantric Manuscripts From Dunhuang: A Descriptive Catalogue of the Stein Collection at the British Library*, Brill, Leiden·Boston, 2006, pp.120-121.

[3] 根据藏文《大藏经》第 564 号经典后记可知，该《圣摩利支天陀罗尼经》是 11 世纪时由不空金刚和巴哩译师译出。

[4] 张小刚:《敦煌摩利支天经像》，第 386 页。

[5] 今藏于台北故宫博物院。

图3-3-3 东千佛洞第5窟南壁摩利支天　　　图3-3-4 黑水城出土摩利支天唐卡　　　图3-3-5 张胜温《梵像卷》中的"南无摩梨支佛母"

形象是此一时期内摩利支天图像的主流，不过像榆林窟第3窟中这样构图的摩利支天九尊曼荼罗仅此一例。

一、摩利支天曼荼罗的相关文本与图像

汉文摩利支天经典中最为特殊的一部当属宋西天译经三藏天息灾10世纪到达宋廷之后奉诏所译七卷本《佛说大摩里支菩萨经》，这也是汉文经典中与榆林窟第3窟摩利支天曼荼罗图像关系最为密切的文本。其内收录百余种摩利支天成就法，细说结坛、念诵加持、观想等法，部分章节可以在藏文《大藏经》中找到对应经典。元代至元年间（1264—1294）释庆吉祥曾对汉、藏两种藏经进行对勘，并著成《至元法宝勘同总录》详细记录两经异同，其中第五卷有载："大摩里支菩萨经七卷（宋天息灾译）、摩利支天（唐天竺三藏不空译、于大部中析出别译），上二经八卷同本同帙同'忠'字号……勘藏文甘殊尔（佛说部）有《圣摩利支陀罗尼》《幻化摩利支出现续中出现仪轨王》《圣摩利支坛城仪轨摩利支出现续一万二千颂中所出七百仪轨心》三卷。"[1] 笔者仔细搜索汉、藏文《大藏经》相关经典后，比定出如下几处对应内容：第一卷262a—262c页对应德格版第564号经典《摩利支天陀罗尼》（'od zer can gyi gzungs）；第一卷262c—263b页对应德格版第565号经典《幻摩利支天所生怛特罗中所出仪轨王》（sGyu ma'i 'od zer can 'byung ba'i rgyud las 'byung ba'i rtog pa'i rgyal po

[1]（元）释庆吉祥：《至元法宝勘同总录》卷五，第一九〇页，《乾隆大藏经》第150册。

zhes bya ba）；第七卷第 284b—285a 页对应德格版第 3532 号经典扎巴坚赞所译《仪轨所说摩利支天成就法》（*rTog pa las gsungs pa'i 'od zer can gyi sgrub thabs*）；第六卷第 281c 页至第七卷第 283a 页所描述的三面六臂摩利支天二十五尊曼荼罗与无畏藏护（Abhayā karagupta，1064？—1125）《金刚鬘》（*rDo rje phreṅ pa*）中记录的曼荼罗完全一致，而前者比《金刚鬘》成书的年代要早出将近一个世纪！[1] 这无疑会对学界研究印度图像学经典发展史的研究提供新的思考方向。就单个成就法汉藏译本的对勘方面而言，该文本亟需细致研究，但限于篇幅无法深入探讨，还寄望今后有相关研究成果面世。明代永乐元年（1403）郑和施财刊刻不空译本《佛说摩利支天经》，不仅自题跋言，还邀请元末明初著名高僧姚广孝（1335—1418）撰写题记，姚广孝跋评价天息灾译本说："《佛说摩利支天经》藏内凡三译。惟宋朝天息灾所译者七卷，其中咒法仪轨甚多，仁宗亲制《圣教序》以冠其首，然而流通不广。以广流通者惟此本，乃唐不空所译。"仁宗为天息灾译本御制题跋是明代皇室尊重和扶持发展藏传佛教的表现之一，按照姚广孝的说法不空译《佛说摩利支天陀罗尼经》在民间的流通范围更广，

图3-3-6　明永乐元年（1403）施印《佛说摩利支天经》

但从卷首扉画中三面八臂摩利支天的密宗形象来看，（图3-3-6）天息灾译本对宋代以降佛教图像的影响已昭然若揭。

天息灾译摩利支天经与唐代译本最显著的区别在于其中描述的多头多臂摩利支天形象，所述摩利支天身形有三面六臂、三面八臂，三面之中有一面或二面示现忿怒猪相；不仅有单尊像，也有曼荼罗，囊括了五尊、九尊、十一尊、十三尊、二十五尊曼荼罗等类。这与此前经、像作品中的二臂天

---

[1]　11 世纪末瑜伽友所著《密咒喇百法》中也收有此摩利支天二十五尊曼荼罗，同样见于布顿大师《第三品事部曼荼罗安立》（*sKabs gsum pa bya rgyud kyi dkyil 'khor gyi rnam gzhag*），收入《遍知一切布顿全集》（*Bu ston thams cad mkhyen pa'i bka' 'bum*），tsa 函。

女相摩利支天母迥异，进而促使敦煌地区摩利支天图像发生急遽变化。天息灾与施护等人来宋之时途经沙州，时任敦煌归义军节度使的曹延禄固留不遣，表达自己对天息灾等人的看重。至道元年（995）曹延禄又遣使上表于宋，请以圣朝新译佛教降赐本道，宋朝从之，[1]或许这正是《佛说大摩里支菩萨经》于 10 世纪流入敦煌并影响敦煌摩利支天造像的契机。此前汉文画史中也有摩利支天像的零星记载，如《宣和画谱》记南朝陆探微、张僧繇都画过"摩利支天菩萨像"，北宋宫廷内藏有五代曹仲元绘"摩利支天菩萨像二"，[2]想必其笔下描摹的均是一面二臂天女相摩利支天，10 世纪末是内地摩利支天走向多面多臂形象的转折期。

　　与榆林窟第 3 窟摩利支天曼荼罗最有可比性的一幅作品是伯希和所获敦煌藏品 Pelliot chinois 3999（图 3-3-7），这是迄今所见中原地区最早的多面多臂摩利支天及其胁侍像，中央占据画面主要地位的是居于佛塔之中呈左展姿站立的摩利支天，三面八臂，顶有化佛，左面为猪面，八手持物各不同，右四手分持金刚杵、箭、钩（或三叉戟）和针，左四手分别作怖指并持羂索、弓、无忧花枝和线。莲花座下有半身罗睺罗手持日月，前有七头猪引驰猪车。在摩利支天上下左右四方有四胁侍菩萨，均为猪面四臂。《佛说大摩里支菩萨经》中共有三处与 Pelliot chinois 3999 画面中神祇的图像志特征吻合的记载，[3]其中卷五所记最为接近，在描述主尊摩利支天形象时说到：

> 身如阎浮檀金光明如日。顶戴宝塔着红天衣。腕钏耳环宝带璎珞。及诸杂花种种庄严。八臂三面三眼光明照曜。唇如曼度迦花。于顶上宝塔中有毗卢遮那佛。戴无忧树花鬘。左手执羂索弓无优树枝及线。右手执金刚杵针钩箭。正面善相微笑。深黄色开目。唇如朱色勇猛自在。左面作猪相。丑恶忿怒口出利牙。貌如大青宝色。光明等十二日。颦眉吐舌见者惊怖。……乘猪车立如舞踏。端正怡颜如童女相。复想摩里支菩萨下有风轮。轮有憾字变成罗睺大曜如月蚀相。

　　文中对围绕摩利支天的四菩萨也做详细描述，通过对照经典可以确认摩利支天下方神祇即东方菩萨，"一猪面三眼四臂，左手执羂索钩右手执针金刚杵"，其真言可还原为"oṃ mā rī tsyai battā li ba dā li bā ra li bā rā hā mu khi siddhi mā karṣha ya dzaḥ

图3-3-7　法藏敦煌出土品Pelliot chinois 3999

图3-3-8 阿约提亚出土摩利支天像　　图3-3-9 出土摩利支天像　　图3-3-10 孟加拉博物馆藏摩利支天像

swā hā"；上方为西方菩萨，"右手执金刚杵针，左手持羂索无忧树枝"，真言可还原为 "oṃ mā rī tsyai battā li ba dā li ba rā li bā rā hā mu khi sarba duṣṭā naṃ staṃ bha ya baṃ swā hā"；右方为南方菩萨，"左手执羂索金刚杵，右手持无忧树枝及针"，真言为 "oṃ mā rī tsyai battā li ba dā li ba rā li bā rā hā mu khi sarba duṣṭā pra duṣṭā naṃ mu khaṃ bandha bandha hūṃ swā hā"；左方为北方菩萨，"右手执箭金刚杵，左手执无忧树枝弓"，真言为 "oṃ mā rī tsyai battā li ba dā li ba rā li bā rā hā mu khi sarba satwā na me ba sha ma nā ya hoḥ swā hā"，[1] 与纸画描绘形象完全吻合。画面中每个小尊旁边依稀可见藏文手写字体，大抵是用来标注各尊名号，这也与当时敦煌地区流行使用藏语的实际状况相符。

　　从图像志的角度看 Pelliot chinois 3999 摩利支天像深受印度图像影响，现存多件造像作品可以彰显二者的内在继承关系。东北印度的那烂陀（Nālandā）、比哈尔（Bihar）、奥利萨（Orissa）和今天的孟加拉国等地迄今共发现百余件摩利支天塑像，包括六种不同身相：一面二臂、一面四臂、一面六臂、三面六臂、三面八臂（包括单尊、主尊与胁侍组像两类）、六面十二臂等，其中描绘摩利支天五尊组像的共有十余件，如发现于北印度阿约提亚（Ayodhyā）的这尊摩利支天石雕像制作于 10 世纪末，（图 3-3-8）构图方式、主尊和四胁侍的形象与手持物等都和 Pelliot chinois 3999 完全一致，另有制作于 Gareḍipañcana 的一件 11 世纪初期塑像（图 3-3-9）、孟加拉麦那玛蒂博物馆（Mainamati Museum）收藏的 11—12 世纪塑像（图 3-3-10）等等。这些作

[1] 四菩萨真言的汉文音译见天息灾《佛说大摩里支菩萨经》卷五。

品的主尊形象基本相差无几，四胁侍菩萨在方位安置上并没有固定规律，或一尊位于主尊上方、三尊立于猪车上，或两尊立于主尊头顶两侧、两尊立于猪车上，甚或一尊立于猪车、其他三尊略显杂乱地安置在主尊周围，不能完全对应文本中所说曼荼罗宇宙空间内的东西南北，但是立于摩利支天双腿中央的一定是东方菩萨 Battā li（或写作 Varttālī），象征 Battā li 跨坐在罗睺身上，正将猪车驶向东方，强调摩利支天作为日光之神的身份。[1] 与印度图像相比，敦煌出土画稿更接近文本所描述的曼荼罗构图，虽然并不能就此判定 Pelliot chinois 3999 就是根据天息灾译《佛说大摩里支菩萨经》绘制，但图像的印度源头不申自明。

二、榆林窟第3窟的摩利支天曼荼罗及其文本依据

若将榆林窟第 3 窟描绘的摩利支天像与《佛说大摩里支菩萨经》、敦煌纸画相对照，可以看到三者基本一致，前者仅在右四手持物的顺序上稍有不同，我们也可以进一步对榆林窟曼荼罗中围绕主尊的四眷属神作出如下辨识：[2]

1 为忿怒猪面，身色为红（略见赤色痕迹），四臂，主臂右手持物不清，左手作怖指并持索，左上手持钩，右上手依稀可见无忧花枝，应该是东方 bettā li 菩萨。（图 3-3-11，上半部分）

2 为寂静相，身色为白色（现已变为黑色），四臂，右第一手当胸持金刚杵，右第二手持针，左第一手当胸作怖指并持索，左第二手持无忧花，此尊应该是南方 ba dā li 菩萨。（图 3-3-11，下半部分）

3 为寂静相，四臂，身黄色，主臂右手于胸前持针，左手持索，右上手持物不明，左上手持无忧花枝，应是西方 ba rā li 菩萨。（图 3-3-12，上半部分）

4 为寂静相，四臂，身色为深红色，展左姿站立，左上手持弓，右上手持箭。主臂二手持物不清，应当是北方 bā rā hā mu khi 菩萨。（图 3-3-12，下半部分）

四胁侍菩萨并没有绘在内院四方，而是两两对称分布在摩利支天安住的佛塔两侧（相当于曼荼罗内院的四隅），与北壁顶髻尊胜佛母曼荼罗内四大天王的位置遥相呼应，这种构图方式也见于印度比哈尔和孟加拉两地出土的石雕或金铜造像。在那烂陀和菩提伽耶附近的库尔基哈尔（Kurkihār）发现的这件造像中，三面八臂摩利支天围绕有四胁侍菩萨，分别位于画面四隅；（图 3-3-13）另有出土于孟加拉、现收藏在加尔各答（Calcutta）印度博物馆的摩利支天石雕像，（图 3-3-14）凵隅胁侍菩萨的排列规

---

[1] Donaldson 曾敏锐地注意到摩利支天双腿之间的这位胁侍菩萨，认为右手持金刚杵针、左手持羂索线的是西方菩萨 Ba rā li，实为错误判定，符合这种图像志特征的应是东方菩萨 Battā li。见 Thomas E. Donaldson, *Iconography of the Buddhist Sculpture of Orissa*, Abhinav Publication, 2001, Vol.1, p.316.

[2] 各尊形象、手中持物以及其他细节均是根据本人现场考察笔记进行描述。

图3-3-11　榆林窟第3窟摩利支天眷属　　　　　图3-3-12　榆林窟第3窟摩利支天眷属

则也和榆林窟第 3 窟一致，即从画面左下角开始按东→南→西→北的顺序依次描绘，透露出夏印摩利支天图像两者之间的某种继承关系。

　　西夏、宋、辽时期频繁的中印佛教交流关系的开展使得西夏人有渠道和条件接触摩利支天相关梵、藏文本和图像。梵、藏文文献中保存有为数不少的摩利支天成就法，其内所述摩利支天并四胁侍菩萨的图像志特征与天息灾中译本描述的形象源自同一系统。印度发现的诸种形象摩利支天都能在印度佛教图像学经典《成就法鬘》中找到印证，[1]就本节关心的摩利支天并四胁侍菩萨五尊组合来说，《成就法鬘》共收录四篇相关文本，即第 134、137、142、146 篇，四文本中描述的摩利支天形象大致相同，身色或黄或白，三面中有一面为猪相，八手持物也仅在排列顺序上稍显差异，文本中四位一面四臂胁侍菩萨的差别与主尊相比略大，主要体现在头面是否为猪容和各手持物上。《成就法鬘》梵文原典所对应藏译本的情况虽然复杂，但大部分单篇文本均能

---

[1]　有关《成就法鬘》中摩利支天相关文本的研究，见 Foucher, Alfred, *Étude sur l'Iconographie Bouddhique de l'Inde, d'après des Textes Inédits*, Paris: Ernest Leroux, 1905; Benoytosh Bhattacharyya, *The Indian Buddhist Iconography: Mainly Based on the Sādhanamālā and Cognate Tantric Texts of Rituals*, Calcutta, 1958, pp.207-214; Benoytosh Bhattacharyya, *Sādhanamālā*, Barodam, 1968; Sahai Bhagwant, *Iconography of Minor Hindu and Buddhist Deities*, New Delhi, 1975, pp.208-215.

图3-3-13　勒克瑙博物馆藏摩利支天像　　　图3-3-14　加尔各答印度博物馆藏摩利支天像

在以下三部藏文成就法集中找到对应译本：[1]

1.《百五十成就法》（*sGrub thabs brgya dang lnga bcu*，梵：*Sādhanaśatapañcāśikā*）印度大班智达无畏笈多（Abhayākaragupta）著，由巴才（Pa tshab）家族的译师戒幢（Tshul khrims rgyal mtshan，11世纪初）译，包括162个成就法（德格版《大藏经》No.3142—3304）。

2.《成就百法》（*sGrub thabs brgya rtsa*，梵：*Sādhanaśataka*），巴哩译师（Ba ri lo tsā ba，1040—1111）译，包括93个成就法（德格版《大藏经》No.3306—3399）。

3.《成就法海》（*sGrub thabs rgya mtsho*，梵：*Sādhanasāgara*），扎巴坚赞（Grags pa rgyal mtshan，1242—1346）译，包括245个成就法（德格版《大藏经》No.4421—4466）。

记载摩利支天五尊曼荼罗的藏文成就法范围也不出以上三部成就法集，笔者检索出的七个成就法中有两篇是戒幢的译作（No.3228，No.3230），一篇巴哩译师译作（No.3341），四篇扎巴坚赞译作（No.3524，No.3527，No.3532，No.3536）。扎巴坚赞译本完美对应《成就法鬘》的四篇成就法。另外巴哩译师所著《巴哩百法》中还收有一篇《圣摩利支天成就法》细说摩利支天与四胁侍形象，与《大藏经》中收入的他的译

---

[1] 有关《成就法鬘》对应藏译本的研究，见 Gudrun Buhnemann, *Sādhanaśataka and Sādhanaśatapañcāśikā: Two Buddhist sādhana collections in Sanskrit manuscript*, Wien, 1994. 另参见祁一川：《藏传佛教图像学经典〈成就法鬘〉之〈圣真实名成就法〉研究》，首都师范大学 2012 年硕士论文。

本（即前述 No.3341 号经典）亦有不同。以上八个成就法所记摩利支天五尊形象比对情况可参见表 3-3-1。

表 3-3-1　不同版本成就法所记载的摩利支天形象对比表

			No.3228	No.3230	No.3341	No.3524（SM134）	No.3527（SM137）	No.3532（SM142）	No.3536（SM146）	Ba ri brgya rtsa
身色			金	——	黄	黄	黄	黄	黄	黄
顶饰			大日如来	——	大日如来	大日如来	无	大日如来	大日如来	大日如来
三面	中		——	黄色寂静相	——	——	黄	黄色寂静相	寂静相	黄
	右		红间蓝	红	红	红	红	红	红	红
	左		猪面	青色猪面	猪面	青色猪面	青色猪面	青色猪面	青色猪面	青色猪面
右手持物	右一		金刚杵	金刚杵	金刚杵	金刚杵	金刚杵	金刚杵	金刚杵	金刚杵
	右二		钩	箭	钩	钩	箭	针	箭	钩
	右三		索	钩	箭	箭	钩	钩	钩	箭
	右四		针	针	针	针	针	箭	针	针
左手持物	左一		无忧花	作怖指	无忧花	无忧花	作怖指	羂索	作怖指	无忧花
	左二		弓	弓	弓	弓	弓	线	弓	弓
	左三		线	无忧花	线	线	无忧花	无忧花	无忧花	线
	左四		作怖指	索	作怖指	作怖指	线	弓	线	羂索并作怖指
站姿			左展姿	左展姿	左展姿	左展姿	左展姿	左展姿	左展姿	左展姿
四胁侍菩萨			No.3228	No.3230	No.3341	No.3524（SM134）	No.3527（SM137）	No.3532（SM142）	No.3536（SM146）	Ba ri brgra rtsa
东方 bettā li	身色		金	金	黄	黄	黄	红	黄	黄
	面		——	猪面	——	——	猪面	——	——	——
	右手持物	右一	金刚杵	索	无忧花	无忧花	无忧花	无忧花	无忧花	无忧花
		右二	索	金刚杵	针	针	针线	针	针	针

		No.3228	No.3230	No.3341	No.3524（SM134）	No.3527（SM137）	No.3532（S.M142）	No.3536（SM146）	Ba ri brgya rtsa
左手持物	左一	索	索	索	索	索	索	索	索
	左二	无忧花	无忧花	无忧花	无忧花	无忧花	无忧枝	无忧枝	无忧枝
站姿		——	右展姿	——	——	右展姿			左展姿
身色		金	金	黄	黄	黄	红	黄	黄
面		——	猪面			猪面			
南方 ba dā li（ba dā li） 右手持物	右一	金刚杵	索	无忧花	无忧花	无忧花	元忧花	无忧花	无忧花
	右二	索	金刚杵	针	针	针线	针	针	针
左手持物	左一	无忧花	无忧花	金刚杵	金刚杵	索	索	索	金刚杵
	左二	针	针与线	索	索	金刚杵	金刚杵	金刚杵	索
站姿		左展姿	左展姿	——		左展姿			左展姿
身色		白	白	白	白	黄	黄	——	白
面		——	——	——	——	猪面			
南方 ba rā li 右手持物	右一	金刚杵	针	金刚杵	金刚杵	金刚杵	金刚杵	金刚杵	金刚杵
	右二	针	金刚杵	针	针	针	针	针	针
左手持物	左一	索	索	索	索	索	索	索	索
	左二	无忧花	无忧花	无忧花	无忧花	无忧花	无忧枝	无忧枝	无忧花
站姿		左展姿	右展姿	左展姿	左展姿	右展姿			左展姿
身色		红	红	红	红	红	红	红	红
面		猪面	猪面	——	猪面	——	猪面	——	——

续表

			No.3228	No.3230	No.3341	No.3524（SM134）	No.3527（SM137）	No.3532（SM142）	No.3536（SM146）	Ba ri brgya rtsa
北方 bā rā hā mu khi	右手持物	右一	金刚杵	箭	金刚杵	金刚杵	箭	金刚杵	箭	金刚杵
		右二	箭	金刚杵	箭	箭	金刚杵	箭	金刚杵	箭
	左手持物	左一	无忧花	弓	索	索	弓	无忧花	无忧花	索
		左二	弓	无忧花	无忧花	无忧花	无忧花	弓	弓	无忧花
站姿			——	左展姿	——	——	左展姿	——	——	左展姿

从表 3-3-1 中可以看出各个文本描述的三面八臂摩利支天形象相差不大，摩利支天身色均为黄色，三面之中右面红色，左面为蓝色猪面，右四手的持物几无二致，左四手持物的差别也主要表现在持弓手和持无忧花手的顺序上。在涉及四胁侍菩萨的猪面、四手持物顺序等图像志特征时各文本则体现出区别，仅有巴哩译师的两个文本记述内容与榆林窟第 3 窟摩利支天四胁侍的形象互相吻合，特别是在面相特征上，巴哩译作将东方 bettā li 菩萨规定为猪面，对其他三尊则并未做明确说明，这就为画师提供了发挥的空间。印度摩利支天五尊像中的四胁侍菩萨大多数是一致呈现猪面，上文分析的 Pelliot chinois 3999 敦煌纸画也是这种表现方式，还未发现其他与榆林窟第 3 窟摩利支天曼荼罗相同的处理方法。那么，这铺壁画有没有可能是根据巴哩译作绘制的呢？日本天理图书馆收藏的西夏文《圣摩利天母总持》（инв. No. 951，张大千第一种，清野谦次旧藏本）[1] 是从藏文翻译过来，经名可还原为 *'Phags pa 'od zer can zhes bya ba'i gzungs*，对应德格版《大藏经》第 564 号经典，由印度译师不空金刚（Amoghavajra）和西藏译师仁钦扎巴（Rin chen grags pa，即巴哩译师）译成。《圣摩利天母总持》是一部陀罗尼文书，内中虽然没有关于摩利支天形象的描写，但是考虑到不空金刚和宝称以翻译大量藏传佛教成就法而盛名一时，两人其他译作也曾流转于

---

[1] инв. No. 951，张大千第一种，清野谦次旧藏本。原发现于内蒙古额济纳旗黑水城遗址，现藏于俄罗斯科学院东方文献研究所。见 [日] 西田龙雄著，潘守民译、黄润华修订：《关于西夏文佛经》，载《西北史地》1983 年第 1 期，第 96—111 页。

西夏属地，[1]与摩利支天图像相关的成就法等文书在 11 世纪末或 12 世纪初传入西夏并影响当时绘塑创作并非了无可能，这也是我们不能断然判定榆林窟摩利支天曼荼罗是根据天息灾汉译本绘制的一个重要原因。

榆林窟第 3 窟摩利支天曼荼罗四门内安置四明王，身呈蓝色，以左站姿立于四门之中。明王左手均当胸作怖指，右手各有不同持物，其中南方（即左方）的明王手持金刚杵，西方（即上方）的明王右手上举持杖，其他两尊右手持物漶漫不清。这四尊或许表现的是与北壁顶髻尊胜佛母曼荼罗对应位置相同的四大明王，持金刚杵者为北方大力明王，持杖者是西方持杖明王，另两尊可能是持剑的东方（即下方）不动明王和持铁钩的南方（即右方）的欲帝明王。遗憾的是，现在见到的摩利支天成就法没有任何一个记载到这四尊明王，或许画师是为了追求视觉上的对称平衡将顶髻尊胜佛母曼荼罗四门内的明王安置在摩利支天五尊曼荼罗中，从而构成全新的九尊曼荼罗。

三、小　结

多面多臂的密宗摩利支天形象是北宋西夏时期在敦煌地区集中出现的佛教图像，有别于晚唐之前一面二臂天女相摩利支天母的形象，榆林窟第 3 窟摩利支天九尊曼荼罗是迄今为止独见的一种图像样式，既不同于印度传承体系中的三面八臂曼荼罗并四胁侍菩萨构图，也不同于《金刚鬘》一系中三面八臂摩利支天二十五尊曼荼罗的格局，是西夏艺术家在对全窟图像摄总考虑之后做出的调整，将北壁顶髻尊胜佛母曼荼罗四门中的四大明王加入南壁摩利支天五尊曼荼罗，从而使后者构成全新的九尊曼荼罗。摩利支天并四胁侍菩萨的五尊组合与印度石雕或微型携带物的艺术传统一脉相承，伴随 10 世纪末中印或夏印之间的佛教交流活动进入河湟地区，对榆林窟第 3 窟摩利支天壁画造成影响，另外，巴哩译师成就法与此铺曼荼罗图像志特征高度吻合，也应将该系文本对西夏摩利支天图像的影响因素考虑在内。

---

[1]　巴哩译师所传法门不仅在西夏时期被译成西夏文，也被译成汉文在内地流传，如《大乘要道密集》收录的《弥勒菩萨求修》就是源自巴哩译师及其依止上师的传规。关于这篇文书的研究，见徐华兰：《八思巴造〈弥勒菩萨求修〉藏、汉本对勘及研究》，载沈卫荣、谢继胜编《贤者新宴——王尧先生八秩华诞藏学论文集》，中国藏学出版社，2010 年，第 380—391 页。

第四章

榆林窟第3窟密教图像研究（下）

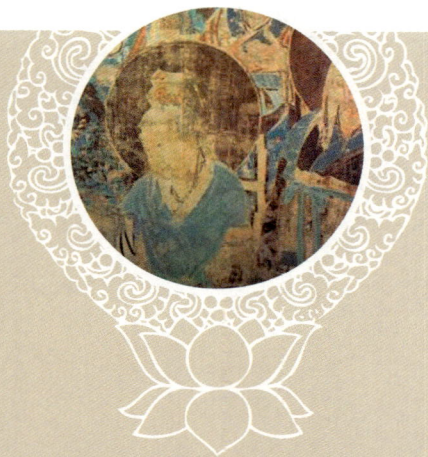

第一节　金刚界曼荼罗

> 谛此最上广大曼荼罗，相如金刚名为金刚界。
>
> 金刚摩尼宝峰五楼阁，于须弥山顶上蔚然起。
>
> 基陛正等四面吉祥幢，珠网华楯周环四阶道。
>
> 四洲八宝日月光照间，所住眷属生来自围绕。
>
> 外院垂珠悬铎映日月，诸天奏乐修罗献妙舞。
>
> 内宫八金刚柱为庄严，正敷方等师子华王座。
>
> ——西夏护国仁王寺不动金刚编集《瑜
> 伽集要焰口施食仪》[1]

榆林窟第 3 窟内现存两铺金刚界曼荼罗，[2]分别位于北壁西端（约长 3.7 米，宽 2.76 米）和窟顶（约长 8.6 米，宽 7.5 米）。敦煌藏经洞出土绘画作品中有创作于 10 世纪末的金刚界曼荼罗纸画，[3]但是该题材在敦煌石窟壁画中出现是始于西夏时期，除了榆林窟第 3 窟的两铺图像，另有东千佛洞第 2 窟窟顶、东千佛洞第 5 窟中心柱北侧壁的金刚界曼荼罗。阮丽在其博士论文《敦煌石窟曼荼罗图像研究》中已对这四处曼荼罗做深入讨论，[4]她对图像的经典依据、内容构造等问题梳理细致、分析全面，是目前中文类金刚界曼荼罗研究领域的最新成果。笔者为免拾人牙慧，在阮丽研究的基础上，一方面结合仪轨经典分析榆林窟第 3 窟金刚界曼荼罗的图像构成及其特点，另一方面利用西夏文、汉文文献材料来探索金刚界仪轨坛法与金刚界曼荼罗图像在西夏的流行盛况，并对北壁西侧金刚界曼荼罗下方的"多闻天王并八大马主"图像展开研究。

---

[1]（唐）兴善寺三藏法师不空译，（西夏）护国仁王寺法师不动金刚重集《瑜伽集要焰口施食仪》，收入台北版《电子佛典集成》卷 19，No.B047。

[2] 本节讨论的金刚界曼荼罗仅涉及具足金刚环、金刚墙、大月轮、内院等构成要素的图像，而对其他同样属于金刚界曼荼罗范畴的五佛、供养菩萨等尊则不作讨论。

[3] 最早的金刚界曼荼罗纸画为法藏敦煌出土纸画作品 P.4518（33），出版于法国国家图书馆编《法藏敦煌西域文献 31》，上海古籍出版社，2001 年，第 292 页。相关研究见阮丽：《敦煌藏经洞出土金刚界五佛图像及年代》，收入沈卫荣主编《汉藏佛学研究：文本、人物、图像及历史》，中国藏学出版社，2013 年，第 547—572 页。

[4] 阮丽：《敦煌石窟曼荼罗图像研究》，中央美术学院 2013 年博士学位论文。

一、金刚界曼荼罗的相关经典及其图像构成

金刚界曼荼罗依据《金刚顶经》（梵：*Vajraśekhara Sūtra*）绘制，该经是由四千颂、五千颂、七千颂等十八部经典组成的十万颂密典集成，约成立于 7 世纪末的南印度，[1] 与《大日经》（梵：*Mahāvairocana Tantra*）共同构成中期密续的根本经典。通常意义上所说的《金刚顶经》实指《初会金刚顶经》（或称《佛说一切如来真实摄大乘现证三昧大教王经》，简称《真实摄经》，梵：*Sarva Tathāgata Tattva Saṅgraha Nāma Mahāyāna Sūtra*），[2] 由金刚界品、降三世品、遍调伏品、一切义成就品等四大品构成主体内容，描述的曼荼罗种类多达 28 种之多，[3] 我们常说的金刚界三十七尊曼荼罗实际上只是《初会金刚顶经》第一品《金刚界品》之第一分《金刚界大曼荼罗广大仪轨分》中记述的"大曼荼罗"，亦即九会曼荼罗[4] 中的"成身会曼荼罗"。

迄今共发现两部较为完整的《真实摄经》梵文写本，现均保存在尼泊尔地区。意大利著名藏学家图齐（Guiseppe Tucci）于 1932 年获得的是一部 19 世纪写本，1956 年 Snellgrove 和 John Brough 又发现另一部疑似撰成于 9—10 世纪印度比哈尔地区的

---

[1] 汉文史籍中保留有关于《金刚顶经》的最早记载，《贞元录》卷十四金刚智传中记述他在于公元700 年左右前往南印度跟随龙树（Nāgārjuna）菩萨弟子龙智（Nāgabodhi）"受学金刚顶瑜伽经及毗卢遮那总持陀罗尼法门诸大乘经并五明论，受五部灌顶"，故可推知金刚智前往印度求法时《金刚顶经》就已成文，大致创作于 7 世纪下半叶。（唐）圆照：《贞元新定释教目录》第十四卷，《大正藏》第 2157 部。

[2] 日本学者在研究金刚界曼荼罗及其经典方面用力甚深，取得的突出成就自然不必重申。关于该经研究的英文著作，可参见 Yamada Isshi, *Sarva Tathāgata Tattva Saṅgraha Nāma Mahāyāna sūtra: A Critical Edition Based on a Sanskrit Manuscripts and Chinese and Tibetan Translation*, New Delhi Sharada Rani, 1981; Do-Kyun Kwon, *Sarva Tathagata Tattva Samgraha: Compendium of All the Tathagatas, a Study of Its Origin, Structure and Teachings*, University of London, 2002; Steven Neal Weinberger, *The Significance of Yoga Tantra and the Compendium of Principles (Tattvasaṅgraha Tantra) within Tantric Buddhism in India and Tibet*, A Dissertation presented to the Graduated Faculty of the University of Virginia in Candidacy for the Degree of Doctor of Philosophy, 2013.

[3] 西藏佛典中保留的印度阿阇梨庆喜藏基于《初会金刚顶经》所作的注疏本《真性作明》记述了 44 种金刚界曼荼罗，文献信息详见下文。

[4] 九会曼荼罗的组合在中原较流行，未见于西藏地区。此九会包括成身会、三昧耶会、微细会、供养会、四印会、一印会、理趣会、降三世会、降三世三昧耶会，前七会是在《金刚界品》所说六种曼荼罗基础上发展而来，后二会分别是《降三世品》的初、二曼荼罗。参见吴立民、韩金科：《法门寺地宫唐密曼荼罗之研究》，中国佛教文化出版有限公司，1998 年，第 155 页。

贝叶经，这也是迄今所见年代最古的《真实摄经》梵文写本，[11]因此保留在汉藏文佛典中的几部 8 世纪译著、注疏或仪轨书便成为现存最早的金刚界曼荼罗相关经典。[2]

汉译佛典中《金刚顶经》从唐至宋的节译（略译）本或注疏本多达 19 部，其中唐代"开元三大士"在弘传金刚界系密法方面的贡献最为突出。唐开元十一年（723）南印度僧金刚智（Vajrabodhi，669—741）《金刚顶瑜伽中略出念诵经》[3]是最早译本，分四卷详说金刚顶瑜伽密要中诸作法、道场观、三十七尊出生、灌顶、护摩等内容，关于金刚界三十七尊曼荼罗作法、供养法等放在卷三描述。金刚智弟子不空（705—774）一人译出近 10 种金刚顶系经典，[4]其中影响最大的是他于天宝十二年至十四年（753—755）翻译的三卷本《金刚顶一切如来真实摄大乘现证大教王经》[5]，内容对应《初会金刚顶经》之第一品《金刚界品》，不过它和金刚智译本分属两个系统，后者所记主尊为四面毗卢遮那佛。及至北宋，北印度高僧施护（Dānapāla，？—1017）在祥符八年（1015）译成三十卷本《佛说一切如来真实摄大乘现证三昧大教王经》，[6]相当于《初会金刚顶经》四品的全译，与梵、藏本内容最为接近。

从藏文文献记载的情况来看，吐蕃时期已有金刚顶经文本传入藏地，根据田中公明先生的研究，吐蕃译经目录《旁塘目录》（dKar chag 'phang thang ma）中就收录

---

[1]　这部 9—10 世纪的写本由 Snellgrove 和 Lokesh Chandra 在 1981 年发表影印本（见 Lokesh Chandra and David Snellgrove, *Sarva Tathāgata Tattva Saṅgraha: Facsimile Reproduction of a Tenth Century Sanskrit Manuscripts from Nepal*, New Delhi: Sharada Rani, 1981）。同年，一志山田（Isshi Yamada）把梵文原文用罗马字母全部转写，并参照汉、藏文注疏原典，出版校订本《初会金刚顶经》（见 Yamada Isshi, *Sarva Tathāgata Tattva Saṅgraha Nāma Mahāyāna Sūtra: A Critical Edition Based on a Sanskrit Manuscripts and Chinese and Tibetan Translation*, New Delhi Sharada Rani, 1981.）两年后堀内宽仁（Kanjin Koriuchi）又出版日文本《梵藏汉对照·初会金刚顶经の研究：梵文校订篇（上、下）》，高野山大学密教文化研究所，1983、1984 年。1987 年，Lokesh Chandra 在一志山田校订本的基础上详审梵、藏、汉文本再次出版，并随文附录金刚界曼荼罗插图（见 Lokesh Chandra, ed., *Sarva Tathāgata Tattva Saṅgraha: Sanskrit Text with Introduction and Illustrations of Maṇḍalas*, New Delhi: Motilal Banarsidas, 1987）。

关于梵文本《真实摄经》研究、出版情况，可参见 Steven Neal Weinberger, *The Significance of Yoga Tantra and the Compendium of Principles (Tattvasaṅgraha Tantra) within Tantric Buddhism in India and Tibet*, pp.8-9.

[2]　详细内容可参见阮丽论文，第 20—26 页。

[3]　《大正藏》第 530 部。

[4]　如《略述金刚顶瑜伽分别圣位经修证法门》一卷（No.870）、《金刚顶瑜伽略述三十七尊心要》一卷（No.871）、《金刚顶瑜伽三十七尊出生义》一卷（No.872）、《金刚顶莲华部心念诵仪轨》一卷（No.873）、《金刚顶一切如来真实摄大乘现证大教王经》二卷（No.874）、《金刚顶瑜伽三十七尊礼》一卷（No.879）、《金刚顶瑜伽他化自在天理趣会普贤修行念诵仪轨》一卷（No.1122）、《金刚顶胜初瑜伽普贤菩萨念诵法》一卷（No.1123）等等。

[5]　《大正藏》第 865 部。

[6]　《大正藏》第 882 部。

若干与"降三世品"相关的文本，[1] 但是迄今可见的相对完整的《初会金刚顶经》直到 11 世纪才由印度译师信作铠（梵：Śraddhākaravarma；藏：Dad pa'i 'byung gnas go cha 或 Dad byed go cha）和仁钦桑波完成，不过保留在藏文《大藏经》中的印度阿阇梨所作金刚顶经注疏本可早至 8 世纪。被后弘期译师尊称为"瑜伽密续三贤者"（Yo ga la mi mkhas pa gsum）的注疏作品是《真实摄经》的三大论书，分别为：佛密（Buddhaguhya）的《怛特罗义入》（*Tantrārthāvatāra*）[2]、释迦友（Sakyamitra）的《俱差罗庄严真实摄疏》（*Kosalāṃkāra*）[3] 和庆喜藏（Ānandagarbha）的《真性作明》（*Tattvlāokakarī*）[4]，庆喜藏本人撰写的另一部仪轨书《一切金刚出现》（Sarvajraodaya）[5] 也是在 11 世纪由仁钦桑波和佛吉祥寂（Buddhaśrīśānti）译为藏文。庆喜藏这两部密典详细描述了金刚界曼荼罗内各尊尊形，较其他几部仪轨书对后藏和藏西地区造像影响较大，将围绕大日如来的四波罗蜜菩萨表示为三昧耶形是该系图像与其他体系最大的区别。[6] 其他一些重要的论著还有随喜层（Muditākośa）《金刚界大曼荼罗一切诸尊建立》、[7] 能主贤

---

[1] 如以"降三世轨"为内容基础的《金刚吽迦罗成就法》（*rDo rje hūṃ gi sgrub thabs*）和《降三世明王续》（*'Jigs rten gsum las rnam par rgyal ba'i rgyud*）及其注释书（*'Jigs rten gsum las rnam par rgyal ba'i 'grel pa*），见 Bod ljongs rten rdzas bzhams mdzod khang nas bsgrigs, dKar chag 'phang thang ma/ sgra 'byor bam po gnyis pa, 2003 年，民族出版社，第 61、62 页。参见田中公明：《〈旁塘目录〉与敦煌密教》，收入樊锦诗主编《敦煌吐蕃统治时期：石窟与藏传佛教艺术研究》，读者出版社，2012 年，第 3—4 页。

[2] 德格版 No.2501，《怛特罗义入》（梵文：*Tantrārthāvatāra*，藏文：*rGyud kyi don la 'zug pa*），著者：佛密（Sangs rgyal gsang ba），译者：文殊铠（'Jam dpal go cha）。

[3] 德格版 No.2503，亦作《真性集广释俱差罗庄严》，（梵文：*Kosalālaṃkāratattvasaṃgrahaṭīkā*，藏文：*De kho na nyid bsdus pa'i rgya cher bshad pa ko sa la'i rgyan*），释迦友（Śākyamitra）作，法吉祥贤（Dharmaśrībhadra）与仁钦桑波翻译。

[4] 德格版 No.2510，亦作《一切如来摄真实性大乘现观续释真实性作明》，梵文：*Sarva tathāgata tattvasaṃgraha mahāyānā bhisamaya nāma tantra vyākhyātattvālokakarī nāma*，藏文：*De bzhin gshegs pa thams cad kyi de kho na nyid bsdus pa theg pa chen po mnyon par rtogs pa shes bya ba'i rgyud kyi bshad pa de kho na nyid snang bar byed pa shes bya ba*，著者：庆喜藏（Ānandagarbha），译者：仁钦桑波、大悲（Thugs rje chen po）、圣智（'Phags pa shes rab）。
根据《后藏志》记载，仁钦桑波只译出庆喜藏注疏本的上半部分，后半部分由尼泊尔大悲译师和桑噶译师（Zangs dkar lo tsā ba）完成。详细内容可参见王瑞雷：《从乃甲切木石窟看庆喜藏系坛城在后藏的传播》，《敦煌研究》2014 年第 5 期。

[5] 德格版 No.2516，梵文：*Vajradhātu-mahamaṇḍalavidhisarvavajrodaya-nāma*，藏文：rDo rje dbyings kyi dkyil 'khor chen po'i cho ga rdo rge thams cad 'byung ba zhes bya ba。
庆喜藏还撰有一部《吉祥胜三世曼荼罗仪轨圣真性集续摄》（*dPal khams gsum rnam par rgyal ba'i dkyil 'khor gyi cho ga 'phags pa de kho na nyid bsdus pa'i rgyud las btus pa*），译者：仁钦桑波，德格版第 2519 号。

[6] 有关后藏和藏西地区金刚界曼荼罗造像与庆喜藏所传仪轨的关系，可参见王瑞雷：《从乃甲切木石窟看庆喜藏系金刚界坛城在后藏的传播》。

[7] 随喜层（Muditākoṣa），*rDo rje dbyings kyi dkyil 'khor chen po'i lha rnams kyi rnam par gzhag pa zhes bya ba*，译者：莲花铠（Padmākaravarman），仁钦桑波，德格 No.2504。

（Munīndrabhadra）《金刚界大曼荼罗仪轨一切金刚出现摄义》、[1]12 世纪无畏施护编撰《金刚鬘》和《究竟瑜伽鬘》等等。

　　佛教艺术中的金刚界曼荼罗是对文本的图绘。本节要讨论的西夏时期出现的金刚界曼荼罗仅有一种类型，即《初会金刚顶经》之"大曼荼罗"或其简略形式。佛弟子通过观想而现见曼荼罗中尊五佛，其后依次第生出四波罗蜜菩萨、围绕四方轮四佛的十六大菩萨、内外八供养菩萨和四门之内的四摄菩萨，共 37 尊神祇。汉藏文典籍中记载的金刚界 37 尊曼荼罗在尊名和配置方面几无二致，仅在个别尊神的坐骑、手势等方面稍有区别。又因庆喜藏《真性作明》和《一切金刚出现》将四波罗蜜菩萨表现为三昧耶形，而非其他文本中描述的人形，故在实际造像作品中可出现 33 尊曼荼罗和 37 尊两大类金刚界大曼荼罗。

二、榆林窟第3窟的金刚界曼荼罗

（一）北壁西侧

　　该图像是一铺完整的金刚界 37 尊曼荼罗，（图 4-1-1）佛与其他亲近菩萨均遍饰庄严，璎珞加身，从风格上彰显藏传佛教艺术的影响因素，但是考虑到各尊都显现人形，未见庆喜藏仪轨书中描述的三昧耶形波罗蜜菩萨，因此可以首先排除庆喜藏系成就法对这铺曼荼罗的影响。

　　曼荼罗外围绘三重金刚环，大月轮内金刚地上绘插有莲花和莲枝的宝瓶。金刚墙画四门，门

图4-1-1　榆林窟第3窟北壁西侧金刚界曼荼罗

---

[1]　能主贤（Munīndrabhadra）, *rDo rje dbyings kyi dkyil 'khor chen po'i cho ga rdo rje thams cad 'byung ba zhes bya ba'i don bsdus pa*, 译者：能主贤，确吉喜饶（Chos kyi shes rab），德格版 No.2529。

内安立四摄菩萨。内院呈对角线分为四院，下方现为黑色，左侧为青色，上方似为红色，现已接近白色，右侧为绿色。

内院的大月轮呈九宫格样式，中央绘手结智拳印的大日如来，其四隅是四波罗蜜菩萨。四方格内绘四佛，四佛的四隅各绘四亲近菩萨。这里的五方佛均为如来形，着袒右袈裟，未做身色上的区分，但按照各佛所作手印及四院颜色可确定，下方右手作触地印、左手作禅定印的是东方阿閦佛，其所居住的内院现在所呈现的黑色应是由白色氧化而致。大日如来右侧应为南方宝生如来，右手置于胸前似作与愿印，左手作禅定印。上方双手作禅定印的应是西方阿弥陀如来。大日如来左侧则应是北方不空成就如来，右手于胸前作无畏印，左手作禅定印。再根据四佛所居内院的颜色可推知中央大日如来应为黄色。

榆林窟第 3 窟北壁金刚界曼荼罗中尊五佛的身色理论上应和四院颜色相同，分别为黄（大日如来）→白（阿閦如来）→蓝（宝生如来）→红（阿弥陀如来）→绿（不空成就如来），此五佛的身色、手印和黑水城出土十一面观音唐卡上缘的五方佛最为一致，（图 4-1-2）但是与同时期卫藏地区发现的五方佛属于不同体系，如西方私人收藏 12 世纪文殊菩萨唐卡上缘五佛从左至右分别为：黄色宝生如来→白色大日如来→蓝色阿閦如来→红色阿弥陀如来→绿色不空成就如来，（图 4-1-3）忠实于藏译金刚界曼荼罗仪轨书的规定，一如庆喜藏《真性作明》所载："……观想大日如来身色皎白，手作最胜菩提印并持五股金刚杵，……如是，不动佛等尊依次为青色身、黄色身、红色身、绿色身"，[1] 莫高窟第 465 窟窟顶五方佛的身相特征亦遵循这种传统。

榆林窟北壁金刚界五方内院颜色的组合方式与敦煌出土 10 世纪绢画 MG.17780、EO.3579 五佛身色相同，（图 4-1-4）汉文文献未见记载，田中公明从藏文文献中检索到三份重要材料，一是英藏敦煌出土藏文写本 S.417《金刚吽伽罗成就法》（rDo rje dpal hum zhes pa'i bsgrub pa bsdus pa），观想者在身体五处（头顶、额、右耳、后头部、左耳）安置五佛，五佛分别为结智拳印黄色毗卢遮那佛、触地印白色阿閦佛、施与愿印青色宝生佛、禅定印赤色阿弥陀佛、施无畏印绿色不空成就佛。[2] 二是佛密注疏本《怛特罗义入》，言："常恒者的轮为黄色，阿閦佛的曼荼罗为白色，宝生为深青色，

---

[1] "de la bcom ldan 'das rnams par snang mdzad ni sku mdog dkar po/ byang chub mchog gi phyag rgyas rdo rje rtse lnga bsnams pa/……de bzhin du mi bskyod pa la sogs pa yang go rims ji lta ba bzhin du/ sku mdog sngon po dang/ ser po dang/dmar po dang/ ljang gu dang" 见庆喜藏，《真性作明》，德格版第 2510 号，第 113A 叶。

[2] 田中公明：《敦煌出土の「聖真实摄成就法」と「金刚吽迦罗成就法」について》，《密教文化》，1994 年，第 33 页。

图4-1-2 黑水城出土唐卡局部

图4-1-3 西藏12世纪唐卡局部

图4-1-4 敦煌出土MG.17780五方佛绢画

无量寿佛为赤红色，杂色为广大最胜大奇特光鬘的金刚不空，持金刚者如是观想。"[1]
第三份材料 8 世纪莲花生和吉祥积（ban dhe dpal brtsegs）[2] 撰《月密明点怛特罗》（*Zla gsang thig le*）描述的五佛身色与佛密注疏本基本相同。[3]这说明此种流行于吐蕃占领敦煌时期的造像传统又重新被西夏人继承，而未在卫藏地区保留。

　　围绕大日如来的四波罗蜜菩萨、大月轮内外四隅的八供养菩萨和围绕四方四佛的十六大菩萨多有漶漫不清之处，根据阮丽文中描述文字和笔者现场调查笔记可将各尊身份暂作辨识，见图4-1-5：

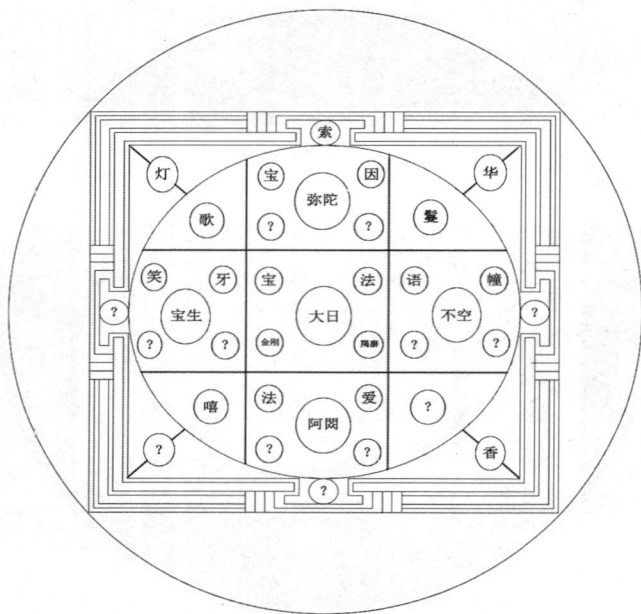

图4-1-5　榆林窟第3窟金刚界曼荼罗配置图

---

[1]　"rtag pa'i 'khor lo ser po yin/ mi khrugs dkyil 'khor dkar po ste/ rin chen dbang gi rab tu sngo/ tshe dpag med pa'i dmar po bya/ kha dog sna tshogs rgya chen mchog/ 'od kyi phreng ldan ngo mtshar che/ rdo rje chen po don yod dang/ rdo rje 'dzin pas rtag tu bsam/"德格版 No.2501,《怛特罗义入》。转引自田中公明,《コスモロジーと曼荼羅》,《密教图像》第 13 号, 第 37 页。

[2]　从《旁塘目录》后记可知, 吉祥积是《旁塘目录》的主要编辑者之一。参见 Georgios T. Halkias, "Tibetan Buddhism Registered: A Catalogue from the Imperial Court of 'Phang Thang", *The Eastern Buddhism*, Vol.36, pp.60-65.

[3]　《月密明点》由仁钦桑波在 11 世纪译出, 后被收入《宁玛十万续》（*rNying ma rgyud 'bum*）。
　　　"常恒者（毗卢遮那）之轮为黄色, 阿閦为白色, 虚空藏为浓青色, 无量寿为赤色, 杂色为广大最胜奇异光鬘的坚定大金刚不空成就, 如是观想。" "rtag pa'i sku ni ser po ste/ /mi bskyod rdo rje dkar po yin/ /nam mkha'i snying po mthing ga che/ /tshe dpag med pa padmo dmar/ /sna tshogs kha dog rgya tsho mchog /'od zer phreng ba rmad byung ba'i/ /gdon mi za ba rdo rje che/ /don chen byed pa bsam par bya", *Zla gsang thig le*, tsha 函, 第 87b 叶。

图 4-1-5 显示，尽管某些尊像因保存情况不佳而难以确认身份，现已辨识出的尊神已能显示这铺金刚界曼荼罗与经典描述的区别。迄今在敦煌石窟群发现的几处西夏图像中，榆林窟第 3 窟北壁这幅壁画是较为鲜见的具足 37 尊神祇的曼荼罗，其他像东千佛洞第 2 窟中心柱北侧、东千佛洞第 5 窟窟顶的曼荼罗仅是金刚界大曼荼罗的简略形式，或缺少八供养菩萨，或缺少十六大菩萨等等。

金刚界曼荼罗外轮之外安置另外四尊形象，左上方为文殊金刚菩萨（梵：Mañjuvajra，藏：gSang ba 'bus pa），头戴三叶冠，种种庄严加身，三面六臂，身色现在已氧化为黑色（原来应为黄色），主臂二手交叉于胸前，未见持物，右手其他二手分持箭和剑，左二手分持梵箧和弓，身相特点与《秘密集会怛特罗》佛智足派（Jñānapāda）的文殊金刚大致符合，但是左上手所持梵箧不同于文本记载的莲花或有莲花承托的梵箧，反而与巴哩译师所传单尊文殊金刚成就法内容一致，[1] 不知是否像同窟其他几铺密宗题材壁画一样受到该系造像的影响。此处出现的密集文殊金刚是全窟唯一一尊属于无上瑜伽父续的神祇，画师刻意省去文殊金刚本应拥抱的明妃，应该是主要考虑到涉及双修、暴力、血腥内容的无上瑜伽密法还未得到内地信徒的广泛接受，进而作出调整。曼荼罗外轮右上方是一面二臂黄色身的文殊菩萨，右手持剑，左手牵莲茎，莲茎延伸至肩头可见承托经书的莲花。下方左右两侧依傍宝树而立的是两尊菩萨，均身着短裙，身体呈现婀娜妩媚的 S 型，一手攀扶树枝，树枝从宝瓶中生出，一手施与愿印。根据《纳塘百法》（sNar thang brgya rtsa）和《宝源百法》（Rin 'byung brgya rtsa）的记载可判定其尊格为"施宝观音"（藏：sPyan ras gzigs

图4-1-6　印度波罗王朝贝叶经插图

[1]《巴哩百法》第 4 篇描述了三面六臂黄色身的文殊金刚，最上二手分别持剑和经书，余下右二手分别持箭和施与愿印，余左二手分别持弓和乌巴拉花。"Phyag drug dang po gnyis kyis ral gri dang po ti/ g.yas kyi 'og ma gnyis na mda' dang mchog sbyin/ g.yon 'og ma na gzhu dang udpa la 'dzin pa/"

图4-1-7　榆林窟第3窟窟顶四方佛　　　　图4-1-8　榆林窟第3窟窟　　　图4-1-9　榆林窟第2窟窟
　　　　　　　　　　　　　　　　　　　　　顶装饰纹样　　　　　　　　顶装饰纹样

yid bzhin nor bu），与东千佛洞第 4 窟南壁、东千佛洞第 2 窟中心柱南北两侧以及黑水城出土绿度母缂丝唐卡中的施宝度母风格相仿，[1]应是源自同一种图像来源，即 10—12 世纪印度波罗王朝的贝叶经，当时流通数量最多的般若经中就配有施宝度母插图，（图 4-1-6）西夏人接触到这一新题材之后将其运用到石窟壁画中。

（二）窟　顶

榆林窟第 3 窟窟顶与四壁交界处绘璎珞垂鬘，垂鬘和金刚界曼荼罗外轮之间绘有五重装饰纹样和一重由四方佛构成的单排尊像组合，四佛均着袒右袈裟，顶有肉髻，身体呈肉色，未做四方颜色的区分，各尊手印与曼荼罗内的四佛保持一致。（图 4-1-7）其他几重装饰纹样由内而外分别是四斜球纹、丁字纹、六出龟纹、宝装莲华纹、繁花间以瑞兽纹等等，（图 4-1-8）各种装饰因素都能与宋《营造法式》中规定的柱、椽、檐、额等建筑彩画做法如出一辙！[2]显示出西夏对于中原建筑装饰艺术的学习热情，我们在榆林窟第 2、4、10 窟内都能找到相似的元素。（图 4-1-9）

窟顶绘制的巨大曼荼罗是由五方佛、四波罗蜜菩萨和四摄菩萨构成的金刚界 13 尊曼荼罗。（图 4-1-10）外轮有三层，金刚地绘宝瓶和卷枝莲花。像北壁西侧曼荼罗一样，内院被对角线分为四个空间，四色分别对应大月轮内的四佛，不同的是宝生佛和不空成就佛为和自然方位保持一致将南北位置对调。五佛身色也与北壁一致，遵循西藏传统。大月轮内四隅安置代表四智的花瓶，大月轮外侧四隅安置四波罗蜜菩萨，均为印度波罗装饰风格，头戴五叶冠，身着璎珞，配有臂钏、脚钏等庄严，手中未见

---

[1]　关于施宝度母的最新研究成果，见常红红：《东千佛洞第二窟施宝度母图像渊源及相关问题》，《故宫博物院院刊》2014 年第 2 期，第 72—87 页。

[2]　相关研究可参见李路珂：《甘肃安西榆林窟西夏后期石窟装饰及其与宋〈营造法式〉之关系初探》，《榆林窟研究论文集》下册，第 494—513 页。

持物，而且身色与文本记述不能对应，暂不能确定各尊具体身份。内院四门安置四摄菩萨，均为蓝色忿怒相，焰发竖立，颈挂璎珞，下身着虎皮裙，左手于胸前作怖指，右手上举，持物不清。

西夏洞窟经常在窟顶绘制曼荼罗，曼荼罗外环四隅绘金刚杵头，或者仅在窟顶中央或四壁边缘绘金刚交杵，象征这个石窟建立在有金刚交杵镇压的坛场之上，将整个窟室定义为"密教道场"，如莫高窟第291、326、328窟窟顶绘金刚交杵；第149窟窟顶四隅绘金刚杵头；第464窟窟顶绘印度波罗样式的双手作智拳印的大日如来，四披绘汉式四方佛，共同构成金刚乘五方佛的组合。另外，青海循化丹斗寺、尖扎金刚岩寺、互助白马寺附近的石窟窟顶均发现10世纪末、11世纪初的壁画残片，绘制内容多为密教曼荼罗，可惜因细节图片材料欠缺而无法作进一步辨识，图像绘制位置和配置方式与西夏石窟造像多有相似之处。西夏石窟艺术在一定程度上承袭了青藏高原与黄土高原接壤地带的部分佛教造像传统，党项人以善于营造殿塔、精通绘事而著称于时，在此地留下不少生活痕迹，丹斗寺岩窟底层发现的藏文蝴蝶装雕版印经断片与黑水城出土文书较为相似，还出土了不少墨书西夏文残片，[1]说明两地之间的密切交流关系。

在窟顶绘制金刚界系曼荼罗的例子还见于炳灵寺第168窟，至今还未见学者撰文讨论。炳灵寺位于甘肃永靖县西南的小积石山中，现存216个窟龛可分为下寺区、上寺区和洞沟区三部分，第168窟位于下寺唐代大佛南侧西秦第169窟下方。炳灵寺文物部门将该窟壁画判定为明代作品，但是尊像显示出西夏图像特征，窟内正壁上方顶髻尊胜佛母持宝瓶手的位置与榆林窟第3窟南壁东侧曼荼罗主尊一致，（图4-1-11）。窟顶曼荼罗大部分内容已剥落残损，中央月轮内安坐五方佛和四波罗蜜菩萨，主尊为身呈蓝色的阿閦佛。（图4-1-12）其上为红色阿弥陀如来，双手作禅定印；其右是绿色不空成就如来，左手住于脐前作禅定印，右手举至胸前作无畏印；其左应为黄色宝生如来，先仅存半身图像，仍可见右手延伸至莲座前施与愿印。（图4-1-13）现拉达克境内保存的12—13世纪的几座过街塔内多见这种曼荼罗。[2]

大月轮四隅为全跏趺坐的四波罗蜜菩萨，左上方红色身菩萨右手在胸前持莲花，应是法波罗蜜菩萨，右上方黄色身菩萨左手作禅定印，右手在胸前持摩尼宝，应是宝波罗蜜，其他二尊菩萨已经脱落无法辨识。曼荼罗内院四隅原有四身立姿菩萨，应为

［1］　谢继胜：《藏传佛教艺术东渐与汉藏艺术风格的形成》，收入《藏传佛教艺术发展史》（上），上海书画出版社，2010年，第5页。

［2］　见杨清凡：《藏传佛教阿閦佛图像及相关问题研究（7—15世纪）》，四川大学2007年博士论文，第153—160页。

图4-1-10　榆林窟第3窟窟顶金刚界曼荼罗　　　　图4-1-11　炳灵寺第168窟顶髻尊胜佛母

内四供养菩萨，现仅有左上方形象相对完整，双手舒展、置于肩侧，或为金刚舞菩萨；右上方菩萨头部缺失，两手之中执持的花鬘可判定其身份应为金刚鬘菩萨；其他二尊身份不明。内院外侧四隅又有四尊立姿菩萨，现仅存左下角手持海螺的涂香菩萨，而其他三尊全部脱落。金刚墙四门内呈游戏坐的是四摄菩萨，下方白色身手持钩的为东方金刚钩菩萨，左方青色身、手持铃铎的为南方金刚铃菩萨，另二尊形象也因残损而无法得见。在图像体现的宇宙方位观上，炳灵寺的《金刚顶经》系曼荼罗体现出与榆林窟第 3 窟和东千佛洞第 2 窟窟顶曼荼罗相同的特点，即宝生如来和不空成就如来为了配合自然方位而在平面曼荼罗中出现南北对调的现象。

　　炳灵寺出现受西夏艺术影响的遗存证明了西夏属民活动范围远涉甘南地区。由于占据丝绸之路和唐蕃古道交汇点的重要地理位置，炳灵寺自唐代就有藏传佛教及艺术传入，吐蕃在唐宝应二年（763）占领河陇一带，炳灵寺亦归其治下，下路弘法的源头丹斗寺（Dan tig）距离炳灵寺仅有一日脚程。由于战略位置极为重要，该地成为宋、唃厮啰和西夏争相抢夺的对象，西夏在炳灵寺的活动痕迹可从现存洞窟外壁的西夏文题记（如第 44、134、168 龛）、第 153 龛内出土的西夏文佛经和第 151、168、164 窟内的绘塑作品中得见一斑。

三、西夏金刚界仪轨坛法与曼荼罗图像的盛行

　　唐代"开元三大士"在弘传和发展中原金刚界系密法方面做出突出贡献，译成多种经典，详说金刚界 37 尊曼荼罗的作法、供养法、灌顶法等等。不过在敦煌石窟壁画中，唐代主要表现金刚界曼荼罗中的内、外四供养菩萨（如莫高窟第 148 窟、榆林

图4-1-12　炳灵寺第168窟窟顶曼荼罗

图4-1-13　炳灵寺第168窟窟顶曼荼罗局部

窟第 20 窟），五代时期侧重描绘金刚界五方佛，外方内圆坛城样式的金刚界曼荼罗壁画直到西夏时期才开始出现。目前共发现四处，除了榆林窟第 3 窟的两铺曼荼罗，其他两例分别见东千佛洞第 2 窟窟顶和东千佛洞第 5 窟中心柱北侧壁。东千佛洞第 2 窟窟顶的金刚界曼荼罗与榆林窟第 3 窟窟顶图像的配置方式较为相似，前者构图更为简化，不见描绘四摄菩萨，是由五方佛和四波罗蜜菩萨构成的九尊式金刚界曼荼罗。（图 4-1-14）东千佛洞第 5 窟的金刚界曼荼罗保存状况不佳，多有剥落、漶漫不清之处，它是由五方如来、四波罗蜜菩萨、十六亲近菩萨、四摄菩萨构成的 29 尊曼荼罗，没有绘出内、外四供养菩萨。（图 4-1-15）可见，榆林窟第 3 窟北壁西侧的金刚界曼荼罗是迄今可见的唯一一处完整表现 37 尊大曼荼罗的图像。

对于这几铺曼荼罗的图像构成，阮丽已作过细致分析，兹不赘述。在此笔者将扼要讨论金刚界曼荼罗在西夏流行的原因，认为这和金刚界体系图像与民间施食仪轨、经忏活动的紧密结合有关。

西夏皇室举办过各类仪轨法会，这从黑水城出土文本所附的"印施记""发愿文"中可以得到体现，西夏对仪轨、法会、忏仪的强烈兴趣是从唐宋佛教信仰传统培养起来

图4-1-14　东千佛洞第2窟窟顶金刚界曼荼罗

图4-1-15　东千佛洞第5窟金刚界曼荼罗

的。为了顺应世俗性佛教的发展要求，唐、宋之际各种荐亡忏悔仪式盛行，具有广泛民间信仰基础的瑜伽焰口科仪中就已经包含了金刚界曼荼罗体系的相关内容，如不空译《施诸饿鬼饮食及水法》诵念五如来名号及真言，[1]俄罗斯东方文献研究所藏西夏黑水

---

[1]（唐）不空译《施诸恶鬼饮食及水法》，《大正藏》No.1315。

城出土 **ИНВ**. No.6503 号《水食施放顺要论》便是依据不空译本摘录而成。[1]尤其值得强调的是，西夏护国仁王寺法师不动金刚依据不空译本重新编集《瑜伽集要焰口施食仪》，详尽阐明金刚界五佛和金刚界大曼荼罗在瑜伽施食仪式中的作用，规定行者在清净道场设立金刚界坛城，并通过口诵真言、手结印契而使身心俱入三摩地，诸种恶业得以清净，广大有情众生不受轮回诸恶苦果。[2]此不动金刚正是喻谦编撰《新续高僧传四集》之《宋西夏护国仁王寺沙门释不动》中的"释不动"："梵名阿闪撒干资罗，华言不动金刚，本天竺人，初出家时遍游五天竺，显密俱彻，……及来西夏，栖止护国寺，翻译密部，弘扬般若金刚。"[3]根据传记可知，不动金刚在西夏境内主要弘传五部中的金刚部教义及其仪轨，所以他本人编集并推行金刚界曼荼罗相关忏仪自在情理之中，再结合这位上师在当时的重大影响力来考虑，可以想见金刚界坛法在西夏应该较为流行。

四、榆林窟第3窟北壁西侧金刚界曼荼罗下方的多闻天王与八大马主

北壁西侧金刚界曼荼罗下方绘多闻天王并八大马主（rTa bdag brgyad）。多闻天王（Vaiśravaṇa）是四大天王中的北方天王，藏文作 rNam thos sras，rNam thos kyi bu 或 rNam sras，汉译佛典多采用音译称其为毗沙门或吠室囉摩那[4]等。卫藏地区迄今可见最早的多闻天王并八大马主图像出现在后藏夏鲁寺 14 世纪的壁画中，自此始开该图像在卫藏流行盛况之肇始，因此敦煌地区西夏时期的造像便成为留存至今的最先将密典文字转换为艺术表现形式的一批作品，将两种不同的图像学特征和艺术风格融为一体。

此多闻天王为正面坐像，半跏趺坐于青狮背上，身着过膝铠甲，右手持伞幢，左手持吐宝兽。多闻天王左右两侧侍立两位供养人，其中右侧女供养人手中托举供物，左侧男供养人作武士装扮，身着甲胄，手中亦有供养物品。这一对人物经常出现在 14 世纪之后的毗沙门组像中，其中男供养人多描绘成头戴朝冠、身着长袍的贵族人物。（图 4-1-16a、b）与榆林窟武士形象最接近的例子是夏鲁寺罗汉殿多闻天壁画中身着甲

---

[1] 克恰诺夫编《俄罗斯科学院东方学研究所藏西夏佛教文献目录》（*Е. И. Кычанов: Каталог тангутских буддийских памятников Института востоковедения Российской Академии Наук*），京都大学（Университет Кисто），1999 年，第 440 页。

[2] 收入《台北版电子佛典集成》第 19 卷，No.B047《瑜伽集要焰口施食仪》卷一，第 201—212 页。

[3] （民国）喻谦《新续高僧传四集》，卷 1，《宋西夏护国仁王寺沙门释不动》。

[4] 如《大正藏》第 1246 号经典，般若斫羯囉译《摩诃吠室囉末那野提婆喝囉阇陀罗尼仪轨》。

图4-1-16a　14世纪毗沙门天王唐卡之一　　　　　图4-1-16b　14世纪毗沙门天王唐卡之二

胄、手持梃锤的侍者，[1]但对这组人物的确切身份学界仍未达成共识。[2]多闻天王和二供养人被虹光和圆光包围，在圆光之外东西两端的空间分别绘制四身被祥云承托、乘骑宝马的马王。笔者前往现场调查时可确认各马主右手执有不同持物，以表明各自身份，多闻天王左侧有持摩尼宝者、持三叉戟者，多闻天王右侧有持楼阁者、持剑者，其余马主的持物漶漫不清。

　　图像中的单尊多闻天王像可分为汉藏两种系统，自唐吐蕃时期开始就借由汉、藏等族的交流而循不同轨迹交互发展，留存作品数量较多，[3]但若论及多闻天王和八大马

[1]　图片可参见贾玉平：《夏鲁寺壁画中的多闻子图像考察》，《西藏研究》2010年第3期，第68页，图6。

[2]　图齐认为其分别是被毗沙门调伏的龙王与龙母（见 Giuseppe Tucci, Tibetan Painting Scrolls, Rinsen Book Co., Kyoto, Japan, 1980, pp.575）；Franco Ricca 与 Erberto Lo Bue 确认为印度女神拉克什米（Lakshmi）与毗沙门天王的父亲或祖父补罗婆底耶（Pulastya）（见 Franco Ricca&Erberto Lo Bue, The Great Stupa of Gyantse: A Complete Tiebtan Pantheon of the Fifteenth Century, London: Serindia, 1993, pp.93-94）等等。笔者认为这组人物很有可能是多闻天王的父母，因为白居寺吉祥多门塔二层第十二间佛殿中有藏文题记云："东面小壁为善趣金刚手、多闻子大王及其父多闻仙人和其母吉祥天女，下部为持红矛……八马主。"见魏正中、萨尔吉译：《梵天佛地》，第四卷，第337页。

[3]　有关汉藏两种造像系统中多闻天王（毗沙门）像的研究，可参见谢继胜：《西夏藏传绘画——黑水城出土西夏唐卡研究》，河北教育出版社，2001年，第145—153页，另见其文《榆林窟15窟天王像与吐蕃天王图像演变分析》，《装饰》2008年第6期，第54—59页。

主的组合，汉译佛典中仅有唐一行著《大毗卢遮那成佛经疏》[1]和宋法天译《佛说宝藏神大明曼拏罗仪轨经》简要论及，并没有记载各尊持物或具体形象特征，[2]敦煌出土艺术品和现存11世纪之前壁画作品中的毗沙门天王也未见八大马主随待，这一组合是随着宋初（等同于西藏后弘期）新译密典的完成才开始频繁出现在内地和卫藏艺术作品中。

除了榆林窟第3窟的多闻天王并八大马主像，我们还可以找到3组创作于西夏时期的同题材作品，说明这组图像在西夏社会流行一时。东千佛洞第5窟中心柱南侧壁画（图4-1-17）和俄国艾尔米塔什博物馆第X2403号藏品（图4-1-18）在图像学特征和构图方式上均较为相似，以青狮为坐骑的毗沙门天王居坐中央，头戴三叶宝冠，身着甲胄，左手皆持吐宝兽，不同的是东千佛洞第5窟的毗沙门天王右手持宝幢，而X2403号藏品中毗沙门天王右手持物为三角旗。两幅作品选择曼荼罗样式安置各尊，却又不是典型的圆形曼荼罗构图，八大马主被安置在围绕中央主尊的八瓣莲花或八等分同心圆内，各马主骑坐马上，左手均持吐宝兽，右手各执不同持物以区分身份。艾尔米塔什博物馆第X2382号藏品也是一幅毗沙门天王唐卡，（图4-1-19）构图与前述两个作品不同，八大马主虽然仍被安置环绕在主尊四方四隅似乎犹未脱离曼荼罗样式的制约，但已相对灵活多变，并增加其他夜叉、龙王、随众等形象，人物的衣着、器物、装饰细节等也传达出汉地造像特点。

现存图像遗存表明，西夏早于卫藏地区出现毗沙门并八大马主组像，那么其文本依据和图像来源是什么呢？吐蕃绘画中最早的毗沙门造像多为单尊立像，如榆林窟第25窟前室东壁北侧的毗沙门天王，身披过膝铠甲，作武士装扮，右手持三叉戟，左手托举佛塔。（图4-1-20）卫藏地区14世纪之前的作品非常少见，这与藏文文本中流传有序的传承脉络不相符合。《五世达赖喇嘛传》中记载在吐蕃与汉地交战时，莲花生大师召请毗沙门天王与八大马主，向王臣显示神通，毗沙门天王及其眷属等形象一起被画入旌旗之中，庇护藏军大获全胜。王子牟汝赞普目睹了无数毗沙门的化身，遂将

---

[1]《大毗卢遮那成佛经疏》卷五《入漫荼罗具缘品之余》记载："次于北门当置毗沙门天王，于其左右置夜叉八大将，一名摩尼跋陀罗，译曰宝贤；二名布噜那跋陀罗，译曰满贤；三名半枳迦，旧曰散支；四名沙多祁里；五名醯摩嚩多，即是住雪山者；六名毗洒迦；七名阿吒嚩迦；八名半遮罗。"《大正藏》No.1796，第634页。

[2]"于宝藏神大夜叉王两边有夜叉，一名吉隶二名摩隶，恒倾宝藏。北方名舍也（二合）摩夜叉、妙满夜叉、满贤夜叉；东方获财夜叉、大财夜叉，亦倾宝藏大腹一切庄严大夜叉王。此八眷属夜叉王东方满贤、南方多闻、西方获财、北方宝贤等真言。此八大夜叉王，居八地自在大菩萨位，于其利生善能取舍，安住三界一切财宝。于宝藏神右边，安置清净宝瓶，及吉隶夜叉摩隶夜叉。此二是宝藏神兄弟，亦居最上菩萨位，一住西南角，誓愿度脱一切众生。一住东北方，具大精进所见真是发欢喜誓愿。若念名者所求皆得。"《大正藏》No.1283，第21册，第343页。

图4-1-17　东千佛洞第5窟多闻天王曼荼罗　　　　　　　　图4-1-18　黑水城出土毗沙门天王曼荼罗

其形象绘制下来，并称其为"姜域多闻子像"[1]，后藏江孜却伦措巴寺所藏"姜域多闻旗"和"似姜域多闻旗"当是源出与此，[2]说明这组造像在吐蕃时期可能就已经流传开来。这条史料虽然完成于17世纪，但是莲花生与多闻天王并八大马主图像的关联从另一篇成就法中可以得到印证，19世纪绛贡工珠洛珠泰耶（'Jam mgon kong sprul blo gros mtha' yas，1813—1899）汇总宁玛派所掘伏藏法宝的《伏藏宝库》（Rin chen gter mdzod chen mo）收有一部《莲花生大成就师作云中黄色多闻子天王九尊随许成就法资粮》，[3]文中有关此九尊身相特征、持物、坐骑等的内容如下：

> 彼尊身前狮座上，be中光明集散处，夜叉王主多闻子。身黄面一臂有二，右手执持珍宝幢，左手盈握吐宝鼬，宝冠耳铛与璎珞。并饰骷髅人首鬘，口中喷吐珍宝雨，日轮月轮左右悬，大腹便便跏趺坐。其前"dzam"字生瞻巴拉，身色灿黄手持宝。其右黄色满贤主，宝幡净瓶手执持。其左黑色库贝

[1]　五世达赖喇嘛阿旺洛桑嘉措著，陈庆英译：《五世达赖喇嘛传》，第22页。有关五世达赖喇嘛家世血统历史的英译内容，见Giuseppe Tucci, Tibetan Painting Scrolls, Rinsen Book Co., Kyoto, Japan, 1980, pp.734-736.姜域（'Jang yul或ljang yul）即南诏，或是为了纪念吐蕃与南诏交战这一历史事件而将其命名为"姜域多闻子像"。

[2]　扎雅活佛著：《西藏宗教艺术》，谢继胜译，西藏人民出版社，1997年，第80—81页。

[3]　"rGyal chen rnam thos sras ser chen lha dgu sprin gseb mar grags pa slob dpon padma 'byung gnas kyis mdzad pa rjes gnang sgrub thabs las tshogs dang bcas pa", in 'Jam mgon kon sprul blo gros mtha' yas, Rin chen gter mdzod chen mo, TBRC, W20578, Vol.80, pp.26-53.

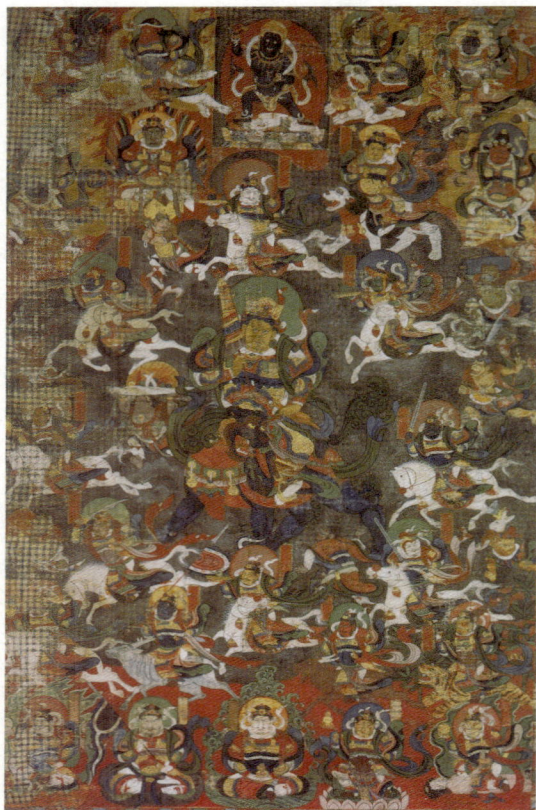

图4-1-19　艾尔米塔什博物馆藏毗沙门天王唐卡

图4-1-20　榆林窟第25窟前室东侧毗沙门

罗，黑衣加身擎黑旗。其后白色宝贤主，手中执持火焰珠。东南清净施碍主，身色为黄手持剑。西南黑旷野主，手中持举宝旗幡。西北黄色五娱主，手中宝楼层垒叠。东北白色妙聚主，手中秉持剑与盾。诸主鼠鼬左手握，宝饰严身马作骑。各拥侍从一亿众，如是即得八成就。[1]

---

[1] De las rang nyid phyag rdor ni/ mthid nag zhal gcig phyag gnyis pa/ g.yas pa rdo rje stigs mdzub g.yon/ dregs pa dbang du sdud par byed/ de yi mdun du seng khri'i steng/ be las 'od zer 'phro 'du las/ gnod sbyin rgyal po rnam thos sras/ gser mdog zhal gcig phyag gnyis pa/ g.yas na rin chen rgyal mtshan 'dzin/ g.yon na gter gyi ne'u le bsnams/ rin chen cod pan rna rgyan dang/ mgul rgyan dang ni do shal dang/ dpur rgyan lag gdub phreng ba can/ zhal nas rin chen char pa 'bebs/ nyi ma zla ba g.yas g.yon mdzes/ gsus khyim che la skyil krung bzhugs/ de mdun dzam las dzam bha la/ ser po rin chen thogs par bskyed/ g.yas su gang pa bzang po ser/ rgyal mtshan bum pa thogs par bskyed/ g.yon du ku ber nag po/ gos nag gon nas dar nag thogs/ rgyab tu nor bu bzang po dkar/ rin chen 'bar pa lag na thogs/ shar lhor gnod sbyin yang dag shes/ ser po ral gri thogs par bskyed/ lho nub 'brog gnas nag po ni/ dar mdung lag na thogs par bskyed/ nub byang lngas rtse na ser skyal/ lag na khang bu brtsegs pa thogs/ byang shar pi tsi kunta dkar/ lag na gri dang phub kyang thogs/ kun kyang g.yon na ne'u le bsnams/ rin chen rgyan ldan rta la chibs/ 'khor ni gnod sbyin bye bas bskor/ bka' nyan dngos grub ster bar bskyed/
见 " rGyal chen rnam thos sras ser chen lha dgu sprin gseb mar grags pa slob dpon padma 'byung gnas kyis mdzad pa rjes gnang sgrub thabs las tshogs dang bcas pa"，第32—33 叶。

该成就法题名明确表示是莲花生所传法门，传为阿底峡口授传承的《纳塘百法》（sNar thang brgya rtsa）记载的"黄色大多闻子九尊"（rNam sras ser chen lha dgu）身色与持物与上译文可相对应，（图4-1-21）14世纪后藏大学者布顿著《多闻子天王赞颂·王心极喜》有关八大马王的描写与该系造像基本一致（相关段落译文见附录五），应当是源自同一系统。16世纪之后西藏学者著作中收录的多闻天九尊成就法仪轨数量急增，如天法不动金刚（gNam chos

图4-1-21 《纳塘百法》"黄色大多闻子九尊"

Mi 'gyur rdo rje，1645-1667）《大明多闻子九尊成就王作法资粮》，[1] 三世土观善慧法日尊者（Thu'u bkwan Blo bzang chos kyi nyi ma，1737-1802）所著《黄色大多闻子施食总摄》，[2] 19世纪编辑而成的《成就法集》（sGrub thabs kun btus）之《大天王多闻子现证出生》等等。总体来说，藏文文献中记载的毗沙门天王形象基本固定，八大马王的体现在极个别尊神的名称、身色、持物方面，依然可将其划入同一种传承体系，从吐蕃到清持续不断。但是卫藏早期图像缺失，毗沙门天王与八大马王组像信仰的真正盛行是在入元之后，夏鲁寺、托林寺和萨迦寺均有发现，国内和西方各大博物馆和私人收藏的同题材唐卡也数量可观。夏鲁寺各殿绘制的7处13世纪末至14世纪中期毗沙门题材壁画是这一现象的集中体现，（图4-1-22）多闻天王信仰如此兴盛，究其原因，应当与夏鲁万户受到元代皇室因素的影响有关。受元廷资助、主持夏鲁寺第二次扩建工程的古相·扎巴坚赞曾被誉为毗沙门的化身，[3] 他在任时把神变门楼改建为护法神殿，在寺内多处绘制多闻天王造像以取其护国之意，正是在他1306年执掌夏鲁寺之后多闻天王的信仰才进一步被强化。而在图像和文本方面对多闻天王与八大马主这一固定

[1] "rNam sras rigs chen dgu sgrub pa dbang las tshogs dang cas pa", gNam chos Mi 'gyur rdo rje, karma chags med, gNam chos, Paro Kyichu, Bhoutan, 1983,TBRC, W21578, vol.4,pp.444-450.

[2] "rGyal po chen po rnam mang thos sras kyi mngon rtogs dgos 'dod 'byung ba bzhugs so", in mKhyen brtse'i dbang po, Blo gter dbang po, *sGrub thabs kun btus*, Kangara, H.P., India, Vol.9, pp.36-50.

[3] 觉囊多罗那他著：《后藏志》，佘万治译，西藏人民出版社，1994年，第92页。

图4-1-22　夏鲁寺护法殿多闻天王与八大马主

组合造成关键影响的，是布顿大师。

《布顿全集》中共有六部与多闻天王有关的仪轨，其中两部提及八大马主的身相特征，即《多闻子大王现证出生》[1]和《多闻子大王赞颂·王心极喜》[2]，尤以第二部记载最为详尽，它完整记述了具足数百位尊格的多闻天王大曼荼罗，现将文中关于八大马主的内容摘译如下：

　　药叉之王昏聩神，身色灿黄右手宝，是为断离贫穷苦，居坐东方我礼赞。满贤其身示灿黄，从中既得利益事，妙贤宝瓶右手持，居坐南方我礼赞。宝贤身色如满月，右手敬持摩尼宝，满足轮回众生愿，居坐西方我礼赞。大马主王库贝罗，青黑忿怒持利剑，勇猛根除敌魔碍，居坐北方我礼赞。自性智之尽知主，执持黄色智慧剑，斩断无明身色黄，居坐东南我礼赞。黑色忿怒旷野主，调伏天人之魔军，右手执持锋利矛，居坐西南我礼赞。昼夜投掷五股骰，五娱马主身浅黄，右手执持宝楼阁，居坐西北我礼赞。柔滑发髻海

［1］　rGyal po thos sras kyi mngon rtogs dgos 'dod 'byung ba, Bu ston rin chen grub, gSung 'bum, zhol par ma ldi lir bskyar bar brgyab pa, New Delhi International Academy of Indian Culture, 1965-1971，第14册，第789—804叶。

［2］　rGyal po chen po rnam thos sras kyi bstod pa rgyal po'i thugs rab tu mnyes byed, Bu ston rin chen grub, gSung 'bum，第14册，第806—841叶。

螺色，般若兵刃破他碍，右持自卫剑与盾，居坐东北我礼赞。唯愿诸丑拥光辉，庄严加身着甲胄，各各乘骑勇猛马，左手持鼠我礼赞。[1]

《多闻子大王现证出生》所记内容相比而言较为简略，各马主的身色持物与前文完全一致。[2]布顿文本中记载的八大马主具体身相特征可参见表4-1-1：

表4-1-1　八大马主具体身相特征

序号	方位	名号	身色	持物	
				右手	左手
1	东	昏聩马主藏：rMugs 'dzin；梵：Jambhala	黄	宝	吐宝鼠
2	南	满贤马主藏：Gang ba bzang po；梵：Pūrṇabhadra	黄	瓶	
3	西	宝贤马主藏：Nor bu bzang po；梵：Māṇibhadra	白	摩尼宝	
4	北	俱毗罗马主藏：Ku ber；梵：Kuvera	黑	剑	
5	东南	尽知马主（亦称散支马主）藏：Yang dag shes rab；梵：Saṃjñeya	黄	剑	
6	西南	旷野马主（亦称戳聂马主）藏：'brog gnas；梵：Āṭavaka	黑	矛	
7	西北	五娱马主（亦称般支迦马主）藏：lnga rtsen；梵：Pañcika	淡黄	楼阁	
8	东北	妙聚马主（亦称瞻部庆巴马主）藏：'kam po 'khyil pa；梵：Bījakuṇḍa	白	剑与盾	

---

[1] gNor spyin dbang po rmugs 'dzin ni/ gser mdog phyag g.yas rin chen 'dzin/dbul ba'i bsngal sel mdzad pa/ shar phyogs gnas la phyag 'tshol lo/ gang ba bzang po sku mdog ser/ ci dgos nang nas 'byung ba yi/ bum pa bzang po g.yas pas 'dzin/ lho phyogs gnas la phyag 'tshol lo/ nor bu bzang po zla rgyas mdog/ phyags g.yas yid bzhin nor bu yis/ 'gros ba'i re ba rdzogs mdzad pa/ nub phyogs gnas la phyag 'tshol lo/ rta bdag chen po ku be ra/ mthing nag khros pa ral gri 'dzin/ dgra bgegs rtsad nas gcod mdzad pa/ byang phyogs gnas la phyag 'tshol lo/ de nyid shes pa'i yang dag shes/ shes rab gser gyi ral gris 'dzin/ mi shes gcod pa sku mdog ser/ mi mtshan gnas la phyag 'tshol lo/ 'brog gnas rab tu khos shing nag/ lha mi'i bdud kyi dpung 'joms pa'i/ mdung rnon mtshan cha g.yas pa 'dzin/ bden bral gnas la phyag 'tshol lo/ nyin mtshan cho lo lnga rtse mdzad pa'i/ lnga rtsen ser skya rgyas pa yi/ ri dags g.yas na khang brtsegs bsnams/ rlung mtshams gnas la phyags 'tshol lo/ 'jam po 'khyil pa dung gi mdog/ shes rab chas gzhan 'joms shing/ rang srung gri phub g.yas pas 'dzin/ dbang lngan gnas la phyags 'tshol lo/ thams cad mi sdig brjid 'dzin la rngam/ sna tshogs rgyan can go cha bgos/ rdzu 'phrul rta chibs g.yon pa na/ ne'u le bsnams phyag 'tshol lo/rGyal po chen po rnam thos sras kyi bstod pa rgyal po'i thugs rab tu mnyes byed, 第813—814叶。

[2] De nas shar gyi khang brtsegs kyi nang du pad ma'i steng du rmugs 'dzin ser po/ phyag g.yas na rin po che bsnams pa/ de bzhin du lho gang ba bzang po ser po/ rin po che'i bum pa bsnams pa/ nub tu nor bu bzang po dkar po/ nor bu bsnams ba/ byang du ku ber nag po/ ral gri bsnams pa/ shar lhor yang dag shes rab ser po/ ser gri bsnams pa/ lhor nub tu 'brog gnas nag po/ rin po che'i mdung thogs pa/ nub byang du lnga rtsen ser skya/ khang brtses bsnams pa/ byang shar du 'kam po 'khyil pa dkar po/ gri dang phub bsnams pa/ thams cad kyang g.yon na gser gyi na'u le bsnams pa/ rang rang gi sku mdog dang mtshung pa'i rta la chubs pa/ rgyan sna tshogs gyis spras pa/ rGyal po rnam thos sras kyi mngon rtogs 'dod 'byung ba, Bu ston rin chen grub, gSung 'bum, Zhol par ma ldi lir bskyar bar brgyab pa, 第782叶。

在西藏本土范围内，这一组像成为 14 世纪之后西藏寺院壁画和唐卡的常见题材，除夏鲁寺外，萨迦寺、白居寺、托林寺、古格故城均有发现，国内和西方各大博物馆和私人收藏的同题材唐卡也数量可观。建于 15 世纪上半叶的江孜白居寺吉祥多门塔一层第 17 间殿为多闻天王殿，北壁有塑像三尊，即主尊多闻天王及其父多闻仙上与母吉祥天女，根据题记和《江孜法王传》记载，东壁壁中为三层柳叶宫，主尊为汉式多闻天王，其眷属八马主、金刚手、红色秘密成就持矛多闻天，胜舞多闻天等环绕周围。（图 4-1-23）托林寺白殿壁画完成于 15 世纪下半叶，南壁东侧的多闻天王曼荼罗应是西藏寺院壁画中最精美的一铺作品，多闻天王及其众多眷属居住在柳叶宫内，主尊正面坐像，半跏趺坐在青狮背上，身着甲胄，右手持幢，左手持露吐宝兽。主尊左右两侧分别有四位马主，各骑宝马安置在各自行宫内，左侧从上至下依次是旷野马主、满贤马主、尽知马主、昏瞆马主，右侧依次是宝贤马主、五娱马主、俱毗罗马主、妙聚马主。（图 4-1-24）在迄今发现的唐卡中，与布顿文本和夏鲁寺壁画完成时间最为接近的是法国吉美国立亚洲艺术博物馆的一件唐卡作品，[1]创作年代为 14 世纪下半叶，它采用的构图，类似于早期唐卡常用的棋格式，主尊占据主要空间，其他眷属按特定比例安置在四边，但又通过一些细节打破边缘线的限制，使画面更加生动。唐卡中绘制了多闻天王的诸种眷属、上师及其护法神等等，八大马主位于画面下方，按示意图中的编号 1—8 依次为：宝贤马主、昏瞆马主、尽知马主、旷野马主、满贤马主、俱毗罗马主、五娱马主、妙聚马主，（图 4-1-25）与布顿文本的描述完全一致。

对西夏时期毗沙门并八大马主造像构成直接影响的是当时译出的汉文或西夏文密教文献。现藏于俄罗斯科学院东方研究所圣彼得堡分所的黑水城出土西夏汉文文书Φ214《亲诵仪》与藏文《大藏经》中的《多闻子随行供物仪轨》（*rNam thos sras rjes su 'brang ba'i gtor ma'i cho ga*）有关。[2]描述更加详尽、与西夏毗沙门图像契合度最高的是另一部文书 Φ234《多闻天施食仪轨》，[3]其所对应的藏文或梵文原文暂不能同定，对毗沙门天王和八大马主形象的描述如下：

---

[1] Kossak, Steven M., and Jane Casey Singer, *Sacred Visions: Early Paintings from Central Tibet*, Metropolitan Museum of Art, 1998, p.183.

[2] 见沈卫荣：《序说有关西夏、元朝所传藏传密法之汉文文献——以黑水城所见汉译藏传佛教仪轨文书为中心》，《欧亚学刊》第 7 辑，2006 年，中华书局，注 55。《亲诵仪》全文参见《俄藏黑水城文献》第 6 册，上海古籍出版社。

[3] 原名《多闻天陀罗尼仪轨》，后由宗舜法师更正为《多闻天施食仪轨》，见宗舜：《〈俄藏黑水城文献〉之汉文佛教文献续考》，见于苏州戒幢佛学研究所戒幢教育网《宗舜法师文集》，2005 年，第 104—105 页。

图4-1-23　白居寺吉祥多门塔多闻天王像

唵，咩室啰（此三字旁写：外色勒）末耶，萨末哩末日啰，末日啰，三麻耶拔，吽。钵和唵咩□□□□（旁写：外□□□□）。亲时便验者，或空中有衣钘声，或壁面上生火炎（焰），或自己恐怖，毛竖心战□，或傍人依前所现时，其咒莫念。

当尊天王，黄色一面二臂，右手持七宝幢，左手鼠狼袋，乘青师子，请在莲花心中。

八施碍各乘白马，住八叶上：

东面捹末捺（施碍），黄色，右手持宝珠。

南面圆满施碍，赤黄色，右手持净瓶。

西面宝珠施碍，白色，右手火焰珠。

北面马主施碍，黑色，右手持钩。

东南角尽知施碍，赤色，右手持刀。

西南角参巴拔你施碍，黄白色，右手持枪。

西北角五尖施碍，黄白色，右手持宝楼。

东北角唧弥布怛里施碍，白色，右手持傍牌。

八施碍左手尽持鼠狼袋，吐七宝，乘白马，各随侍从，每一亿，各持种

种器械。

这件文书记载的各尊身形与持物和现存藏文文献的记述大致吻合，其中捞末捺即
Jambhala，参巴拔你即旷野主，唧弥布怛里为妙聚马主，并且能将俄藏 X2403、X2382
号唐卡与东千佛洞第 5 窟中心柱南侧所绘毗沙门天王并八大马主的形象对照辨识。[1]

此外，另一件黑水城出土文书、被判定为元代写本的 A21《吉祥金刚手烧坛仪》
同样提及相关内容，但是各马主的名称与持物略有区别："修习人若作多闻天王坛……
外层莲花上作八施碍，东叶上捞麻糖神手持宝，南方叶满贤施导持净瓶，西方叶上宝
贤施导持宫殿，北方叶上身施导持剑，东南方角叶上真性施导持钞刀，西南叶上愿是
施导手持枪，西北叶上把捞割施导手持宝珠，东北方叶上恶积施导手持榜牌"，[2] 元末
高僧阿尤喜固什所作的《毗沙门斡布桑》也记载了八大马主的形象特征。[3] 这些材料
说明在西夏至元时期，多闻天王与八大马主的文本与图像已有一定流行度。

五、小 结

榆林窟第 3 窟与东千佛洞第 2、5 窟的四铺金刚界曼荼罗是敦煌石窟壁画中第一批
坛城样式的金刚界曼荼罗，内院五方佛均为如来形，五方佛身色似乎遵循了吐蕃统治
敦煌时期的造像系统，分别为黄（大日如来）→白（阿閦如来）→蓝（宝生如来）→红
（阿弥陀如来）→绿（不空成就如来），与同时期卫藏地区由白色大日如来引领的五方佛
身色不同，说明此种早期图像体系或许在 8 世纪左右从吐蕃传入敦煌，仅在河西地区保
留，并被西夏人继承。榆林窟第 3 窟北壁西侧金刚界曼荼罗外轮之外的四隅安置四尊形
象，分别为三面六臂文殊金刚菩萨、一面二臂文殊菩萨以及依傍宝树相对而立的两尊施
宝观音，其中文殊金刚菩萨和施宝观音是宋夏时期河西地区出现的新题材，流行原因与
11 世纪左右密教成就法的传译和东印度波罗梵文贝叶经插图在中原的流通有关。另外，

[1] 对俄藏 X2382 号唐卡内容的分析见谢继胜：《西夏藏传绘画——黑水城出土西夏唐卡研究》，河北
教育出版社，2001 年，第 145—153 页，另见荣新江：《〈俄藏敦煌文献〉中的黑水城文献》，收入
辨伪与存真——敦煌学论集》，上海古籍出版社，2010 年，第 176—180 页。关于东千佛洞第 5 窟
壁画的研究，见刘永增：《安西东千佛洞第 5 窟毗沙门天王与八大夜叉曼荼罗解说》，《敦煌研究》
2006 年第 3 期，第 1—5 页。

[2] 俄罗斯科学院东方研究所圣彼得堡分所、中国社会科学院民族研究所：《俄藏黑水城文献》第 5 册，
上海古籍出版社，1996 年，第 293—294 页。

[3] 娜琳阿盖、隼鹊尔：《新发现的阿尤喜固什的仪轨文〈毗沙门斡布桑〉初探》，《蒙古学信息》1997
年第 4 期，第 22—23 页。

图4-1-24　法国集美国立亚洲艺术博物馆藏品

图4-1-25　托林寺白殿多闻天王像

西夏兴起在石窟中绘制金刚界曼荼罗的热潮，这一现象与当时广泛施行金刚界仪轨坛法有密不可分的关系，从印度入夏弘传金刚密法的不空金刚在这其中发挥的作用最大，他强调金刚界五佛和金刚界大曼荼罗在瑜伽焰口施食仪式中的功能，不空金刚还将该仪式传入四川蒙山，被当地人尊称为"甘露法师"，著名的《蒙山施食仪》就是在他于西夏护国仁王寺编撰的《瑜伽集要焰口施食仪》基础上，搜集蒙山当地的施食仪文而完成汇编！[1] 所以，西夏是中国"信仰性佛教/仪轨性佛教"发展的重要时期。

---

[1] "师现传金刚一部，故名金刚法师，此乃灌顶时所授称也。梵语阿閦撒，此云不动，谓师最初依阿閦部法而行持故。集者，显德也，谓师欲令道俗修证，故以唐三藏不空法师所译三十五佛名经礼忏文，前增五十三佛德号，后缀普贤十大愿偈，前后共成一百八礼，期断百八烦恼故。后迁四川蒙山，又集施食仪文，为出生轨范，因以甘露度孤，复称"甘露法师"。今时诸方丛林静室目为课诵，以山彰名，所谓蒙山施食也。此实法中二利行用之要，大有功于佛门者也。"《大忏悔文略解》，收入《嘉兴藏》第30册，No.B260。

第二节 恶趣清净曼荼罗

于此（净诸恶趣）曼拏罗中，观想本身
为释迦佛，于佛信众复现名曰，而于月中想
有本尊微妙真言，名"净诸恶趣"此妙真言
才心念时，于刹那顷放大光明，普照一切众
生之界，下至地狱饿鬼畜生之趣。而彼光明
所照众生，应有罪业以光威力灭尽无余。[1]

——（宋）法贤译《佛说大乘观想曼拏
罗净诸恶趣经》

南壁西侧所绘为恶趣清净曼荼罗，长 3.7 米，宽 2.77 米。这铺图像在 20 世纪 90
年代由敦煌研究院所编的《中国石窟·安西榆林窟》一书定名为"胎藏界曼荼罗"之后，
20 余年内无人作进一步研究。田中公明在 2009 年北京举办的第四届西藏考古与艺术
国际研讨会上提交报告《安西榆林窟第 3 窟所谓的"胎藏界曼荼罗"研究》，[2] 首次将
其纠正为恶趣清净曼荼罗，随后刘永增在田中公明研究的基础上对曼荼罗内的单尊做
了图像志方面的辨识。[3]

敦煌地区石窟壁画仅发现这一例恶趣清净曼荼罗，不过与《恶趣清净怛特罗》相
关的仪轨文书和白描纸画从吐蕃占领敦煌时期就有广泛传播，[4] 说明此类图像在这一
地区有深厚的信仰基础，又因西夏人对有实际功用和实践性质的密教题材情有独钟，

［1］《大正藏》No.939。

［2］ 田中公明，"On the so called Garbhadhātu Maṇḍala in Cave No.3 of Anxi Yulin Cave"，此文被收录在谢
继胜等人主编的《第四届西藏考古与艺术国际研讨会论文集》中，上海古籍出版社，2014 年，第
155—160 页。

［3］ 见刘永增：《瓜州榆林窟第 3 窟恶趣清净曼荼罗及相关问题》，收入《敦煌吐蕃统治时期石窟与藏传
佛教艺术研究》，读者出版社，2012 年，第 231—235 页。

［4］ 敦煌出土密教文书中有 IOL Tib J 579，P.T.37，IOL Tib J 318，IOL Tib J 384，IOL Tib J 420，IOL Tib
J 439，IOL Tib J 507，IOL Tib J 712，Or.8210/S.421 等等。绘画作品主要有种子字曼荼罗 Pelliot
tibétain 389 和纸画白描曼荼罗 Pelliot chinois 3937。相关研究见，田中公明：《敦煌出土の恶趣清
净曼荼罗仪轨と白描图像》，收入《敦煌·密教と美术》，第 87—95 页。刘永增：《敦煌白画 Pelliot
tibétain 389、Pelliot chinois 3937 图像解说》，收入《庆贺饶宗颐先生九十五华诞敦煌学国际学术研
讨会论文集》，中华书局，2012 年，第 77—79 页。

促进了恶趣清净类《陀罗尼经》、仪轨和坛仪等在西夏社会的流行。为了更加清晰地说明榆林窟第 3 窟恶趣清净曼荼罗的绘制情况，本节在前人研究的基础上对《恶趣清净怛特罗》相关经典及其内记述的图像结构作简要梳理后，主要分析该铺曼荼罗的结构特征，并结合黑水城出土文献讨论分析恶趣清净相关文本或仪式在西夏时期的广泛流通。

一、恶趣清净曼荼罗的相关经典和图像构成

恶趣清净曼荼罗的根本经典是《恶趣清净怛特罗》（ *Sarvadurgatipariśodhana Tantra* ），与《金刚顶经》一样同属瑜伽密续的重要论著。藏文《大藏经》中保留有新旧两种译本，其中仅有新译本存有梵文原典。[1]旧译本《清净一切如来阿罗汉等正觉者的恶趣威光王仪轨》[2]完成于 8 世纪中叶，由寂藏（Śāntigarbha）、胜护（Jayarakṣīta）共同翻译，宝胜（Rin chen mchog）校订；新译本是由帝释天（Devendradeva），吉祥智（Māṇikaśrījñāna）和恰译师法祥（Chos rje dpal）共同译成，完成于 13 世纪上半叶，题为《清净一切如来阿罗汉等正觉者恶趣威光王仪轨一分》。[3]旧译本共记录 12 种曼荼罗，新译本有 11 种，缺载忿怒火焰曼荼罗。两种译本最主要的区别体现在第一章本续，旧译描述的是以四面白色普明大日如来为中尊的 37 尊曼荼罗，新译则将释迦牟尼佛、金刚大佛顶、宝生顶、莲花顶、羯磨顶等九佛顶安置在第一围和第二围，后期藏文论著甚至直接用《九佛顶续》（ *gTsug [tor] dgu'i rgyud* ）来指代新译《恶趣清净怛特罗》。[4]伦敦大学 Tadeusz Skorupski 曾出版专著细致比对两译本的异同之处，具体内容可参见其书。[5]新译《恶趣清净怛特罗》还有宋法贤汉译本《佛说大乘观想曼拏罗净诸恶趣经》二卷，[6]与藏译本相比，后者更加忠实于梵文原典，汉译本仅是抄译。

［1］ Steven Neal Weinberger, *The Significance of Yoga Tantra and the Compendium of Principles (Tattvasamgraha Tantra) within Tantric Buddhism in India and Tibet*, 2003, p.139.

［2］ 德格版第 483 号经典，梵 *Sarvadurgatiparīśodhanatejorājasya tathagatasya arhtāosamyaksambuddhasya kalpa*，藏：*De bzhin gshegs pa dgra bcom pa yang dag par rdzogs pa'i sangs rgyas ngan song thams cad yongs su sbyong ba gzi brjid kyi rgyal po'i brtag pa phyogs cig pa zhes bya ba.*

［3］ 德格版第 485 号经典，梵 *Sarvadurgatiparīśodhanatejorājasya tathagatasya arhtāosamyaksambuddhasya kalpaīkadeśa*，藏：*De bzhin gshegs pa dgra bcom pa yang dag par rdzogs pa'i sangs rgyas ngan song thams cad yongs su sbyong ba gzi brjid kyi rgyal po'i brtag pa phyogs cig pa zhes bya ba.*

［4］ Bu ston, "gTsug dgu'i rgyud du grags pa", in *rNal 'byor rgyud kyi rgya mtshor 'jud pa'i gru gzigs, Collected Works of Bu-ston*, Part II (da), Lhasa: Zhol printing house, 1990, 40b.

［5］ Tadeusz Skorupski, *The Sarvadurgatipariśodhana Tantra: Elimination of All Evil Destinies*, Delhi:Motilal Banarsidass, 1983.

［6］《大正藏》No.939。

除了本续的汉藏文全译本，藏文文献中还保留有多达 17 部[1]《恶趣清净怛特罗》印度注释书的藏译本，其中新译《恶趣清净怛特罗》的藏文注释书比本续译出年代还要早两个世纪。这些注释书详细解释曼荼罗图像构成，以德格版《大藏经》为例，No.2624—2628 号这 5 部经典是对旧译《恶趣清净怛特罗》本续的全译，No.2630—2634 描述了普明大日如来恶趣清净 37 尊曼荼罗，No.2635—2639、No.3705 描述了九佛顶恶趣清净曼荼罗。[2]

除了以上提及的本续和注释书，一些重要的成就法集也收录了该系曼荼罗，如 11 世纪末大成就者瑜伽友著、不空金刚译《现观真珠鬘》（*mNgon par rtogs pa mu tig gi phreng ba*）[3]将普明大日曼荼罗和九佛顶曼荼罗全都收入；12 世纪无畏施护《究竟瑜伽鬘》第 22 章记载九佛顶曼荼罗；布顿大师的《入瑜伽续航海之舟》（*rNal 'byor rgyud kyi rgya mtshor 'jud pa'i gru gzigs*）中也有对九佛顶曼荼罗的描述等等。

佛教艺术作品中的恶趣清净曼荼罗就是依据这些经典绘制而成，旧译《恶趣清净怛特罗》及相关经典中记载的以普明大日如来为主尊的 37 尊曼荼罗只见于西藏本土，主要集中在藏西石窟中，这可能与仁钦桑波对旧译《怛特罗》的大力推崇有关，[4]敦煌地区只有九佛顶曼荼罗一种。从图像构成上来说，两系曼荼罗的区别主要体现在中央九尊的配置上，普明大日如来曼荼罗以四面白身的普明大日如来为中央主尊，四方为一切恶趣清净王、宝幢王、释迦族王和开敷花王，四隅配以佛眼母、摩摩枳、白衣母、多罗母等四佛母。九佛顶曼荼罗第一围安置说法印释迦牟尼，第二围安置八佛顶，分别为：金刚大佛顶、宝生顶、莲花顶、羯磨顶、光明顶、宝幢顶、利佛顶和白伞盖顶。除此九尊以外的 28 尊神祇为新旧两译恶趣清净曼荼罗所共有，并且与金刚界曼荼罗相同，分别是内外八供养菩萨、十六贤劫菩萨和四摄菩萨。关于普明大日如来曼荼罗和九佛顶曼荼罗中围九尊的身相特征，可参见表 4-2-1 和表 4-2-2。

---

[1]　川崎一洋在「シャル寺のマンダラ壁画について（Ⅱ）：北堂の悪趣清浄マンダラを中心に」（《密教文化》第 207 号，2001 年，第 51 页）中指出藏译本印度注疏有 16 部，但是实际上，根据 Steven Neal Weinberger 的考察，还应增加佛密撰《曼荼罗法摄略》（dKyil 'khor gyi chos mdor bsdus pa，德格版第 3705 号），对这 17 部注疏本详细信息，可参见 Steven Neal Weinberger, *The Significance of Yoga Tantra and the Compendium of Principles (Tattvasamgraha Tantra) within Tantric Buddhism in India and Tibet*, pp.152-155.

[2]　引自川崎一洋：「シャル寺のマンダラ壁画について（Ⅱ）：北堂の悪趣清浄マンダラを中心に」，第 50 页。另可参见王瑞雷：《敦煌、西藏西部早期恶趣清净曼荼罗图像研究》。

[3]　仅北京版藏文《大藏经》有存，No.5022。

[4]　由仁钦桑波翻译的《恶趣清净怛特罗》相关经典共有 5 部，属于旧译体系就有 4 部，分别为德格 No.2632、2633、2505、2506 号经典。仁钦桑波在藏西的影响力自不待言，庆喜藏系金刚界 33 尊曼荼罗也主要借由宝贤及其后辈的影响力在藏西和后藏地区得到广泛传播，关于这一问题的研究，可参见王瑞雷：《从乃甲切木石窟看庆喜藏系金刚界坛城在后藏的传播》，《敦煌研究》2014 年第 5 期，第 10—19 页。

表4-2-1 普明大日如来曼荼罗尊神身相特征[1]

尊号	方位	身色	手印或持物
普明大日如来	中	白	禅定印
一切恶趣清净王	东	浅赤	禅定印
宝幢王	南	蓝	施与愿印
释迦族王	西	赤	右手说法印左手禅定
开敷花王	北	绿	施无畏印
摩摩枳	东南	赤	右手于胸前持金刚杵
佛眼母	西南	赤中带黄	右手持莲花承托的摩尼宝
白衣母	西北	青白	右手持莲花
多罗母	东北	绿	右手持乌巴拉花

表4-2-2 九佛顶曼荼罗尊神身相特征[2]

尊号	方位	身色	手印或持物
释迦牟尼	中	黄	说法印
金刚大佛顶如来	东	白	触地印
宝生顶如来	南	青	施与愿印
莲花顶如来	西	赤	禅定印
羯磨顶如来	北	绿	施无畏印
光明顶如来	东南	赤白	手持日轮
宝幢顶如来	西南	赤黑	手持宝幢
利佛顶如来	西北	虚空	右手剑左手经
白伞盖顶如来	东北	白	手持白伞盖

　　普明大日如来或九佛顶恶趣清净37尊曼荼罗的基本构成结构可参见图4-2-1，不同地域或不同时期绘制的图像在具体表现形式上会有区别，尤其是十六贤劫菩萨的位置较有灵活性，有时会两两安置于城门左右，形成平行于金刚墙的方形中围；有时会

---

［1］　该表依据金刚铠（梵：Vajravarman，藏：rDo rje go cha）对旧译《恶趣清净怛特罗》的注疏《好丽庄严》（Sundarālaṃkāra）制作。德格版No.2626，*bCom ldan 'das de bzhin gshegs pa dgra bcom pa yang dag par rdzogs pa'i sang rgyas ngan song thams cad yongs su sbyong ba gzi brid kyi rgyal po rgyud kyi rgyal po chen po'i rnam par bshad pa mdzes pa'i rgyan zhes bya ba*。

［2］　该表根据法贤汉译本《佛说大乘观想曼拏罗净诸恶趣经》卷一绘制。

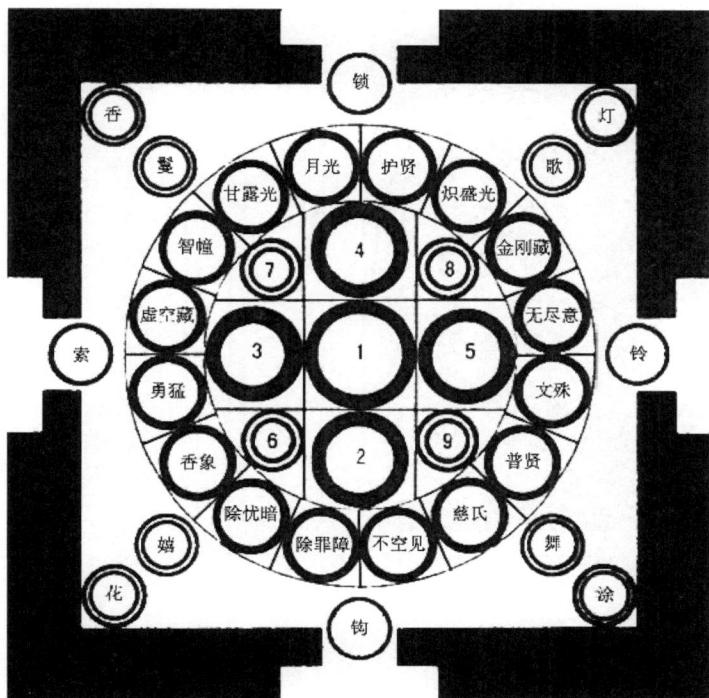

图4-2-1 恶趣清净曼荼罗配置示意图

安坐于靠近内外八供养菩萨的金刚墙四隅，并将内院中的主要表现空间让与中央九尊。

二、榆林窟第3窟的恶趣清净曼荼罗

该铺曼荼罗外圆内方，内院设有四门，门两侧各装饰旌旗一张。（图4-2-2）中央主尊是顶有肉髻、身着袒右袈裟的释迦牟尼，双手作说法印。像北壁金刚界曼荼罗一样，内院被对角线分为四个空间，着以不同颜色，下方为白色氧化后的黑色，左方为蓝色，上方为浅红色，右方为绿色，这四色和汉藏文本中记载的金刚大佛顶、宝生顶、莲花顶和羯磨顶的身色吻合，因此该曼荼罗是从下方开始按顺时针方向分别表现东、南、西、北四方。

第一围和第二围中安坐的五佛顶身色均为肉色，身相特征与金刚界曼荼罗中围五方佛一致，金刚大佛顶位于释迦牟尼下方，左手置于腹前作禅定印，右手作触地印；释迦牟尼右方（下文描述方位均以主尊视角为准）是宝生顶，右手在胸前作施与愿印；上方双手作禅定印的是西方莲花顶如来；左方的是羯磨顶如来，右手在胸前作无畏印。第二围四维方向安置其他四佛顶，释迦左下方（即曼荼罗东北方）为光明顶，白色身，左手置于胸前，右手向外弯曲，手持日轮；右下方为宝幢顶，目前身色近似

图4-2-2 榆林窟第3窟南壁西侧恶趣清净曼荼罗

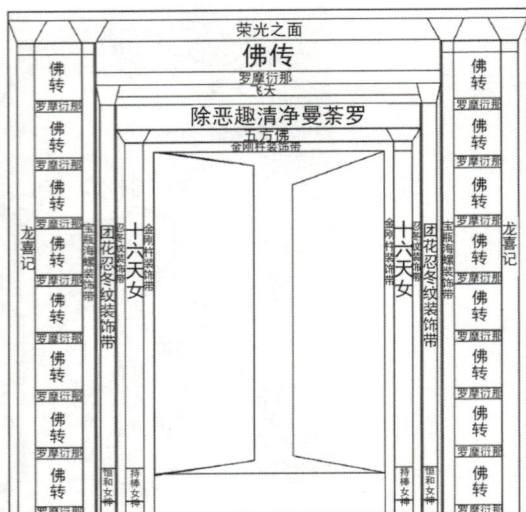

图4-2-3 科迦寺殿门木雕

　　黑色，与经典记载一致，左手持宝幢；右上方是白色身的利佛顶，左手置于胸前，右手持剑；左上方应为白伞盖顶，右手持物的白伞盖是其身份标识，根据经典身色应为白，现在看到的黑褐色可能是白色颜料氧化而致。值得注意的是，前五佛顶被表现成如来形，后四佛顶却是头戴宝冠、上身赤裸、璎珞严身的菩萨形，笔者在现有文献中未能找到这种处理方式，不知是否受到金刚界曼荼罗大月轮内四波罗蜜菩萨或大月轮外侧四隅内四供养菩萨形象的影响。

　　中央释迦牟尼身光之外的同心圆被等分为八段，四隅绘制火焰形摩尼宝，四方上下左右四方有四身菩萨形尊神，田中公明将其判定为四波罗蜜菩萨。[1]上方身色略显赤色，右手持莲花的应是法波罗蜜，下方白色身菩萨左手置于腹侧，右手于胸前持金刚杵，应是金刚波罗蜜，其他两尊手中持物暂时不明。四波罗蜜菩萨并不包含在恶趣清净37尊曼荼罗内，但榆林窟第3窟的这种表现方式并不是孤例，藏西阿里普兰县的科迦寺（Kha char）依然保留有10世纪末至11世纪初的木雕作品，寺内祖拉康（gTsug lag khang）门楣和门框两侧雕刻内容包含了金刚界曼荼罗和恶趣清净曼荼罗的尊神，（图4-2-3）门楣上方第一排造像为金刚界五佛，其上一层是新译《恶趣清净怛特罗》记载的九佛顶如来，同时，门框两侧的32尊神像（四波罗蜜菩萨、十六菩萨、内外八供养菩萨和四摄菩萨）为金刚界37尊曼荼罗和九佛顶曼荼罗所共用，标准的九佛顶37尊曼荼罗因此处四波罗蜜菩萨的加入变成41尊。在藏西相似的例子还有

───────────────

[1] Tanaka Kimiaki, "On the so called Garbhadhātu Maṇḍala in Cave No.3 of Anxi Yulin Caves", 第158页。

绘制于 13 世纪的东嘎 3 号窟，窟顶恶趣清净曼荼罗主尊四方围绕四波罗蜜菩萨的三昧耶形，即金刚杵、摩尼宝、莲花和交杵金刚；阿里扎达县卡孜乡的帕尔嘎尔布石窟第 1 窟东壁北侧九佛顶恶趣清净曼荼罗主尊释迦牟尼四方也安置四波罗蜜菩萨的三昧耶形。四波罗蜜菩萨的出现对于判定榆林窟第 3 窟九佛顶曼荼罗的文本依据有重要作用，因为法贤译《佛说大乘观想曼拏罗净诸恶趣经》明确提到："诸如来皆坐众宝莲华座。复次从心想出吽（引）怛嚩（二合）纥陵（二合）恶真言。从此真言出生四亲近菩萨。其身色仪相及手印相，并依法则，安于轮外四隅之位莲华月上座"[1]，其内记载的四亲近菩萨（即四波罗蜜菩萨）不见于 13 世纪藏文新译《恶趣清净怛特罗》，或许能说明当时存在不同版本的梵文原典。与法贤译本属于同一体系的藏文本注释书有印度译师法护（Dharmapāla）和 11 世纪西藏玛译师善慧（rMa lo tsā ba dge ba'i blo gros，1044—1089？）译成的《一切恶趣清净死尸护摩曼荼罗仪轨》，[2] 文中也提到了大日如来心中流出的亲近菩萨，[3] 至于为何西藏本土的恶趣清净曼荼罗中的四波罗蜜菩萨多被描绘成三昧耶形，应是受到庆喜藏系金刚界曼荼罗图像构成的影响，仁钦桑波本人对此也大力宣传，除了译出庆喜藏注释书的前半部分，另两部由他参与翻译的《曼荼罗尺度略摄》[4] 和《曼荼罗尺度略摄注疏》[5] 均将四波罗蜜菩萨描述为金刚（rDo rje）、宝（Rin chen）、莲花（Padma 或 Chu skyes）、羯磨（sNa tshogs rdo rje）。

九佛顶中围以外内院空间的对角线上安置内外四供养菩萨，根据刘永增的现场考察和识辨，此八尊多有误绘之处，混淆了内四供和外四供的位置，原本应该位于西南隅外侧的外四供之香菩萨被画在东北隅内侧；内四供之鬘菩萨本属于西南隅内侧，在这里却被画在了西南隅外侧，相应的，歌菩萨和舞菩萨的顺序也受到影响，与经典记载不能吻合，[6] 十六贤劫菩萨的身色和手中持物无法和经典对应，目前只能根据现阶段释读出九佛顶、四波罗蜜菩萨、内外四供养菩萨，至于十六贤劫菩萨的具体排列位置，还留待将来依靠更加细致的现场调查。

和北壁金刚界曼荼罗相对称，九佛顶曼荼罗外轮之外四隅也描绘了四尊形象。左上方为四臂观音（梵：Chaturbhaja Avalokiteśvara，藏：sPyan ras gzigs phyag bzhi

［1］《大正藏》No.939，第 89 页。

［2］ *Ngan song thams cad yongs su sbyong ba'i ro'i sbyin sreg dkyil 'khor gyi cho ga*，德格版 No.2637。

［3］ "rNam par snang mdzad du gyur pa'i snying ga nas grogs po sprul nas……" 见 *Ngan song thams cad yongs su sbyong ba'i ro'i sbyin sreg dkyil 'khor gyi cho ga*，第 214A 叶。

［4］ 信作铠（Śraddhākaravarma）著，Pratakaravarma（班达作铠）与仁钦桑波译，*dKyil 'khor gyi thig gdab pa mdor bsdus pa zhes bya ba*，德格版 No.2505。

［5］ 信作铠著，信作铠与仁钦桑波译，*dKyil 'khor gyi gdab pa'i mdor bsdus pa shes bya ba'i 'grel pa*，德格版 No.2506。

［6］ 刘永增:《瓜州榆林窟第 3 窟恶趣清净曼荼罗及相关问题》，第 234 页。

图4-2-4　榆林窟第3窟四臂观音

图4-2-5　帕尔噶尔布石窟四臂观音

pa），[1]（图4-2-4）目前身色为白色氧化后的黑褐色，头戴三叶冠，颈挂璎珞，耳铛、臂钏、脚钏等种种庄严具足，主臂于胸前作莲花合掌印，右上手持念珠，左上手持白莲花。记载四臂观音的最早文献是8世纪译成藏文的《宝箧经》，[2]汉译本《佛说大乘庄严宝王经》[3]由天息灾于983年完成，四臂观音在这里被称为六字大明王，有关形象描述的文字有："四臂，肉色白如月色，种种宝庄严。左手持莲华，于莲华上安摩尼宝，右手持数珠，下二手结一切王印，"与佛教艺术中的四臂观音形象吻合。但是迄今我们可以见到最早的四臂观音造像是11世纪印度石刻或雕塑作品和11—12世纪的印度（或尼泊尔）梵文贝叶经插图，榆林窟第3窟、榆林窟第27窟、莫高窟第149窟、东千佛洞第5窟以及山嘴沟石窟的11—13世纪四臂观音造像证明中原的四臂观音信仰是始于西夏时期，其至比藏西地区的同题材造像年代还早。（图4-2-5）西夏人对四臂观音崇奉的热情影响了元人，夏鲁寺14世纪壁画中多次出现的四臂观音像能够反映出图像的流布脉络，（图4-2-6）即原本就存在于8世纪藏文文本，却鲜见于卫藏艺术作品的四臂观音像，在14世纪时，再次借由蒙元人士之手将11—13世纪流行于西夏河西走廊一带的四臂观音信仰与图像"引入"卫藏。

---

[1]　谢继胜教授自2013年开始关注西夏元时期四臂观音图像与六字真言的流布问题，并在2013年8月四川成都举办的藏学会上提交《西夏元时期四臂观音图像的兴起与"六字真言"的流布——11—13世纪中国多民族艺术关系史研究之三》的报告，本节涉及的西夏时期四臂观音的部分造像特点与组合方式均受到谢教授观点的影响。期待相关研究成果早日发表。

[2]　即《宝箧庄严经》（Ārya-karaṇḍavyūha-nāma-mahāyāna-sūtra），藏译本全名为 'Phags pa za ma tog bkod pa zhes bya ba theg pa chen po'i mdo，8世纪前后赤松德赞时期由胜友（Jinamitra）、智藏（Jnanagarbha）、慧军（Devacandra）译成，德格版No.116。

[3]　《大正藏》No.1050。

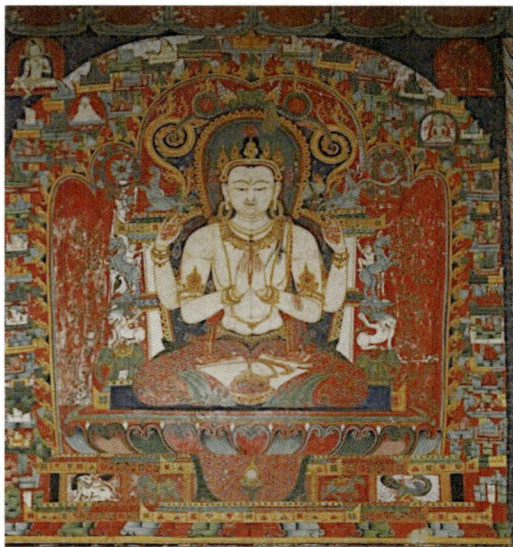

图4-2-6　夏鲁寺14世纪四臂观音像

图4-2-7　榆林窟第3窟般若佛母

曼荼罗外轮右上隅所绘是一尊黄色身佛母像，头戴三叶冠，于莲花之上结全跏趺坐，双手在胸前作说法印，两手各牵一枝莲花，莲花延伸至肩头，上托经筴，可将其判定为黄色身二臂般若佛母（梵：Prajñāpāramitā，藏：Shes rab kyi pha rol tu phyin pa 或 Shes phyin）。[1]（图4-2-7）在般若佛母造像作品中，二臂和四臂尊形最为常见，其中二臂般若佛母身色有黄、白、蓝三种，像榆林窟第3窟这种两手持莲、莲托经筴的黄色身二臂般若佛母是11世纪才开始出现的新形象，我们在五部成就法中可以找到对应文字记载，[2]其中与西夏图像最有关联的是西夏国师德慧依据梵本译成汉文的《持诵圣佛母般若多心经要门》，在描述般若佛母形象是说道："于虚空中顿想般若佛母，一面二臂，身真金色，二手心前作说法印，左右胁下而出两根优钵罗花，过于二肩，其二花台上各置《般若经》"，[3]经首版画图随文意，（图4-2-8）和榆林窟第3窟的般若佛母特征一致。榆林窟第4窟南壁东铺的二臂般若佛母与前述图像相似，（图4-2-9）

---

[1]　有关般若佛母图像的研究成果，可参见 Edward Conze, "The Iconography of the Prajñāpāramitā", in *Thirty Years of Buddhist Studies: Selected Essays by Edward Conze*, 1967, Oxford: Bruno Cassirer, pp.243-268. Benoytosh Bhattacharyya, *The Indian Buddhist Iconography: Mainly based on the Sadhanamala and Cognate Tantric Texts of Rituals*, Calcutta: Firma K.L. Mukhopadhyay, 1968, 197-199. 杨鸿蛟：《11 至 14 世纪夏鲁寺般若佛母殿绘塑仪轨研究》，首都师范大学 2012 年博士学位论文，第 53—60 页。

[2]　分别为《成就法鬘》第 152、159 篇，13 世纪萨迦派学者扎巴坚赞（Grags pa rgyal mtshan）所译的两部《般若波罗蜜多母成就法》（德格 No.3219 和 No.3550），以及西夏德慧译《持诵圣佛母般若多心经要门》（俄藏编号 TK.128）。参考杨鸿蛟：《11 至 14 世纪夏鲁寺般若佛母殿绘塑仪轨研究》，第 56 页。

[3]　聂鸿音：《西夏译本〈持诵圣佛母般若多心经要门〉述略》，《宁夏社会科学》2005 年第 2 期，第 88 页。

图4-2-8　黑水城TK164号佛经经首版画　　　图4-2-9　榆林窟第4窟般若佛母

双手在胸前作说法印，两手牵引莲枝，不同的是仅有佛母左肩莲花承托经箧，目前暂时在仪轨文献和图像作品中找不到可以比对的例子，笔者怀疑此种形象依然是与榆林窟第3窟和《持诵圣佛母般若多心经要门》经首版画属于同一体系造像，佛母右肩莲花上佚失的经箧或因画师误绘而致，同窟北壁东侧文殊与弥勒二菩萨对坐像也出现类似错误，靠近二菩萨左肩位置的莲花分别承托文殊菩萨的身份标识物——经书与剑，却不见弥勒菩萨的标志物——净瓶。杭州飞来峰元代藏传石刻造像中也发现一例二臂般若佛母，在胸前作说法印的双手牵引莲枝，莲台承托莲花，（图4-2-10）当是延续了西夏佛教造像的图像学特征，飞来峰石刻与西夏艺术的内在继承性通过这些单尊造像可以得到更加确凿清晰的演绎。

　　大月轮下方两侧分别绘制青黑色身（白色氧化而致）的金刚萨埵（梵：Vajrasattva，藏：rDo rje sems dpa'）和绿色身的绿度母（梵：Śyāma Tārā，藏：sGrol ma ljang khu），两尊均是璎珞严身，游戏坐于莲花之上，舒展右腿，右足踩踏莲花。金刚萨埵右手于胸前持金刚杵，左手置于小腹处，手中执持金刚铃。（图4-2-11）绿度母左手在胸前牵引莲花茎，右手自然下垂，作施与愿印。（图4-2-12）

　　在这四尊神祇中，四臂观音和金刚萨埵的组合方式在西夏艺术中可以找到以下几处可以比对的例子，东千佛洞第5窟与中心柱平行的南北壁，莫高窟第149窟窟门南北两壁，甘肃武威亥母洞出土新样文殊唐卡下部左右两侧均对称安置这两尊，显示出特定时期内四臂观音和金刚萨埵对称搭配的稳定性。般若佛母和绿度母也同时出现在榆林窟第4窟北壁西铺和南壁东铺，从神格上来说，般若佛母和度母有很多相似性，般若佛母从《大般若波罗蜜多经》化现而出，通常被尊为"诸佛之母"，三世一切诸

图4-2-10　杭州飞来峰第87龛般若佛母

图4-2-11　榆林窟第3窟金刚萨埵

图4-2-12　榆林窟第3窟绿度母

佛均可依般若妙智悟道正觉，度母亦有"诸佛菩萨之母"的称谓；《独雄暴恶大忿怒续》（*Ekallavīra Caṇḍa Mahāroṣaṇa Tantra*）记载般若佛母是释迦牟尼的妻子，而度母与其相似的身份在《圣母多罗尊一百八名》（*Tārābhaṭṭārikānāma Aṣṭaśataka*）也得到体现，尊名记为 Gautamī，即乔达摩之妃，[1]度母救护引导世间众生"得面正觉所求成就"[2]的职能亦和般若佛母类同。以上四尊菩萨或佛母同时出现在恶趣清净曼荼罗外轮之外四隅，一方面与各尊在净治恶趣、度脱轮回苦海功能上的相似性有关（关于此点将在本书第五章第二节详细展开），另一方面还与西夏时期大量流入河西走廊地区的梵文贝叶经大有关联。正如本书在第一章第二节讨论的那样，11—13 世纪宋印之间流通量最大的《八千颂般若波罗蜜多经》内均绘有内容丰富的插图，除了浓缩佛陀神奇生平事迹的八塔变、《般若波罗蜜多经》的人格化身般若佛母，还有很多其他单尊神像。此处出现的四臂观音、金刚萨埵、黄色二臂般若佛母以及绿度母都被涵盖在内，宋、夏之际中、印之间频繁的交互往来活动为相关仪轨文献和图像的流传提供契机，两地艺术作品在题材、图像志特征、艺术风格等方面的一致性也有助于我们重新理解这一特定历史时期印度、尼泊尔对河西走廊一带佛教造像的直接影响力。

在分析完榆林窟第 3 窟恶趣清净曼荼罗的图像构成及其特点之后，还需针对西夏境内的《恶趣清净怛特罗》相关仪轨文献和坛仪多施笔墨，因为作为迄今发现的唯一一处西夏恶趣清净曼荼罗石窟壁画，榆林窟第 3 窟不足以充分体现该题材的相关文本与图像在西夏社会的传播状况，黑水城出土汉文、西夏文文书可作补充。

正如经名所示，《恶趣清净怛特罗》的主要作用是在死者临终前，将其先世所造一切恶业悉皆消灭，令死者复得清净之身，不堕恶趣，甚至可以脱离轮回之苦，不复胎生，往生净土，因此对于追求修习佛法实际功用和向往佛国净土的广大信众来说极具吸引力，自吐蕃占领敦煌时期就在河西一带甚为流行，这通过敦煌出土的大量《恶趣清净怛特罗》相关文书和图绘曼荼罗作品可得管窥。基于本地原有的信仰基础，西夏在较短时间内就继承了这一传统，黑水城出土文书能传达一些重要信息。天盛十九年（1167）仁宗为刻印汉文佛经《佛说圣佛母般若波罗密多心经》所作的发愿文记载："于神妣皇太后周忌之辰，开板印造番汉共二万卷，散施臣民，仍请觉行国师等，烧结灭恶趣中围坛仪并拽六道，及演讲《金刚般若经》《般若心经》，作法华会，大乘忏悔，放神幡、救生命、施贫济苦等事。"[3]另有呱呱等印施《佛说父母恩重经发愿文》也提及，为中书相公荐亡之故，"敬请禅师、提点、副判、承旨、座主、山林戒德、出在家僧众等七千余员，烧结灭恶趣坛各十座"[4]。

这些为亡者超度、净治恶趣的中围坛场必定有结坛仪轨，宋法贤译《佛说大乘观

［1］ Dipak Chandra Bhattacharyya, *Studies in Buddhist Iconography*, India: New Delhi, 1978, pp.31-32.

［2］ 宋法天译：《圣多罗菩萨一百八名陀罗尼经》，《大正藏》No.1105，第 474 页。

［3］ 俄藏 TK128，见《俄藏黑水城文献》第 3 册，第 76—77 页。

［4］ 俄藏 TK120，见《俄藏黑水城文献》第 3 册，第 86 页。

想曼拏罗净诸恶趣经》在 10 世纪末已经完成并被收入汉文《大藏经》，西夏曾数次向宋廷求取《大藏经》，法贤译本为西夏人所接触并奉行的可能性自在情理之中，而且榆林窟第 3 窟恶趣清净曼荼罗中四波罗蜜菩萨的出现也能较为有力地说明该铺壁画也许就是依据法贤汉译本绘制的。当时流通的文本还有两件西夏文文献，《如来应供真实究竟正觉一切恶趣令净威德王释》（俄罗斯东方文献研究所藏，ИНВ.No.836，补西夏文）是依据 11 世纪初藏文本《佛说如来应供等正觉一切恶趣清净威光王仪轨》[1]译成，即旧译《恶趣清净怛特罗》的全译，另一件是题为《吉有恶趣净令本断纲》（俄罗斯东方文献研究所藏，ИНВ.No.7909，补西夏文）的西夏文佛典，根据沈卫荣教授对文本内容的研究，可判定其藏文原本或为萨迦三祖名称幢撰《具吉祥净治恶趣续总义》（ *dPal ldan ngan song sbyong rgyud kyi spyi don* ）。[2]这些藏文经典一经撰、译完成便在较短时间内翻译成西夏文，并利用于仪轨坛事中，西夏人对密教佛典追逐的热情令人感慨。

三、恶趣清净曼荼罗下方的财续佛母与"七政宝"

与北壁西侧金刚经曼荼罗下方的多闻天王与八大马主组像相对应的是，南壁西侧恶趣清净曼荼罗下方也有一列尊神组合，中央主尊为黄色身佛母相，一面二臂，头戴三叶宝冠，面呈忿怒相，左手持谷穗置于肩侧，右手施与愿印，并牵莲枝，莲枝蜿蜒延伸至肩头承托莲花，莲花上面放置宝瓶。佛母胸前有一圆形光圈，其内示现一尊与佛母身相特征完全相同的形象，为忿怒相，图像的具体含义暂不清楚。该尊正是出世间神多闻子的化身形象之一——宝藏神（梵：Jambhala；藏：Dzam bha la）的明妃财续佛母（梵：Vasudhārā，藏：Nor rgyun ma），如此一来，她就和对面的多闻天王构成呼应关系。当宝藏神与财续佛母同时出现在佛教艺术作品中时，通常有两种表现方

---

[1] 德格版 No.2628, *De bzhin gshegs pa dgra bcom pa yang dag par rdzogs pa'i sangs rgyas ngan song thams cad yongs su sbyong ba gzi brjid rgyal po zhes bya ba'i brtag pa'i bshed pa*，著者为桑杰衮噶宁波（Sang rgyas kun dga' snying po，Buddhānandagarbha），译者 Khyung po chos brtson, Kumārakalaśa。

[2] 《吉有恶趣净令本断纲》集、译者题款为"羌中国大默有者幢名称师集，瑞云山慧净国师沙门法慧译。"《具吉祥净治恶趣续总义》收入《法尊名称幢全集》第 94 号。引自沈卫荣：《初探蒙古接收藏传佛教的西夏背景》，载《西域历史语言研究集刊 第一辑》，科学出版社，2007 年，第 276 页。

图4-2-13a　一面二臂宝藏神与明妃　　　　图4-2-13b　三面六臂宝藏神与明妃

式：一种是相拥而坐的双身像，宝藏神呈一面二臂或三面六臂，[1]财续佛母为一面二臂，其左、右手在大多数情况下分别执持谷穗和摩尼宝；[2]（图 4-2-13a、b）另一种是宝藏神与财续佛母呈游戏坐姿并排安置，均为一面二臂相，比如 11—13 世纪制作的唐卡下缘经常绘制多闻天的几种不同变化身形或同属宝生佛部的其他世间神，如多闻

---

[1]　三面六臂的黄色宝藏神是出自《密集续》造像传统（Dzaṃ bha la ser po gsang 'dus las byung ba）。一世达赖喇嘛根敦竹巴（dGe 'dun grub pa, 1391—1474）文集中收有一部《黄色宝藏神水供仪轨》（Dzam ser la chu 'dul ba'i cho ga），详细记载了三面六臂黄色宝藏神及其明妃的身相特征：

"自性夜叉宝藏神身色为黄色，以金刚持饰顶髻，三面各呈黄、黑、白，六手中的右三手各持俱缘果、钩与箭，左三手分别拥揽自性明妃、持庄严羂索并鼠鼬、以及弓。大腹便便，身量短小，发结顶髻，遍饰庄严，身着丝帛。"

"Rang nyid gnod sbyin dzambha la gser gyi mdog can rdo rje 'chang gis dbu brgyan pa ser nag dkar ba'i zhal gsum phyag drug gi g.yas gsum gyis bi ja pu ra dang/ lcags kyu dang mda'/ g.yon gsum gyis rang 'dra'i yum la 'khyud cing/ zhags pa bzang po dang bcas pa'i me long dang gzhu 'dzin pa/ gsus pa che ba/ mi'u thung gi gzugs can/ dbu skra ral pa'i thor tshugs dang/ rin po che'i rgyan dang dar sna tshogs kyi na bza' can……"

见 dGe 'dun grub pa, "Dzam ser la chu 'dul ba'i cho ga", gSung 'bum, TBRC Resource No.W759, fol.379-380.

[2]《成就法鬘》中收录的多篇成就法记载了此种形象的财续佛母，如第 213、285、289 篇。相关描述可参见 Lokesh Chandra, Dictionary of Buddhist Iconography, Vol.5, p.4279; Benoytosh Bhattacharyya, The Indian Buddhist Iconography: Mainly Based on the Sadhanamala and Cognate Tantric Texts of Rituals, Calcutta, 1958, p.245.

天王（Vaiśravaṇa）、库贝罗（Kubera）、宝藏神（Jambhala）、黑财神（Dzam bha la nag po）、象鼻财神（Gaṇeśa）等，财续佛母就被包括其中。（图4-2-14a、b）敦煌博物馆收藏的一件明代宝藏神与财续佛母塑像（图4-2-15）[1]采用的正是第二种表现方式的标准坐姿。像榆林窟第3窟这样将本尊及其明妃分别绘制在南、北两侧壁相向而对的做法虽不多见，但也非孤例，青海乐都瞿昙寺瞿昙殿、宝光殿在表现文殊金刚四十三尊曼荼罗的中围十尊像时，就采用了这种配置格局，西壁自南向北依次描绘多面多臂的宝生佛、阿閦佛、文殊金刚、无量寿佛以及不空成就佛，东壁自南向北分别绘制前述五尊的明妃——佛眼母（Buddhalocanā）、摩摩枳母（Māmakī）、金刚界自在母（Vajradhātvīśvarī）、白衣母（Pāṇḍarā）、多罗母（Tārā）。[2]

　　财续佛母又称财续天母、财源佛母或增禄天母等，是瑜伽密续宝生佛部的一位尊神，与宝藏神一样，掌管世间财富。14世纪之前的西藏本土所见财续佛母多为一面二臂，而尼泊尔佛教艺术作品表现的财续佛母则主要呈现一面六臂的形象，并在卫藏萨迦派俄尔寺收藏的《金刚鬘》系唐卡中留有余绪，[3]（图4-2-16）《金刚鬘》系造像传统又进一步影响了明清时期内地的财续佛母像。笔者目前没有找到和榆林窟第3窟的财续佛母形象完全吻合的文字记述，与之最接近的文本是《成就法鬘》第215篇、[4] 巴哩译师《成就百法》中集录的《财续母成就法》（ Lha mo nor rgyun gyi sgrub thabs ）[5]、11世纪西藏译师楚臣坚参翻译的《财续母成就法》（ Nor rgyun ma'i sgrub thabs ）[6] 以及传为阿

---

[1]　感谢中国藏学研究中心西藏文化博物馆杨鸿蛟博士提供图片。

[2]　关于瞿昙寺文殊金刚四十三尊曼荼罗图像的细致分析，可参见阮丽：《青海瞿昙寺瞿昙殿、宝光殿中文殊金刚四十三尊曼荼罗图像考证》，《法音》2012年第8期，第63—69页；钟子寅：《青海瞿昙寺三大殿壁画与〈金刚鬘〉在河西与宫廷的传播》，首都师范大学2013年博士学位论文。

[3]　一面六臂的财续佛母见载于 Vasundharā-vratotpatyavadāna, Vasundharoddeśa, Dharmakoṣa saṃgraha 等梵文经典，佛母右三手分别施无畏印、持摩尼宝珠和施与愿印，左三手分持般若经书、稻穗和宝瓶。Thomas E. Donaldson, *Iconography of the Buddhist Sculptures of Orissa: Text*, p.335.

[4]　梵文原文为 "pītavaṃkāraparinatāṃ dvibhujaikamukhīṃ pītāṃ navayauvanābharaṇavastravibhūṣitāṃ dhānyamañjarīnānā ratnavarṣaghaṭavāmahastāṃ dakṣiṇena varadāṃ anekasakhījanapari vṛtāṃ viśvapadmacandrāsanasthāṃ ratnasambhavamukuṭinīṃ"

[5]　巴哩译师, Lha mo nor rgyun gyi sgrub thabs, 德格版《大藏经》No.3349。
　　"de niyd la rdzogs pa'i nor snyin ma mdog ser ba 'bras kyi snye ma dang/ rin po che rna tshogs kyi char 'bab bzhin pa'i bum pa ni g.yon pa'i phyags na'o/ g.yas pa mchog sbyin pa rgyan thams cad kyis brgyan pa...lag pa gnyis kyi khu tshur bcings te/ ... paṇḍi ta ron yod rdo rje dang khams pa lo tsā ba dge slong ba ris bsgyur cing zhus pa'o"

[6]　楚臣坚参, Nor rgyun ma'i sgrub thabs, 德格版《大藏经》No.3605。
　　"sku mdog ser mo zhal gcig phyags gnyis pa lang tsho gzhon zhing rgyan dang na bza' rnam par brgyan pa 'bras kyi snye ma dang rin po che'i char 'babs bzhin pa'i bum pa phyag g.yon na bsnams na/ phyag g.yas pa mchog sbyin mdzad pa/ dpad tu med pa'i grogs mo'i 'khor gyis bskor ba/ sna tshogs padma dang zla ba'i gdan la bzhugs pa/ rin chen 'byung ldan gyis dbu brgyan pa/"

图4-2-14a　12世纪宝生佛唐卡下缘局部

图4-2-14b　14世纪高僧像唐卡下缘局部

图4-2-15　敦煌博物馆藏14世纪塑像

图4-2-16　俄尔寺藏一面六臂财续佛母唐卡

图4-2-17　《那塘百法》之"财续佛母"线描图

底峡传承的《那塘百法》，这些成就法中记载的财续佛母身色为黄色，右手自然下垂施与愿印，左手持谷穗与倾倒珠宝的宝瓶（图4-2-17）。施与愿印、谷穗、宝瓶这三种手印或持物虽然在榆林窟第3窟财续佛母图像中一应俱全，可宝瓶的位置与文本稍有出入，被放置在佛母右手牵引的莲枝之上，暂时无法确定这是因为图像另有所本抑或是画师的改创之举所造成。

在榆林窟第3窟财续佛母左右两侧绘有"七政宝"，从左至右（即从东至西）依次为马宝、马背上的金轮宝、将军宝、主藏臣宝、玉女宝、象宝以及象背上的摩尼宝。七政宝（藏：Rin che sna bdun）是一个古老的佛教艺术题材，它们被认为是转轮王（藏：'khor los bsgyur ba's rgyal po）的必须配备，早在《长阿含经》《中阿含经》《增一阿含经》等小乘佛经中就有记载，"转轮圣王领四天下时，王自在以法治化，人中舒特，七宝具足。一者金轮宝，二者白象宝，三者绀马宝，四者神珠宝，五者玉女宝，六者居士宝，七者主兵宝"，[1] 转轮王出世必有七宝相伴，七宝各有神妙功用，[2] 以辅助转轮王治世利民、护持佛教。

"七政宝"发展至明清时期更多地是作为一种装饰性纹样点缀在壁画、唐卡、佛经插图以及大量佛教工艺美术作品中，因应用范围过广反而没有引起学界的足够重视。笔者在分析榆林窟第3窟七政宝图像特征及来源的过程中发现，在汉、藏文典籍

---

［1］（后秦）佛陀耶舍、竺佛念译：《长阿含·转轮圣王修行经第六》，《大正藏》卷一。

［2］（后秦）佛陀耶舍、竺佛念译：《长阿含·游行经》与（东晋）僧伽提婆、僧伽罗叉译《中阿含·王相应品三十二相经第二》对七宝的功能做了极为详尽的解释，可作参考。

中，七政宝出现的语境存在着由显到密的转变，而且中国、印度、尼泊尔造像中的七政宝可划为两种不同的图像体系，榆林窟第 3 窟壁画恰是证明两个体系交汇互通的重要图像遗存。

两种图像体系最主要的区别表现在"主藏臣宝"的形象上。汉文佛典中记载的"主藏臣宝"有几种不同称谓，如"居士宝"[1]"宝藏臣"[2]"主宝圣臣"[3]"理家宝"[4]等等，指代的均是拥有无量财富的国朝臣子，即使转轮王下令欲使大千世界遍满黄金，此臣

图4-2-18 大英博物馆藏七政宝绢画

图4-2-19 集美博物馆藏《降魔变》绢画

---

[1] 如《长阿含·转轮圣王修行经第六》《长阿含·游行经》《中阿含·王相应品·七宝经》《中阿含·王相应品三十二相经第二》《中阿含经·王相应·大天奈林经第十》等。

[2] 如《中阿含·王相应品大善见王经第四》。

[3] 如（西晋）百法祖译：《佛般泥洹经》，《大正藏》No.0005。

[4] 如（西晋）百法祖译：《佛般泥洹经》，《大正藏》No.0005。

也可在刹那之间实现。中原汉地在描绘主藏臣宝时，有时会用盛满珍宝的宝箱喻指，比如大英博物馆藏莫高窟藏经洞出土 No.Ch.xxvi.a.004 号藏品（图 4-2-18）、集美博物馆藏敦煌出土五代降魔图（图 4-2-19）、莫高窟盛唐第 445 窟北壁弥勒经变（图 4-2-20）、莫高窟宋初或西夏第 76 窟窟门上方七政宝（图 4-2-21）等图像都采用此种处理方法。另有一种表现方式是将主藏臣宝绘作身着朝服、头戴高冠的文官样貌，比如河南安阳修定寺塔塔身上的唐代石雕（图 4-2-22）、大英博物馆藏敦煌出土品 Ch.00114（图 4-2-23）等等。

再看藏文文献的记载情况。热巴巾时期编撰完成的梵藏文译名对照辞典《翻译名义大集》（梵：Mahāvyutpatti，藏：Bye brag rtogs byed）中明确列出"转轮王之功德与七宝等王名"，[1] 分别是金轮宝（'khor lo rin po che），象宝（glang po rin po che）、马宝（rta mchog rin po che）、摩尼宝（nor bu rin po che）、玉女宝（bud med rin po che）、主藏臣宝（khyim bdag rin po che）和主兵臣宝（blon po rin po che），说明"七政宝"在吐蕃王朝时期便已将译法固定下来，但是形容"主兵臣宝"的"blon po"一词本身并无具体的官职指向，意为"大臣、官员"，后世藏文文献逐渐把它改为指涉主藏臣宝，并沿用至今，如帕木竹巴·多吉杰布（Phag mo gru pa rdo rje rgyal po，1110—1170）称主兵臣宝为"dmag dpon"，主藏臣宝为"blon po"，[2] 直贡噶举（'Bri gung bka' brgyud）教法传承中的七政宝体系与帕木竹巴的记述文字完全相同，[3] 两者之间应有明显的承袭关系。藏西帕尔嘎尔布石窟 13—14 世纪壁画中绘有七政宝，下有藏文题记标注名称，主藏臣宝仍为 blon po rin po che，主兵臣宝为 dmag mi rin po che。

我们目前可以看到的 14 世纪之前的七政宝图像基本均将主藏臣宝绘成宝藏神，一面二臂，身色灿黄，璎珞加身，左手持握吐宝鼠鼬，与中原汉地的表现方式迥异，当为并行发展的两个图像系统。美国芝加哥普立兹克藏品（Pritzker collection）中有一件 11 世纪藏西观世音菩萨、文殊菩萨与金刚手菩萨"三怙主"金铜佛像，底座下缘中央部分并排安置七政宝，从左至右依次为象宝、摩尼宝、玉女宝、金轮宝、主藏臣

[1]　'Khor los sgyur ba'i rgyal po'i yon tan dang rin po che sna bdun la sogs pa'i ming，见台湾法鼓佛教学图书咨讯馆、数位典藏馆制作的电子版《翻译名义大集》，台北，2011 年。

[2]　帕莫竹巴多杰加布（Phag mo gru pa rdo rje rgyal po），gSung 'bum (sde dge par ma)，TBRC，W1KG10493，vol.2，pp.934. 文本中记载的七政宝分别为："dad pa 'khor lo rin po che/ nyin mtshan dge ba'i las la sbyor/ tshul khrims btsun mo rin pi che/ rab tu mdzes pa'i rgyan gyis brgyan/ thos ba dmag dpon rin po che/ log rtog dgra'i yul ngo 'jams/ brtson 'grus rta mchog rin po che/ nyon mongs bdag med dbyings su skyel/ khrel yong glang po rin po che/ phyin ci log gi las rnams spong/ bsam gtan blon po rin po che/ bsod nams ye shes tshogs gnyis rdzogs/ shes rab nor bu rin po che/ rang dang gzhan gyis re ba skong/"

[3]　阿贡仁波切（A mgon rin po che），"Rin chen sna bdun ma"，in 'Bri gung bka' brgyud chos mdzod chen mo，Lha sa，2004，TBRC，W00JW01203，Vol.19，pp.84-85.

图4-2-20　榆林窟第25窟北壁弥勒经变图局部

图4-2-21　莫高窟第76窟窟门上方的七政宝

图4-2-22　河南安阳修定寺塔塔身上的七政宝局部

图4-2-23　敦煌出土绢画

图4-2-24　11世纪"三怙主"塑像底座局部图

4-2-25　11世纪金刚界曼荼罗局部

图4-2-26　12世纪药师佛唐卡下缘局部

宝、主兵臣宝和马宝，其中主藏臣宝为舒右腿游戏坐姿，左手握吐宝鼠。（图 4-2-24）欧洲私人藏 11 世纪印度波罗王朝金刚界曼荼罗唐卡左下方有一组七政宝，分三层排列，宝藏神位于最上方的显要位置，第二层为右手持剑的主兵臣宝和玉女宝，第三层从左至右依次为马宝、摩尼宝、象宝和金轮宝，在汉地极受推崇的金轮宝反而被安置在末位。（图 4-2-25）西方私人收藏卫藏 12 世纪药师佛唐卡下缘的七政宝依然奉宝藏神（即主藏臣宝）为中尊，与唐卡左、右下角的黑财神、象鼻财神共同突出"护财"主题，宝藏神两侧分别为象宝、主兵臣宝和玉女宝、马宝、摩尼宝和金轮宝。（图4-2-26）

　　榆林窟第 3 窟七政宝的画法与中原汉地造像传统较为接近，主藏臣宝头戴高冠，宽衣长袍，手托奇珍异宝，另一方面，它们又遵循藏传佛教造像体系，通过财续佛母与北壁西端的多闻天王和八大马王构成对应关系，这样的图像配置，使多闻天王不仅彰显了护国和护法的神性，还被赋予护财的神性，威德富足程度堪比转轮圣王。[1] 除

---

[1]　多闻天王作为守护珍宝之财神的神性在小乘佛教阿含类经典中就有记载，如姚秦三藏法师佛陀耶舍与竺佛念译《佛说长阿含第四分世记经》："须弥山北千由旬有毗沙门天王，王有三城，一名可畏，二名天敬，三名众归，各各纵广六千由旬，其城七重，七重栏楯，七重罗网，七重行树，周匝校饰，以七宝成，乃至无数众鸟相和而鸣，亦复如是。"

图4-2-27 《梵像卷》之"不空羂索菩萨"

图4-2-28 《梵像卷》之"旃檀佛"

了榆林窟第3窟，七政宝与多闻天王的组合还能在东千佛洞第5窟中心柱南侧的西夏壁画中找到，多闻天王和八大马王构成较为简略的曼荼罗配置，上方为金刚界五方佛，下方左右两侧即七政宝，其中主藏臣宝头戴高冠、身着甲胄，从形象上判断更加接近身着甲胄的多闻天王而非藏传佛教艺术作品中的宝藏神；传为大理国张胜温绘制的《大理国梵像卷》中出现两组七政宝，分别位于《不空羂索观世音菩萨》和《旃檀佛像》插图下部，前者中的主藏臣宝全跏趺坐，右手托摩尼宝，左手于腹前持握吐宝鼠鼬，（图4-2-27）后者则绘作甲胄严身的多闻天王（图4-2-28）；夏鲁寺14世纪壁画中也有相似图像例证，一层护法殿东壁北侧的多闻天王与八大马王群像下方的七政宝，除主藏臣宝和玉女宝之外的其他五宝所占比例较小，（图4-2-29）在这里，主藏臣宝的形象与中原和西藏的造像特征均不相同，略呈西域胡相，怀抱金罐，罐口朝

图4-2-29　夏鲁寺护法殿东壁主藏臣宝

图4-2-30　夏鲁寺护法殿北壁主藏臣宝

图4-2-31　夏鲁寺东无量殿外回廊主藏臣宝

图4-2-32　布达拉宫西大殿壁画局部

下，正在洒落各种珍宝，说明14世纪的卫藏艺术家开始在本地原有造像传统的基础上吸收域外图像元素并尝试性地做出改造。

我们在夏鲁寺检索到的其他三处主藏臣宝形象风格各异，护法殿北壁14世纪龙凤图左右两侧分别绘制七政宝和八吉祥图案，其中主藏臣宝头戴王冠，身着吐蕃王者衣饰，舒左腿作游戏坐姿，左手持握吐宝鼠鼬；（图4-2-30）二层西南隅罗汉殿殿门右侧北壁所绘是以"多闻天王、八大马王和其他胁侍"为主题的壁画，主藏臣宝位于主尊右侧，作武士状；[1]另外，寺院二层东无量宫回廊内绘制的18世纪七政宝图像已经

[1]　插图可参见贾玉平：《夏鲁寺壁画中的多闻子图像考察》，《西藏研究》2010年第3期，第68页。

基本形成我们今天在藏族传统绘画、雕刻艺术作品中常见的样式，主藏臣宝作在家居士模样，（图 4-2-31）与布达拉宫西大殿"有寂圆满殿"所绘五世达赖喇嘛入京觐见顺治帝场景中出现的七政宝较为吻合。（图 4-2-32）通过梳理中国、印度、尼泊尔等地"七政宝"中主藏臣宝的形象特征，我们可以发现在 10—11 世纪之前，东、西两系造像并行发展，在 11—13 世纪的西夏时期得到互动交融，待 14 世纪之后，随着中原王朝与卫藏之间开展的频繁政治、文化交流，西藏流行的"宝藏神样"主藏臣宝逐渐让位于汉地七政宝造像传统中的"文官样"。

另一点值得考订的是，榆林窟第 3 窟的"七政宝"绘制在九佛顶恶趣清净曼荼罗下方，这种搭配是否有特定的宗教寓意？笔者认为若从七政宝在"小乘／大乘""显／密"等类佛典中出现的语境来考察，可在转轮王、佛顶轮王、佛顶尊和七政宝三者之间建立密切联系。

转轮王在阿含类小乘佛教经典中担当护持佛法的世间统治者，因有"七政宝"神力加持而示现种种殊胜能力，完备"四德"。[1] 至《大般若波罗蜜多经》《华严经》等早期大乘佛教经典，转轮王放弃世间荣华而出家修道，开始进入佛教神祇体系，[2] 像释尊一样具备三十二相，[3] 甚至"华严三圣"都成了转轮王，[4] 地位得到大幅提升。此后，随着菩提留支、不空等从印度来唐高僧翻译大量密典，显教中的转轮王转变成为密教中的"佛顶轮王"，即佛顶佛与转轮王相结合而形成的神灵，[5] 菩提留支译《一字佛顶轮王经》记载，释尊"为显一字佛顶轮王大威德力，欻变身相如大转轮王，具足七宝眷属一时显现，一一宝重各放大光轮照无边，一切法宝俱时出现，放杂宝光，是大转轮王坐于座上，身容赫奕放种种光，映照一切如镕金聚，即说一定顶轮王咒"[6]，转轮王变身为密教神灵队列中的佛顶轮王，七政宝作为其出行的必需配备也随之进入密教体系，日本较为流行的别尊曼荼罗中的大佛顶曼荼罗便是依据《一字佛顶轮王经》绘制，佛顶轮王一般双手作禅定印并承托金轮，七政宝环绕周围。（图 4-2-33）

[1] （西晋）法立、法炬译《大楼炭经》记载此四德分别为："一者长寿不夭无能及者，二者身强无患无能及者，三者颜貌端正无能及者，四者宝藏盈溢无能及者。"

[2] 张文卓：《从转轮王到顶轮王——佛教轮王思想盛行的政治因素剖析》，《青海社会科学》2013 年第 3 期，第 138 页。

[3] "如转轮圣王，妙色端严，具三十二大丈夫相，一切人众倾渴瞻仰者，应知即如如来应供正等正觉三十二相，清净圆满，一切众生瞻仰无厌。"见（宋）法护译《施设论》，《大正藏》No.1538。

[4] （西晋）佛驮跋陀罗译《大方广佛华严经》记载："转轮王者，卢舍那佛是也"，"智慧转轮王者，岂异人乎？文殊师利童子是也"，"时转轮王随彼如来转正法轮，兴隆法者，岂异人乎？今普贤菩萨摩诃萨是也"。

[5] 相关论述也参见张文卓：《论佛顶轮王法对金刚顶密法之影响》，《西南民族大学学报（人文社会科学版）》2013 年第 10 期，第 75—81 页。

[6] （唐）菩提留支译：《一字佛顶轮王经·续品》，《大正藏》No.528。

图4-2-33　奈良国立博物馆藏平安时代大佛顶曼荼罗

持明密教经典中的佛顶思想后被《金刚顶经》《大日经》等中期密教经典吸收，发展出金轮顶王、三佛顶、五佛顶、八佛顶、九佛顶等不同体系，在以佛顶轮王为主尊的曼荼罗中，通常都伴有七政宝，如不空译《金刚顶经一字顶轮王瑜伽一切时处念诵成佛仪轨》记曰："大金轮明王，威光逾众日，七宝具围绕，为一切佛顶，轮王之轮王，才现奇特身"[1]，又如唐代达磨栖那译《大妙金刚大甘露军拏利焰鬘炽盛佛顶经》也记载有一切佛顶轮王手捧转轮王的标志性法物——八辐金轮坐在狮子座上，七宝眷属女宝、马宝、主藏神宝、轮宝、象宝、如意珠宝、兵宝等围绕周匝，其外的四方四

---

[1]　（唐）不空译《金刚顶经一字顶轮王瑜伽一切时念诵成佛仪轨》，《大正藏》No.957。关于七政宝的描述文字如下：

现一字金色，舌端亦如是，则是字为轮，其轮为转轮，持色如金容，备七珍围绕，宝轮宝在前，余宝右旋置，珠宝与无量，摩尼众围绕，次宝女亦与，无边婇女俱，马宝及象宝，主库藏神宝，各领自眷属，无量众待立，兵宝持金刚，无能胜为师，佛眼如来母，共宝居八方，如来金轮王，具七宝眷属。

隅又安置八大佛顶。[1]胎藏界曼荼罗把"八佛顶"信仰推向新的高度，将之安置在中台八叶上方第三院之释迦院内，三佛顶一般位于释尊右方，表示三部之德，五佛顶在释尊左方，表示五佛五智，[2]可七政宝并未出现，我们反而在同样包含八佛顶的法界语自在曼荼罗中可以找到。

法界语自在曼荼罗所依据的文本在时代上属于瑜伽密续向无上瑜伽密续过渡的阶段，[3]主要基于阿阇黎对《妙吉祥文殊真实名经》（梵：Mañjuśrīnāmasaṃgīti，藏：'Jam dpal mtshan brjod）的注疏绘制而成，其中文殊称（梵：Mañjuśrīkirti，藏：'Jam dpal grags pa）所著《虚空无垢善清净法源心髓智》[4]提到，中央四面八臂白色身的法界语自在文殊主尊被八佛顶环绕，每一尊佛顶复被七政宝环绕，[5]藏西东嘎石窟1号窟北壁法界语自在曼荼罗壁画和2号窟穹窿顶上的法界语自在曼荼罗均出现这一元素，主藏臣宝绘作一面二臂大腹便便的宝藏神。（图4-2-34）[6]更有甚者，我们在无上瑜伽父续胜乐金刚曼荼罗的供养修持法中也能见到七政宝的身影，《萨迦全集》（Sa skya bka' 'bum）中收录不少胜乐曼荼罗观想、供养修持仪轨的文本，如萨

---

[1] （唐）达磨栖那译《大妙金刚大甘露军拏利焰鬘炽盛佛顶经》（即《大妙金刚经》），《大正藏》No.965。文中提到的八佛顶分别为光聚佛顶轮王、发生一切佛顶轮王、白伞盖佛顶轮王、胜顶轮王、除一切盖障佛顶轮王、黄色佛顶轮王、一字最胜佛顶轮王、无边音声佛顶轮王。日本12世纪撰成的《觉禅钞》依据《大日经疏》对《大妙金刚经》注释时讲此八佛顶中的前五佛顶表示如来五智德用，后三佛顶表示如来三部众德。

[2] 《大日经》卷一："于毫相之右，复画三佛顶，初名广大顶，次名极广大，及无边音声，皆应善安立。又云：救世释师子，圣尊之左方，如来之五顶，最初名白伞，胜顶最胜顶，众德火光聚，及与舍除顶，是名五大顶。大我之释种，应当依是处。"八佛顶之说，是三佛顶与五佛顶的合称。

[3] 相关研究可参见王瑞雷：《夏鲁寺东无量宫殿曼荼罗配置及法界语自在曼荼罗研究》，首都师范大学2012年硕士学位论文。

[4] 德格版《大藏经》No.2589，*Nam mkha'i dri ma med pa shin tu yongs su dag pa chos kyi dbyings kyi ye shes kyi snying po zhes bya ba*。

[5] "padma'i 'dab ma thams cad la/ seng ge'i gdan gyi stengs bzhugs shing/ thams cad rin chen bdun bskor bar"，第156b页。

[6] 感谢首都师范大学汉藏佛教艺术研究所王瑞雷博士提供细节图片。

图4-2-34　东嘎石窟1号窟法界语自在曼荼罗局部

迦二祖索南孜摩（bSod nams rtse mo，1142—1182）著《吉祥胜乐轮供养鬘》、[1] 五
祖八思巴（'Phags pa blo gros rgyal mtshan，1235—1280）著《鲁伊巴传承胜乐成就法

---

[1] "Rin chen bdun yang gsang sngags dang/ phyag rgya bcas pas dbul bar bya'/ 'khor lo'i phyag rgya bcas la/
'di skad ces brjod par bya'o/ bde bar gshegs pa thams cad la/ 'khor lo rin chen 'di phul bas/ srid pa'i 'khor
lo rgyun bcad de/ chos kyi 'khor lo bskor bar shog/ …… rin po che'i phyag rgya bcas la/ rgyal ba sras dang
bcas oa la / bor bu rin chen 'di phul bas/ bkren cing phongs pa rgyan bcas de/ 'byor pa phun sum tshogs par
shog/ ……rdo rje dbyings ma'i phyag rgya bcas la/ btsun mo rin chen 'di phul bas/ ma rig min pa rgyun
bcad de/ shes rab dbyings ni rab rtogs nas / thabs dang shes rab 'brel bar shog/ …… rdo rje sems dpa'i dam
tshig gi phyag rgya bcas la/ blon po rin chen 'di phul bas/ phyi nang gsang gsum theg gsum ldan/ bsam yas
bstan pa rab 'dzin cing/ yon tan thams cad ldan par shog/ …… glang po'i phyag rgya bcing la/ glang po rin
chen 'di phul bas/ ltan ngan rnams ni rab bsal te/ bla med theg pa rab zhon nas/ thams cad mkhyen grong
'gro bar shog/ …… rta'i phyag rgya bcings la/ rta mchog rin chen 'di phul bas/ srid pa'i gzeb las nges grol
te/ rdzu 'phrul mchog gi shugs thob nas/ sangs rgyas zhing du bgrod par shog/ …… dmag mi'i phyag rgya
bcings la/ dmag dpon rin chen 'di phul bas/ nyon mongs dgra las rgyal gyur nas phas kyi rgol ba tshar bcad
de/ 'jigs bral mchog ni thob par shog/ …… zhes pas mchod par by'o"，见 "dPal 'khor lo bde mchog gi
mchod phreng bzhugs so"，《萨迦全集》第 5 卷。

次第明点》[1]等都有记载。榆林窟第 3 窟恶趣清净曼荼罗以第一围的九佛顶佛为主尊，虽然各佛名号与《大日经》相关经典记载的九佛顶——即八佛顶加摄一切佛顶——因所依经轨不同而有所区别，但依然可归入广义上的佛顶体系，从这一角度考虑，九佛顶恶趣清净曼荼罗与其下方的七政宝图像便建立起密切联系。

四、小 结

《恶趣清净怛特罗》及其内描述的恶趣清净曼荼罗图像自吐蕃占领敦煌时期就在河西走廊一带流行，西夏信徒基于对具有实际功用的佛教题材的盎然兴趣将其继续推行，11—13 世纪的西夏和藏西成为恶趣清净曼荼罗图像并行发展的两大中心，不过单就九佛顶恶趣清净曼荼罗这一题材而言，两地造像之间的互动关系尚不明确，榆林窟第 3 窟九佛顶曼荼罗更加接近宋代法贤汉译本《佛说大乘观想曼拏罗净诸恶趣经》，围绕中央释迦牟尼的四波罗蜜菩萨是判断该铺壁画文本依据的关键。曼荼罗外轮之外的四隅出现四臂观音、黄色身二臂般若佛母、金刚萨埵和绿度母等四尊像，其中四臂观音和般若佛母的信仰与图像是在西夏时期才第一次得到广泛流传，并影响了卫藏、杭州飞来峰的元代密教造像。黑水城出土的密教佛典、佛教文书题跋等材料也能彰显《恶趣清净怛特罗》及其相关烧施仪轨在西夏社会盛行一时，寄托信众净治恶趣、脱离轮回、往生净土的信愿。

---

[1] 见 "bDe mchog lu hi pa'i lugs kyi sgrub thabs rim pa gsal ba"，《萨迦全集》第 14 卷。其内记述文字与索南孜摩本较为接近。

第三节　不空羂索曼荼罗五尊像

　　北壁西侧金刚界曼荼罗上方有横排一行五尊神祇，（图4-3-1）与南壁西侧恶趣清净曼荼罗上方的五护佛母组合遥相呼应。首先将根据现场调查笔记，简要记述各尊的图像志特征：

　　1. 一面四臂蓝色尊，面有三目，曲左腿蜷右腿跪于莲花座上，发髻中有马头，右手主臂于胸前持棒，右上手持物不清。左手主臂于胸前持金轮，左上手持花。

　　2. 一面四臂，身黑色（原来或为白色），主面为平和寂静相，全跏趺坐，右手主臂置于胸前持金刚杵，其他三手持物难以辨识。

　　3. 一面二臂，身金黄色，平和静寂，全跏趺坐在莲座上，右手作施与愿印，左手持莲花茎。

　　4. 一面四臂白色尊，面有三目，忿怒相，全跏趺坐，右手主臂持杖，右上手持莲花，左手主臂持净瓶，坐二手持物不清。

　　5. 一面八臂，身青蓝，忿怒面有三目，曲右腿蜷左腿跪在莲花座上，右四手从上而下持物分别是剑、莲花、箭、（不清），左四手中的最上手持

[1]《大正藏》No.939。

293

图4-3-1　榆林窟第3窟金刚界曼荼罗上方的不空羂索五尊像

杖，第三手持弓，其他持物漶漫不清。

通过比对图像和文本，可以确认这五尊是自吐蕃占领敦煌时期就非常流行的不空羂索[1]（藏：Don yod zhags pa[2]，梵：Amoghapāśa）曼荼罗五尊组合，自西向东分别是：马头明王（藏：rTa mgrin；梵：Hayagrīva）→不空羂索观音（藏：Don yod zhags pa，梵：Amoghapāśa）→观世音菩萨（藏：sPyan ras gzigs，梵：Āvalokiteśvara）→毗俱胝母（藏：Khro gnyer can ma，梵：Bhṛkutī）→一髻独刹母（藏：Ral gcig ma，梵：Ekajaṭī）。

将曼荼罗内院中按同心圆形制来配置的神祇展开为横排式构图，一般遵循的原是曼荼罗中央主尊对应横排中间位置的尊神，那么落实到本节所讨论的这五尊形象，主尊就应该是观世音菩萨，为何会被称为不空羂索观音曼荼罗呢？

不空羂索观音菩萨和观世音菩萨有时容易混淆，尤其是右手施与愿印、左手持莲花的二臂形象与观世音菩萨难做区分，因此很多学者都将二者联系在一起，认为不空羂索菩萨是观世音菩萨的化身，[3]敦煌壁画所绘不空羂索观音经变中的众多眷属，如

---

[1]　关于不空羂索菩萨图像的研究见，PratapadityaPal, "The Iconography of Amoghapāśa Lokeśvara," *Oriental Art*，Vol.13, 1967, pp.20-28; 田中公明：《敦煌の不空羂索五尊について——新出の不空羂索五尊曼荼羅（MG.26466）を中心にして》，收入《敦煌·密教と美术》，法藏馆，2000; Ankur Barua, M.A.Basili, *The Iconography of Amoghapāśa: The Bodhisattva of Comapassion*, Buddhist Art Series 1, Hong kong, 2009. 刘永增在2013年发表《敦煌石窟不空羂索五尊曼荼罗图像解说》（日本神户大学大学院人文学研究科主编《敦煌·絲綢之路（シルクロード）国际学术研讨会議論文集》2013年），可惜笔者无法得见。

[2]　有时略写为Don zhags。

[3]　唐菩提流志译《不空羂索神变真言经》卷一云："尔时，观世音菩萨摩诃萨欢喜微笑，即从座起，偏袒右肩，合掌恭敬，礼佛双足，整理衣服，长跪叉手，前白佛言：'世尊，我有陀罗尼，名不空羂索心王陀罗尼真言三昧耶。是法乃于过往九十一劫，彼最后劫中，有佛号名世间自在王如来、应正等觉、明行圆满、善逝、世间解、无上士、丈夫调御、天人师、佛、薄伽梵。彼佛世尊怜愍我故，授是陀罗尼真言一切法门。其佛世界名曰胜观察慧。世尊，从是已来，我常受持此陀罗尼真言一切教法。"观世音菩萨在过去九十一劫的最后一劫中接受世间自在王如来的传授，学得不空羂索心王陀罗尼，以此陀罗尼教导世人的观世音菩萨被称为不空羂索观音。

婆薮天、大功德天、伊首罗天、摩醯首罗天等是与千手观音共用的，显示出二者神格的关联性。不空羂索五尊曼荼罗内的其他三位尊神也与观世音菩萨有密切联系，一髻独剎母是绿度母的忿怒相，毗俱胝母从观音菩萨额上化现而出，而马头明王以观音为自性身，示现大愤怒相，五位尊神从神格上说都是观音的不同身形，他们还作为眷属菩萨出现在胎藏界曼荼罗的观世音菩萨院内。迄今所见不空羂索五尊曼荼罗图像中，有一面四臂不空羂索观音为主尊者，也有一面二臂观世音菩萨为主尊者，但凡此五尊神祇组成的坛场都可通称为不空羂索曼荼罗。

从唐到西夏，不空羂索观音经变连同如意轮观音经变成为敦煌壁画中最受欢迎的两种题材，数量占各题材经变之首。[1] 不过绝大多数不空羂索经变中的主尊是 6 臂或 8 臂的不空羂索观音，[2] 身侧围绕的眷属尊神数量少则 1 位，多则 30 余位。这些经变绘制的文本依据大抵都是汉译经典，如唐菩提流志译《不空羂索神变真言经》、[3] 唐李无谄译《不空羂索陀罗尼经》、[4] 唐宝思惟译《不空羂索陀罗尼自在王咒经》[5] 等，与榆林窟第 3 窟出现的主眷五尊像属于不同体系，下文将通过对不空羂索五尊曼荼罗相关汉藏文窟第本的梳理，确认榆林窟第 3 窟图像的文本依据与来源。

一、不空羂索五尊曼荼罗的相关经典

唐菩提流志译三十卷本《不空羂索神变真言经》是汉译不空羂索经典中涵盖内容最广的一部，规模和性质与宋天息灾译《佛说大摩里支菩萨经》相似。与其对应的藏文经典是《圣不空羂索仪轨细释王》（'Phags don yod pa'i zhags pa'i cho ga zhib mo'i rgyal po），虽为同本异译，但是二者在内容上有较大差别。[6] 以上两部经典中并没有关于不空羂索观音五尊形象的明确记载，其他汉文经典也未见与吐蕃敦煌时期和西夏时期图像吻合的描述，现在见到的记载不空羂索五尊曼荼罗图像志特征的文献大都保存在藏文《大藏经》中。不空羂索五尊仪轨并没有收入《丹噶目录》或其他吐蕃译经

［1］ 有关敦煌石窟中不空羂索经变的研究，见彭金章：《敦煌石窟不空羂索观音经变研究——敦煌密教经变研究之五》，《敦煌研究》1999 年第 1 期，第 1—24 页。

［2］ 敦煌不空羂索观音经变中主尊的形象、眷属、在各洞窟内的分布情况，见彭金章文附表。

［3］ 《大正新修大藏经》No.1092。

［4］ 《大正新修大藏经》No.1096。

［5］ 《大正新修大藏经》No.1097。

［6］ 《圣不空羂索仪轨细释王》（'Phags pa don yod pa'i zhags pa'i cho ga zhib mo'i rgyal po, Ārya amoghapāśa kalparāja），德格 No.686，译者：却札贝桑波（Chos grags dpal bzang po）、仁钦珠（Rin chen grub）。见田中公明著，刘永增译：《敦煌出土莲花部八尊曼荼罗》，《敦煌研究》2005 年第 1 期，第 76 页。

目录，属于 11 世纪之后的新译经典，[1] 相关文本共有如下 5 部：

1. 月官，《圣不空羂索五尊赞》（ *'Phags pa don yod zhags pa lha lnga'i bstod pa*)，德格版第 2720 号经典。

2. 佚名，《不空羂索曼荼罗天众赞无垢光》（ *'Phags pa don yod zhags pa'i dkyil 'khor gyi lha tshogs la bstod pa dri ma med pa'i 'od ces bya ba*)，德格版第 2721 号经典。

3. 佚名著，扎巴坚赞译，《世自在不空羂索成就法》（ *'Jig rten dbang phyug don yod zhags pa'i sgrub thab*)，德格版第 3435 号经典。

4. 俱生游戏（Lhan cig skyes pa'i rol pa，活动于 11 世纪）著，不空金刚和巴哩译师译，《圣不空羂索成就法》（ *'Phags pa don yod zhags pa'i sgrub thabs*)，仅见于北京版《大藏经》第 4842 号经典。

5. 巴哩译师，《巴哩系不空羂索五尊》，收入《洛桑诺布喜饶全集》（ *Blo bzang nor bu shes rab gyi gsung 'bum*, 1677—1737)。[2]

笔者已将以上五部经典中涉及不空羂索五尊图像学特征的段落译出，附在文后，各文本记载的诸尊形象比对情况，可参见表 4-3-1：

---

[1] 虽然文献记载的情况显示卫藏地区不空羂索观音五尊的信仰和图像是在 11 世纪之后出现的，但是吐蕃占领敦煌时期就发现相关文本和造像。根据布顿大师《佛教史大宝藏论》记载，吐蕃时期著名译师管法成（ 'kos chos krub）曾翻译过《不空羂索十地陀罗尼》若干颂，管法成精通梵、藏、汉文，曾将不少经典汉、藏互译，也曾亲自到甘州、沙州讲经说法。敦煌出土藏文文献中有大量不空羂索陀罗尼写本，如：IOL Tib J 310/3，IOL Tib J 311/1，IOL Tib J 312/4，IOL Tib J 372/2，Pelliot tibétain 7/7, Pelliot tibétain 49/4, Pelliot tibétain 56/1, Pelliot tibétain 105/4, Pelliot tibétain 264，绝大部分内容都是《圣观自在不空羂索心要陀罗尼》（ *'Phags pa spyan ras gzigs don yod zhags pa'i snying po zhes bya ba'i gzungs*)，不涉及不空羂索观音形象的描写。

[2] 巴哩译师翻译的《圣不空羂索成就法》虽被收入《大藏经》，但是笔者在其编著的《巴哩百法》中并没有找到相关成就法，巴哩译师本人撰写的《不空羂索五尊曼荼罗成就法》被 17 世纪格鲁派学者洛桑诺布喜饶继承。

洛桑诺布喜饶文集中还收录有一部《克什米尔班钦系不空羂索五尊曼荼罗成就法》（ *Don yod zhags pa lha lnga kha che paN chen lugs kyi sgrub thabs*)，比巴哩系成就法的最大区别是主尊为一面八臂不空羂索观音，因此暂不列入讨论范围。克什米尔班钦即班钦·释迦室哩（ Kha che pan chen Śākyaśrībhadra，11 世纪 40 年代—1225 ），是 12 世纪克什米尔的著名佛学家，曾对藏传佛教后弘期律学在西藏的传播产生重要影响。

表 4-3-1 不同成就法记载的不空羂索五尊像对比表

	观音/不空羂索			不空羂索/不空钩			马头明王			一髻独刹母			毗俱胝母		
	身色	右手	左手	身色	右手	左手	身色	右手	左手	身色	右手	左手	身色	右手	左手
圣不空羂索五尊赞	白	胜施印	莲	红	索 金刚杵	钩 数珠	红	杖 作怖指	轮 红莲	蓝	剑 索 莲 箭	轮 宝 戟 弓	白	杖 白莲	数珠 瓶
不空羂索曼荼罗天众赞无垢光	白	胜施印 瓶	莲 施无畏	金	索 金刚杵	钩 数珠		杖 作怖指	轮 莲	黑	剑 索 莲 箭	轮 杖 戟 弓		杖 莲	数珠 瓶
世自在不空羂索成就法		胜施印 索	莲 三叉戟	红	钩 金刚杵	索 莲	红	杖 金刚杵	作怖指 莲	金	剑 钺刀	青莲 骷髅碗	金	莲 数珠	杖 瓶
不空羂索成就法	金	胜施印	莲	红	索 金刚杵	钩 数珠	红	杖 作怖指	轮 莲	青黑	剑 索 莲 箭	轮 杖 戟 弓	白	杖 莲	数珠 瓶
巴哩系不空羂索五尊	金	胜施印	白莲	红	索 金刚杵	钩 数珠	绿	杖 作怖指	轮 红莲	蓝	剑 索 莲	轮 杖 戟	黄	杖 白莲	数珠 瓶

《不空羂索曼荼罗天众赞无垢光》和《世自在不空羂索成就法》记载了一面四臂的观世音菩萨，与榆林窟第 3 窟出现的以一面二臂观世音菩萨为主尊的不空羂索观音五尊组合不符。二文本的区别主要体现在一髻独刹母形象上，前者为一面八臂黑色忿

图4-3-2　法藏敦煌艺术品EO.1131

图4-3-3　法藏敦煌艺术品MG.26466

　　怒母，后者为一面四臂金色身。敦煌出土艺术品中目前可以见到三幅绢画绘制不空羂索五尊，中央主尊均是一面四臂观世音菩萨，一髻独刹母形象为一面八臂，基本遵循《不空羂索曼荼罗天众赞无垢光》一系的传统，只在各尊身色上略有出入。根据田中公明及其他日本学者的研究，这三幅作品都没有拘泥于文本记载，而是把不空羂索观音曼荼罗内的五尊神祇与其他曼荼罗糅合在一起形成新的组合，如 EO.1131 是不空羂索五尊曼荼罗与胎藏界莲华部别坛的结合，（图 4-3-2）MG.26466 所绘的不空羂索五尊加花、香、灯、涂外四供养菩萨实为不空羂索五尊曼荼罗和理趣经曼荼罗的结合，（图 4-3-3）EO.3579 则是将四印曼荼罗中的五方佛代以不空羂索五尊。（图 4-3-4）[1]

　　月官著《圣不空羂索五尊赞》和巴哩译师所译两部不空羂索五尊成就法的内容，除了在五尊身色方面略有差异外，臂数、各手持物、手印等毫厘不差，明显源自同一个图像体系，而这个体系的成就法正是榆林窟第 3 窟不空羂索五尊观音绘制的文本依

[1]　相关研究见田中公明：《敦煌の不空羂索五尊について——新出の不空羂索五尊曼荼羅（MG.26466）を中心にして》，《敦煌·密教と美术》第 58—71 页；田中公明著，刘永增译：《敦煌出土莲花部八尊曼荼罗》，《敦煌研究》2005 年第 1 期，第 70—79 页。

图4-3-4　法藏敦煌艺术品EC.3579

据。此处五尊神祇与3部文本中记载的形象均不能完全对应，有两个明显的不吻合之处，如左起第一尊马头明王为深蓝色，而非红色或绿色；第二尊不空羂索观音目前身色接近浓黑，或许为白色氧化后的结果，这也和文献中记载的红色身色不符。不空羂索五尊采用横排构图，位置上与南壁东侧顶髻尊胜佛母曼荼罗和北壁东侧摩利支天曼荼罗上方的两组"五方佛"呼应，暗示其与五部的密切关系，洛桑诺布喜饶全集中所收《巴哩系不空羂索五尊》成就法对此有简略记述：

> 观世音菩萨顶髻有无量光佛，不空羂索菩萨顶髻上有大日如来，马头明王上为宝生佛，独髻母顶髻上有阿閦佛，毗俱胝母顶髻上有不空成就佛。[1]

不空羂索五尊组合内的每一尊对应某位特定的五部部主，各尊从属的部类有严格规定，与其对应的南壁西铺恶趣清净曼荼罗上方五护佛母也遵循同样的设计理念。

---

[1] 藏文原文为：gco ba la 'od dpag med/ don yod zhags pa la rnam snad/ rta grin la rin 'byung/ ral gcig ma la mi bskyid pa/ khro gnyer can ma don grub kyis dbu rgyan bar bsam/

月官和巴哩译师之间的传承关系目前还未找到确凿文字记载加以证明，不过月官译《薄伽梵母顶髻胜母赞》也曾被大小金刚座师、巴哩译师继承，藏文《大藏经》中保留有 50 余部与他相关的文本，说明月官著作确实得到后弘初期译师的重视，并对西藏 11 世纪以降的佛教图像发展产生重要影响。[1]西方私人博物馆收藏的一幅尼泊尔 15 世纪不空羂索五尊曼荼罗唐卡在神祇身色、持物等方面与巴哩译师成就法完美契合，（图 4-3-5）另有几件 15 世纪唐卡，布面主要空间写藏文《不空羂索陀罗尼经咒》，画面上缘一排绘有这五尊神祇，横排构图与榆林窟第 3 窟金刚界曼荼罗上方图像配置方式较为相近。（图 4-3-6a、b、c）巴哩一系成就法被萨迦寺全部继承，几乎历代祖师都有修习不空羂索观音法门的记载。[2]在康区宗萨扎西拉泽寺（rDzong gsar bkra shis lha rtse）根据萨迦派寺院俄尔寺成就法传承绘制的 19 世纪唐卡中，可以看到不空羂索观音五尊与内四供养菩萨、四大天王组成的曼荼罗。（图 4-3-7）[3]清代刊刻《那塘版五百佛像集》中收录"不空羂索主眷五尊"木刻一幅，各尊图像志特征均与前引几个例子完全相同。（图 4-3-8）这些作品的年代从 15 世纪一直持续到 19 世纪，证明巴哩系不空羂索观音五尊在西藏佛教艺术中有强大影响力和长久生命力。

不空羂索观音法门传承体系在《青史》中有详细记载。此修法最初由一位名为阿尔巴蒂（E re pa ti）的班第达前往南印度信力寺（Bhaktibala，藏：Dad pa'i stobs）学成，其后经过他在各地的游走弘扬从而形成连续不断的传承序列。文中列出的多个体系都以巴哩译师为受持上师：[4]

    1. 阿尔巴蒂南印劣种伦觉巴（Yogin）→不空金刚（Don yod rdo rje，即大金刚座师 rDo rje gdan pa）

    2. 大悲观音（Mahakarunnika）→法护（Dharmakapāla）→索溜巴（bSod snyoms pa）→不空金刚→巴哩译师

---

[1] 相关讨论见本书第三章第二节《顶髻尊胜佛母曼荼罗》。

[2] 如萨迦二祖索南孜摩撰有《圣不空羂索小史》（'Phags pa don yod zhags pa'i lo rgyus）；萨迦三祖新著经籍中包括两部与不空羂索观音信仰相关的文本，分别为《不空羂索观世音菩萨之仪轨》《复不空羂索观世音菩萨之曼遮》。引自阿旺贡嘎索南著，陈庆英等译：《萨迦世系史》，西藏人民出版社，1989 年，第 51 页。

[3] bSod nams rgya mtsho & Masushi Tachikawa, *The Ngor Mandalas of Tibet*, Tokyo, 1989, pl.12.

[4] 文内也提供了从巴哩译师到郭译师关于不空羂索五尊观音信仰的完整传承序列，郭·迅鲁伯著，郭和卿译《青史》，第 665—666 页。
19 世纪编辑成书的《成就法集》（*rGyud sde kun btus*）中收有一篇《不空羂索弟子灌顶仪轨》，描述不空羂索观音十六尊曼荼罗，文内记载的师承序列更加翔实，从阿尔巴蒂一直记录到《成就法集》成书之前。见 "Don yod zhags pa'i slob ma dbang bskur gyi cho ga dung dkar g.yas su 'khyil pa'i sgra dbyangs zhes bya ba bzhugs so", Blo gter dbang po, *rgyud sde kun btus*, 2004, Vol 2, p.376.

图4-3-5 西方博物馆藏15世纪西藏唐卡

图4-3-6a、b、c　西方博物馆藏15世纪西藏唐卡局部

图4-3-7　不空羂索曼荼罗现代线描图　　　　　　图4-3-8 那塘版不空羂索五尊

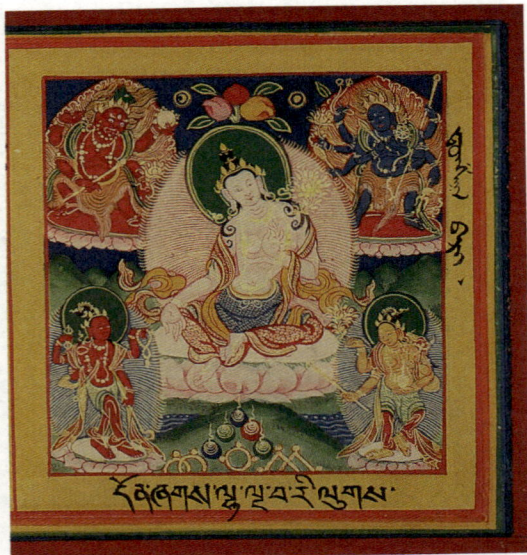

3. 观世音菩萨（Avalokiteśvara）→西那阿噶惹（Śīlākara）→毗卢遮那（Vairocana）→巴哩译师

4. 观世音菩萨（Avalokiteśvara）→却顿（Chos ston）→不空金刚→巴哩译师

除了《青史》，萨迦二祖索南孜摩（bSod nams rtse mo，1142—1182）撰《圣不空羂索小史》（*Phags pa don yod zhags pa'i lo rgyus bzhugs so*）[1] 还提供另一种传承：

> 后来出现一个来自西印度名为阿巴喀拉（Abhakara）的班第达，他敬心侍奉圣者（指不空羂索观音），并居住在那里。……其后有一个名为萨顿（Sa ston）的班第达，在此地居住期间侍奉圣者。最初（圣者）只在梦中传授教法，后来才当面教授。他（指萨顿）的学生是班第达不空金刚，再传弟子是巴哩译师。[2]

[1] 有关该文本的研究，见 Christoph Wilkinson, "The Pure Land on Earth: The Chronicles of Amoghapāśa 'Phags pa Don yod zhags pa'i lo rgyus", *Pacific World: Journal of the Institute of Buddhist Studies*, Third Series, Number 14, 2012, pp.179-185.

[2] 原文：De nas rgya gar nub phyogs kyi pandi ta abhakara bya ba der byon te 'phags pa la bsnyen bkur mdzad cing bzhugs pa la/ ……de nas yang phyis pandi ta sa ston zhes bya ba cig/ 'phags pa la bsnyen bkur byed cing bzhugs pas/ dang por rmi lam du chos bstan/ phyis dngos su bstan/ de'i slob ma pandi ta don yod rdo rje'o/ de'i slob ma bla ma ba ri lo tsa ba'o/
索南孜摩（bSod nams rtsa mo），《圣不空羂索小史》（*'Phags pa don yod zhags pa'i lo rgyus*），收于《萨迦全集》（*Sa skya bka' 'bum*），Kathmandu, 2006。

《圣不空羂索小史》主要记述一位印度佛教徒前往西藏布达拉山求见不空羂索观音并听闻教法的故事，赴藏途中历经种种艰险，得益于度母、马头明王和毗俱胝母等尊的帮助，最终得见不空羂索观音真容，久居布达拉奉养圣者。这篇文书透露的一个重要信息是，12世纪藏人眼中的布达拉山是不空羂索观音"道场"！这位印度佛教徒到达布达拉山后参礼的不空羂索主眷五尊应当就是巴哩译师一系成就法中记载的这五尊神祇。

虽然史籍记载的情况显示不空羂索观音自11世纪开始就在卫藏地区有广泛信仰基础，但现在西藏所能见到最早的不空羂索观音五尊造像年代已到15世纪，榆林窟第3窟出现的西夏不空羂索五尊曼荼罗主眷像是迄今发现的最早依据新译藏文密教成就法绘制的作品，巴哩译师以及其他来往于各地的高僧大德在其中发挥的作用不可忽视，这一题材在西夏佛教艺术中被延续下来，东千佛洞第6窟窟顶按坛城样式安置不空羂索观音五尊，东千佛洞第5窟窟门北侧在同一壁画绘制两组不空羂索五尊像，共同演绎西夏人对新式题材的热情和创新阐释。

二、西夏的其他不空羂索五尊像

藏译不空羂索五尊曼荼罗成就法文本是否曾在西夏属地流传，暂时缺乏证据加以证明。内蒙古黑水城、宁夏宏佛塔、方塔等地出土文书未发现相关资料，北京国家图书馆收藏的西夏文书目录《北平图书馆馆刊·西夏文专号》记有《不空羂索神变真言经》，罗福成将内容译释之后，判定该卷是唐菩提流志汉译本《不空羂索神变真言经》之卷十八，[1] 其内并没有与榆林窟第3窟不空羂索五尊观音形象属于一系的文字描述。不空羂索观音信仰和巴哩系不空羂索五尊成就法在西夏社会的流行只能暂时借由艺术作品来体现。

俄国艾尔米塔什博物馆藏黑水城出土《金刚座触地印释迦牟尼佛》[2] 唐卡下缘绘一排七尊像，左右两端分别为金刚手和不动明王，中央五尊正是本节讨论的不空羂索五尊观音像。（图4-3-9）中央是一面二臂黄色身相的观世音菩萨，右手施与愿印，左手持莲花。观世音菩萨右侧为全跏趺坐不空羂索观音，身呈褐色又略见红色，右手分

---

［1］ 罗福成：《不空羂索神变真言经卷十八释文》，《国立北平图书馆馆刊》1932年第4卷3号；另收入李范文主编《西夏研究》第四辑，中国社会科学出版社，2007年，第349—351页。

［2］ 馆藏编号X2323，相关研究见谢继胜：《西夏藏传绘画——黑水城出土西夏唐卡研究》，河北教育出版社，2001年，第31—35页。

持羂索和金刚杵，左手分持钩和数珠。观世音菩萨右侧是浅蓝色身相的毗俱胝佛母，右手持物为杖和莲花，左手持物为数珠和净瓶。不空羂索观音右边是一面四臂红色身的马头明王，一面三面，焰发之中现马头，是为身份标识。毗俱胝佛母左侧是一面八臂的一髻独刹母，身青黑色，右手分持剑、莲、箭和杖，左手持轮、三叉戟、弓和作怖指并持索。这一组不空羂索五尊像与巴哩译《不空羂索五尊成就法》几乎可以完全对应，仅有一髻独刹母右手杖和左手羂索对调。

除了榆林窟第3窟，敦煌石窟中现存三例不空羂索五尊曼荼罗壁画，一处位于东千佛洞第6窟窟顶，另两处位于东千佛洞第5窟窟门北侧，两组五尊像上下排列在同一壁面，现将依次对曼荼罗内各尊的图像特征展开分析。

图4-3-9　黑水城出土X-2323号《金刚座触地印释迦牟尼佛》唐卡下缘

图4-3-10　东千佛洞第6窟窟顶不空羂索曼荼罗

（一）东千佛洞第 6 窟窟顶

不空罥索观音五尊像被安放在外圆内方的坛城之内。曼荼罗外轮由三层构成，外层绘火焰，中层绘金刚杵，内层绘莲花。内院开四门，四门之上有城楼。内院金刚地被对角线等分为四个空间，四空间颜色与曼荼罗宇宙空间规定的颜色不能一一对应。对角线上安置四宝瓶，象征四智。外层金刚墙外四隅有金刚杵头，象征该曼荼罗安置在有金刚交杵安镇的大地上。（图 4-3-10）

中央主尊为观世音菩萨，头戴三叶冠，身色现为深褐色，应是黄色（或称金色）氧化所致。全跏趺坐，右手施与愿印，左手于胸前执持红莲花。观世音菩萨面朝窟门而坐，因此他前方（即下方）当为西方。根据巴哩译成就法记载，观世音菩萨西面为一髻独刹母，此处配置和文本是一致的。一髻独刹母一面八臂，面有三目，獠牙外露，头戴三叶冠，焰发竖立，璎珞严身，下身着虎皮裙。一髻独刹母曲右腿、立左腿坐于莲花座上，八手之中持物和巴哩译本完全吻合，右手自上而下分别执持剑、索、莲花和箭，左手分别持轮、杖、三叉戟和弓。但是身色并不是文本中记载的蓝黑色，而呈白色。观世音菩萨上方（即东方）为一面四臂不空罥索观音，自在游戏坐，身色略带蓝黑，而非红色，与文本记述有出入。右二手分别持罥索和金刚杵，左手持金刚杵和钩，其中左下手执持的金刚杵与文本中的念珠不一致。观世音菩萨之左（即南方）安坐马头明王，坐姿与一髻独刹母相反——曲左腿、立右腿。马头明王头戴三叶冠，焰发竖立，面相忿怒，三目怒视欲裂。右上手作怖指，另一手持棒，左二手分别执持金轮和莲花。除了身色和文本所记的红色不符外，其他特征均两相吻合。观世音菩萨之右（即北方）呈游戏坐的是毗俱胝母，身色皎白，一面四臂，面相平静美好，右手持骷髅杖和莲花，左手持净瓶和念珠，与文本描述完全一致。

总的来说，东千佛洞第 6 窟窟顶的不空罥索五尊曼荼罗忠实再现了巴哩一系成就法的文本描述，四方眷属的安放位置完全遵循曼荼罗宇宙空间方位，而不像敦煌石窟其他曼荼罗（如榆林窟第 3 窟窟顶和东千佛洞第 2 窟窟顶的金刚界曼荼罗）为了追求与自然方位一致而出现南北方对调的情况。

该铺曼荼罗的特殊之处在于它绘在窟顶这一重要位置。石窟窟顶图像内容最能体现全窟统摄思想，重要性与窟室正壁造像不相上下。早期石窟多通过窟顶"十方三世佛"来演绎大乘佛教每世每劫均有十方佛和三世佛共现的教旨，其后受早期密教法典《金光明经》的影响，发展出窟顶"四方佛"搭配"四大天王"的造像组合，最早的例子是新疆吐峪沟第 44 窟，窟顶四方四佛、四大天王和窟内地面中央出现的圆坛演绎早期密法礼拜性质。[1]"四方佛"为金刚乘中以大日如来为中尊的"五方佛"揭开序幕，五方佛以五佛五智之身演说密乘妙法，在敦煌，其图像集中出现在曹氏归义军至西夏元时期，而将五方佛或以五方佛为主尊的金刚界曼荼罗绘在窟顶是西夏石窟最常见的做法，如莫高窟第464、465窟，榆林窟第3窟，东千佛洞第2窟，炳灵寺第168窟等，除莫高窟第465窟之外，其他几个窟室正壁均绘大乘显教教主释迦牟尼像，象征五方部主引领的密教世界与释迦牟尼带领的显教世界"圆融一体"。在东千佛洞第6窟，画师将五方佛或金刚界曼荼罗代以不空羂索主眷五尊曼荼罗，似乎肯定了不空羂索曼荼罗五尊与五方佛的对等地位。前引《巴哩系不空羂索五尊》成就法虽然明示此五尊对应的五部部主，但并未将其提升到和五佛相当的地位，榆林窟第3窟金刚界曼荼罗上方不空羂索主眷五尊在绘制位置上和同窟顶髻尊胜佛母曼荼罗、摩利支天曼荼罗上方五方佛呼应，对等关系尚不明显，所以东千佛洞第6窟是能彰显不空羂索主眷五尊至高尊格的最好实例。

（二）东千佛洞第5窟窟门北侧

东千佛洞第5窟[2]窟门北侧壁出现两组不空羂索观音五尊像，此前没有得到解读，被学者定名为"观音曼荼罗"。[3]图像保存情况不如第6窟，多有漶漫不清之处。（图4-3-11）两组图像的身色、持物等特征相同。上面一组由触地印释迦牟尼和不空羂索主眷五尊构成，分两排安置，释迦牟尼下方是一面二臂观世音菩萨，右手施与愿印、左手持莲花的形象与文本相符。右面两尊蓝色身相尊神分别为一面八臂一髻独刹母和一面四臂毗俱胝母，一髻独刹母残损较多，八手持物已难做辨识，毗俱胝母右二手分持杖和莲花，左下手持净瓶。释迦牟尼和观世音菩萨左面两尊分别为一面四臂马头明王和一面四臂不空羂索观音，上方马头明王犹可辨认出右下手作怖指、左下手于胸前托金轮；西方的不空羂索观音身色洁白，右二手分别作怖指并持索、持金刚杵，左手的持物模糊不清。这一组五尊像并未按照曼荼罗构图安置各尊。

第二组不空羂索五尊像位于前一组图像下方，只保留曼荼罗内院空间，不见外围金刚环、中层大月轮和内院城墙及四门。五尊均全跏趺坐于莲花座上，绘法虽略显潦乱，但头冠、耳铛、璎珞、臂钏等种种庄严仍可见浓郁的波罗艺术风韵。中央主尊观世音菩萨面相静好，右手施与愿印，左手于胸前轻捻莲花茎。（图4-3-12）下方为

[1] 见赖鹏举：《敦煌石窟造像思想研究》，文物出版社，2009年，第55—64页。

[2] 有关该窟的研究，见常红红：《甘肃瓜州东千佛洞第五窟研究》，首都师范大学2011年硕士学位论文。

[3] 如张伯元：《东千佛洞调查简记》，《敦煌研究》创刊号（总第3期），甘肃人民出版社，1983年；张宝玺：《东千佛洞西夏石窟艺术》，《文物》1992年第2期，第82—93页；王惠民：《安西东千佛洞内容总录》，《敦煌研究》1994年第1期。

图4-3-11　东千佛洞第5窟窟门北侧壁上方不空羂索五尊像

图4-3-12　东千佛洞第5窟窟门北侧壁下方不空羂索五尊曼荼罗

西方不空羂索菩萨，一面四臂，白色，右手主臂于胸前作怖指并持索，右二手持金刚杵；左手主臂持物不清，左第二手持数珠。上方为东方一髻独刹母，一面八臂，身绿色，右手持索、莲花、箭和剑，左手持轮、杖、三叉戟和弓。观世音菩萨右面为北方毗俱胝母，一面四臂，身绿色，右手持杖，另一手持莲花；左手分持净瓶和数珠。观世音菩萨左面是一面四臂马头明王，身体略呈红色，右下手作持棒状（未见棒），右上手作怖指。左手分持金轮和莲花。五尊的身色不能与经典完全对应，持物则基本和文本所述一致。各尊排列方式与东千佛洞第6窟窟顶的不空羂索观音五尊像一致，即从主尊下方开始按逆时针顺序依次安放。

该窟窟门南侧、与不空羂索五尊像对应位置的图像已残损，无法得知对称壁面的绘制内容及其设计理念。五代至宋夏时期经常绘于窟门左右两侧的文殊、普贤并侍从像在这里被移到南北两壁西端，将守护窟口的重要位置让与不空羂索五尊组像及其下方的大黑天、宝藏神等密教护法神祇，象征从此门穿过进入密教法门，窟门南北两壁绘制的其他密教尊神，如摩利支天对绿度母、真名实文殊对八塔变、金刚萨埵对四臂观音、四臂文殊对水月观音，共同演绎金刚乘精妙密法，卢舍那佛、文殊、菩萨三尊代表的华严思想在全窟所占比重反而被缩减至最小。

三、小　结

榆林窟第3窟金刚界曼荼罗上方的不空羂索曼荼罗主眷五尊像和西夏时期其他相关造像是迄今所见依据巴哩译师一系成就法绘制的最早图像遗存。不空羂索五尊像这一题材在吐蕃占领敦煌时期就已流行开来，其后西夏艺术加以继承，但在图像志方面却选择遵循 11 世纪初新译密典的规定，与 10 世纪之前的造像仪轨属于截然不同的两个系统。巴哩一系不空罥索成就法对西藏本土同题材造像影响深远，迄今所见艺术作品几乎毫无例外地遵循巴哩文本对各尊身色、臂数、持物的规定，这与萨迦派对该体系成就法的推崇不无关系。卫藏不空罥索五尊曼荼罗图像集中出现在 15 世纪以后，晚于西夏 200 年以上，足以令人深刻感受到西夏画师对新题材的敏感认知，以及西夏佛教艺术的强大包容力。

第四节　五护陀罗尼佛母^[1]

佛告诸比丘：我此经典总有五种眷属部类如是次第——所谓《守护大千国土大明王陀罗尼经》《佛母大孔雀明王经》《尸多林经》《大随求陀罗尼经》《大威德神咒经》。如是等皆为一切如来降伏诸魔，调难调者，息诸众生种种灾变，护持佛法及诸国界速疾法门。^[2]

——（宋）施护译《佛说守护大千国土经》

　　榆林窟第 3 窟南壁西铺的恶趣清净曼荼罗上方有一排五尊组合像，身有背光，各坐方台承托的莲花座上，除最西侧蓝色尊像为游戏坐外，其他四尊均为全跏趺坐，头戴三叶宝冠，帛带、璎珞、臂钏、脚钏等诸种庄严加身。按自东向西的顺序各尊图像志特征分别是：

　　第一尊为白色，三面十二臂，主面白色，右面黑色，左面红色，主臂第一对手作说法印，第二对手作禅定印，左手自上第一手持羂索，第三手持弓，右手自上第二手持金刚杵，第三手持箭，第四手作施无畏印，其他各手手印和持物不清；第二尊身呈褐色，应为红色氧化所致，三面八臂，右第一手于胸前持法轮，其他各手持物不清；第三尊身色为黄色，四面八臂，主面黄色，右第一面白色，右第二面绿色，左面红色，左右第一手均置于胸前，右手持物不清，左手似作怖指并持羂索，右手自上第一手持斧，第三手持箭，左手自上第二手持弓，其余持物不清；接下来的第四尊身色为绿，三面六臂，主面绿色，主臂右手于胸前作施无畏印，左手作怖指并持羂索，右手自上第一手持金刚杵，第二手持剑，左手自上第一手持弓，第二手持幢；第五尊为蓝色忿怒相尊，四面八臂，游戏坐，主臂右手似在胸前持摩尼宝，左手作怖指并持羂索，右手自上起第三手持剑，左手自上第一手持莲花，第二手持弓，余手持物不清（图 4-4-1）

---

[1]　笔者在写作本节时，中国社科院民族学与宗教学研究所廖旸研究员惠赐其未刊文《藏传佛教中的孔雀佛母》予以拜读，在此特致谢忱。

[2]　（北宋）施护译：《佛说守护大千国土经》卷下，《大正藏》卷 19，第 593 页。

图4-4-1　榆林窟第3窟南壁西侧恶趣清净曼荼罗上方的五护陀罗尼佛母

　　这五尊的具体身份此前并没有得到释读，[1] 笔者通过对照经典和图像，可将其确认为五护陀罗尼佛母（梵：Pañcarakṣā，藏：bSrung pa lnga 或 Grwa lnga），又称五部佛母、五佛母、五部母或五护母等等。正像般若佛母是从《大般若波罗蜜多经》化现而出一样，五护佛母是《五护陀罗尼经》（Pañcarakṣā-sutra）的"人格化身"，其尊名分别是大随求佛母（藏：So sor 'brang ma chen mo；梵：Mahāpratisarā），大千摧碎佛母（藏：sTong chen mo rab du 'joms pa；梵：Mahasahasrapramarddani），大孔雀佛母（藏：rMa bya chen mo；梵：Mahamayuri），大寒林佛母（藏：bSil ba'i tshal chen mo；梵：Mahasitavati），大秘咒随持佛母（藏：gSang sngags rjes su 'dzin pa chen mo；梵：Mahamantranusarini）。五护陀罗尼是由佛陀在不同地点[2]亲自演说，持诵各陀罗尼经或供奉各佛母均有特定功效，《大随求佛母经》是对罪恶、疾病以及风、火、水等灾祸的防护；《大千摧碎佛母经》是对恶鬼的防护；《大孔雀佛母经》是对蛇毒、野兽和毒虫的防护；《大寒林佛母经》是对灾星、野兽的防护；而《大秘咒随持佛母经》则是对瘟疫等疾病的防护。[3]

　　五部经和五护佛母在印度、尼泊尔、中国都有广泛的信仰基础。现在收藏在西方博物馆、图书馆或私人手中的五护陀罗尼梵文写本数量可观，从中可以想见五护信仰在尼泊尔、印度等地的流行程度。[4] 汉文《大藏经》虽未将五护陀罗尼全部译出（不

---

[1]　在本节内容撰写完成之后，敦煌研究院考古研究所刘永增研究员在 2015 年第 1 期《敦煌研究》发表《瓜州榆林窟第 3 窟五守护佛母曼荼罗图像解说》一文，对这组尊像的相关经典和图像特征也做出解析。

[2]　如《大随求陀罗尼经》是在金刚妙高山（Vajrameru）演说，《大千摧碎陀罗尼经》和《大寒林陀罗尼经》是在王舍城（Rājagṛha）演说，《大孔雀陀罗尼经》是在舍卫城（śrāvastī）演说，而《大秘咒随持陀罗尼经》是在毗舍离城（Vaiśalī）演说的。

[3]　各佛母的特定功能记录在各尊对应的陀罗尼经中。另《成就法鬘》第 206 篇"五护佛母成就法"也有关于佛母功能的简略记载。

[4]　关于五护陀罗尼经文本的研究，见 Pentti Aalto, "Prolegomena to an Edition of the Pañcarakṣā", *Studia Orientalia/ edited by the Finnish Oriental Society*, Helsinki, 1954, Vol.19, pp.5-48; Todd T. Lewis, "The Power of Mantra: A Story of the Five Protectors", in D.S. Lopez, Jr. (ed.), *Religions of India in Practice*, Princeton, 1995, pp.227-234; Todd T. Lewis, *Popular Buddhist Texts from Nepal: Narratives and Rituals of Newar Buddhism*, State University of New York Press, Albany, 2000, pp.119-164; Thapa, S. (ed.), "Textual History of Pancharakshya Sutra in Nepal", *Voice of History*, Vol.XV, No.2, Kathmandu, pp.21-38.

见《大秘咒随持陀罗尼经》的汉译本），但北宋施护所译《佛说守护大千国土经》记载：

> 佛告诸比丘：我此经典总有五种眷属部类如是次第——所谓《守护大千
> 国土大明王陀罗尼经》《佛母大孔雀明王经》《尸多林经》《大随求陀罗尼经》
> 《大威德神咒经》。如是等皆为一切如来降伏诸魔，调难调者，息诸众生种种
> 灾变，护持佛法及诸国界速疾法门。[1]

《守护大千国土大明王陀罗尼经》与施护译《佛说守护大千国土经》均是指五部陀罗尼经中的《大千摧碎佛母陀罗尼经》，[2]《尸多林经》显然是指《大寒林经》，"尸多"即梵文 sīta 的汉文音译，有时也译为"尸陀"，意为"寒"。《大威德神咒经》或许当是《大秘咒随持陀罗尼经》的异名，经名中的"神咒"可与"密咒"对应，这样就形成了完整的五护陀罗尼经典组合，说明该经至少到宋时已经作为一个完整结集在汉地流通。敦煌出土汉文文书中也有不少与五护陀罗尼有关的写本，如《佛说随求即得大自在陀罗尼神咒经》（ P.3920, S.0403, B.8239V, B.7443, B.7444, Д X.01655 ）；《随求即得大自在咒经》（ B.7445, B.7446, B.7447, B.8644 ）等。[3]

藏文《大藏经》中虽然也没有出现以"五护陀罗尼经"为总称的佛典，但是每尊佛母所对应的陀罗尼经典或成就法在《大藏经》中都能找到，且五部经的排列顺序前后相连，其中《大千摧碎佛母经》《明咒王大孔雀母经》《圣明咒王大随求母经》《大密咒随持经》的藏译者均是 9 世纪印度学者戒帝觉（ Śīlendrabodhi ）、智成就（ Jñānasiddhi ）、释迦光（ Śākyaprabha ）和吐蕃译师智军（ Ye shes sde ）[4]。在约 9 世纪成书的吐蕃译经目录《丹噶目录》（ dKar chag ldan dkar ma ）和旁塘目录（ dKar chag 'phang thang ma ）中有五护陀罗尼做为一个完整体系的记录，即 "gzhungs chen po lnga la/ rma bya chen mo/ stong chen mo rab du 'joms pa/ rig pa'i rgyal mo so sor 'brang ma chen mo/ bsil ba'i tshal/ gsang sngags rjes su 'dzin pa/"，[5] 这说明五护陀罗尼组合在吐蕃前弘

---

[1]　（北宋）施护译：《佛说守护大千国土经》卷下，《大正藏》卷 19，第 593 页。

[2]　其所对应的藏译本为 sTong chen mo rab tu 'joms pa zhes bya ba'i mdo（《大千母善摧经》，德格版大藏经 No.3121 ）。

[3]　见李小荣：《敦煌密教文献论稿》，人民文学出版社，2003 年，第 7、17 页。该《随求即得大自在咒经》是摘自《大正藏》中唐代宝思惟译《佛说随求即得大自在陀罗尼咒经》。

[4]　分别对应德格版《大藏经》第 558、560、561、563 号经典。汉藏佛典中有关五护陀罗尼和五护佛母成就法的收录情况可参见文后附表。

[5]　Bod ljongs rten rdzas bshams mdzod khang nas bsgrigs, dKar chag 'phang thang ma/ sGra 'byor bam po gnyis pa, Mi rigs dpe skrun khang gis bskrun zhing ' grem spel byas, 2003. 西藏博物馆编：《旁塘目录；声明要领二卷》，民族出版社，2003 年。

期就已经集成并拥有一个总称 *gzhungs chen po lnga* 在西藏流传开来。塔波寺藏 9 世纪文书《陀罗尼集》(*gZungs 'dus*) 中所列五护陀罗尼经的顺序与《丹噶目录》一致。[1] 另外，《柱间史》中提到，松赞干布为护佑雪域众生，娶尼泊尔赤尊公主。他预见，成婚后吐蕃可以因此而"一字不漏地得到尼国诸如《佛说大乘庄严宝王经》《白莲华经》等所有佛经以及五部陀罗尼等其他经藏"[2]。《雅砻尊者教法史》也有记，墀德祖赞（Khri lde gtsug btsan，704—754 ）时派遣使者去请在冈底斯山修定的两位印度僧人前来，虽未成行，但使者从他们那里学到了五部经，很有可能就是指五护经。赞普请回五部经之后还专门建立五寺（扎玛呈桑、扎玛噶如、拉萨卡扎、秦浦纳热、麦共）来收藏，[3] 或许五护经典正是在墀德祖赞时期正式传入。吐蕃本土对于五护经典的热衷也能从敦煌出土藏文文书中略窥一二，敦煌出土的吐蕃统治敦煌时期陀罗尼密典中保留了大量五护陀罗尼的古藏文写卷，如《圣大千摧碎陀罗尼经》(*'Phags pa stong chen po rab tu 'joms pa zhes bya ba'i mdo*)、[4]《大秘咒随持陀罗尼经》(*gSang sngags chen po rjes su 'dzin pa'i mdo*)、[5]《大孔雀明王经》(*Rig sngags kyi rgyal mo rma bya chen mo*)[6][6]、《大寒林经》(*Bsil ba'i tshal chen po'i mdo*)[7]、《大随求明王经》(*Rig sngags kyi rgyal mo so sor 'brang ba chen mo*)[8]。

　　如所周知，陀罗尼明王化是密教形成的重要标志，也是陀罗尼开始"人格化"的重要标志。以五护陀罗尼经中公认最早撰成的《孔雀明王经》为例，从 4 世纪东晋帛尸梨密多罗译《佛说大金色孔雀咒经》为汉文之后，孔雀明王相关经典就被反复翻译，现存有 9 部汉译本中，帛尸梨密多罗译《佛说大金色孔雀咒经》、失译《大金色孔雀

[1]　Harrison, "Preliminary Notes on a gZungs 'dus Manuscript from Tabo," in Michael Hahn, Jens-Uwe Hartmann and Roland Steiner, eds., *Suhṛllekhāḥ: Festgabe für Helmut Eimer (Indica et Tibetica 28)*, Swisttal-Odendorf: Indica et Tibetica Verlag, 1996, pp. 49–68. Harrison 认为这部文书的来源可能有两种：也许它是 9 世纪吐蕃王朝解体之后被王室遗民带到藏西，属于吐蕃旧译佛经的一部分；或者是与宝贤时期的新译佛经有关联。

[2]　［印］阿底峡尊者发掘，卢亚军译注：《西藏的观世音》，甘肃人民出版社，2001 年，第 127 页。

[3]　王森：《西藏佛教发展史略》，中国社会科学出版社，1987 年，第 10 页。原引文见释迦仁钦德著，汤池安译：《雅隆尊者教法史》，西藏人民出版社，1989 年，第 39 页。

[4]　IOL Tib J 399, IOL Tib J 400, IOL Tib J 1252, Pelliot tibétain 534.

[5]　IOL Tib J 394, IOL Tib J 362/1, IOL Tib J 389/2, IOL Tib J 390, IOL Tib J 391, IOL Tib J 526, IOL Tib J 544, Pelliot tibétain 434, Pelliot tibétain 436, Pelliot tibétain 437, Pelliot tibétain 438, Pelliot tibétain 439, Pelliot tibétain 440, Pelliot tibétain 441.

[6]　IOL Tib J 395, IOL Tib J 518, Pelliot tibétain 358, Pelliot tibétain 359, Pelliot tibétain 360.

[7]　IOL Tib J 397/1, IOL Tib J 397/3.

[8]　IOL Tib J 388, IOL Tib J 397/2, IOL Tib J 398. 关于以上写本基本保存情况的描述，见 Jacob Dalton, Sam Van Schaik, *Tibetan Tantric Manuscripts from Dunhuang: A Descriptive Catalogue of the Stein Collection at the British Library*, Brill, Leiden-Boston, 2006.

王咒经》以及僧伽婆罗的《孔雀王咒经》还处在密教发展的"杂密"阶段，在这些文本中没有发现有关结界、仪轨、坛法等相关内容，其后，后秦鸠摩罗什译《孔雀王咒经》经首首次出现结界金刚宅，再到唐义净所译《大孔雀咒王经》，不仅出现了制造坛场和绘制佛像的方法，而且陀罗尼首次被"人格化"为明王。义净之后的不空大师更在其译本《佛母大金曜孔雀明王经》之后附《佛说大孔雀明王画像坛场仪轨》1卷，详细说明坛场画像的诸种仪轨。[1]关于五护佛母各尊形象的记载就保存在这些陀罗尼"人格化"之后的经典里。需要着重说明的是，唐译密典和西藏11世纪之后的新译密典中记载的五护佛母身形截然不同，如根据王惠民先生的统计，集中出现在敦煌、大足、安岳等地石窟中的孔雀明王只有3种形象，分别为一面二臂、一面四臂和一面六臂，[2]而西藏本土流行的孔雀佛母（明王）则多是三面八臂或三面六臂，是依据新译密教成就法绘成。榆林窟第3窟这组五护佛母形象是从西夏时期才开始出现在河西地区，明显承袭的是藏传佛教艺术体系图像传统，因此要厘清其图像志特征、来源及其文本依据，还需对梵、藏文献中与五护佛母相关的密教仪轨进行分析。

一、五护陀罗尼佛母成就法及其图像体系

记载五护陀罗尼佛母形象[3]的梵文文本主要保留在《成就法鬘》（Sādhanamālā，下文简称 SM）和《究竟瑜伽鬘》（Niṣpannayogāvalī，下文简称 NSP）这两部梵文成就法集中。现在学界使用最多的巴达恰利亚（Bhathacaryya）所编《成就法鬘》是对他当时所见多个梵文《成就法鬘》写本的整合，写本最早完成年代为1167年，证明

---

[1]　任曜新、杨富学：《〈孔雀明王经〉文本的形成与密教化》，《陕西师范大学学报（哲学社会科学版）》，2012年9月，第41卷，第5期，第110—111页。

[2]　王惠民：《论〈孔雀明王经〉及其在敦煌、大足的流传》，《敦煌研究》1996年第4期，第37—47页。另参见桥村爱子：《从敦煌莫高窟及瓜州的孔雀明王看归义军节度使曹氏对密教的接受》，樊锦诗主编《敦煌吐蕃统治时期石窟与藏传佛教艺术研究》，甘肃教育出版社，第316—341页。

[3]　五护佛母图像的研究见 Gerd Mevissen J. R. 的系列文章，"Studies in Pañcarakṣā Manuscript Painting"，*Berliner Indologische Studien* 4-5, 1989, pp.339-374; "The Indian Connection: Images of Deified Spells in the Arts of Northern Buddhism, Part 1", *Silk Road Art and Archaeology*, 1990, pp.227-248; "The Indian Connection: Images of Deified Spells in the Arts of Northern Buddhism, Part 2", *Silk Road Art and Archaeology*, 1991-2, pp.351-382; Transmission of Iconographic Tradistions: Pañcarakṣā Heading North, in C. Jarrige (ed.), *South Asian Archeology*, Madison Wisconsin 1992, pp.415-424. 另有 D.C. Bhattacharyya, *Studies in Buddhist Iconography*, New Delhi: Manohar Book Service, 1978, pp.302-306; Jinah Kim, "A Book of Buddhist Goddesses: Illustrated Manuscripts of the Pañcarakṣā Sutra and Their Ritual Use", *Artibus Asiae*, Vol.70, No.1, 2010, pp.259-329。

其内收录的单篇成就法撰成时间均在 12 世纪初之前。[1] 藏文文献中并不能找到与其完全对应的藏文译本，[2] 不过绝大多数梵文单篇成就法都能在《大藏经》中楚臣坚赞、巴哩和雅砻扎巴坚赞三位译师的成就法集中找到对应藏译文。笔者已整理并翻译出藏文《大藏经》（德格版）中与《成就法鬘》相对应的五护佛母藏文成就法，具体内容见附录（四）。《成就法鬘》中收录的五护佛母成就法可分为三组：（一）第 194—200 篇，其中三篇描述的是大随求佛母（194—196），一篇大孔雀佛母（197），一篇大千摧碎佛母（198），一篇大秘咒随持佛母（199），一篇大寒林佛母（200）；（二）第 201 篇描述了五护佛母组合；（三）第 206 篇是对五护佛母曼荼罗的描述，相较于其他几篇对各尊身色、持物叙述得最为详尽。《究竟瑜伽鬘》第 18 篇描述的是五护佛母 13 尊曼荼罗，五护母居于大月轮中，大随求佛母居中，其他四佛母环绕四方。

　　一些西方学者[3] 从图像志的角度将《成就法鬘》和《究竟瑜伽鬘》中描述的五护佛母分成两个不同体系，即：

　　1. SM194—200，SM201 和 NSP 18：

大随求佛母　　　　　　黄色——宝生佛

大千摧碎佛母　　　　　白色——大日如来佛

大孔雀佛母　　　　　　绿色——不空成就佛

大秘咒随持佛母　　　　蓝色——阿閦佛

大寒林佛母　　　　　　红色——无量寿佛

SM194-200 这几篇明确规定了各佛母对应的五佛，NSP18 在描述完五护佛母曼荼罗内的九尊神祇之后也说到："这九尊……顶饰各有宝生佛、大日如来佛、阿閦佛、无量寿佛、不空成就佛、阿閦佛、宝生佛、无量寿佛、大日如来佛之化佛。"[4] 前五尊化佛依次对应曼荼罗内院的五护佛母，后四佛则对应四隅的眷属神。NSP 的作者无畏笈多另一部作品《金刚鬘》（Vajrāvalī）中也收录一个五护佛母十三尊曼荼罗，中央五尊

［1］ Benoytosh Bhattacharyya, *The Indian Buddhist Iconography: Mainly Based on the Sādhanamālā and Cognate Tāntric Texts of Rituals*, India, Calcutta, 1958, "Introduction", p.2.

［2］ 关于《成就法鬘》及其藏译本的研究，见 Gudrun Buhnemann, *Sādhanaśataka and Sādhanaśatapañcāśikā: Two Buddhist sādhana collections in Sanskrit manuscript*, Wien, 1994.

［3］ 如 Mevissen, "Studies in Pañcarakṣā Manuscript Painting", *Berliner Indologische Studien* 4-5, 1989, pp.355-356.

［4］ dgu po 'di……rin chen 'byung ldan dang/ rnam par snang mdzad dang/ mi bskyod pa dang/ snang ba mtha' yas dang/ don yod grub pa dang/ mi bskyod pa dang/ rin chen 'byungs ldan dang/ snang ba mtha' yas dang/ rnam par snang mdzad kyis rgyas btab pa'o/《中华大藏经》（藏文）对勘本，丹珠尔 No.3141.（phu 函），第 39 卷，中国藏学出版社（1994—2008），第 323 页。

的配置与 NSP18 完全一致，也应列入这一体系之内。[1] 与此同时，成书于 11 世纪中期之前的《密答喇百法》在无畏笈多所记五护佛母曼荼罗的基础上又加入四尊胁侍，构成十七尊曼荼罗，五主尊形象依然与 NSP18 一系的图像特征吻合。[2]

2. SM206

大随求佛母	白色	中
大千摧碎佛母	青色	东
大孔雀佛母	黄色	南
大秘咒随持佛母	红色	西
大寒林佛母	绿色	北

SM206 按照曼荼罗的宇宙空间布局来安置五护佛母，居于月轮中央的是大随求佛母，其他四佛母安坐四方。文中还提到护世八方天和四大天王，但是没有描述其具体形象和方位，而且他们在文中出现的位置没有接续在五护佛母之后，却排在大秘咒随持佛母之后、大寒林佛母之前。[3] 制作于 1041 年印度的五护佛母写本[4]插图描绘了五护佛母、八佛（过去七佛与未来佛）和四大天王。四大天王[5]共同护持中间的佛塔，从四天王功能方面来说，与其相似的是桑奇大塔（Sanchi）和巴尔胡特塔（Bharhut）

---

[1] 与 NSP18 对四隅眷属神略显简单的描述不同，《金刚鬘》则较为详细记载了其他八尊神祇的方位和名号，四隅尊神分别为 Kālī（东南方）、Kālarātrī（西南方）、Kālakarṇī（西北方）、Śvetā（东北方）。四门内的四位女性尊神分别为 Aṅkuśī，Pāśī，Sphoṭā 和 Ghaṇṭā。

[2] 19 世纪成书的《成就法海》收录的《密答喇百法》（Mi tra brgya rtsa）第五篇记载了一个五护佛母十七尊曼荼罗，但是只列出五护佛母尊名、简要介绍诵念五护陀罗尼和供奉五护佛母的功能，并没有关于各佛母形象的记载。（见 "Mi tra brgya rtsa'i dbang bka' so so'i mtshams sbyor mdor bsdus pa thugs rje chen po'i dgongs rgyan mdzes par byed pa'i rgyan ces by aba bzhugs so", in Blo ster dbang po, *rgyud sde kun btus*, Kathmandu: Sachen International, Gruru Lama, 2004, pp.587-588.）不过鲁宾艺术博物馆（Rubin museum of Art）藏 19 世纪手绘"五明佛母"（Rig pa'i rgyal mo lnga）身柜特征与 NSP18 和《金刚鬘》的记述相吻合，画师当是认为《密答喇百法》继承的是无畏笈多系图像传统。

[3] "护世八方天诸神于清净供养合宜处现，四大天王等诸神圆满赞颂"。（'jig rten skyong ba brgyad la sogs pa dang bcas pa'i lha rnams kyis yang dag par mchod pa'i 'os su gyur pa/ rgyal po chen po bzhi dang bcas pa'i lha'i tshogs rnams kyis yang dag par bstod pa/）

[4] Jinah Kim, "A Book of Buddhist Goddesses: Illustrated Manuscripts of the Pañcarakṣā Sutra and Their Ritual Use", *Artibus Asiae*, Vol.70, No.1, 2010, pp.271-279.

[5] 同上，fig.11, 12. 在该写本中，四大天王更接近明王的形象，身黄色，三目，头戴骷髅冠，黄色焰发直立，着虎皮短裙，呈左展姿站立，与于阗、汉地的天王形象两异。

入门甬道中护持守护的夜叉。[1]

西方学者采用的这种分类法主要是根据各尊身色来确定的。迄今发现的大多数印度比哈尔邦、孟加拉等地的佛教贝叶经写本插图都是遵循第一种传统，所以 Mevissen 等西方学者将其命名为"印度传统"，将第二种传统称为"尼泊尔传统"。[2] 不过有些写本也出现第一个体系和第二种体系的佛母形象（持物、身色等）作结合的现象，可能画师对这两种传统的图像志都有接触，而造成不同程度的混淆。

但是仅仅按照身色并不能彻底厘清现存五护佛母的图像，所谓"印度传统"系造像不止包括一组，若从五护佛母各尊具体图像志特点出发，第一类中又可分出三类，再加上 SM206 就构成了五护佛母成就法的四种体系，每个体系内五护佛母的身色、面数、臂数、手中持物等均各不相同，并行发展，各文本所记五护佛母形象的对比情况可参见表4-4-1：

表4-4-1 不同成就法中记载的五护佛母

		SM194-200[3]	SM201[4]	SM206	NSP18
大随求佛母	身色	黄	黄	白	黄[5]
	面	四面：主黄，右白，后青，左红	三面（右黑、中黄、左白）	四面：主白，右黑，后黄，左红	四面：主黄，右白，西（即上）青，左红
	臂	八臂：右手各持剑、法轮、三叉戟、箭；左手各持斧、弓、索与金刚杵。	十臂：右五臂持剑、金刚杵、箭、施与愿印和在胸前持伞；左五臂持弓、幡、宝、斧与海螺。[6]	八臂：右第一手持法轮，第二手持金刚杵，第三手持箭，第四手持剑。左第一手持金刚羂索，第二手持三叉戟，第三手持弓，第四手持斧。	十二臂：右手各持经书、轮、金刚杵、箭、剑、施与愿印；左手各持金刚杵、索、三叉戟、弓、斧

---

[1] 《支提形状律所出经》（*Caitya-vibhāya-vinayodbhāva-sūtra*）中记载塔的基本结构除了四阶级、瓶座、塔瓶、盛雨器这些基本构件之外，还有柱、阶梯、羯磨幢、花鬘、护世四天王像、铃铎、伞盖、月、系缯的宝珠、幡等。见廖旸：《"天降塔"辨析》，《故宫博物院院刊》2014年第1期，第18页。可见1041年五护陀罗尼写本中出现四天王像，不仅仅是为了遵循《成就法鬘》文本的记载，也同时强调了四天王护持佛塔的功能。

[2] Mevission, "Studies in Pañcarakṣā Manuscript Painting", *Berliner Indologische Studien* 4-5, 1989, pp.339-374;

[3] SM194-196描述大随求佛母，195和196篇改变了大随求佛母八手之中的持物，本表所列大随求佛母持物是依据SM194。第197篇描述大孔雀佛母，第198篇描述大千摧碎佛母，第199篇描述大秘咒随持佛母，第200篇描述大寒林佛母。

[4] 叙述顺序为大随求佛母→大孔雀佛母→大千摧碎佛母→大秘咒随持佛母→大寒林佛母。

[5] 《究竟瑜伽鬘》中记载大随求佛母的身色为红色，但是在记述各面颜色时又说主面为黄色。

[6] 楚臣坚赞译为：右五臂依次执持剑、金刚杵、箭、施与愿印和在胸前持伞；与此相似左五臂分持弓、幡、宝杖、斧与海螺。

续表

		SM194–200[3]	SM201[4]	SM206	NSP18
大千摧碎佛母	身色	白	白	黑	白
	面	一面	一面	四面：主黑，右白，后黄，左绿	四面：主白，右青，后黄，左绿
	臂	六臂：右三手分持剑、箭和作施与愿印；左三手分持弓、索与斧[1]	六臂：右三手分持剑、箭和作施与愿印；左三手分持弓、索与斧	八臂：右第一手作施与愿印并持金刚杵，第二手持铁钩，第三手持箭，第四手持剑。左第一手作怖指并持索，第二手持斧，第三手持弓，第四手持摩尼宝置于莲花之上。	十臂：右手各持莲花上置八辐法轮、施与愿印、铁钩、箭、剑；左手各持金刚杵、作怖指、索、弓、斧
大孔雀佛母	身色	绿	绿	黄	绿
	面	三面：主绿，右黑，左白	一面	三面：主黄，右黑，左红	三面：主绿，右黑，左白
	臂	六臂：右三手依次持孔雀尾翎、箭、施与愿印；左三手分别持宝[2]、弓与净瓶	二臂：右手持孔雀尾翎，左手作施与愿印	八臂：右第一手作施与愿印，第二手持宝瓶，第三手持法轮，第四手持剑；左第一手持钵，中有僧人像，第二手持孔雀翎，第三手持宝瓶，中有交杵金刚，第四手持宝幡	八臂：右手各持孔雀翎、箭、施与愿印与剑；左手各持钵中有僧人像、弓，腿上置一手上托宝瓶，中有火焰宝，另有一手持杂色金刚杵，上有宝饰幡旗
大秘咒随持佛母	身色	黑	黑	白	青黑
	面	一面	一面	三面：主白，右黑，左红	三面：主黑，右白，左红
	臂	四臂：右二手持金刚杵、施与愿印，左二手持斧、索	四臂：右二手持剑、施与愿印，左手持斧、索	十二臂：右第一手作转法轮印，第二手作禅定印，第三手作施与愿印，第四手施无畏印，第五手持金刚杵，第六手持箭；左第三手作怖指并持索，第四手持弓，第五手持宝，第六手持莲花。	十二臂：左右主臂作说法印，另有二手作禅定印，右手其他各手各持金刚杵、箭、施与愿印与作无畏印。左手其他各手各作怖指、持弓、宝箧与莲饰宝瓶

[1] 楚臣坚赞译本将斧全部译为矛。

[2] 不动金刚和巴哩译师译本为"佛尘"，德格版 D.3378，梵文本为宝（Rarnacchaṭā）。

317

续表

大寒林佛母		SM194-200[3]	SM201[4]	SM206	NSP18
	身色	红	红	绿	红
	面	一面	一面	三面：主绿，右白，左红	三面：主红，右白，左黑
	臂	四臂：右二手持数珠、施与愿印，左手持金刚铁钩、于胸前持经书	四臂：右二手持剑、施与愿印，左手持斧、索	六臂：右第一手施无畏印，第二手持金刚杵，第三手持箭；左第一手作怖指并持索，第二手持弓，第三手持宝幡	八臂：右手各持无畏印并持莲花、箭、金刚杵与剑；左手各作怖指并持索、弓、宝幡与在胸前持经书

从表 4-4-1 可以清楚地看到各文本记述的区别。记载五护佛母形象的成就法撰、译时间集中在 11—13 世纪，基本对应西藏后弘期新译密典繁盛阶段，楚臣坚赞、巴哩和雅砻扎巴坚赞等三位译师在其中作出主要贡献，三人译出的五护佛母成就法数量有 20 多篇，13 世纪之后上师文集中收录的五护佛母相关文本更为浩繁，但无非是对上表所列四个体系的辑录、继承和发展。

SM194-200 一系成就法除被楚臣坚赞等三位译师分别翻译并收入各自成就法集之外，再无 14 世纪之后的文本传承，但是图像遗存数量可观，西方各大博物馆或私人收藏梵文贝叶经写本插图或单尊造像中均有很多属于这一体系的造像，一些西方学者已作过很多细致的统计工作，兹不赘言，[1] 仅将以下三例还未引起其他学者注意的作品略作介绍。现藏于纽约大都会博物馆、制作于 13 世纪前半叶的不空成就佛唐卡下缘有一排五尊组像，[2] 各尊身色、臂面数、持物等可与该体系完全对应，从左到右分别为：一面六臂白色大千摧碎佛母→三面六臂绿色大孔雀佛母→四面八臂黄色大随求佛母→一面四臂红色大寒林佛母→一面四臂黑色大秘咒随持佛母。（图 4-4-2）另外一组五尊像见美国波士顿艺术博物馆收藏的 13 世纪阿弥陀佛唐卡下缘，和顶髻尊胜佛母构成六尊组合，排列顺序与大都会博物馆藏唐卡稍略不同，依次为：一面六臂白色大千碎催佛母→一面四臂蓝色大秘咒随持佛母→四面八臂黄色大随求佛母→三面八臂白色顶髻尊胜佛母→三面六臂绿色大孔雀佛母→一面四臂红色大寒林佛母。（图 4-4-3）清代三世章嘉若必多吉（Rol pa'i rdo rje, 1716—1786）主持编集的《诸佛菩萨圣像赞》张字号收"五保护佛母"尊像，同样遵循了 SM194—200 系的图像特点，是为该体系

[1] 参见本节注 654 所列相关参考书目。
[2] Steven Kossak, Jane Casey Singer, *Sacred Visions: Early paitings from Central Tibet*, Pl.23c.

图4-4-2　西方私人收藏13世纪《不空成就佛》唐卡下缘

图4-4-3　美国波士顿艺术博物馆藏《阿弥陀佛》唐卡下缘

造像的一抹余晖。[1]

其他三个系统的五护佛母成就法均能在后世学者文集中觅得，如13世纪西藏学者钦·虚空称（mChims nam mkha' grags，1215—1289）根据阿底峡尊者口述传承而编集的《那塘百法》描写的随求佛母五尊像（So sor 'brang ma kha lnga）（图4-4-4）形象特征和SM201系一致。布顿在《三世事续曼荼罗安立》（sKabs gsum bya rgyud kyi dkyil 'khor gyi rnam gzhag）[2]中记录的五护佛母九尊曼荼罗，显然是从萨迦派那里继承了

图4-4-4　《纳塘百法》"五护佛母"

无畏笈多撰《究竟瑜伽鬘》和《金刚鬘》一系的图像传统。藏西13—15世纪石窟壁画中目前发现三组五护佛母组像基本符合NSP18描述的图像志特征，（图4-4-5）但是

---

[1]　国家图书馆版本提供《诸佛菩萨圣像赞》，中国藏学出版社，2009年，第203—207页。另见Musashi Tachikawa, Masahide Mori, Shinobu Yamaguchi, *Three Hundred and Sixty Buddhist Deities*, Adroit Publishers, Delhi, 2001, pp.223-227.

[2]　Rin chen grub, *gSung 'bum*, Vol.17, pp.652-846.

同时期的藏西其他题材壁画鲜有与《究竟瑜伽鬘》文字记述相合者，[1] 而且印度和尼泊尔梵文贝叶经迄今未发现一例按照 NSP18 绘制的插图，不禁令人怀疑藏西石窟五护佛母图像的来源，故卢恰尼斯等一些学者倾向于诉诸卫藏地区。[2] 笔者也认为这批造像应是受到卫藏萨迦派佛教艺术流派的影响，暂举两例试为佐证。位于后藏地区的萨迦派寺院俄尔寺造像传统流传有序，西方私人收藏的一幅 14 世纪俄尔派五护佛母曼荼罗唐卡在内院安置十三尊神祇，主尊为四面十二臂黄色身相的大随求佛母，从其下方按顺时针方向分别为四面十臂白色大千摧碎佛母、三面十二臂青黑色大秘咒随持佛母、三面八臂红色大寒林佛母和三面八臂绿色大孔雀佛母，（图 4-4-6）与无畏笈多两部成就法集所描述的五护佛母十三尊曼荼罗组像可相比照，同为一系。另外，江孜白居寺（rGyal rtse dPal 'khor chos sde）吉祥多门塔三层五护佛母殿门楣之上绘有一排神像，共计七身，从第二尊始分别为大秘咒随持佛母、大千摧碎佛母、大随求佛母、大寒林佛母和大孔雀佛母，身相特征明显依据《究竟瑜伽鬘》绘制。这说明 NSP18 系造像曾得到萨迦派的继承和推崇，那么对藏西 NSP 系五护佛母造像来源比较合理的解释就是在萨迦派的影响下绘制而出。该系造像传统持续发展至清代，北京故宫梵华楼内悬挂的唐卡还可以彰显其图像渊源。[3]

二、榆林窟第3窟五护陀罗尼佛母的绘制文本依据和图像来源

上文表 4-4-1 清楚表明，榆林窟第 3 窟南壁上缘描绘的五护陀罗尼佛母与 SM206 系形象最为符合，对照文本后可以按窟内自东向西的顺序将各尊身份依次确认为：四面十二臂白色大秘咒随持佛母、三面八臂黄色大孔雀佛母、三面八臂红色大随求佛母、三面六臂绿色大寒林佛母、三面八臂蓝色大千摧碎佛母，其中大秘咒随持佛母和大随

---

[1] 虽然藏西壁画中五护佛母形象与 NSP18 文字描述相符，但并不能确认后者就是壁画创作的文本依据，藏西石窟中流行的金刚界曼荼罗、法界语自在曼荼罗等图像均不能与《究竟瑜伽鬘》的描述对应，其在藏西佛教艺术中的影响力非常有限。感谢首都师范大学汉藏佛教美术研究所博士王瑞雷与笔者在这一问题上的讨论。

[2] Luczanits Christian, "On an unusuall painting style in Ladakh", in Deborah E. Klimburg-Salter & Eva Allinger ed.,*The Inner Asian International Style 12ᵗʰ-14ᵗʰ Centuries*, Graz, 1995, pp.151-169; Luczanits Christian, "The Wanla bKra shis gsum brtsegs", in Deborah E. Klimburg-Salter & Eva Allinger ed.,*Buddhist Art and Tibetan Patronage Ninth to Fourteenth Centuries*, Leiden, 2000, pp.115-125; Gerd J.R. Mevissen, "Ladakh: The Westernmost Extension of Pañcarakṣā Imagery", Indo-Asiatische Zeitschrift, Vol.13, Berlin, 2009, pp.67-87.

[3] NSP18 系五护佛母在位处汉藏交界地带的河湟地区也能找到，甘肃连城显教寺大雄宝殿平綦顶彩画中出现的大随求佛母等五护佛母组合就与该系造像特征吻合。关于显教寺五护佛母图像的配置，详见杨鸿蛟：《甘肃连城显教寺考察报告》，谢继胜主编《汉藏佛教美术研究》，首都师范大学出版社，2010 年，第 411—434 页。

图4-4-5　阿奇寺新堂五护佛母壁画

图4-4-6　俄尔寺藏15世纪五护佛母唐卡

求佛母身色与文本记述略有差异，至于各尊手中持物，由于条件所限无法一一对照，不过这组图像与 SM206 系造像的承袭关系是毋庸置疑的。目前实物遗存证明，与其他三个体系相比，SM206 所代表的五护佛母组合在佛教艺术中出现的频率最高，印度、尼泊尔、中国的贝叶经插图、梵箧经板、唐卡、经文版画和石窟壁画中都能寻得踪迹，西夏境内发现的五护佛母图像无一例外都是依据这一体系成就法绘制的。

黑水城出土艺术品和《西夏文大藏经》[1]中找到的 5 幅五护佛母经首版画都属于 SM206 系造像，[2]根据艺术风格的不同，可将其分为三组，分别按照汉式、藏式和汉藏融合式刊刻而成，这也暗示西夏时期至少制作过三组共十五幅五护佛母版画。其中按汉式绘画风格绘制的有两幅，画面中的每一尊神像都用西夏文标注尊名。大孔雀佛母四分之三侧身坐在高台承托的宽大莲座上，其他部众、护法、弟子等环绕周围。佛母三面八臂，主臂右手于胸前作转法轮印，左手置于小腹处（此处残，按经典应该是托钵，中有僧人像），右手自上而下第一手持宝瓶，第二手持法轮，第三手持物残损；左手自上第一手持孔雀翎，第二手持宝瓶，中有交杵金刚，第三手持宝幡，与经典记述基本符合。（图 4-4-7）另一幅版画表现的是大寒林佛母及其随从，当与前述大孔雀佛母版画出自同一批刻匠之手。佛母三面六臂，主臂右手施无畏印，左手作怖指并持索，右手自上第一手持金刚杵，第二手持箭，左手自上第一手持弓，第二手持幡，和文本的描述毫无出入。（图 4-4-8）

按照藏式风格刊刻的版画有两幅，分别表现大孔雀佛母和大秘咒随持佛母及其天人随众，背龛及后方虹光、尊神佩戴的宝冠、耳铛、璎珞等诸种庄严均透露出浓郁的印度波罗艺术风格。大孔雀佛母版画[3]页面右侧残损，致使佛母左手中的三种持物佚失，不过画面上部有西夏文题记言《佛母大金曜孔雀明王经》，且佛母左下手置于小腹处，上托较有辨识性的内现僧人像的钵，右四手分持摩尼宝、法轮、宝剑和施与愿印，通过这些可以完全确认其大孔雀佛母的身份，再根据 SM206 的描述还可将残断三手的持物还原为为孔雀翎、内盛交杵金刚的宝瓶和宝幡。（图 4-4-9）大秘咒随持佛

[1] 《西夏文大藏经》由 Eric Grinstead 于 1973 年编辑出版，他整理的九册本西夏文佛典中既有西夏、也有元代刻印的木刻版画，见 Grinstead, Eric, *The Tangut Tripitaka*, Delhi: Bombay Art Press, 1973。本节讨论的五幅版画是被学者公认为西夏时期的作品，相关讨论见 Heather Stoddard, *Early Sino-Tibetan Art*, Warminster: Aris and Phillips Ltd., 1975. 汉译本见熊文彬：《早期汉藏艺术》，中国藏学出版社，1994 年。另见 Gerd J.R. Mevissen, "Ladakh: The Westernmost Extension of Pañcarakṣā Imagery", *Indo-Asiatische Zeitschrift*, Vol.13, Berlin, 2009, pp.67-87.

[2] 相关研究亦可参见 Gerd J.R. Mevissen, "Deliberate Coincidence or Accidental Purpose? Pañcarakṣā Sequences in Xylographs and Sketchbooks", *Berliner Indologische Studien*, 11/12, 1998, pp.306-364.

[3] 这幅版画由斯坦因发现于黑水城，见 Sir Aurel Stein, *Innermost Asia: Detailed Report of the Explorations in Central Asia, Kan-su, and Eastern Īrān* vol. III "Plates and Plans", London: Oxford University, 1928, pl. LVII ."blockprints on paper from ruin K.K. II, Khara-khoto".

图4-4-7　《西夏文大藏经》"大孔雀佛母"插图

图4-4-8　《西夏文大藏经》"大寒林佛母"插图

图4-4-9　大孔雀佛母西夏版画

图4-4-10　大秘咒随持佛母西夏版画

母三面十二臂，身色为白，主臂第一对手作转法轮印第二对手作禅定印，右手自上第一手作施与愿印，第二手施无畏印，第三手持金刚杵，第四手持箭；左手自上第一至第三手持物难以辨识，第四手持莲花，与经典描述完全吻合。（图4-4-10）

　　另有一件融合汉、藏艺术风格的经首版画，上方西夏文榜题记为：守护大千国土明咒天母，可判定主尊正是三面八臂之大千摧碎佛母。菩萨、弟子、龙王等部众随从都是汉式着装，与主尊璎珞严身的形象风格迥异。大千摧碎毋正面而坐，焰发竖立，面有三目，呈忿怒相，右腿自然下垂、脚踩莲花，主臂右手置于胸前，手印和持物不清（按经典应为施与愿印并持金刚杵），左手作怖指并持罥索，右手自上第一手持三

图4-4-11 黑水城出土"大千摧碎佛母"版画

叉戟（经典为铁钩），第二手持箭，第三手持剑；左手自上第一手持斧状物，第二手持弓，第三手持宝。（图4-4-11）

除了这五件版画作品，五个庙第1窟东壁北侧所绘九尊曼荼罗似乎也是五护佛母题材。该铺壁画残损情况较为严重，漫漶之处颇多，给辨识造成一定难度，仅内院中央和上方的两尊形象勉强可看清臂数和手中持物。上方神像保存情况相对较好，可看到明确的三面六臂佛母全跏趺坐在莲花座上，右三手分别于胸前施无畏印、持箭和持金刚杵，左三手分别作怖指并持羂索、持弓和持宝幡，与SM206中描述的北方大寒林佛母完全吻合，不过其所居坐的内院空间被绘成红色，与文本中的绿色不能对应。中央身相勉强可见八臂，现可识读的持物仅有右手执持的法轮和箭、左手秉握的三叉戟，但鉴于上方大寒林佛母身份的确认，仍可将主尊定为大随求佛母。大随求佛母下方尊神已全部残破无法辨识，从方位上判断应为南方大孔雀佛母，以此类推，主尊左方为应东方大千摧碎佛母，主尊右方应为西方大秘咒随持佛母，手中持物可见莲花、弓、金刚杵等。（图4-4-12）

324

图4-4-12　五个庙第1窟东壁北侧五护佛母曼荼罗

除了 SM206 系，西夏时期还未发现其他体系的五护佛母造像，表现出西夏画师对这一传承系统图像的偏好，至于为何独此五尊组合得到西夏人的青睐，笔者认为有如下两个方面的因素。

（一）首先是与译师在西夏境内的传译活动紧密相关。SM206 是《成就法鬘》中为数不多有明确作者署名的文本，由约活动于 11 世纪左右[1]的印度高僧宝生寂（梵：Ratnākaraśānti，藏：Rin chen 'byung gnas zhi ba）撰写，难能可贵的是该文本的藏译本依然完整保留在《大藏经》中，题为《五部陀罗尼仪轨》（*bSrung ba lnga'i cho ga*），由 11 世纪译师吉祥幢（藏：bKra shis rgyal mtshan，梵：Maṅgaladhvaja）和 Muditāśrījāna 译成，后又由恰译师（Chag lo tsā ba）于 13 世纪再次校译。[2]宝生寂从

---

[1]　关于宝生寂的生卒年代，B.Bhattacharya 认为是 978—1030 年，但未获得学界共识。相关讨论参见 Bhattacharya B., *Sādhanamālā*, Vol.II, Gaekwad's Oriental Series No.41, 1968, Baroda; Bhattacharya. K., "Ratnākaraśānti and Ratnakīrti", *Sreekrishna Sarma Felicitation Volume*, Tirupati, pp.131-140; Katsumi Mimaki, Kyoto, "Interllectual Sequence of Ratnākaraśānti, Jñānaśrīmitra and Ratnakīrti", *Asiatische Studien / Etudes Asiatiques*, Vol.46, 1992, pp.297-306.

[2]　*bSrung ba lnga'i cho ga*，德格版第 3126 号经典。

印度超戒寺高僧胜敌[1]处听闻教法，19世纪编集完成的《续部总集》之第五篇《五护陀罗尼明咒灌顶放摩尼光》[2]完整记录的五护佛母信仰传承序列，亦将该体系追溯至胜敌：

究竟佛陀（rDzogs pa'i sangs rgyas）→金刚手（Phyag na rdo rje）→胜敌（Jetāri）→大、小金刚座师（rDo rje gdan pa chen chung）→巴哩译师仁钦扎（Ba ri lo tsā ba Rin chen grags）→萨迦五祖（Sa skya gong ma lnga）→布顿（Bu ston）……

相似的传承序列尤见明英宗正统四年（1439）泥金写本《如来顶髻尊胜佛母现证仪》跋言。[3]《五护陀罗尼明咒灌顶放摩尼光》记载的是五护佛母五十六尊曼荼罗，中央五尊身相特征继承SM206体系，并在其基础上增加十方护神、九曜、二十八星宿和四大天王等尊，该曼荼罗最初记载于萨迦第五祖八思巴（'Phags pa blo gros rgyal mtshan，1235—1280）撰《五护陀罗尼佛母成就法》（*bSrung ba lnga'i dkyil 'khor gyi sgrub pa'i thabs zhes bya ba*），[4]八思巴著作深刻影响了卫藏相关造像，14世纪之后的五护佛母五十六尊曼荼罗都是依据此本绘制，如现收藏于西藏博物馆的14世纪唐卡（图4-4-13）、日喀则昂仁县日吾其寺（Ri bo che）15世纪壁画（图4-4-14）、俄尔寺15世纪唐卡、拉萨布达拉宫珍宝馆藏17世纪布画唐卡（图4-4-15）所表现的五护佛母曼荼罗都几乎能和文本完全对应。另美国波士顿美术馆收藏的一件15世纪唐卡也可看作同体系造像的灵活变体，打破内圆外方的坛城内院样式，九曜、二十八星宿和四大天王没有环绕大随求佛母等五尊，而是均匀安置在主尊莲座下方和唐卡四缘，

---

[1] Jetāri dGra las rnam par rgyal ba, 约活动于10世纪末至11世纪初。见 David Templeman, *Tāranātha's bKa' babs bdun ldan: The Seven Instruction Lineages by Jo nang Tāranātha,* Library of Tibetan Works &Archives, Dharamsala, 1983. 多罗那他文中还提到宝生寂在南印和金刚座附近游学一段时间后，意欲前往汉地五台山弘传自己的成就法要门，不奈被当地王国留居超戒寺而未能成行。这段史料说明11—12世纪的印度高僧已将前往汉地弘法列入佛法精进的标准和目标。

胜敌在印度佛教历史上享有较高声誉，曾被无畏施（Abhayadatta）列入八十四大成就者，位居第32位（Dzai ta ri 或 Dze ta ri）。见 *sGrub thabs kun btus*, shri 函，第11—134叶，"'Phags yul grub chen brgya cu bzhi'i byin rlabs skor las lo rgyus rnam par thar pa rnams"，另见 Alice Egyed, *The Eighty-four Siddhas: A Tibetan Blockprint from Mongolia*, Akadémia Kiadó, Budapest, 1984.

[2] "gZungs grwa lnga'i rig gtad bya tshul nor bu'i 'od snang zhes bya ba bzhugs so", in *rGyud sde kun btus*, Vol.1, Kathmandu, 2004, pp.359-400.

"brgyud pa ni/ rdzogs pa'i sangs rgyas/ phyag na rdo rje/ dze tā ri dgra las rnam rgyal/ rdo rje gdan pa chen chung/ ba ri lo tsā ba rin chen grags/ sa chen kun dga' snying po/ slob dpon rin po che bsod nams rtse mo/ rje btsun grags pa/ chos rje sa paṅ/ 'phags pa blo gros rgyal mtshan/ dga' ldan pa bkra shis dpal/ bla ma dpal ldan seng ge/ bu ston thams cad mkhyen pa/ thugs sras rin chen rnam rgyal/……" 见 "gSungs grwa lnga'i rig gtad bya tshul nor bu'i 'od snang zhes bya ba bzhugs so", in *rGyud sde kun btus*, Vol.1, Kathmandu, 2004, p.400.

[3] 详见本书第三章第二节。

[4] 见《萨迦全集》（*Sa skya bka' 'bum*），Kathmandu: Sachen International, 2006, Vol.15.

图4-4-13　西藏博物馆藏14世纪五护佛母唐卡

图4-4-14　日喀则日吾其寺15世纪五护佛母曼荼罗壁画

（图 4-4-16）这些作品充分体现卫藏地区 14—15 世纪五护佛母五十六尊图像盛极一时。[1]

胜敌将该五护佛母成就法传与大小金刚座师和巴哩译师，虽然由后三者共同编著的《成就法海》（sGrub thabs rgya rtsa）仅收录 SM196—200 五篇独立文本，巴哩译师的个人著作《巴哩百法》也未见 SM206，但是考虑到三人与胜敌、宝生寂的密切关系，考虑到巴哩译师曾任萨迦寺第二任寺主，萨迦五祖及历代祖师都从巴哩译师那里继承五护佛母成就法，考虑到八思巴《五护陀罗尼明咒灌顶放摩尼光》记述的五护佛母五十六尊曼荼罗是以 SM206 系五尊组像为主尊，我们有理由相信巴哩在传承该系五护佛母图像过程中起到的作用至为关键。

随着本文对各铺壁画研究的展开，巴哩成就法对榆林窟第 3 窟图像的影响力逐渐得到凸显，西夏境内流行的顶髻尊胜佛母曼荼罗、摩利支天曼荼罗、不空罥索五尊曼荼罗等图像均能与他的译著相合，而且他本人的著作也曾被译成汉文在西夏境内传播，故可推知这位从康区走出，在印度、尼泊尔遍礼高师的大译师在西夏已经广为人知了。

五护佛母组像在西夏时期第一次现身中原，与此前依据汉译佛典绘制的大孔雀佛母、大随求佛母等身相迥异。《西夏文大藏经》以汉文《大藏经》为翻译底本，故和后者一样，在五护陀罗尼经部分只有四部作品，即大千摧碎佛母、大孔雀佛母、大随求佛母和大寒林佛母。[2] 但是在译名方面，《西夏文大藏经》似乎又参考了藏文佛典，根据克恰诺夫等学者的研究，西夏译本《佛说守护大千国土经》上卷卷首的《五部经序》记载，五部经包括《大秘咒受持经》。[3]《大密咒受持经》显然是依据藏译本《大秘咒随持经》（gSang sngags chen po rjes su 'dzin pa'i mdo）经名而来，与汉文《大藏经》所记《大威德神咒经》差异较大，西夏文《佛说守护大千国土经》正是以藏文本《大千摧碎陀罗尼经》（sTong chen mo rab tu 'joms pa zhes bya ba'i mdo）为底本译成，体现西夏人在五护佛母相关经典方面对藏文文本的诉求。

另外，西夏时期五护佛母信仰和图像的流行可能也与中国藏学中心历史所魏文新近考证出来的西夏皇帝上师善慧称（Sumatikīrti）有关，[4] 他的活动年代与巴哩译师相

[1] 西夏和萨迦派对于五护佛母的崇拜被元人继承，《元代画塑记》有几处相关记载，如大圣寿万安寺内建有"五部陀罗尼殿佛母五尊"，玉德殿"西夹铸五方佛，东夹铸五护佛陀罗尼佛"，另有大永福寺西傍殿塑"五护陀罗尼佛五尊"，详见廖旸：《瞿昙寺瞿昙殿图像程序溯源》，《故宫博物院院刊》2012 年第 6 期，第 106—110 页。

[2] Grinstead, Eric, *The Tangut Tripitaka*, Delhi: Bombay Art Press, 1973, pp.2087ff; pp.2144ff; pp.2165ff; pp.2184ff.

[3] 引自安娅：《西夏文藏传〈守护大千国土经〉研究》中国国社会科学院研究院博士学位论文，2011 年。

[4] 参见魏文：《11—12 世纪上乐教法在西藏和西夏的传播——以两篇西夏汉译密教文书和藏文教法史为中心》，中国人民大学 2013 年博士学位论文，详见第 89—100 页。

图4-4-15　布达拉宫珍宝馆藏17世纪五护佛母曼荼罗唐卡

图4-4-16　美国波士顿美术馆藏15世纪大随求佛母唐卡

当，二人都曾接触胜敌所传教法。善慧称约于 11 世纪末西夏乾顺时期（1084—1139）到达夏土弘传上乐密法，他除了撰写、翻译了与上乐相关的文书外，还曾与法称合译佛智（Sangs rgyas ye shes）造《大随求佛母守护》（So sor 'brang ma chen mo'i bsrung ba），[1] 译胜敌造《大随求佛母轮画法》（So sor 'brang ma chen mo'i 'khor lo bri ba'o cho ga），[2] 两篇文本均详释大随求佛母陀罗尼咒轮绘制方法，虽不涉及五护佛母具体形象的描绘，但善慧称本人也有足够机缘从胜敌处接触相关知识，并对西夏五护佛母信仰的流传产生一定影响。

（二）带有五护佛母五尊像的梵文贝叶经写本对西夏同题材造像的影响。与榆林窟第 3 窟五护佛母形象相符的图像传统是在尼泊尔地区最为流行的五护佛母组合。根据 Mevission 的统计，[3] 印度制作的写本插图基本遵循 SM194—200 或 SM201 系图像特征，而迄今所见 37 种尼泊尔五护陀罗尼经写本，绝大部分的经书插图都是依据 SM206 这一体系的成就法绘制而成，图像和文本符合程度较高，仅有个别文本在佛母手中某些持物的顺序或者各面颜色上有所区别。这些数据在很大程度上说明西夏时期流行的五护佛母是以这些贝叶经插图为图像来源，又因巴哩译师、善慧称等师对 SM206 系造像的推崇，造成该组图像在西夏盛行一时。

三、榆林窟第3窟五护陀罗尼佛母相关问题探讨

虽然可以判定榆林窟的五护佛母图像与 SM206 一系成就法相一致，但是从图像中反映的几个问题还值得继续探讨。

（一）首先需要解释的一个主要问题是大秘咒随持佛母、大孔雀佛母和大随求佛母身色与文本记载不符。上文中已经提到，SM194—200、NSP18 这几篇成就法规定了五护佛母对应的五方佛，但是 SM206 对此并没有描述，画师是根据佛母在曼荼罗内的方位来判断各尊对应的五方佛（图 4-4-17）：

---

[1] 德格版《大藏经》，第 3124 号经典。

[2] 德格版《大藏经》，第 3127 号经典。

[3] 德格版《大藏经》，第 3127 号经典，第 356 页。

	西 大密咒随持母 （无量寿佛）	
南 大孔雀母 （宝生佛）	中 大随求母 （大日如来）	北 大寒林母 （不空成就佛）
	东 大千摧碎母 （阿閦佛）	

图4-4-17　SM206中各尊对应的五方佛

与此相应的，SM206 中五护佛母的身色也应与五方佛身色相一致，即（中）白→（东）蓝→（南）黄→（西）红→（北）绿，但是文本中却出现了两位白色身相的大随求佛母和大密咒随持佛母，并不见红色身相尊。现收藏于圣地亚哥艺术博物馆（San Diego Museum of Art）的一个写本是迄今发现年代最早的尼泊尔五护陀罗尼经写本之一，从后记可知写本制作年代为 1135 年。[1] 五护佛母在插图中出现的顺序为大千摧碎佛母→大孔雀佛母→大随求佛母→大寒林佛母→大秘咒随持佛母，在这个写本里我们见到了现存五护佛母图像中唯一出现两尊白色身相的大随求佛母和大密咒随持佛母组合的例子，（图 4-4-18a、b）五护佛母各尊的形象与文本几乎完美贴合，仅有大孔雀佛母的右三手持物与文本稍有出入。[2] Mevission 认为五护佛母中出现两尊身色相同的佛母是由抄经人的书写失误造成的，而且这种错误只可能出现在 12 世纪初之前，因为 12 世纪中晚期之后的 SM206 一系的五护陀罗尼写本插图均将五护佛母的身色严格对应五方佛身色，再没有出现类似的"错误"。[3] 但是他并没有注意到这样一个事实——既然 1135 年写本插图与 SM206 文本描述能够完全吻合，恰恰说明 SM206 这一篇成就法的写成年代要早于 1135 年，[4] 且于 12 世纪初前后已经在尼泊尔地区流行开来，画师们严格根据该篇成就法绘制的五护曼陀罗经插图在这一时期也有足够的条件和渠道流通到其他地区，并影响这些地区的五护佛母图像创作。与此类似的是 10—11 世纪于宋、辽、西夏等地区流行开来的新题材——八塔变，从印度、尼泊尔等地传入的擦擦、

[1]　由后记可知该经是由"加德满都 Kṛṣṇagupta 大寺的僧人阿难菩提（Ānandabudhi）"施资赞助。见 Pratapaditya Pal, *The Arts of Nepal, Vol.2, Painting*, Leiden: E.J. Brill, 1978, pp.40-41; Pratapaditya Pal and Julia Meech Pakarik, *Buddhist Book Illumination*, New York: Ravi Kumar, 1988, p.114, pl.23.

[2]　SM206 记载大孔雀佛母右三手分作无畏印、持金刚杵和箭。而此写本中大孔雀佛母右三手则分别作说法印、持箭和剑。

[3]　Mevissen, "Studies in Pañcarakṣā Manuscript Painting", p.358.

[4]　巴氏所编《成就法鬘》时所利用的年代最早的梵文本《成就法鬘》是写成于 1163 年，圣地亚哥艺术博物馆的这部写本年代也许就是在《成就法鬘》正式结集之前制作并各地流传的。

图4-4-18a、b　圣地亚哥艺术博物馆藏1135年尼泊尔《五护陀罗尼经》插图

梵文贝叶经插图等是这些新图像的直接源头之一。[1]

　　榆林窟第 3 窟的五护佛母与其他图像遗存最大的区别就是大随求佛母、大孔雀佛母和大密咒随持佛母身色混淆，将大随求佛母为黄色，大孔雀佛母为红色，而大秘咒随持佛母为白色，既不同于 1135 年写本绘制两位白色身相神像的做法，也不同于稍后期成为定式的白色大随求佛母、黄色大孔雀佛母和红色大秘咒随持佛母的做法，这或许是西夏画师（或在西夏境内活动的其他民族画师）接触到成就法文本或尼泊尔贝叶经插图并熟悉图像之后，根据自己对五护佛母和五方佛对应关系的理解而将新绘画题材作适当改变，而且这种改变也能从西夏时期的其他五护佛母图像上找到契合之处。文殊山石窟万佛洞内壁画绘于西夏（或回鹘）时期，南壁东侧男女供养人像上方有一铺五尊式曼荼罗，（图 4-4-19）该曼荼罗的绘制内容此前没有得到解读，笔者惊喜地发现这正是与榆林窟第 3 窟图像特征相一致的 SM206 一系五护佛母曼荼罗。与榆林窟横排式构图不同，该曼荼罗更加忠实地描绘了文本所规定的曼荼罗空间布局，居于中央的是红色三面八臂的大随求佛母，自下方（即曼荼罗的东方）按顺时针方向依次为蓝色身大千摧碎佛母、黄色身大孔雀佛母、白色身大秘咒随持佛母和绿色身大寒林佛母。曼荼罗内院四隅还根据文本的描述配置四大天王，左下角（即曼荼罗的东

[1]　关于八塔变图像流变情况的研究，见本书第二章第一节。另见谢继胜、常红红：《莫高窟 76 窟〈八塔变〉及相关的几个问题——11—13 世纪中国多民族美术关系史研究》，《艺术史研究》第十三辑，广州：中山大学出版社，2011 年。另见 Ursula Toyka-Fuong, Bonn, "The Influence of Pala Art on 11th-Century Wall-paintings of Grotto 76 in Dunhuang", in Deborah E. Klimburg-Salter and Eva Allinger (Ed.), *The Inner Asian International Style 12th-14th Century: Proceedings of the 7th Seminar of the International Association for Tibetan Studies*, Graz 1995, pp.67-96; Elena A. Pakhoutova, *Reproducing the Sacred Places: the Eight Great Events of the Buddha's Life and their Commemorative Stupas in the Medieval Art of Tibet (10th-13th Century)*, Dissertation in the University of Virginia, 2009.

图4-4-19　文殊山石窟五护佛母曼荼罗

南方）天王手报琵琶，应为东方持国天王，左上天王为南方增长天王，右上天王甚残，手中持物不清，右下天王手持塔，应为北方多闻天王。（图4-4-20）

天王	白色，四面十二臂，两对主臂分别作说法印和禅定印。大秘咒随持佛母	天王
黄色（白？）三面八臂。大孔雀佛母	红色，四面八臂。大随求佛母	绿色，三面六臂。大寒林佛母
天王	蓝色（？），三面八臂，游戏坐。大千摧碎佛母	天王

图4-4-20　文殊山万佛洞五护佛母曼荼罗配置示意图

（二）榆林窟第3窟的五护佛母采取的是横排式构图，四个体系内的五护佛母图像（包括贝叶经插图、壁画、唐卡、版画等）都曾见这种排列方式，但是在排列顺序上又各不相同，SM206和NSP18这两部作品都是按照曼荼罗的布局来描述五护佛母的，NSP18在文末还提到根据供奉需要五护佛母中的任何一尊都可以居于曼荼罗中央作主尊[1]，所以很难总结出几条既定规律。立足于榆林窟第3窟图像来说，五护佛母与同窟北壁金刚结曼荼罗上方的不空羂索五尊像南北对望，在安置各尊方位上应有契合之处。不空羂索五尊将曼荼罗中央主尊观世音菩萨排在中间，与其相应的，此处五护佛母五尊便将曼荼罗主尊大随求佛母安置在中间，其他四尊随侍左右，这种处理方法和同窟内其他壁面上方五方佛的排列方式也完全一致，应是遵循画师基于整个窟室图像构造的设计理念。

四、小　结

12世纪左右成书的两部梵文成就法集《成就法鬘》和《究竟瑜伽鬘》中保存四个体系的五护佛母成就法文本，印度、尼泊尔、中国发现的相关造像均是依据这四种体系的成就法绘制而成。榆林窟第3窟南壁恶趣清净曼荼罗上方横排组像是中原最早出现的一批五护佛母五尊造像，图像志特征与《成就法鬘》第206篇描述内容吻合，大、小金刚座师和巴哩译师藏译本五部陀罗尼佛母成就法深刻影响了西夏同题材图像，迄今发现的西夏其他五护佛母壁画、版画作品都与SM206系描述的各尊身相特征吻合。

---

[1]　"dgos pa'i dbang gis 'di rnams gang yang rung bas 'khor lo'i dbang phyug ma by'o"。《中华大藏经》（藏文）对勘本，丹珠尔No.3141.（phu函），第39卷，中国藏学出版社（1994—2008），第324页。

第五章

榆林窟第3窟图像来源与配置内涵

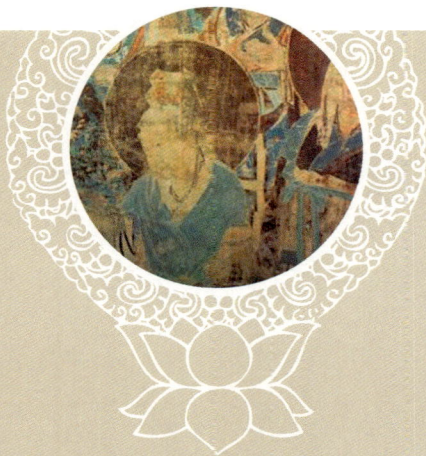

第一节 巴哩系成就法对西夏佛教造像的影响

> 《巴哩成就百法》是萨迦传承体系内最重要的金刚乘修习仪轨，并吸引其他教派的拥护者。它纳含密教四续中的大量观想主尊，尤其强调事续（Kriya）和行续（Carya）的内容，因此，它包括许多获取世间成就和出世间成就的修行方法。
>
> ——蒋巴他耶《不破的传说：巴哩译师生平》[1]

通过前面几个章节对榆林窟第 3 窟壁画内容的深入分析，我们可以看到，该窟密教图像的来源主要有两个，一是 10 世纪末开始大量涌入中原的梵文贝叶经内附插图；二是 11 世纪左右完成的新译汉藏文密教成就法，其中以巴哩译师所传成就法影响力最大，顶髻尊胜佛母九尊曼荼罗、摩利支天五尊曼荼罗、不空羂索观音五尊曼荼罗、五护陀罗尼佛母曼荼罗内各尊的图像特征均与巴哩译本有密切关狭，而且莫高窟、东千佛洞、五个庙、文殊山等石窟中的同题材壁画也显示源自同一种图像传承体系，巴哩译师及其成就法对西夏石窟造像的影响力可见一斑，本节将进一步针对《巴哩百法》的结构内容、《巴哩百法》在西夏境内的传播路径展开研究。

一、巴哩译师及其《巴哩成就百法》

巴哩（Ba ri，1040—1111/1112）全名"巴哩仁钦扎"（Ba ri Rin chen grags），是 11 世纪后弘期佛教发展史上最伟大的译师之一。《大乘要道密集》收录的几个相关文本称其为"巴哩洛拶呃"或"八哩啰拶斡"，藏文史籍对他也有不同的称呼，如 Dharma grags pa, Chos kyi grags pa, [2] Chos kyi grags, Dharmakīrti 等等。"巴哩"这一

---

[1] Lama Jampa Thaya, *An Indestructible Legacy: The Life of Bari Lotsawa*, Dechen Foundation, 2003.

[2] *Grub thob brgyad cu rtsa bzhi'i gsol 'debs*，德格版 No.3758。后记为 "Paṇḍita ba'i ro tsa na dang lo tsā ba shrī chos kyi grags pas bsgyur cig zhus te gtan pa phab pa'o/"。

姓氏显示了他的党项族出身，晚期学者张澍在《西夏姓氏录》中所列"把里氏"即此"巴哩氏"，[1] 该族后代原本聚居于庆州（即今甘肃庆阳）一带，后来逐渐西迁，与西夏政权控制下的其他属民混居。[2]

巴哩译师的生平事迹主要见载于藏文史籍，如《青史》《米拉日巴传》《萨迦世系史》[3] 等，不过学界利用的基本材料还是萨迦二祖索南孜摩所作《喇嘛巴哩译师宝称传记》（Bla ma ba ri lo tsā ba rin chen grags kyi rnam thar，下文简称《传记》），[4] Ronald M. Davidson 在研究巴哩译师及其教法时就是以这个文本为主要史料依据，[5] 2012 年徐华兰对《传记》进行译注，[6] 极大地方便了国内学者参考使用，下文将以《传记》内容为基础、并结合藏文《大藏经》中巴哩译经后记所反映的信息来简要介绍巴哩译师生平。

巴哩为党项后裔，1040 年出生于青海湖以东的野猫川（g.Yar mo thang）一带，与米拉日巴（Mi la ras pa，1040—1123）同龄。巴哩在 18 岁时前往卫藏求法，[7] 在西卫茹一带跟从堪布翔・云丹仁钦（Zhang yon tan rin chen）和轨范师尊珠扎（brTson 'grus grags）受戒出家，自此得法名"仁钦扎"。其后，在卫藏居住的 15 年间，他遍访高僧大德，曾听闻阿底峡所传要门，又从格西涅若瓦・顿珠（gNya' ra ba don grub）处请求了《大乘阿毗达磨集论》、各种弥勒慈氏菩萨修法及其诸种噶当类教法。33 岁那一年，他前往大昭寺礼敬觉沃像时感应到十一面千手观音的点示，决定与其他十余名佛教徒前往印度继续精进佛法修为。一行人于 1073 年从吉隆（sKyid grong）进入尼泊尔，巴

［1］ "把里氏，按元史作芭里或做巴哩。"（清）张澍，《西夏姓氏录》，收于《丛书集成续编》第 246 册，新文丰出版公司，第 79 页。

张澍还从《元史》《金史》等史籍中摘选出几条西夏"把里氏"朝臣的活动记录：

"天会元年三月夏使把里公亮灯来上誓表；大定二年夏武功大丈芭里昌祖宣德郎杨彦敬等贺正旦，按七年十二月昌祖来乞医以其臣任得敬有疾其时为殿前太尉；大定十二年三月押进汇匣把里直信等贺加上尊号；大定十三年三月癸巳朔，夏武功答复把里安仁宣德郎焦蹈贺万春节；大定十七年三月辛丑朔夏武功大夫把里庆贺万春节。

［2］ （清）许荣等撰修，《甘肃通志》。

［3］ 桂译师・宣努贝（'Gos gzhon nu dpal）著，郭和卿译，《青史》，西藏人民出版社，1985 年。英译本见 George N. Roerich, The Blue Annals, Calcutta: Royal Asiatic Society of Bengal, 1949-1953。桑杰坚赞（Sangs rgyas rgyal mtshan）著，刘立千译，《米拉日巴传》，四川民族出版社，1985 年，第 166—167 页。阿旺・贡嘎索南（Ngag dbang kun dga' bsod nams）著，陈庆英、高禾福、周润年译注：《萨迦世系史》，西藏人民出版社，1989 年，第 18—21 页。

［4］ bSod nams rtse mo, "Bla ma ba ri lo tsā ba rin chen grags kyi rnam thar", in bSod nams tshe 'phel (ed.), Sa skya'i rje btsun gong ma rnam lnga'i gsung ma phyi gsar rnyed, Vol.1, pp.255-266.

［5］ Ronald M. Davidson, Tibetan Renaissance: Tantric Buddhism in the Rebirth of Tibetan Culture, Columbia University Press, New York, 2005, pp.297-299.

［6］ 徐华兰：《巴哩译师传略》，《中国藏学》2012 年第 2 期，第 76—86 页。

［7］ 《青史》记载巴哩译师在 15 岁时得遇阿底峡，并与他合作翻译两部著作，但 Davidson 认为二人活动年代有偏差，没有这种可能。Davidson, Tibetan Renaissance, p.434.

哩跟随尼泊尔班智达庆喜（Ānanda）学习胜乐坛城灌顶（bDe mchog gi dkyil 'khor du dbang bskur）、金刚瑜伽母加持和四座灌顶（rDo rje 'byor ma'i byin rlabs dang gdan bzhi'i dbang）以及与之相关的成就法、本续、要门等等，并熟练掌握梵文文法，为以后的伟大译经事业奠定基础。到达印度后，巴哩追随的主要上师就是著名的"小金刚座师"，在其座前听闻密咒灌顶、本续、成就法等多种要门，学成而返。1082 年，于尼泊尔居留九年之后巴哩译师最终返藏，为卫藏众多僧徒传授灌顶和成就法，声名远扬，比米拉日巴随众更多。[1] 巴哩因作行殊胜而被萨迦派创始人款·衮却杰布（'Khon dKon mchog rgyal po，1034—1102）迎请至萨迦寺（Sa skya dgon pa）担任上师，请授新译密法（尤其是成就法）。款·宝王卒后，萨迦初祖贡嘎宁波（Sa chen Kun dga' snying po，1092—1158）尚年幼无法掌管寺务，款·衮却杰布的弟子便请求巴哩执掌萨迦法座，协助贡嘎宁波顺利继任萨迦寺住持。巴哩在职近十年间（约 1103—1110）[2] 曾为无数信徒讲授佛法，萨迦历代祖师和僧徒均对巴哩译师及其所传教法推崇有加，至今萨迦南寺依然留有供奉他圣身舍利的灵塔。（图 5-1-1）

在巴哩译师向萨迦教徒传授的诸多法门中，对 11 世纪以降西夏和卫藏密教图像造成深刻影响的是他在印度自梵译藏的 108 种成就法，大部分由他和不空金刚合作完成，[3]《布顿教法史》言："瓦日（即巴哩）·仁钦扎请来班智达不空金刚，翻译出《不空羂索法门》《五护法门》《尊胜摧魔金刚法类》《胜乐法类》《修习法百种》等。"[4] 此中提到的《修习法百种》就是本书讨论的《巴哩成就百法》（sGrub thabs brgya rtsa 或 Ba ri brgya rtsa）。

《巴哩百法》尤有梵文本存世，题为 Sādhanaśataka，现收藏于中国国家图书馆，因有两叶经文佚失，目前只记录 90 种本尊观想成就法，由 Gudrun Bühnemann 在 1994 年影印出版。[5] 梵文本对应的藏译本《成就百法》（sGrub thabs brgya rtsa）依然保留在

[1]《米拉日巴传》记载巴哩译师在定日传法的情形："八日（即巴哩）大译师坐在高高的台座上，张着伞盖，穿着滑轨的绸缎衣服，僧俗弟子吹奏海螺，许多人围绕在他周围，斟茶敬酒，敬献很多供养。"桑杰坚赞著，刘立千译：《米拉日巴传》，第 166 页。

[2] George N. Roerich, The Blue Annals Ⅰ, Calcutta: Royal Asiatic Society of Bengal, 1949, p.211.

[3]《传记》记载：
"复从金刚座、班智达不空金刚等处听闻了一千零八种成就法，并集其中殊胜、甚深急需之一百零八种于一处，由巴哩、不空金刚译（为藏文）。"（徐华兰《巴哩译师传略》，第 83 页）
藏文原文为：
gZhan yang rdo rje gdan pa dang/ paṇḍi ta don yod rdo rje la sogs pa sgrub thabs stong rtsa brgyad gsan zhing/ de rnams kyi nang nas gang legs legs dang/ zab zab nye bar mkho ba brgya rtsa brgyad phyogs gcig tu bsdebs pa lo paṇ gyis bsgyur nas……

[4] 布顿·仁钦珠著，蒲文成译：《布顿佛教史》，甘肃民族出版社，2007 年，第 130 页。

[5] Gudrun Bühnemann, Sādhanaśataka and Sādhanaśatapañcāśikā: Two Buddhist sādhana collections in Sanskrit manuscript, Wien, 1994.

5-1-1　萨迦南寺巴哩译师舍利塔

藏文《大藏经》中，德格版 No.3306—3399（北京版 No.4127—4220），共包括 94 个单篇成就法，17 世纪之后西藏学者编撰的巴哩译师成就法集就是在此基础上增删而成，如阿旺丹增赤烈（1639—1682）《巴哩百法诸尊观想法》，[1] 嘉木样协必多吉（1648—1721）《巴哩百法随许补充则要·承载珍宝之舟诵读即得成就》，[2] 以及佚名《巴哩百法随许次第》等等，[3] 另外，觉囊派祖师多罗那他编撰《宝源成就百法》（sGrub thabs rin 'byung brgya rtsa）也在很大程度上吸收了巴哩所译成就法的内容。[4] 从图像学角度对《巴哩百法》展开系统研究的是第九世扎雅活佛——罗丹喜饶扎雅（Blo ldan shes rab brag g.yab），他在 1983 年用德文出版的《〈巴哩百法〉成就法》[5] 所依据的底本正是前文提及的阿旺丹增赤烈《巴哩百法诸尊观想法》，对每一尊神的身相特点和眷属形象都做了细致讨论。

　　巴哩译师在印度求学期间虽然也曾接受胜乐、金刚亥母等无上瑜伽父续母续本尊的灌顶，但《巴哩百法》中收录的观想主尊均从属于事续、行续和瑜伽续，并没有出现双身本尊像，这种状况与西夏石窟壁画和佛经刻印版画的题材内容是完全符合的，反映了西夏前期密宗艺术的基本面貌。从主尊图像志特征方面来说，除了前面几个章节重点分析的顶髻尊胜佛母、不空羂索五尊曼荼罗和五护佛母曼荼罗，榆林窟第 3 窟恶趣清净曼荼罗金刚环外围、榆林窟第 4 窟南壁东铺、黑水城出土的西夏国师德慧译《持诵圣佛母般若多心经要门》经首版画中描绘的一面二臂黄色身般若佛母也和巴哩传

[1] sKyid shod zhabs drun sprul sku ngag dbang bstan 'dzin 'phrin las , "Ba ri brgya rtsa'i lha'i mngon rtogs rnams", *The Collected Works of sKyid shod zhabs drung sprul sku ngag dbang bstan 'dzin 'phrin las*, reproduced from a rare manuscripts from Ladakh by Ngagwang Gelek Demo, Vol. II , New Delhi, 1974, fols. 335-399.

[2] "Ba ri brgya rtsa'i rjes gnang gi lhan thabs dngos grub rin chen 'dren pa'i gru chen klag pas don grub", *The Collected Works of 'Jam dbyangs bzhad pa'i rdo rje*, Reproduced from prints from the bKra shis 'kyil blocks by Ngawang Gelek Demo, Vol.3, New Delhi, 1973, fols,289-359.

[3] 引自 Gudrun Bühnemann, *Sādhanaśataka and Sādhanaśatapañcāśikā: Two Buddhist sādhana collections in Sanskrit manuscript*, p.14.

[4] 多罗那他《宝源百法》的内容可参见当增扎西，《宝源三百图解》（Rin 'byung lha sku sum brgya），民族出版社，2007 年。瑞士苏黎世大学民族学博物馆版本提供《五百佛像集：见即获益》，中国藏学出版社，2011 年。

[5] Loden Sherap Dagyab, *Die Sadhanas der Sammlung Ba ri brgya rtsa*, Wiesbaden: Ikonographie und Symbolik des tibetischen Buddhismus, Teil AI , Sagaster, Klaus(ed.), Asiatische Forschungen, Bd.77, 1983.

承体系规定的形象吻合，[1] 在这之前，中原并没有出现此类黄色身、双手结说法印、左右肩头莲花分别承托《般若经》的般若佛母，飞来峰元代石刻塑造的相同身相的般若佛母可以彰显其西夏图像渊源。另外，榆林窟第3窟和西夏其他四臂观音图像可能也与巴哩译师所传成就法有密切联系。西夏四臂观音信仰盛行，黑水城出土西夏汉文文书《亲集耳传观音供养赞叹》记载了关于四臂观音修法的偈颂，将该尊形象记为"其身洁白妙难思，下右手持水晶珠，左执白色妙莲花，上手近心莲花合"[2]，说明与四臂观音修法仪轨相关的藏文文献从西夏开始就译成汉文在河西走廊一带流行，黑水城出土艺术品、榆林窟第3窟、东千佛洞第5窟、山嘴沟石窟、莫高窟第149窟窟门南壁以及榆林窟第27窟耳洞内的壁画（图5-1-2）都能帮助我们理解四臂观音信仰在西夏社会的盛行。值得注意的是，巴哩译师翻译的"圣世间自在六字观世音菩萨"（'Phags pa 'jig rten dbang phyug yi ge drug pa）成就法是除8世纪译成藏文的《宝箧经》之外最早记录一面四臂观音的文本，"六字观世音菩萨"身呈白色，一面四臂，主臂双手合掌，右上手持数珠，左上手持莲花，[3] 和《成就法鬘》中收录的单篇成就法内容一致，而年代比后者略早。巴哩是观世音菩萨信仰传承体系中的重要人物，《青史》记载的两

[1] "Shes rab kyi pha rol tu phyin pa ser mo ni/ stong ba'i ngang las bam las padma a las zla ba'i dkyil 'khor gyi steng du/ dhaim ser po las 'od 'phros/ don gnyis byas tshur 'dus yongs su gyur pa las/ rang nyid bcom ldan 'das shes rab kyi pha rol tu phyin ma sku mdog gser btso ma lta bu/ zhal gcig phyag gnyis chos 'chad kyi phyag rgya mdzad pa'i mthil nas gyes pa'i/ utpa la sngon po gnyis snyan gyi thad kar kha byed ba'i steng na sher phyin gyi po ti re re/ ral ba'i cod ban can/ rin po che'i rgyan dang dar gyi na bzas mdzes shing/ rdo rje'i skyil krung gis bzhugs pa mi bskyod pas dbu brgan/"
　　sKyid shod zhabs drun sprul sku ngag dbang bstan 'dzin 'phrin las，"Ba ri brgya rtsa'i lha'i mngon rtogs rnams"，fol.358.

[2] Φ311《亲集耳传观音供养赞叹》，收入《俄藏黑水城文献》第6册，上海古籍出版社，2000年，第110—126页。偈颂原文另可参见李婵娜：《黑水城文殊〈亲集耳传观音供养赞叹〉文本特征与汉藏源流考》，沈卫荣主编《汉藏佛学研究：文本、人物、图像和历史》，中国藏学出版社，2013年，第195页。

[3] 原文为："Rang nyid 'phags pa spyan ras gzigs yi ge drug ma/ sku mdog dkar po zhal gcig phyag bzhi pa/ ……phyag dang po gnyis thal mi sbyar nas phyogs bcu'i sangs rgyas rnams la gzhan don mdzad par gsol pa/ g.yas 'og ma na bgrang phreng/ g.yon 'og ma na padma dkar po 'dab ma bcu drug pa 'dzin pa/ lha rdzas kyi rgyan dang bza' lha bu kyis klu bra shing/ zhabs gnyis sems dpa'i skyil krung gis bzhugs pa/ de'i g.yon du zla ba'i gdan re re la/ g.yas su nor bu 'dzin pa ser po/ g.yon du yum yi ge drug ma dkar mo phyag mtshan rgyan cha gtso bo dang mtshungs shing rol pa'i stabs kyis bzhugs so/ 'od dpag med kyis dbu brgyan can/"
sKyid shod zhabs drun sprul sku ngag dbang bstan 'dzin 'phrin las，"Ba ri brgya rtsa'i lha'i mngon rtogs rnams"，fol.351.

图5-1-2 莫高窟第149窟四臂观音

种不空羂索观音法门传承序列均是始于观世音菩萨、授予巴哩译师，[1]《传记》同样提到巴哩"自幼年时……俱信悲悯，唯诵六字真言。曾于梦中见一四臂、具光环之白色身相尊，手抚其顶，并诵六字真言二十一遍，"[2]证明他对四臂观音确实崇信有加。卫藏在 14 世纪之前几乎不见四臂观音造像，反而是西夏率先掀起四臂观音崇拜的风潮，巴哩翻译的成就法是迄今所见年代最早的四臂观音本尊观想法本，应是西夏四臂观音图像最主要的文本来源。

二、巴哩系成就法在西夏流传的路径

在佛教造像学研究领域造诣颇深的印度学者 Dipak Chandra Bhattacharyya 曾总结，佛教图像的研究方法可分为两种：一种是描述性研究（Descriptive study），主要根据文本（大乘佛教经典或密乘成就法等）的描述来分析图像的形式和特征，关注文本与图像之间的对应关系；另一种是历史性研究（Historical study），即探讨图像背后的历史诱因和发展脉络，将特定图像放置在流动的历史长河中予以定位，揭示图像在各个文化体系中所表现的思想观念。[3]这两种研究方法有点类似"图像志"和"图像学"的区别。显然，所谓历史性研究就是在第一种研究方法的基础上，调动历史、社会、语言、宗教等多个研究方向的成果做更深层次的探究。若用同样的标准来衡量本节讨论的问题，仅判定榆林窟第 3 窟某些密教图像及西夏其他同题材作品与巴哩一系成就法文本的描述相吻合不是最终结论，还应寻找该系成就法在西夏社会盛行的路径与缘由。

10 世纪末至 12 世纪的印度东北地区是众多汉、藏、西夏僧侣向往的密宗法门修习圣地，菩提伽耶寺（Bodhgayā）、超戒寺（Vikramaśīla）、那烂陀寺（Nālandā）是当时印度最负盛名的学术中心。巴哩主要在菩提伽耶寺跟随小金刚座师学习，他从小金刚座处继承的本尊观想成就法应是该地区上师讲授的重要法门，或许曾被传与其他许多学僧，因为藏文《大藏经》中至少还能找到两部与《巴哩成就百法》部分内容吻合的成就法集，分别为巴才译师楚臣坚赞（Pa tshab Tshul khrims rgyal mtshan，11 世纪初）翻译的《百五十成就法》（*sGrub thabs brgya dang lnga bcu*，梵：

---

［1］ 这两种传承序列分别为：观世音菩萨（Avalokiteśvara）→西那阿噶惹（Śīlākara）→毗卢遮那（Vairocana）→巴哩译师（Ba ri lo tsā ba）；观世音菩萨（Avalokiteśvara）→法现（Chos ston）→不空金刚（Don yod rdo rje）→巴哩译师（Ba ri lo tsā ba）。见郭·迅鲁伯著，郭和卿译《青史》，第 665—666 页。

［2］ 徐华兰:《巴哩译师传略》，第 80 页。

［3］ Dipak Chandra Bhattacharyya, *Studies in Buddhist Iconography*, New Delhi, 1978, p.1.

Sādhanaśatapañcāśikā），[1]和萨迦派的雅砻译师扎巴坚赞（Yar klungs Grags pa rgyal mtshan）所译《成就法海》（*sGrub thabs rgya mtsho*，梵：*Sādharasāgara*），[2]而且许多文本基本都能在 12 世纪左右编集完成的《成就法鬘》（*Sādhanamālā*）中找到。也就是说，巴哩译师自梵译藏的《成就百法》代表了 11 世纪中晚期以菩提伽耶寺为中心的广大印度东北地区佛教造像的主流面貌，对西夏石窟壁画、刻印版画艺术造成深刻影响的绝不是巴哩译师一己之力，这一时期前往帕拉王朝求法、修习的高僧都有机会接触当地的佛教图像体系，比如在西夏五护佛母图像流传过程中发挥重要作用的宝生寂（Ratnākaraśānti），曾在金刚座初学习一段时间后意欲前往汉地五台山弘传自己的成就法要门，不料被当地王国留居超戒寺而未能成行，[3]这段史料可从侧面说明 11 世纪末的印度高僧已将前往汉地弘法列入目标，他们口中所说的"汉地五台山"也极有可能就是西夏贺兰山。

目前没有资料显示巴哩晚年又回到西夏传法，《大乘要道密集》中虽有几篇文本的传承序列可追溯至巴哩及其上师，不过均由后期萨迦派僧人完成汉译，与巴哩本人的传法活动无关。笔者认为，对《巴哩百法》所代表的图像体系最初传入西夏起到关键作用的有如下两位高僧。

首先是著名的西夏译师拶弥桑杰扎巴（rTsa mi lo tsa ba sangs rgyas grags pa），他于青年时便前往天竺学法，因德行出众竟成为菩提伽耶寺和那烂陀寺的宗教领袖，[4]诸多高僧在其座下求教，其中就包括巴哩译师。据《青史》记载，巴哩在菩提伽耶附近遇到拶弥，先后两次向他供养黄金，拶弥向他开示自生佛像一尊。[3]拶弥与不空金刚、巴哩等人曾经住坐同一座寺院，何以不接触那些本尊观想的成就法？而且，拶弥和金刚座师为同时代人，二人既是同门亦是师徒，金刚座曾将四臂智慧怙主（Ye shes mgon po）求修仪轨传与拶弥，[5]关系密切，那么在成就法传译方面成绩显赫的金

---

[1]《百五十成就法》共包括 162 个单篇成就法，德格版《大藏经》No.3142—3304。

[2]《成就法海》包括 245 个成就法（德格版《大藏经》No.4421—4466）。以上两部成就法集的基本信息可参见 Gudrun Bühnemann, *Sādhanaśataka and Sādhanaśatapañcāśikā: Two Buddhist sādhana collections in Sanskrit manuscript*, pp.13-17.

[3] David Templeman, *Tāranātha's bKa' babs bdun ldan: The Seven Instruction Lineages by Jo nang Tāranātha*, Library of Tibetan Works & Archives, Dharamsala, 1983.

[4] 相关研究成果可参见 Elliot Sperling, "rTsa mi lo tsā ba Sangs rgyas rgyas pa and the Tangut Background to Early Mongol-Tibetan Relations", *Tibetan Studies: Proceedings of the 6th Seminar of the International Association for Tibetan Studies*, Fagernes, 1992, Vol. Ⅱ, pp.801-824.

[5] 根据陕西师范大学曾汉辰博士的研究，黑水城出土汉文《大黑天求修并作法》所列传承次第中有"……（前略）彼师传金刚座法师，彼师传阿灭葛囉噚八恒草头路替（赞）讹，彼师传大吉祥……"，阿灭葛囉噚即为 Abhyagupta，草头路替（赞）讹即为 Tsa mi lo tsā ba，详见曾汉辰《西夏大黑天传承初探——以黑水城文书〈大黑求修并作法〉为中心》，《中国藏学》2014 年第 1 期，第 151—158 页。

刚座师何以不影响拶弥译师的教法体系？更令人振奋的是，在菩提伽耶等寺担任数年座主之后，拶弥复被西夏王室请回，参与西夏文《大藏经》的翻译工作，国图藏《现在庄严劫千佛名经》经首版画所描绘的乾顺时期（1086—1090）《西夏译经图》中就出现了他的形象，西夏文榜题将其记为 tshieu tsie mbi，位居主译者白智光左侧第二位。[1]（图5-1-3）另外，五世达赖喇嘛《闻法录》明确指出拶弥译师的全名为"拶弥桑杰扎巴门珠喜饶"（rTsa mi Sangs

图5-1-3 《西夏译经图》

rgyas grags pa sMon grub shes rab），[2]如此一来便可确认那位翻译《八十四大成就者传》的西夏僧人门珠喜饶（sMon grub shes rab）就是拶弥译师！西夏时期盛行的大黑天（Mahākāla）信仰也与他翻译和修订的数篇仪轨有关。[3]这些实例足可证明拶弥在西夏佛教发展史上的重要地位，他在住持菩提伽耶寺期间接触到的大量成就法和插图本梵文贝叶经也有足够条件通过他的介绍传入西夏境内，影响11世纪中晚期之后的佛教造像。

[1] Ksenia kepping, "Portraits of Tibetan and Indian Teachersina Tangut Engraving"，汉译文见克平著，彭向前译：《西夏版画中的吐蕃和印度法师像》，《西夏研究》2011年第3期，第3—6页。

[2] 《五世达赖喇嘛闻法录》（*Record of Teachings Received: The gSan yig of the Fifth Dalai Lama Ngag dbang blo bzang rgya mtsho*），New Delhi: Nechung and Lhakhar, 1971, Vol.2, p.199.
"*rdo rje gdan pa / de la tsa mi sangs rgyas grags pa smon grub shes rab dang a bha yā ka ra gnyis kyis gsan / gnyis ka la dpal rgwa lo/* " 文中提到金刚座师将教法传与拶弥桑杰扎巴门珠喜饶和无畏施二人，此二人又传与热路拶讹。

[3] 俄藏黑水城文献中有《慈乌大黑要门》《大黑天母求修次第仪》等出土文书，证实西夏时期的大黑天信仰非常兴盛。可参见沈卫荣：《西夏、蒙元时代的大黑天神崇拜与黑水城文献：以汉译龙树圣师造〈吉祥大黑八足赞〉为中心》，收入王尧主编《贤者新宴》第5辑，上海古籍出版社，2007年，第153—167页；《序说有关西夏、元朝所传藏传密法之汉文文献——以黑水城所见汉译藏传佛教仪轨文殊为中心》，《欧亚学刊》第7辑，中华书局，2007年，第159—179页。

第二位重要的僧人是印度法师不动金刚，《新续高僧传四集》中收录有他的传记《宋西夏护国仁王寺沙门释不动传》：

> 释不动梵名阿闪撒干资罗，华言不动金刚，止行二字略也。本天竺人，初出家时，遍游五天竺，显密俱彻，性相备知，道誉流传，博于邻封。及来西夏，栖止护国寺，翻译密部，弘扬般若金刚。[1]

像拶弥译师一样，不动金刚也参与了秉常时期的译经大业，《西夏译经图》中坐在白智光左侧第一位的"梵相"译经师新近被克平纠正为"不动金刚"，而非先前学界认定的党项僧"北却慧月"。[2]他在译经队伍中处于上首位置，暗示其在译经过程中所起的作用比拶弥还要重要。在 11 世纪上半叶，像拶弥和不动金刚一样留居西夏的印度僧人不在少数，甚至因久居夏国而成为"西夏僧"，[3]《娘氏教法源流》中有一段有趣记载，古格王朝天喇嘛益西沃（Lha la ma ye shes 'od）派遣尼泊尔僧人白玛·玛茹泽（Pad ma Ma ru rtse）前往东印度迎请高僧念慧称（Smṛti Jñānakīrti）和查拉仁瓦（Acārya Phra la ring ba）弘传教法，不料在三人返藏途中，白玛·玛茹泽因病去世，念慧称和 Acārya Phralaringba 被贩卖到日喀则一带放牧，直到一位当地学僧认出二人身份之后他们才得以脱身，决意前往康区弘传密法，在康区居住期间翻译了诸多密典。[4]这些印度或尼泊尔僧人来华之后不仅讲经传法和翻译佛典，也将印度佛教造像体系引入内地。

综合来看，《巴哩成就百法》所代表的东北印度图像系统很有可能在巴哩之前就已经借由拶弥等译师之手传入西夏，相当大一部分梵文贝叶经插图也与该系成就法内容吻合，西夏人应在建国初期就非常熟悉东北印度帕拉王朝的造像内容与风格，否则无法解释莫高窟第 76 窟壁画的帕拉图像样式，也难以理解 12 世纪初西夏刻印版画所呈现的成熟的东印度波罗艺术风格。西夏石窟壁画最初在选择密教题材时，遵循了经由藏西→西域→河西一线传入的以《巴哩成就百法》为代表的早期东印度佛教造像体系，而其之所以能够在整个西夏时期形成较为稳定、持续不断的发展态势，或与 12 世纪初之后陆续来到西夏传法的萨迦、噶举、息结等教派对巴哩一系成就法的推崇大有关联。11—12 世纪的卫藏地区并不存在现代社会定义下宗派界限分明的"教派"，没有体制严整的"chos lugs"，而多以上师与弟子之间结成的口授传承关系"brgyud"来构建某位

［1］（民国）喻谦撰：《新续高僧传四集》，卷 1，《宋西夏护国仁王寺沙门释不动传》。

［2］克平著，彭向前译：《西夏版画中的吐蕃和印度法师像》，《西夏研究》2011 年第 3 期，第 4 页。

［3］（民国）喻谦撰：《新续高僧传四集》，卷 1，《宋京师传法院沙门释吉祥传》。

［4］见 Ronald M. Davidson, *Tibetan Renaissance: Tantric Buddhism in the Rebirth of Tibetan Culture*, p.123.

僧人的师承谱系，[1]弟子可以根据自己想要修习的特定法门来选择依止上师，巴哩译师的成就法便被授予诸多学僧。

萨迦派对巴哩的推崇无须多加论证，在他执掌萨迦寺法座的近十年时间内，广传密续仪轨和灌顶，萨迦历代祖师和僧人或多或少均有从巴哩处继承而来的教法，如萨迦二祖索南孜摩完整继承了巴哩传译的不空羂索五尊成就法，并撰《圣不空羂索小史》（*’Phags pa don yod zhags pa’i lo rgyus bzhugs so*）[2]；萨迦第五祖八思巴撰《五护陀罗尼佛母成就法》（*bSrung ba lnga’i dkyil ’khor gyi sgrub pa’i thabs zhes bya ba*）是在巴哩五护陀罗尼佛母曼荼罗基础上增加十方护神、九曜、二十八星宿和四大天王等尊；[3]萨迦派学者雅碦扎巴坚赞所译《般若波罗密多母成就法》（*Shes rab kyi pha rol tu phyin ma’i sgrub thabs*）是对巴哩图像体系内黄色身、双手作说法印、左右手持莲花并托《般若经》之形象的般若佛母的完整继承。此类例子不胜枚举，再考虑到萨迦派与西夏的密切交往史事，我们有理由相信巴哩系成就法所记载的尊像之所以能够在西夏石窟壁画中反复出现，可能确与萨迦派的推崇大有关联。巴哩是党项族出身，萨迦初祖贡嘎宁波之造释论亲传弟子中便有一位来自弥药的智纲法师（Mi nyag Prajñālāla），而萨迦三祖扎巴坚赞的一位名为琼巴瓦·觉布（gChung pa ba Jo ’bum）的弟子曾经当过西夏国王的上师，与萨迦派根本大法"道果法"或萨迦派上师著作相关的文书也被译成汉文和西夏文在西夏境内流通，[4]证明该派上师在西夏境内的活动异常活跃。

噶举、息结两派学僧也从巴哩处学习成就法，比如噶举派创始人冈波巴·索南仁钦（sGam po pa bsod nams rin chen，1079—1153）的弟子洛拉雅巴·绛曲欧珠（Lho la yag pa Byang chub dngos grub）和卓郭却琼（Grol sgom chos g.yung）均曾跟随巴哩学习《成就百法》。[5]小黑足师帕当巴桑杰（Pha dam pa sangs rgyas，？—1117）本人曾在后藏一带于巴哩译师座前听受文殊菩萨（Mañjuśrī）和迦娄罗（Garuda）成就法。[6]这两派教法在西夏境内流传的情况从黑水城出土文书和《大乘要道密集》收录的汉译文书中可得管窥，而且有多个噶举派僧人担任西夏帝师或国师要职，社会地位较高。我们目前还

［1］ Carl S. Yamamoto, *Vision and Violence: Lama Zhang and the Politics of Charisma in Twelfth-Century Tibet*, Leidon & Boston: Brill Publisher, 2012, p.80.

［2］ 有关该文本的研究，见 Christoph Wilkinson, "The Pure Land on Earth: The Chronicles of Amoghapaśa ’Phags pa Don yod zhags pa’i lo rgyus", *Pacific World: Journal of the Institute of Buddhist Studies*, Third Series, Number 14, 2012, pp.179-185.

［3］ 见《萨迦全集》（*Sa skya bka’ ’bum*），Kathmandu: Sachen International, 2006, Vol.15.

［4］ 引自沈卫荣：《初探蒙古接受藏传佛教的西夏背景》，收于沈卫荣主编《西域历史语言研究集刊》第 1 辑，科学出版社，2007 年，第 275—277 页。

［5］ George N. Roerich, *The Blue Annals* Ⅱ , p.1021-1023.

［6］ George N. Roerich, *The Blue Annals* Ⅰ , p.177.

找不到他们在西夏弘传巴哩系成就法的直接证据，但仍需将其对巴哩教法的肯定态度考虑在内。

三、小　结

榆林窟第 3 窟和其他西夏时期石窟壁画中的一些密教图像，在题材内容和尊神的图像志特征方面表现出与《巴哩成就百法》的高度一致性，彰显该系成就法对西夏密宗造像的深刻影响。巴哩所译《成就百法》记录了 11 世纪末东北印度佛教造像体系的基本面貌，强调行续和瑜伽续的本尊观想法门，而且各尊图像志特征与 10 世纪末至 12 世纪初期往返于中、印两地之间的僧侣所携带的梵文贝叶经插图内容基本吻合，文本与图像共同影响了西夏石窟壁画和刻印版画。该系成就法极有可能是在西夏建国初期借由捹弥佛称、不动金刚等高僧之手从印度传入西夏，巴哩本人未曾莅临夏土。巴哩一系成就法在西夏初期便被应用到石窟造像、经首版画或佛经插图中，之后基本自成发展体系，12—13 世纪藏文文献中虽然也有其他传承流派的相关成就法文本，却未获得西夏画匠的青睐，东千佛洞、五个庙石窟和文殊山石窟发现的五护佛母曼荼罗、不空羂索五尊曼荼罗依然遵循巴哩一系的经典描述，这种现象应与西夏中后期陆续进入西夏传法的萨迦、噶举、息结等派高僧对巴哩成就法的大力推崇有关。

第二节 榆林窟第3窟的图像配置内涵

——传统佛教观念与新译密续主题

石窟壁画应放置在统一的建筑实体空间内解读，艺术史研究者需要更多关注各壁图像之间的内在联系以及整个建筑空间的构成，而非孤立的画面，正如巫鸿教授所言，"如果把石窟的建筑空间打乱，以单独图像为基本单位作研究的话，石窟的历史性就消失了"，应更多地从事"建筑和图像程序（Architectural and pictorial program）"的研究。[1] 本书前面几个章节以洞窟壁面为单位深入分析了单个图像绘制的文本依据、题材来源及图像志特征，接下来将主要着眼于全窟图像，针对图像背后隐含的宗教和社会内涵展开分析。

整个窟室被笼罩在窟顶绘制的巨大金刚界曼荼罗下，曼荼罗中央主尊大日如来与窟顶四缘的四方佛又构成第二重金刚界"五方佛"体系，共同统摄全窟显密图像。窟内地面设有中心佛坛，彰显该窟密教坛场的性质，窟内壁画沿东西向中轴线对称分布。东壁（即正壁）中央八塔变主尊的内在含义是华严教主卢舍那佛与释迦牟尼同体，一方面，八塔变用八塔和八相结合的方式展示佛陀一生事迹，强调中央降魔成道的释迦牟尼的身份，释迦牟尼与西壁窟门上方的维摩诘经变之"问疾品"遥相呼应，象征释尊与文殊、维摩诘大士共同宣说大乘佛教"不二法门"，以窟门喻"法门"，只有通过这道门才能进入佛国净土；另一方面，我们注意到塔刹部分的样式较为特殊，佛塔上方原应作成相轮的塔柱，在这里被绘成多重仰莲瓣，（图5-2-1）宿白先生认为"塔的相轮部分作出莲花藏世界为此型特征"。[2]"莲华藏庄严世界海"是《华严经》记载的十佛摄化之诸种世界之一，[3] 所以居坐佛塔中央的释尊还可认定为华严教主"卢舍那佛"，与窟门南北两侧的文殊、普贤侍从像构成"华严三圣"的组合。南北两壁中央

［1］ 巫鸿：《敦煌323窟与道宣》，收入胡素馨（Sarah E. Fraser）主编《寺院财富与世俗供养：佛教物质文化国际学术研讨会论文集》，上海书画出版社，2003年，第333页。

［2］ 宿白：《西夏佛塔的类型》，收入雷润泽等编《西夏佛塔》，文物出版社，1995年，第4页。

［3］《华严经》中记载的卢舍那佛居住的净土世界"莲华藏世界"随着密教经典《不空羂索神变真言经》和《大日经》的译出，被附会到《大日经》和《金刚峻经》中，于是便有了大日如来佛亦现身于莲华藏世界的说法。榆林窟第3窟八塔变主尊也不排除"释迦牟尼""卢舍那佛"和"大日如来"三种身份叠加的可能性。

图5-2-1　榆林窟第3窟八塔变中央塔刹

各绘制一铺气势恢宏的"净土变"，形制几乎完全相同，南北两壁所绘为"观无量寿经变"，下方棋格式空间绘"十六观"和"未生怨"。两铺净土变体现西夏具有广泛信仰基础的净土思想，表达信众期冀往生于西方净土的强烈诉求。

余下的六铺密教主题壁画严格按照南北对称的布局分布，东壁八塔变两侧分别绘十一面千手观音和五十一面千手观音，均呈立姿，观音眷属对称安置在主尊身侧。南、北壁东端分别为"顶髻尊胜佛母曼荼罗"和"摩利支天曼荼罗"，曼荼罗外围金刚环和中围金刚墙的形制完全相同，内院主尊和眷属的安置方式也基本对称，顶髻尊胜佛母和摩利支天是从大日如来身化现而出的佛母，[1] 位属大日如来部，身色相近，均居坐佛塔中央，佛塔两侧分别是呈立姿的"四大天王"和四位胁侍菩萨。曼荼罗上方各绘如来相和菩萨相的五方佛，两组手印基本一致。再至南、北壁西端，恶趣清净曼荼罗和金刚界曼荼罗相对应，均采用具足金刚环、金刚墙、内院四方四隅的配置构图。这两铺曼荼罗上方分别绘制两组五尊像——五护佛母和不空羂索观音五尊，根据成就法的记载，他们宝冠上各有其对应的方位佛的化像，从设计理念上说，与顶髻尊胜佛母曼荼罗和摩利支天曼荼罗上方的五方佛相同。

综合来看，榆林窟第3窟的图像主要表现了两种主题：中原地区传统佛教观念与10世纪末以降的新译密续主题，若再细化，可看到显教"华严""净土"和密教五方佛这三种信仰得到凸显，顶髻尊胜佛母、摩利支天、金刚界曼荼罗37尊、恶趣清净曼荼罗41尊、五护佛母和不空羂索观音五尊等均是《金刚顶经》"五方佛"引领下的密续本尊，显密图像融汇一室。由于中国佛教的圆融性，密教进入中原之后便与其他信仰体系结合在一起，所以西夏石窟壁画"显密融合"的特点在很大程度上是继承了敦煌本地固有的造像传统，如莫高窟晚唐第148窟将"涅槃"和"华严"主题造像与金刚界、胎藏界曼荼罗中的内外四供养菩萨等尊结合；[2] 莫高窟中唐第25窟正壁绘胎藏界禅定印大日如来与八大菩萨，而大日如来旁边的汉文榜题却以"清净法身卢舍那佛"称之，与窟门两侧的文殊变、普贤变形成"华严三圣"组合，又与南北壁的观无量寿经变和弥勒下生经变构成"十方三世"组合；[3] 榆林窟晚唐五代第20窟将密教曼荼罗和华严信仰的结合程度进一步推进，正壁南北两侧各绘一佛并八菩萨像，根据榜题可知北侧

［1］ 根据《成就法鬘》等印度成就法集的规定，从大日如来佛化现出来的主尊均身呈白色（或黄色），居坐佛塔中央，有些尊神的宝冠上饰有大日如来像。这些尊神主要有：真实名文殊（Nāmasaṅgīti）、摩利支天（Mārīcī）、顶髻尊胜佛母（Uṣṇīṣavijayā）、白伞盖佛母（Sitātapatrā Aparājitā）、大千摧碎佛母（Mahāsāhasrapramardanī）、金刚亥母（Vajravārāhī）、准提佛母（Cundā）、斗母（Grahamātṛkā）。见 Benoytosh Bhattacharyya, *The Indian Buddhist Iconography: Mainly Based on the Sādhanamālā and Cognate Tantric Texts of Rituals*, Calcutta, 1958, 206-225.

［2］ 彭金章：《莫高窟第148窟密教内外四供养菩萨考释》，《敦煌研究》2004年第6期，第1—6页。

［3］ 赖鹏举：《敦煌石窟造像思想研究》，文物出版社，2009年，第249—259页。

主尊为"毗卢遮那佛"，南侧主尊为双手作禅定印的胎藏界大日如来，此二尊实为一体，共同引领身侧围绕的"八大菩萨"和内外四供养菩萨。南北壁亦各绘一铺类似正壁两侧曼荼罗样式的图像，分别为"过去七佛"和"五佛"，[1] 竟把传统的汉地显教题材用密教曼荼罗来表现，当时显密造像的相互融合程度可见一斑。

　　西夏艺术受到敦煌固有佛教造像传统潜移默化的影响，又在新的时代背景下加入地方化创造，榆林窟第 3 窟壁画所体现的"华严""净土"信仰和"新译密续"主题，就是西夏在敦煌造像传统基础上吸收辽密佛教传统、东印度波罗造像艺术元素和本民族净土信仰的基础上对佛教图像做出的全新阐释，其他西夏石窟壁画也大致遵循相同的造像理念。接下来本节将主要围绕这三个方面依次展开论述。

一、"华严信仰"

　　通过检索莫高窟、榆林窟、东千佛洞等石窟群中的西夏壁画，可发现这一时期的文殊、普贤像几乎都能与正壁卢舍那佛（或与其同体的"毗卢遮那佛"或"大日如来佛"）形成"华严三尊"组合（见表 5-2-1），[2] 而唐五代时期释迦、多宝佛搭配文殊普贤像所构筑的法华体系则基本不见于敦煌西夏窟室，"法华经变""天请问经变""楞严经变"等经变画也不再出现，"华严"和各种净土类[3] 图像占据绝对主导地位。这种转变应与辽代"圆教"对华严和密教的大力推崇有直接关系，西夏流行的"华严信仰"是从辽引入的。

---

[1]　值得特别指出的是，榆林窟第 20 窟北壁绘制的"五佛"虽然和密教"五方佛"在概念上有明显的继承关系，但属于截然不同的两个体系，前者是汉地僧人按照民间信仰需求创造出来的全新系统。根据榜题可知此五佛分别是"南无上方广众德佛""南无十二上愿药师佛""南无北方世界最胜音王佛""南无阿弥陀佛"，左下角榜题漶漫不清。乍看之下该五佛名号杂乱无章，笔者却意外地发现其与敦煌出土汉文文书 S.2144 后附《结坛散食回向发愿文》中提到的"王佛"多有重合之处："奉请清净法身毗卢遮那佛，奉请圆满宝身卢舍那佛、奉请千百亿化身同名释迦牟尼佛，奉请东方世界十二上愿药师琉璃光佛，奉请西方极乐世界阿弥陀佛，奉请南方世界日月灯王佛，奉请北方世界最胜音王佛。"榆林窟第 20 窟提到的中央"南无上方广众德佛"暂时无法确定所出为何，其他三尊和《发愿文》所记东方、西方、北方佛完全一致，据此或可进一步推断左下角残损的榜题应为《法华经》中的"南无南方世界日月灯王佛"。S.2144 写经年代大致为 10 世纪末，和榆林窟第 20 窟壁画绘制年代相仿，所以此"五佛"体系在敦煌地区较有信仰基础，是信众根据本地信仰需求来创制的。

[2]　仅选择保存较为完整的几个窟室为例。

[3]　此处所说的"净土"类图像无意关联某个特定的宗教派别，而是从民间信仰层面，将阿弥陀、弥勒、药师、炽盛光佛等尊神列为一类进行讨论。

表 5-2-1　敦煌石窟中"华严三尊"绘制位置表

	窟号	前室前壁	窟门两侧	主室左右壁
莫高窟	460	√		
	245		√	
	164		√	
榆林窟	3		√	
	4		√	
	29			√
东千佛洞	5			√
	6			√
五个庙	1		√	
旱峡石窟	南窟			√

西夏虽然数次向宋朝祈请汉文《大藏经》，但是其所信仰的华严思想其实与当时的中原本土佛教体系无涉，因为假设《西夏文大藏经》的刊刻母本的确为 983 年印制完毕的《开宝藏》，可天台、华严等宗部论著直到南宋绍兴年间（1131—1162）才被收入《大藏经》，所以西夏社会前半期流行的华严信仰肯定不是源于北宋中原传入的藏经，[1]而是来自辽，黑水城出土的一些华严论著在中原地区已经失传，但在辽代佛教传承体系中可以找到，[2]可从侧面说明西夏华严信仰的来源问题。

辽代"圆教"是将唐代华严思想作为圆融佛教的主干，其中又包容很多具有不同来源的学门和修行法门，密教也被囊括在内。"圆融"思想早在唐代高僧的论著中就得到推广，最初主要是特指唐代华严大师李通玄的"三圣圆融"说，即观想毗卢遮那佛与文殊、普贤二菩萨等三圣融为一体且无障碍之观门，清凉澄观在其《三圣圆融观门》中也说到："三圣者，本师毗卢遮那如来、普贤文殊二大菩萨是也。"[3]毗卢遮那佛（大日如来）同时受到华严宗和密宗的崇奉，《华严经》本身就体现出许多密教元素，[4]严耀中先生即认为密教和华严信仰在本体上是一致的，[5]这就为"华严"和"密教"的

［1］　参见索罗宁：《西夏佛教"华严信仰"的一个侧面》，《文献研究》，第 130 页。

［2］　详见索罗宁：《西夏佛教之系统性初探》，《世界宗教研究》2013 年第 4 期，第 22—38 页。

［3］　《大正藏》No.1882。

［4］　相关研究可参见 Douglas Osto, "Proto-Tantric Elements in the Gaṇḍavyūha-Sūtra", *Journal of Religious History*, Vol.33, No.2, 2009, pp.165-177.

［5］　严耀中：《汉传密教》，学林出版社，1999 年，第 82—94 页。

圆融结合提供了理论基础，唐不空译《大乘瑜伽金刚性海曼殊师利千臂千钵大教王经》卷一较好地阐释了密教背景下毗卢遮那佛、文殊菩萨、普贤菩萨三者依然是"三圣合一"的关系：

> 说经之根，宗本有三：一者毗卢遮那法身，本性清净，出一切法金刚三摩地为宗；二者卢舍那报身，出圣性普贤愿力为宗；三者千释迦化现千百亿释迦，显现圣慧身，流出曼殊师利身作般若母为宗。[1]

不空将"华严三圣"认定为唐代密教重要信仰对象"三身佛"的示现身，毗卢遮那佛同时引领"华严"体系的文殊普贤菩萨和"密宗"体系的报身、化身佛。

鲜觉、道苑、道殿等辽代高僧对华严义理的阐释，主要关注唐代清凉澄观的《华严经》疏、钞之释，不同于宋代中原华严阐理所青睐的贤首法藏、云华智俨等人的教义，[2]辽代僧人力在彰显华严教理的通融性格，将各种显密修行法门包容在内，而非宋代华严的经院式阐释。觉苑的代表作为《演密抄》十卷，提出"显密五教说"，此说实际上是在唐代华严宗判教的基础上，加上抬高密教地位的论述而形成，道殿的代表作是《显密圆通成佛心要集》两卷，主要从华严思想的立场讲述"显密平等无差别""华严为显圆""诸部陀罗尼为密圆"。[3]辽代华严的这种"圆教"性质恰恰符合西夏人对圆融性忏仪仪轨的浓厚兴趣，黑水城出土文书中有宗密《中华心地传禅门师资承袭图》、清凉澄观《大方广佛华严经随疏演绎钞》的西夏文译本，辽代僧人的华严论著也出现其中，如鲜演《华严经玄谈抉择记》、[4]道殿《显密圆通成佛心要集》、通理大师恒策《无上圆宗性海解脱三制律》《究竟一乘圆通心要》等等。更有甚者，西夏沙门智广1200年编撰完成的《密咒圆因往生集》在多处引用唐译《佛顶尊胜陀罗尼经》和道殿《显密圆通成佛心要集》的内容，[5]进一步彰显唐→辽→西夏三个政权对宗密和澄观所传北方华严教法的继承脉络，西夏中晚期佛教虽然吸收许多藏传佛教密法（如"大手印""道果"和喜金刚、上乐金刚、金刚亥母等无上瑜伽本尊修习仪轨），唐与辽代的华严论著仍旧占据重要地位，流行于西夏境内，元代西夏遗僧一行慧觉《大方广佛华严经海印道场十重行愿常遍礼忏仪》正是融合了宗密华严学和汉

---

[1]《大正藏·密教部》第1039号经典。

[2] 陈永革：《论辽代佛教的华严思想》，《西夏研究》2013年第3期，第3页。

[3] 见魏道儒：《辽代佛教的基本情况和特点》，《佛学研究》2008年，总第17期，第229—237页。

[4] 孙伯君：《鲜演大师〈华严经玄谈抉择记〉的西夏文译本》，《西夏研究》2013年第1期，第27—34页。

[5] 索罗宁：《一行慧觉及其〈大方广佛华严经海印道场十重行愿长遍礼忏仪〉》，《台大佛学研究》第23期，2012年，第16页。

藏密法的代表著作。[1]

一行慧觉为华严宗僧侣，通晓汉传和藏传佛教，他在《大方广佛华严经海印道场十重行愿常遍礼忏仪》卷四除了列举印度、东土传译华严经诸师之外，还提到九位"大夏国弘扬华严诸师"，从秉常时期的鲜卑真义国师[2]到夏末元初的一行慧觉，华严学之所以能在西夏社会保持连续不断的传承序列，[3]主要有如下两方面原因：

首先是西夏皇室的支持和推崇。索罗宁提出西夏"官方佛教"和"民间佛教"的概念，认为黑水城出土的刊刻本汉传佛教经典反映官方佛教信仰，其中有相当大一部分内容涵盖"华严思想"与各种"华严仪轨"，而西夏中晚期开始流行的"观法""禅定""要语""剂门""要顺"等藏传密法基本以手抄形式留存，反映民间佛教信仰。[4]前文已经举出黑水城及其他各地出土的唐与辽代华严学僧著作，除此之外还有多个版本的汉文、西夏文八十卷本《大方广佛华严经》《大方广佛华严经普贤行愿品》等经典，而且《天盛律令》要求寺院蕃、汉学僧必须掌握的两个体系的经典中，均包括"华严普贤行愿品"。[5]西夏皇室在全国推行华严信仰的主要举措就是将其与"忏仪""忏法"结合，这也是顺应了唐以后佛教逐渐从"义理层面"转向"信仰层面"的蔚然趋势。黑水城出土文书有相当大一部分是罗太后1189年举办法会时印施的法本，许多《大方广佛华严经普贤行愿品》发愿文后附有"大夏乾祐二十年岁次己酉三月十五日正宫皇后罗氏谨施"的题记，法会期间印施经文的数量可高达近十万部，[6]而且经后另附与《华严经》信仰相关的感通故事集《华严感通灵应传记》，不仅符合民间信众对此类奇幻感应事迹的兴趣，经中所言"法界圆宗，真如牓样。华严是一乘圆教，乃成佛之宗，得道之本"[7]，也说明"圆宗"华严信仰的确曾被西夏皇室推崇至本宗地位。

---

[1] 关于《大方广佛华〈严经海印〉道场十重行愿常遍礼忏仪》的研究成果，可参加白滨：《元代西夏一行慧觉法师辑汉文〈华严忏仪〉补释》，《西夏学》第1辑，2006年；李灿：《元代西夏人的华严忏法——以〈华严海印道场忏仪〉为中心》，北京大学哲学系硕士论文，2010年；索罗宁：《一行慧觉及其〈大方广佛华严经海印道场十重行愿长遍礼忏仪〉》，《台大佛学研究》第23期，2012年，第1—76页。

[2] 有学者认为该鲜卑真义国师就是榆林29窟窟门南侧绘制的"真义国师"，但实际上二者生活年代相差太远（榆林窟第29窟营造于1193年），无法将其认定为同一位国师。

[3] 一行慧觉：《大方广佛华严经海印道场十重行愿常遍礼忏仪》，收入《嘉兴大藏经》第15册，台北：新文丰出版社，1987年。

[4] 索罗宁：《西夏佛教之系统性初探》，第24—25页。

[5] 姜歆：《西夏法典〈天盛律令〉佛道法考》，《宗教》2009年第6期，第76页。

[6] 如TK98号《普贤行愿品》发愿文："大法会散施……番汉《转女身经》《仁王经》《行愿品》共九万三千部"，TK81-83《观弥勒菩萨上生兜率天经》发愿文"散施番汉《观弥勒菩萨上生兜率天经》一十万卷，汉《金刚经》《普贤行愿品》《观音经》等各五万卷"。另可参见苏建文，《西夏文〈大方广佛华严经普贤行愿品〉》，宁夏大学2009年硕士学位论文，第5—7页。

[7] 索罗宁：《西夏佛教之"系统性"初探》，第31页。

其次是与西夏时期流行的五台山信仰密切相连。华严宗与密宗奉五台山为共同圣地，一方面，五台山是文殊菩萨的道场，山中造大华严寺、大清凉寺，西夏在贺兰山营建的"北五台山"延续唐代传统。另一方面，密教与五台山也久有渊源，唐高宗时佛陀波利携密典《佛顶尊胜陀罗尼经》来唐的故事就发生在五台山，[1] 不空和澄观在五台山成为密教圣地过程中起到的作用最大，不空在唐大历五年（770）应代宗诏请前往五台山"修功德"，曾面对本尊祈请数日，感应文殊现身，并将文殊奉为本尊。[2] 华严寺主清凉澄观传记中也提到，他曾寓居五台山大华严寺，行忏法、演诸论，并在寤寐之间，现见大日如来金身，[3] 许多唐密大师以五台喻金刚乘的五部，10 世纪末以降，从印度前往五台山朝拜的密教高僧不绝如缕，卫藏僧人亦是如此，元代八思巴甚至将其直接比作五方佛之台座。[4]

我们在西夏石窟中看到"华严三圣"与菩萨、佛母、护法神、曼荼罗等密教图像共同构筑一个融合多种宗教理念的空间，其所依据的教义基础就是辽代以华严为信仰基础的"圆教"，辽代故地现存几座佛塔的图像配置方式可以与敦煌西夏石窟一作比较，以重熙十三年（1044）重修的朝阳北塔最为典型。朝阳北塔在样式上采用汉地较为常见的十三级密檐塔，塔身代表大日如来，与塔身四周安置的四方如来共同构成金刚乘五方佛体系，这种设计依据的是唐密传统，[5] 且与尼泊尔自李查维王朝（Licchavi，约 400—750，古译"离车"）开始就非常流行的在塔身四周雕刻四方佛的造像传统一致。[6] 四方如来左右两侧分别配有一塔，塔旁有竖书汉文榜题，内写八塔名号，用以体现大乘教主释迦牟尼的生平故事。如此一来，塔身不仅代表引领金刚密乘四方如来的教主——大日如来，也代表了整个早期大乘佛教教法的演说者——释迦牟尼，这与榆林窟第 3 窟正壁八塔变主尊的双重身份相似。另外，朝阳北塔天宫出土的大石函和

---

[1] 严耀中：《汉传密教》，第 89 页。

[2] 《宋高僧传》卷一《唐京兆大兴善寺不空传》。

[3] 《宋高僧传》卷五《唐代州五台山清凉寺澄观传》。

[4] "如须弥山王之五台山，基座像黄金大地牢固，五峰突兀精心巧安排。中台如雄狮发怒逞威，山崖像白莲一般洁白；东台如同象王的顶髻，草木像苍穹一样深邃；南台如同骏马卧原野，金色花朵放射出异彩；西台如孔雀翩翩起舞，向大地闪耀月莲之光；北台如大鹏展开双翼，满布绿玉一般的大树。"陈庆英著：《帝师八思巴传》，中国藏学出版社，2007 年，第 66—67 页。

[5] （唐）不空译《金刚顶瑜伽三十七尊出生义》中叙述的金刚界三十七尊均由大日如来流现而出，各尊安置方位正是以佛塔为中心依次展开的："由大圆镜智，厥有金刚平等现等觉身，则塔中方东阿閦如来也；由平等性智，厥有义平等现等觉身，即塔中方之南宝生如来也；由妙观察智，厥有法平等现等觉身，即塔中方之西阿弥陀如来也；由成所作智，厥有业平等现等觉身，即塔中方之北不空成就如来也。"所有一切"出于大日如来善巧业用门。故此窣堵婆，可谓总领一乘之秘旨，何况权实之道于是全焉。"见《大正藏》第十八册，No.872，第 289 页。

[6] 可参见张同标：《尼泊尔佛塔曼荼罗造像考述（上）》，《湖南工业大学学报（社会科学版）》2013 年第 3 期，第 40—51 页。

木胎银棺上均出现法、报、化"三身佛"像，（图5-2-2）前文已提到，不空译《大乘瑜伽金刚性海曼殊师利千臂千钵大教王经》将"华严三圣"认定为唐代密教重要信仰对象"三身佛"的化现身，辽与西夏对"三身佛"的崇奉应是从"华严三圣"信仰延伸而来的，内蒙古、北京、辽宁等地均有辽代"三身佛"石幢浮雕的实例，[1]西夏黑水城出土《佛说道明般若波罗蜜多经》经首版画为印度波罗风格的三身佛，（图5-2-3）从中可以推知西夏与辽忠于继承唐代佛教传统的态度。[2]总体来看，朝阳北塔塔身、塔身四周的四方如来和八塔名号以及塔内天宫的石函、银棺等供物表面雕刻的尊像，成为辽代显密圆融思想的浓缩体现，将五方佛、释迦牟尼、毗卢遮那佛、华严三圣等多重信仰体系融于一体，这与榆林窟第3窟等西夏石窟壁画十分注重传达华严和密教信仰的状况完全一致。

二、"净土信仰"

窟主或画匠在选择各壁图像题材时，会有特定的意图或设计安排，画面与画面之间有内在联系，共同组成一个构思严密的建筑空间，正如学者赖鹏举所言，由一窟不同位置及不同经变组合而产生的主尊性格，可以推知开窟人的造像思想。[3]榆林窟第3窟内出现的造像题材多样、风格各异、图像来源不一，那么设计者是基于什么原则将这些图像统合在一起的呢？通过对图像背后隐含的功能进行分析，笔者认为"往生""净土"是该窟各类图像表现的共同主题，反映了整个西夏社会极为兴盛的"净土"信仰。

八塔变位于正壁中央位置，这一题材到西夏时期才在中原得到广泛传播，流行的原因概与其增福延寿、净治恶趣的功能密切相关。1196年，罗皇后为悼念仁宗（1139—1193）去世三周年而施印汉文本《大方广佛华严经入不思议解脱境界普大方广佛华严经入不思议解脱境界普贤行愿品》，卷末题记言："（太后）散施八塔成道像净除业障功德共七万七千二百七十六帧。"[4]罗太后在仁宗逝世悼念日散施"八塔成道像"的目的不言自明，期冀为亡者和在世者祷念祈福、净除业障。黑水城出土《金刚座佛与佛

［1］ 罗炤：《海外回归五重宝塔佛像系统的宗教内涵与意义》，收入佛舍利五重宝塔编纂委员会《佛舍利五重宝塔》，人民出版社，2008年，第142—149页。

［2］ 本文在分析西夏五台山信仰和八塔变图像时已经提到，太宗李德明在贺兰山营建的"五台山十寺"在寺名上采用唐代系统，而非宋释志磐《佛祖统纪》记述的体系，西夏黑水城出土八塔唐卡中题写的"八塔"名号弃用宋代法贤新译的《佛说八大灵塔名号经》体系，而选择延续唐般若《大乘本生心地观经》体系。同样的，西夏对"三身佛"信仰的传承态度亦与辽一致，继承的是唐代传统。

［3］ 赖鹏举：《敦煌石窟造像思想研究》，文物出版社，2009年，第3页。

［4］ 此卷编号为TK-98，参看孟列夫《黑城出土汉文遗书叙录》，第28页附图。

图5-2-2 朝阳北塔木胎银棺錾刻"三身佛"

图5-2-3 黑水城出土《佛说道明般若波罗蜜多经》经首版画"三身佛"

塔》唐卡的八塔塔名所依据的《大乘本生心地观经》也记载：

> 若造八塔而供养，现身福寿自延长。
>
> 增长智慧众所尊，世出世愿皆圆满。
>
> 若人礼拜及心念，如是八塔不思议。
>
> 二人获福等无差，速证无上菩提道。[1]

　　另外，宋法贤译《佛说八大灵塔名号经》更是直接点明，念诵八塔名号可助善众转生天界，[2]说明供奉八塔变图像或念诵八塔名号均有延寿增福、净治恶趣、往生净土的功能，符合西夏皇室和普通民间信众的现世需求。

　　窟内有两组观音类图像，分别为八塔变两侧的"千手观音像"和北壁西侧金刚界曼荼罗上方的"不空羂索观音五尊像"。观音因其慈悲之力受到普遍崇信，敦煌唐末宋初时期的诸多写经和造像题记均能彰显观音在丧葬仪式中起到的重要作用。单行抄本数量庞大的伽梵达摩译本《千手千眼观世音菩萨大悲咒》和玄奘译本《十一面神咒心经》强调念诵观音神咒在人命终之后所得的善益果报，[3]藏经洞出土汉文文书S.1515《无量寿观经清信女张氏题记》记载："大唐上元（675年）四月二十八日，佛弟子清信女张氏发心敬造《无量寿观经》一部及《观音经》一部，愿此功德，上资天皇天后，圣化无穷，下及七代父母，并及法界苍生，并超烦恼之门，俱登净妙国土。"另大英博物馆藏《观音像》是由当地一位下级官员张有成为已故双亲、乳母和弟弟求生净土而托人绘制，观音右侧榜题记言："舍施净财成真像，光明曜晃彩绘庄。唯愿亡者生净土，三途免苦上天堂"，[4]说明观世音菩萨主要担当汉传弥陀净土类经典中阿弥陀佛的胁侍者和往生人的接引者。敦煌出土藏文文书反映的情况与汉文文书相似，如P.T.239. Ⅱ号《天界道示》（*Lha yul du lam bstan pa*）的主要内容是消除亡者对于坠入地狱的恐慌，因为在此大地狱中，有救助亡者的圣观世音自在菩萨，通过忆想他的名

［1］（唐）般若译《大乘本生心地观经》，大正藏 No.159，卷一，第 296 页。

［2］"如是八大灵塔，若有婆罗门及善男子善女子等，发大信心修建塔庙承事供养，是人得大利益、获大果报、具大称赞、名闻普通甚深广大，乃至诸苾刍亦应当学。复次诸苾刍，若有净信善男子善女子，能于此八大灵塔，向此生中至诚供养，是人命终速生天界。"法贤译：《佛说八塔灵塔名号经》，《大正藏》No.1685，第 773 页。

［3］《大悲咒》言此陀罗尼可以为诸众生得安乐，除一切病，得寿命，得富饶，灭除一切恶业重罪，离障难，速能满足一切诸希求，"设若诸人天诵持大悲章句者，即於临命终时，十方诸佛皆来授手接引，并且随其所愿往生诸佛国土。"（《大正藏》No.316）玄奘译《十一面神咒心经》记载念诵该经咒现世可得四种果报："一者临命终时得见诸佛，二者终不堕诸恶趣，三者不因险厄而死，四者得生极乐世界。"（《大正藏》No.324）

［4］于君方著，陈怀宇等译：《观音——菩萨中国化的演变》，商务印书馆，2012 年，第 231 页。

号、诵念祈祷语和咒语，便可从此恶境中获得解脱。[1] P.T.37 第一部分文书《调伏三毒》（*Dug gsum 'dul ba*）的内容宗旨是消除亡者之"贪嗔愚"三毒，强调净化"三毒"在亡者转生中的重要作用，超度亡灵的仪式中经常使用此类佛理，而在这其中起到关键作用的就是观世音菩萨。[2] 具体就不空羂索观音的度亡功能来说，菩提流志译《不空羂索神变真言经》详细讲述信众通过念诵受持此陀罗尼真言可灭除十恶五逆四重诸罪，不坠地狱，临命终时可得八法，直往西方极乐世界安住。[3] 西夏继承了这一信仰传统，黑水城出土大量刊刻文书的发愿文、跋言或后记出现观世音菩萨与荐亡往生主题密切相连的例子，如印施六百余卷《圣六字增寿大明陀罗尼经题记》"资荐亡灵父母及法界有情同往西方"；[4] 英藏黑水城文献《不空羂索陀罗尼经》发愿文记载，诵持此陀罗尼可以"上报四恩，下资三有，法界含灵，同生净土"；[5] 由夏仁宗主持印施的《圣观自在大悲心总持依经录并胜相顶尊总持功能依经录》后序发愿文将《自在大悲》经赞誉为"冠法门之密语"，持诵《大悲咒》可超灭百千亿劫生死之罪，临命终时十方诸佛皆来授手，随愿往生诸净土中。[6] 因该经持诵者众多，朝廷先后多次下令刻印，以致印版速见损毁，仁宗便命郭善珍等人另刻新版、多加施印，以便信众受持。[7] 榆林窟第 3 窟五十一面观音头部上方两侧各绘一组十方佛，（图 5-2-4）概取其"接引众生往生净土"之意而绘。

---

［1］ Sam van Schaik, "The Tibetan Avalokiteshvara Cult in the Tenth Century: Evidence from the Dunhuang Manuscripts", *in Tibetan Buddhist Literature and Praxis* (Proceedings of the Tenth Seminar of the IATS, 2003, Vol.4), ed. Ronald M. Davidson and Christian Wedemeyer, Leiden: Brill, 2006, p.56.
《天界道示》在内容上可与 PT37 第三部分文书《为亡者开示天界净土道》（gshin 'a kha yul gtshang sar lam bstan）同定，后者译文见才让：《法藏敦煌藏文佛教文献 P.T.37 号译释》，收入《敦煌吐蕃文化学术研讨会论文集》，甘肃民族出版社，2009 年，第 225—231 页。

［2］ 《调伏三毒》的完整译文，见才让：《法藏敦煌藏文佛教文献 P.T.37 号译释》，第 220 页。

［3］ （唐）菩提流志《不空羂索神变真言经》卷一"世尊我有陀罗尼名曰不空羂索心王陀罗尼真言三昧耶，念诵受持此真言一百八遍者，当知其人先世今世所造，十恶五逆四重诸罪，悉灭无余不坠地狱……能禳地狱一切剧苦重报之罪。"又云："世尊复有八法何名为八。一者临命终时，观世音菩萨自变现身作沙门相，善权劝导将诣佛刹。二者临命终时体不疼痛，去住自在如入禅定。三者临命终时眼不谩顾现恶相死。四者临命终时手脚安隐右胁卧死。五者临命终时不失大小便利恶痢血死。六者临命终时不失正念而不面卧端坐座死。七者临命终时种种巧辩，说深妙法乃寿终死。八者临命终时愿生佛刹，随愿往生诸佛净刹。"卷五也提到，"诵（不空羂索）母陀罗尼真言秘密心真言，……如斯供养是真供养是真事我，是真成就不空王三昧耶，善男子汝今得脱生老病死苦，十六大地狱苦，八大怖畏苦，而今此身最后胎身，舍此生已直往西方极乐国土住。"（《大正藏》No.1092）

［4］ 《俄藏黑水城文献》第 3 册，第 173 页。

［5］ 英国国家图书馆《英藏黑水城文献》，第 3 册，上海古籍出版社，2005 年。

［6］ TK164 号，收入《俄藏黑水城文献》第 4 册，第 29 页。

［7］ 这条记载见内蒙古额济纳旗绿城出土西夏文书《圣观自在大悲心总持依经录并胜相顶尊总持功能依经录复刻题记》。参见史金波、翁善珍：《额济纳绿城新见西夏文物考》，《文物》1996 年第 10 期，第 75 页。

图5-2-4　榆林窟第3窟"五十一面观音"头上方两侧的十方佛

前引黑水城、额济纳绿城等地出土的多种版本的《圣观自在大悲心总持功能依经录》经常与《胜相顶尊总持功能依经录》合刻为一本，暗示二者在礼忏功能方面的相似性，榆林窟第 3 窟南壁东侧所绘顶髻尊胜佛母九尊曼荼罗的主尊便是《佛顶尊胜陀罗尼经》的人格化身，念诵经咒和供奉佛母造像的作用相同，即脱离恶趣、往生净土。《佛顶尊胜陀罗尼经》在内容上与藏文本《净清一切恶趣陀罗尼》（ *Ngan song thams cad yongs su sbyong ba zhes bya ba'i gzungs* ）[1] 几乎完全吻合，两个文本关于佛陀明示善住天子如何通过念诵陀罗尼来摆脱坠入地狱之苦的故事记载如出一辙。[2] 另外，日本学者佐佐木大树指出祷念佛顶尊胜陀罗尼与转生阿弥陀佛净土之间的密切关联，[3] 因为宋法天译《佛说一切如来乌瑟腻沙最胜总持经》记载此经可令"众生获寿无量，远离轮回，解脱众苦"，[4] 并反复强调其在增寿、破地狱之苦方面的功能。顶髻尊胜佛母或《佛顶尊胜陀罗尼经》、恶趣清净陀罗尼、阿弥陀佛净土三者之间的内在联系在榆林窟第 3 窟南壁三铺壁画中展现得淋漓尽致，南壁东侧的顶髻尊胜佛母九尊曼荼罗和西侧的恶趣清净九佛顶曼荼罗可帮助亡者涤尽一切恶业，净除一切生死烦恼，破解地

---

［1］　北京版《藏文大藏经》，No.246。亦被收入吐蕃译经目录《丹噶目录》第 406 号。

［2］　Steven Neal Weinberger 比对了汉文《大藏经》中《佛顶尊胜陀罗尼经》（《大正藏》卷 19，967—969 号经典）和藏文本《净清一切恶趣陀罗尼经》，发现两种陀罗尼几乎完全吻合，从而认为《净清一切恶趣陀罗尼》正是从《佛顶尊胜陀罗尼》发展而来。见 Steven Neal Weinberger, *The Significance of Yoga Tantra and the Compendium of Principle (Tattvasaṃgraha Tantra) within Tantric Buddhism in India and Tibet,* University of Virginia, 2003, pp.143-145.

［3］　佐佐木大树：《仏顶尊胜陀罗尼概観》，《现代密教》2009 年第 20 期，第 213—217 页。转引自王瑞雷：《敦煌、西藏西部早期恶趣清净曼荼罗图像研究》，《故宫博物院院刊》2014 年第 5 期。

［4］　《大正藏》No.978，第 409 页。

狱阎罗之界一切苦厄，并保证亡故之人最终得以转生天界，南壁中央气势恢宏的西方净土妙境便是其理想归宿。

恶趣清净曼荼罗及其经典依据《恶趣清净怛特罗》经常用于荐亡仪式，厓以引导亡者脱离恶趣并转生净土，在吐蕃占领敦煌时期的广大河西地区以及藏西等地均曾受到广泛推崇。[1]从黑水城出土佛教题记、发愿文或印施记等材料来看，西夏社会非常注重恶趣清净坛仪的施行，虽然黑水城文献仅是西夏特定阶层、特定时期制作的文书，但也可以大致透露整个社会的佛教信仰特点。TK128《圣佛母般若波罗蜜多心经》发愿文提到，夏仁宗于任皇后周忌之日（1167年五月初九）请觉行国师等人烧结灭恶趣中围坛仪，并作各种忏悔仪式（如放神幡、救生命、施贫济苦等），寄托在世之人期冀亡者"直往净方、得生佛土"的美好愿望；[2]TK142号《大方广佛华严经入不思议解脱境界普贤行愿品》发愿文主要记载安亮等人在亡母百日之辰所作的种种仪式，其中在第七日设立药师琉璃光七佛供养、西方无量寿中围、灭恶趣坛场等等；[3]另有TK120《佛说父母恩重经》发愿文，记载信男子呱呱等人为追荐亡父，敬请禅师、提点、寺院座主、出在家僧众等七千余人烧结灭恶趣坛各十座，[4]此类记述不胜枚举。榆林窟第3窟恶趣清净曼荼罗上方为五护佛母，信众通过念诵各佛母陀罗尼经咒或供奉各佛母画像，可获得相应的护持，防止罪恶、疾病、野兽等诸种天灾人祸的侵害；曼荼罗下方为"七政宝"，汉译《大藏经》中的大量弥勒类经典明确记载，兜率天宫弥勒菩萨的下生之地即转轮王所支配的清净庄严世界，转轮王出现的地方定有七政宝，它们可以辅佐转轮王教化百姓、行菩萨道，所以恶趣清净曼荼罗下方出现"七政宝"的寓意是希望亡者在涤净一切恶业之后通达弥勒净土。

榆林窟第3窟北壁的三铺壁画布局与南壁对称（或对应），自西向东分别为摩利支天曼荼罗、净土变和金刚界三十七尊曼荼罗。摩利支天在大多数情况下被认为是以金刚界五方佛体系内的大日如来为部主，敦煌本地出土的大量摩利支天经像表明该尊

---

[1] 如《仁钦桑波传》（Rin chen bzang po'i rnam thar）记载，仁钦桑波为纪念其亡父，委托人绘制了7幅《恶趣清净怛特罗》曼荼罗壁画；其母亡故时，又委托人制作了另外3幅《恶趣清净怛特罗》曼荼罗；在益西沃去世时，仁钦桑波亲自制作了《恶趣清净怛特罗》曼荼罗等作为丧葬仪式的供奉。见 Amy Heller 著，杨清凡译：《托林寺11世纪佛塔中供养人题记及图像的初步研究》，《藏学学刊》2011年第7辑，四川大学出版社，第245页。

[2] 《俄藏黑水城文献》第3册，第76页。

[3] 《俄藏黑水城文献》第2册，第106页。

[4] 《俄藏黑水城文献》第3册，第56页。聂鸿音认为发愿文中提到的呱呱之亡父"中书相公"，疑即西夏中书相贺宗寿，《大正藏》卷46收有宗寿撰《密咒圆因往生集序》，似为其重病临终之作。见聂鸿音：《西夏遗文录》，《西夏学》第2辑，2007年，第163页。

自唐代就在民间广受尊崇，[1]究其流行原因，与该尊"一切怨家、恶人悉不能见，一切灾难皆得解脱"[2]的功能有关，通过诵念摩利支天陀罗尼经咒或供奉摩利支天像，可免除一切恶障。[3]金刚界曼荼罗与荐亡仪式的联系主要体现在《初会金刚顶经·金刚界品》的第二分《金刚秘密曼拏罗广大仪轨分》，金刚手菩萨示现大忿怒相，将大自在天等极恶有情调伏，并使其归命佛法僧宝，诸种恶趣悉得清净，转生大日如来净土，得获一切如来最上悉地。[4]唐、宋之际各种荐亡忏悔仪式盛行，特别是西夏护国仁王寺法师不动金刚依据不空译本重新编集的《瑜伽集要焰口施食仪》将金刚界五佛和金刚界大曼荼罗应用到瑜伽施食仪式当中，促进了金刚界坛仪在民间法会仪式中的广泛流行，《瑜伽集要焰口施食仪》规定行者在清净道场设立金刚界坛城，并通过口诵真言、手结印契而使诸种恶业得以清净，广大有情众生不受轮回诸恶苦果，[5]这符合普通信众追求彼岸妙境的愿望。

榆林窟第3窟各题材壁画隐含的"荐亡""往生""净土"主题通过上文的分析已经较为明了，体现出西夏社会极为兴盛的"净土"信仰，西夏旧地出土夏、汉文文书的"印施记""发愿文"所传达的主旨内容大都属于此信仰范畴。可以说，西夏佛教信仰体系中并没有"汉、藏、西夏"或"显、密"佛教的明确界限，不同形态的佛教信仰在忏悔、葬礼和荐亡等各种法会仪式中得到圆融统一，这种"信仰性佛教／仪轨性佛教"应是唐宋以来中国佛教发展的主要形态之一。方广锠多次撰文强调，佛教既有比较精细、高深的哲学形态，也有比较民间、普及的信仰形态，因此它能适应不同层次信众的不同需要。在这两种佛教形态中，前者属于"佛教的义理层面"，后者属于"佛教的信仰层面"，义理层面的佛教以探究诸法实相与自我悟证为特征，追求精神上的最终解脱，而信仰层面的佛教则以功德思想和他力拯救为依据，以追求现世利益和往生为主要目标。相较于义理层面佛教而言，信仰层面的佛教影响力更大，为中国佛教奠定雄厚的群众基础，是佛教绵长生命力的基本保证。[6]吐蕃占领敦煌时期的藏语文使用圈就已非常注重显、密两系佛教文书在日常礼忏仪式中的运用，敦煌出土

---

［1］ 关于敦煌出土摩利支天经像作品的研究，可参见张小刚：《敦煌摩利支天经像》，载《2004 年敦煌石窟研究国际学术会议论文集》，第 382—408 页。

［2］ 失译《佛说摩利支天陀罗尼咒经》，《大正藏》No.1256。

［3］ （唐）不空译：《佛说摩利支天菩萨陀罗尼经》，《大正藏》No.1255。

［4］ （宋）施护译：《佛说一切如来真实摄大乘现证三昧大教王经》卷九、十，收入《大正藏》No.882。关于《真实摄经》与荐亡主题的关系研究，可参见 Steven Neal Weinberger, *The Significance of Yoga Tantra and the Compendium of Principle (Tattvasaṃgraha Tantra) within Tantric Buddhism in India and Tibet*, pp.194-196.

［5］ 收入《台北版电子佛典集成》第 19 卷，No.B047《瑜伽集要焰口施食仪》卷一，第 201—212 页。

［6］ 方广锠：《略谈汉文大藏经的编藏理路及其演变》，第 128 页。

的诸多藏文文书是由多个独立写本连缀而成，各写本的内容有紧密关联，"净土往生"主题往往是其内在联接元素，如法藏敦煌藏文文献 P.T.37 包括 7 个写本，第一部分《调伏三毒》（ *Dug gsum 'dul ba* ）强调观世音菩萨净化"三毒"的功能在亡者转生中的重要作用。第二部分《开示净治恶趣坛城四门》（ *Ngan cong rrams par sbong ba'i skyil 'khor sgo bzhi bstan par bya ba* ）是通过恶趣清净曼荼罗来净化罪业、脱离恶趣，使亡者获得佛智佛位、生者聚集福泽功德。第三部分《为亡者开示天界净土道》（ *gShin 'a kha yul gtshang sar lam bstan* ）主要叙述观世音菩萨担任地狱道救主、虚空藏菩萨担任饿鬼道救主、净恶趣菩萨担任畜生道救主，诸菩萨共同协助亡者顺利往生弥勒净土。第四部分《宝箧经》为早期大乘佛教经部论著，讲述往生西方净土的开示之道，在这一过程中观世音菩萨依然是救度主。[1] 可以看到，P.T.37 各写本的内容有显有密，题材杂合，编集者只是基于它们在超度亡者方面的相同功能而汇集在一起，这和榆林窟第 3 窟的图像配置理念有很多相合之处，观音菩萨、恶趣清净曼荼罗和西方净土等壁画超越了显密二宗的界限，共同彰显超度亡灵、净治恶趣、往生净土的目的。

宗教对信众的终极关怀体现在死后的彼岸世界。西夏重视净土信仰，认为圆融佛教的玄妙内涵正是在于"仗法界一真妙宗，仰弥陀六八之弘愿"，[2] 也就是说，西夏佛教以《华严经》为主要依托，又和阿弥陀佛净土信仰紧密结合，二者被纳含在统一的仪轨体系内。西夏佛教文书中出土量最大的就是与荐亡礼忏仪式密切相关的《摩诃般若波罗蜜多经》；依据汉文《梁皇宝忏》作成的汉文、西夏文《慈悲道场忏法》也数量巨大，其作用是通过在世者施行的忏悔法仪，为生者除罪生福，为死者度济亡灵；大量带有密法性质的"要语""顺颂"亦与净土信仰结合，黑水城出土《净土求生要顺论》[3]《最乐净土求生颂》[4]《忏罪顺颂》[5] 等等都属于此类文书；《凉州重修护国寺感应塔碑铭》记述了 1094 年法会上进行的种种仪式活动，包括"念涌""斋会""忏悔道场""放生"等等；[6] 另外，西夏旧属地考古出土物中，与西方阿弥陀佛净土、弥勒净土、东方药师佛净土信仰相关的佛经和造像更是不胜枚举，《阿弥陀来迎图》《西方

［1］　关于该藏文写本的系统研究，可参见才让：《法藏敦煌藏文佛教文献 P.T.37 号译释》，收入《敦煌吐蕃文化学术研讨会论文集》，甘肃民族出版社，2009 年，第 225—231 页。

［2］　俄藏黑水城文书 TK98《大方广佛华严经普贤行愿品》文末"印施记"记载，西夏佛教的主要特色是"圆融"："是故畅圆融宏略者，华严为冠；趣秘乐玄猷者，净土为先；仗法界一真妙宗，仰弥陀六八之弘愿。"《俄藏黑水城文献》第 5 册，第 188—198 页。另见索罗宁：《西夏佛教"华严信仰"的一个侧面初探》，第 131 页。

［3］　俄罗斯东方文献研究所藏 инв. No. 6904、7832 号。

［4］　俄罗斯东方文献研究所藏 инв. No. 2265。

［5］　俄罗斯东方文献研究所藏 инв. No. 7112。

［6］　碑文录文可参见史金波：《西夏佛教史略》，第 251—253 页。

净土变》《水月观音图》[1]等作品均寄托了当时信众对转生佛国净土的美好期冀。

在迄今可见的佛教文书中，最能体现西夏净土信仰特点的是由西夏甘泉狮子峰诱生寺沙门智广、北五台山大清凉寺沙门慧真编集的《密咒圆因往生集》，[2]天庆七年（1200）开始雕印流通。书中共收录三字总持咒、释迦牟尼灭恶趣王根本咒、尊胜心咒、摩利支天母咒、观自在菩萨六字大明咒、阿弥陀佛根本咒等三十余条密咒，只因各个陀罗尼密咒都具有引导亡者转生佛国净土的功用而被汇编在一起，并不受囿于某宗某派的界限。《密咒圆因往生集》反映出西夏净土信仰与密宗信仰的紧密结合，许多密教僧人在创制曼荼罗或施行仪轨时会吸纳净土内容，反之亦然，这与唐宋之际密教与净土信仰并行发展的状况一脉相承。[3]榆林窟第3窟壁画中出现的顶髻尊胜佛母、摩利支天母、恶趣清净曼荼罗、千手观音菩萨、阿弥陀佛、四臂观音等尊像在《密咒圆因往生集》中均能找到对应密咒，所以该窟图像所要传达的"净土"信仰通过与《密咒圆因往生集》内容进行比对而变得愈加明了。通过榆林窟第3窟壁画图像的组合方式，我们可以看到西夏佛教的核心形态：即基本继承辽代"圆教"信仰，在唐代李通玄、清凉澄观等华严大师所传教义的基础上加入显密各类修行法门，"显密圆融"，"净土"与华严信仰的结合又进一步拓展了西夏佛教的仪轨体系，华严、密法、净土信仰三者密不可分。

三、"新译密续主题"

笔者在第三章和第四章已经对榆林窟第3窟各个密教图像的绘制内容、文本依据和图像传入路径等做了深入的个案分析，在本章第一节也已经讨论了《巴哩成就百法》所代表的东印度佛教造像传统对西夏密教图像的深刻影响，所以在此将主要从总体上把握榆林窟第3窟和其他西夏石窟密教造像所体现的"新译密续主题"特征。

在西夏石窟壁画中，与"华严"和汉传"净土"类造像共处一室、分庭抗礼的是依据10世纪末11世纪初密续经典绘制的尊像。为与8世纪翻译的密典（包括唐朝与吐蕃王朝前弘期的密教典籍）做出区分，学界将这一时期自梵译藏的经典称为"新译密续"，主要保留在藏文《大藏经》中，另外，宋代从中印度来华的法天、天息灾、

---

[1] 关于西夏净土类造像作品的研究，可参见许洋主译：《丝路上消失的王国——西夏黑水城的佛教艺术》，台北：历史博物馆，1996年；崔红芬：《西夏河西佛教研究》，民族出版社，2006年，第259—301页；谢继胜：《西夏藏传绘画——黑水城出土西夏唐卡研究》，河北教育出版社，2002年。

[2]《大正藏》第46册，No.1956。由兰山崇法禅师沙门金刚幢定定，中书相贺宗寿作序。

[3] 关于中原魏晋南北朝时期至唐宋之际密宗与净土宗的密切关系，可参见严耀中：《汉传密教》，学林出版社，1999年，第116—130页。

施护等高僧在汴京译经院完成了大量梵文密典的汉译工作，这些经典也属于"新译"的范畴，悉被收入汉文《大藏经》。西夏石窟密教造像的题材内容和图像志特征主要就是受到这些密教经典的影响，"新译密续主题"在窟内得到强调和凸显，接下来笔者将从以下几个方面进行分析。

（一）这一时期涌现出许多不见于敦煌唐宋石窟造像的新的密教题材，这些题材随着宋代中、印之间频繁的佛教文化交流活动所致的成就法的传译、仪轨的推行和带有东印度帕拉风格插图的梵文贝叶经的流通而进入中原，并被运用到石窟壁画之中。榆林窟第 3 窟顶髻尊胜佛母十四尊曼荼罗依据法军和巴哩在 11 世纪末翻译的《一切如来顶髻尊胜陀罗尼仪轨》[1]绘制而成；摩利支天九尊曼荼罗是在巴哩译师《仪轨所说摩利支天成就法》[2]文字描述的基础上创造性地增加四摄菩萨，与对应壁面的顶髻尊胜佛母曼荼罗构成对称格局；同窟金刚界曼荼罗下方的多闻天王和八大马王像在年代上远远早于卫藏迄今可见最早的同题材造像（即夏鲁寺护法殿 14 世纪多闻天王壁画），图像特征与黑水城出土的 12 世纪汉译密教文书 Φ234《多闻天施食仪轨》[3]所记述的文字高度吻合；恶趣清净曼荼罗上方的五护佛母像具有较为浓郁的东印度帕拉艺术风格，应与这一时期制作量、流通量较大的《五护陀罗尼》贝叶经插图有直接继承关系，也和当时在西夏境内进行传译活动的来自印度的高僧大德紧密相关。这些图像均是第一次出现在中原石窟壁画中，是西夏人在特定历史时期制作的佛教艺术作品，并对元代以后佛教图像发展造成深刻影响。除了榆林窟第 3 窟，西夏其他石窟内也出现不少 11 世纪之后才现身内地的新题材，四臂观音、一面二臂黄色身般若佛母、坐像十一面八臂观音、真实名文殊、绿度母等尊像均是从西夏时期开始逐渐走向流行，现暂举坐像十一面八臂观音与真实名文殊（Nāmasaṃgīti Mañjuśrī）两例图像略加分析。

东千佛洞第 2 窟窟门北侧和第 7 窟中心柱南侧、莫高窟第 465 窟窟顶各绘一铺坐像十一面八臂观音，（图 5-2-5）黑水城出土的两幅唐卡中十一面八臂观音亦呈坐姿，观音颈上的十一面按照自下而上 3+3+3+1+1 的样式逐层排列，这有别于河西走廊石窟壁画中呈站姿的十一面八臂观音像。西夏的十一面千手观音像与藏文《大藏经》中保存的《具十一面观世音成就法》[4]描述的形象基本一致，只是文本并未言明观音是否为坐姿，有幸图像遗存可大致勾画该类图像传入西夏境土的来源。西方各大博物馆和私

---

[1]　德格版《大藏经》No.595。

[2]　德格版《大藏经》No.3341。

[3]　原文收于宗舜《〈俄藏黑水城文献〉之汉文佛教文献续考》，见苏州戒幢佛学研究所戒幢教育网揭载《宗舜法师文集》，2005 年，第 104—105 页。

[4]　见德格版《大藏经》第 2756 号经典，《具十一面观世音成就法》（*sPyan ras gzigs bcu gcig pa'i zhal can gyi sgrub thabs*），撰、译者者不详。

图5-2-5　莫高窟第465窟窟顶十一面八臂观音

人藏品中出现不少制作于11—12世纪东印度地区的十一面八臂观音金铜造像，藏西出土擦擦也多见描绘同种形象的坐像观音，反观同时期的卫藏地区则鲜有同题材造像留存，不管是十一面八臂观音还是十一面千手观音造像都是在15世纪之后才在全藏范围广泛流行，这些例证暗示了这种全跏趺坐的十一面八臂观音是曾在藏西、西域、河西走廊以及西夏领地流行一时的东印度波罗佛教图像传统。

真实名文殊被认为与《圣妙吉祥真实名经》密切相关。近年来，黑水城、方塔和山嘴沟石窟等地出土发现的《圣妙吉祥真实名经》残片被确认为是西夏僧人释智的译本，[1] 经文中的陀罗尼用字特点疑可证明其翻译时间要早于天庆七年（1200）编定的《密咒圆因往生集》。[2] 但是《圣妙吉祥真实名经》只提到一种文殊菩萨形象，即大幻化网中围的主尊——妙吉祥文殊，[3] 文中简短的偈赞内容并不涉及妙吉祥文殊的具体

---

[1]　最先由卓鸿泽考证出，见 Toh Hoong Teik, *Tibetan Buddhism in Ming China*, Dissertation of Harvard University, 2004, pp.23-32. 黑水城出土《圣妙吉祥真实名经》编号为俄藏 TK.184，方塔出土文书编号为 N21·018，影印本见宁夏文物考古研究所编《西夏方塔出土文献》下册，甘肃民族出版社，2006年，第192—200页。山嘴沟出土文书编号为 K2:100，影印本见宁夏文物考古研究所编：《山嘴沟西夏石窟（上）》，文物出版社，2007年，第229—230页。

[2]　孙伯君：《西夏新译佛经陀罗尼的对音研究》，中国社会科学出版社，2010年，第66页。

[3]　见月官著，林崇安译：《圣妙吉祥真实名经广释》，网络发行版。

形象，而是主要借由文殊称（Mañjuśrīkīrti）对《圣妙吉祥真实名经》本续的注释书《虚空无垢善清净法界智慧心髓》[1]将此"妙吉祥文殊"发展成为法界语自在曼荼罗的主尊——四面八臂法界语自在文殊。所以，先前学界关于"从《圣妙吉祥真实名经》演化而出的七种真实名文殊形象"的说法可能还需进一步深入论证或修正。[2]11—13世纪河西地区出现的两种"真实名文殊"较为特殊，其中一面四臂的文殊右下臂与左上臂作拉弓射箭势，右上臂高举利剑，左下臂于胸前持梵箧，今东千佛洞第2窟东壁、第5窟南壁，莫高窟第465窟窟顶，肃北五个庙第3窟窟门东侧，黑水城出土的TK184号《圣妙吉祥真实名经》经首版画和《一面四臂文殊》唐卡是我们目前可以找到的仅有的几件西夏作品，（图5-2-6a、b）有意思的是东千佛洞第5窟南壁文殊手中所持经书的封面上赫然题写"文殊真实名经"几个汉字，[3]说明该尊确实与《圣妙吉祥真实名经》有直接关联。目前这种形象的"真实名文殊"仅见于西夏河西地区，图像的采源、文本依据和传入路径暂时无法确定，不过作品中浓郁的域外艺术风格暗示它或许和西夏初期的其他密教图像一样，是源自东印度帕拉王朝的造像传统，仔细检索这一时期的梵、藏文成就法和贝叶经插图或许能够找到更多信息。另一种一面十二臂的文殊菩萨与一面四臂"真实名文殊"的流行情况类似，留存作品极少，河西地区仅见东千佛洞第5窟有绘，（图5-2-7）文殊的图像志特征与12世纪左右制作的尼泊尔贝叶经经板画和经书插图一致，（图5-2-8）这种一面十二臂的"真实名文殊"并没有在西藏或中原真正流行起来，集中出现在12世纪左右的尼泊尔和中国河西地区，西藏本土几乎找不到表现该尊的艺术作品，[4]所以通过一面十二臂"真实名文殊"图像的分布情况，我们可以管窥尼泊尔和西夏造像传统之间的直接影响关系。

　　河西地区在宋夏时期涌现的这些全新密教题材艺术作品，大多比卫藏同题材造像要早一个世纪或以上，这引导我们提出一个西夏石窟"新译密续主题"传入路径的设想：新译密教题材在西夏建国之初甚至建国之前就已经随着宋、印之间频繁的佛教交流活动进入河西地区，在当地固有的信仰基础之上，被西夏人利用到石窟壁画的绘制

［1］　*Nam mkha' dri ma med pa shin tu yongs su dag pa chos kyi dbyings kyi ye shes kyi snying po*，德格版《大藏经》No.2589，引自王瑞雷：《西藏西部东嘎1号窟法界语自在曼荼罗图像与文本》，《敦煌研究》2013年第5期，第62页。关于文殊称注释书《虚空无垢善清净法界智慧心髓》文本的深入研究，可参见 Sudan Shakya, Namasamgui の研究 -Manjusrikirti 著 Aryamanjusrinamasamguitika を中心に，2006年日本东北大学（Tohoku University）博士论文。

［2］　如郝一川《〈成就法鬘〉中的真实名文殊研究》（2012年首都师范大学硕士学位论文）第三部分内容主要总结了七种身相的"真实名文殊"形象特征，认为七种身相均从《圣妙吉祥真实名经》内容演化而来。

［3］　见常红红：《甘肃瓜州东千佛洞第5窟研究》，首都师范大学2011年硕士学位论文。

［4］　西藏本土目前仅见一例一面十二臂的"真实名文殊"壁画，位于萨迦南寺附近的卓玛拉康二楼，绘制年代约为17世纪。

图5-2-6a 黑水城出土TK184号佛经经首版画

图5-2-6b 黑水城出土四臂文殊唐卡

图5-2-7 东千佛洞第5窟真实名文殊

图5-2-8 尼泊尔《妙吉祥真实名经》插图

中。当然，这个路径还需大量例证进一步落实或者修改。体系化的藏传佛教教派（如萨迦、噶举等派）对西夏佛教图像的影响主要体现在 12 世纪中期以后的唐卡、雕塑作品中，而西夏石窟壁画在西藏各教派僧人大量来到夏土之前，已经形成较为稳定、独立的图像体系。

（二）若将所有西夏密教图像作通盘考虑，还可以大致总结西夏石窟壁画反映的密宗信仰倾向，即侧重表现行续和瑜伽续的本尊观想法门，而刻意避免出现无上瑜伽父续、母续的双身像、忿怒像。除莫高窟第 465 窟以上乐金刚坛城为主题的双身本尊像和忿怒护法神、[1] 榆林窟第 27 窟耳洞窟顶的金刚亥母曼荼罗、贺兰山山嘴沟石窟第 2 窟洞窟上方的白上乐金刚双身像（图 5-2-9）属于无上瑜伽密续之外，河西西夏石窟内鲜有同类造像，榆林窟第 3 窟北壁西侧金刚界曼荼罗左上隅的文殊金刚像虽然也属于无上瑜伽密续，画匠却为了配合窟内其他瑜伽续题材而刻意省去文殊金刚本应拥抱的明妃。其他一些在石窟壁画中出现频率较高的尊像，如顶髻尊胜佛母、般若佛母、摩利支天、四臂文殊（主要是"真实名文殊"）、五护佛母、不空羂索五尊像、金刚界曼荼罗等等，基本都属于瑜伽续。

反观黑水城、武威亥母洞、拜寺沟方塔等地考古出土的唐卡和雕塑作品，则出现大量的上师、本尊、护法和空行母形像，藏传佛教教派色彩较为浓厚的"大手印""道果""大黑天""喜金刚""上乐金刚""金刚亥母"等无上瑜伽密法的相关仪轨文书数量明显增加，它们构成的佛教造像体系与石窟壁画截然不同，是在 11 世纪末 12 世纪初随着萨迦、噶玛噶举、拔绒噶举等

图5-2-9　山嘴沟石窟白上乐金刚

---

[1] 阮丽最近撰文对莫高窟第 465 窟的本尊像及其眷属进行细致辨识，认定洞窟主题应为上乐金刚，中心土坛的五层圆轮结构也是上乐金刚坛城，其主尊或为上乐金刚或金刚亥母，详见阮丽：《莫高窟第 465 窟曼荼罗再考》，《故宫博物院院刊》2013 年第 4 期，第 61—85 页。

西藏教派高僧陆续与西夏皇室建立联系之后才逐渐发展起来，代表的是"民间"/"小众"无上密法修习者的信仰倾向，而且这些"禅定文献"和"修行密法"大多以手抄本形式留存，[1]说明此类涉及身体内部性力修习技巧与仪轨的文本[2]并没有像西夏皇室主持印制的雕版刻印经文那样在全国范围内普遍施行，影响范围有限。

　　石窟是开放性的礼拜空间，也是最能反映普通民众信仰形态的空间，赞助人或画匠在选择题材时会考虑本人以及当地信众的接收能力和审美趣向，对那些涉及性力、血腥、暴力的密修仪轨内容做出适当调整，如无上瑜伽父续经典《幻化王怛特罗》（*Māyājālamahātantrarāja*），在梵文原本和仁钦桑波藏译本 *rGyud kyi rgyal po sgyu 'phul dra ba zhes bya ba*[3]中记载五方如来、八大明王等尊手中执持的诸种持物中有明妃的乳房，而在法贤汉译本《佛说瑜伽大教王经》中却被一致替换为般若经，[4]莫高窟南区"天王堂"壁画和云南剑川石钟山石窟第6窟的八大明王塑像均是依据法贤汉译本制作，以适应当地世俗化的佛教信仰传统。[5]西夏石窟壁画构筑的图像体系独爱行续、瑜伽续题材，应当也是出于此种考虑。11世纪末之前在西夏境内弘传佛法的回鹘僧、印度（或尼泊尔）僧、汉僧以及前往印度学法的西夏僧（包括生活在多康地区的吐蕃人后裔）奠定了西夏前期石窟艺术的总基调。

　　（三）西夏石窟密教壁画的另外一个突出特点是，在题材上延续了敦煌唐五代时期的信仰传统，而在尊神的图像志特征上则遵循新译密续经典。

　　以榆林窟第3窟为例，南北壁西侧的金刚界曼荼罗和恶趣清净九佛顶曼荼罗早在吐蕃统治敦煌时期就得到广泛流行，与这两种曼荼罗相关的藏文写卷、白描纸画数量较多，[6]不过没有在石窟壁画中构成对称组合关系。这组曼荼罗在榆林窟第3窟中对称出现，与藏西帕尔噶尔布石窟、阿奇寺等12—13世纪壁画的配置特征相吻合，应是受到藏西图像配置理念的影响，一方面凸显了这两种曼荼罗在净治恶趣、超度死者

［1］　索罗宁：《西夏佛教之"系统性"初探》，第25页。

［2］　关于无上瑜伽密续仪轨体系的研究成果，可参见 Jacob Dalton, "The Development of Perfection: The Interiorization of Buddhist Ritual in the Eighth and Ninth Centuries", *Journal of Indian Philosophy*, vol.32, 2004, pp.1-30.

［3］　德格版《大藏经》No.466。

［4］　《大正藏》No.890。

［5］　"天王堂"图像辨析见阮丽博士论文《敦煌石窟曼荼罗图像研究》，第98—119页。阮丽《剑川石窟石钟山石窟第六窟八大明王源流考》发表于2013年11月1日至3日云南省佛教协会与大理崇圣寺联合举办的"2013崇圣论坛"上。

［6］　相关研究可参见田中公明：《〈圣真实摄成就法〉と敦煌における〈初会金刚顶经〉系密教》；《敦煌出土の恶趣清净曼荼罗仪轨と白描图像》，收入《敦煌·密教と美术》，法藏馆，2000年。阮丽：《敦煌藏经洞出土金刚界五佛图像及其年代》，收入沈卫荣主编《汉藏佛学研究：文本、人物、图像和历史》，中国藏学出版社，2013年。

往生佛国净土功能方面的作用，另一方面也强调了瑜伽密续信仰在全窟图像中的绝对引导地位，因为金刚界曼荼罗和恶趣清净曼荼罗均从《金刚顶经》衍生而出，是11—13世纪瑜伽密续思想的典型代表。值得注意的是，在图像的具体表现形式上，榆林窟第3窟恶趣清净九佛顶曼荼罗将四波罗蜜菩萨绘作人形，与10世纪末法贤汉译本《佛说大乘关系曼拏罗净诸恶趣经》的描述一致，而敦煌藏经洞出土的白描曼荼罗Pelliot Chinois No.3937和种子字曼荼罗Pelliot Tibètain No.389却没有出现四波罗蜜菩萨，后者遵循的是早期图像传统。

　　金刚界曼荼罗上方的不空羂索五尊像也是唐至五代敦煌壁画中最受欢迎的题材之一。在汉译佛教经典的图像传统里，不空羂索观音经常作为经变画的主尊与如意轮观音经变对称出现；在藏文成就法中，不空羂索观音和观音菩萨、马头明王、一髻独刹母和毗俱胝母构成五尊组合。通过比对唐五代和西夏两个时期的不空羂索五尊像，可发现前者基本遵循《不空羂索曼荼罗天众赞无垢光》[1]一系的图像特征，而后者与月官、不空金刚和巴哩译师所传不空羂索曼荼罗成就法[2]的描述完全吻合。这两个造像系统最主要的区别是《不空羂索曼荼罗天众赞无垢光》以一面四臂白色身相的不空羂索观音菩萨为主尊，而巴哩译师一系成就法记载的不空羂索五尊曼荼罗则奉一面二臂黄（或金）色身的观世音菩萨为中央主尊。目前我们在榆林窟第3窟、东千佛洞第6窟、东千佛洞第5窟以及黑水城出土唐卡中看到的几组不空羂索五尊像，无一例外都是将一面二臂观世音菩萨置于主尊地位，各尊身色、臂数、持物符合巴哩系成就法的规定，暗示了西夏画师对11世纪新译密教成就法具有强烈认同感。

　　敦煌地区的广泛摩利支天信仰从藏经洞出土的大量失译汉文《佛说大摩利支天陀罗尼经》、藏文《摩利支天陀罗尼经》（*Lha mo 'od zer can zhes bya ba'i gzungs*）[3]写本中得到体现。中原在五代之前的摩利支天母作天女相：一面二臂，璎珞加身，左手把天扇，右手垂下仰掌向外，展五指作与愿势，[4]莫高窟第8窟、榆林窟第36窟的摩利支天都是这种形象，且与敦煌出土的一些纸画作品所描绘的图像特征一致，它们遵循的都是《末利支提婆华鬘经》《佛说摩利支天经》[5]等唐代汉译佛典的造像传统。这种

---

[1]　佚名《不空羂索曼荼罗天众赞无垢光》（*'Phags pa don yod zhags pa'i dkyil. 'khor gyi lha tshogs la bstod pa dri ma med pa'i 'od ces bya ba*），德格版No.2721。

[2]　月官（Candragomin）《圣不空羂索五尊赞》（*'Phags pa don yod zhags pa lha lnga'i bstod pa*），德格版No.2720。不空金刚和巴哩译师《圣不空羂索成就法》（*'Phags pa don yod zhags pa'i sgrub thabs*），德格版No.4842。

[3]　内容与德格版藏文《大藏经》No.564号经典相同。

[4]　（唐）不空译：《摩利支菩萨略念诵法》一卷，《大正藏》No.1258，第261页。

[5]　（唐）不空译：《佛说摩利支天经》一卷，《大正藏》No.1255b；不空译《末利支提婆华鬘经》一卷，《大正藏》No.1254。

状况随着宋夏时期密教佛典的翻译得到改变，伯希和所获 10 世纪末敦煌藏品 Pelliot chinois No.3999 中的三面八臂摩利支天与天息灾译《佛说大摩里支菩萨经》[1]的记述文字吻合，同一时期的梵、藏文文献中也保留了为数不少的摩利支天成就法，这些佛典和成就法所代表的东印度佛教图像体系使河西走廊地区的摩利支天形象发生急遽变化，从一面二臂的天女相转变为多面多臂的密宗佛母。西夏继承了敦煌唐、五代时期较为流行的摩利支天信仰，而在尊像的具体描绘方式上，选择依循东印度造像传统，榆林窟第 3 窟的摩利支天九尊曼荼罗、东千佛洞第 5 窟的三面八臂摩利支天单尊像和黑水城出土的三面六臂摩利支天唐卡均是较具说服力的图像例证。

还有一些西夏密教图像是在河西地区早期陀罗尼信仰的基础上发展起来的，比较典型的例子是顶髻尊胜佛母和五护陀罗尼佛母，这两组佛母分别是《佛顶尊胜陀罗尼经》和《五护陀罗尼经》的"人格化身"。陀罗尼"人格化"是密教发展的重要阶段，标志着密教从"杂密"逐渐迈向"纯密"，[2]先前需要借助念诵密咒才能实现的功德，在"纯密"阶段主要通过观想、供奉佛像以及制造坛场的形式获得，于是这些"人格化"后的陀罗尼经典里便出现了记述尊神具体形象的文字，并影响佛教造像。西夏继承了某些在唐代敦煌就异常兴盛的陀罗尼信仰，并依循宋初新译密续仪轨、成就法所规定的与该陀罗尼题材相关的造像法仪进行图绘表现。如敦煌出土画稿 S.174 "尊胜咒坛"表现的是汉译《佛顶尊胜陀罗尼经》的内容，位于咒坛中央的主尊为释迦牟尼佛，并没有出现顶髻尊胜佛母，西夏的顶髻尊胜佛母单尊像和曼荼罗图像是依据 11 世纪以降巴哩、扎巴坚赞等译师翻译的成就法绘制，佛母具有三面八臂，有时在身侧围绕观世音和大势至二眷属菩萨、四摄菩萨、净居天、帝释天或四大天王。敦煌出土的汉藏文文书中有大量与五护陀罗尼有关的写本，也发现不少"五护陀罗尼佛母"中的孔雀明王（佛母）、大随求佛母的造像作品，但是唐译密典与西藏 11 世纪之后的新译密典所记载的五护陀罗尼佛母身相特征截然不同。以大随求佛母为例，敦煌出土画稿中有依据大随求陀罗尼经咒相关文本绘制的咒轮，咒轮中央主尊不一定是大随求佛母，大多是一面二臂金刚神或释迦，[3]偶有一面三目八臂的大随求母，可佛母手中执

[1]《大正藏》No.1257。

[2] "纯密"和"杂密"的概念由日本学者最先提出。"杂密"相当于布顿"怛特罗四分法"所列的"事怛特罗"（或曰"事续"），以口诵陀罗尼真言为主要形式，包含诸多仪轨，强调息灾、延寿等现世利益；"纯密"以《大日经》的成立为标志，倡导大日如来住于本地法身、"自身成佛"的思想，修习者将自己观想成为曼荼罗主尊，接收各供养菩萨的崇奉。

[3] 李翎：《大随求陀罗尼咒经的流行与图像》，《普门学报》2008 年 5 月第 45 期，第 147—153 页。

持物是从唐代流行的"随求八印"发展而来，[1]与11世纪之后流行的藏传图像系统内的大随求佛母持物差距较大。而且在西夏之前，河西走廊地区没有发现"五护陀罗尼佛母"的组像，这组形象是随着梵藏文成就法的传译、东印度插图本《五护陀罗尼经》贝叶经的流通进入夏土，被画师运用到石窟壁画和官方刊刻佛教插图中。

　　总体来说，以榆林窟第3窟为代表的西夏石窟密教题材壁画，是西夏民众在河西走廊地区原有造像传统的基础上、融合本民族信仰倾向和东印度图像传承体系而对佛教艺术做出的全新阐释，与五代、宋之前的敦煌石窟密教造像相比，具有风格鲜明的艺术特征。看似突兀、孤立的域外密教题材，背后隐藏的是其在敦煌本地深厚的信仰基础、西夏"圆教"体系的强大包容力和11—13世纪多民族佛教文化交流史。这些密教题材仅是在特定时代背景下被赋予全新的图像志特征，而在宗教内涵和图像功能方面则和其他"显教"题材一样，在"净土信仰"体系内的各种忏悔、葬礼和荐亡法会仪式中得到圆融统一，适应了唐宋以来中原较为盛行的"信仰性/仪轨性"佛教的发展形态。

---

[1]　唐贞观十九年（645）成书之《宗叡僧正于唐国师所口受》对"随求八印"有详细阐释，每一印对应一种持物，分别为大随求根本印第一→五股金刚杵，一切如来心真言第二→钺斧，一切如来心印真言第三→索，一切如来金刚被甲真言印第四→剑，一切如来灌顶真言印→轮，一切如来结界真言印→三股叉，一切如来心中真言印→宝，一切如来随心真言印→经箧。

结　语

　　榆林窟第 3 窟是目前敦煌石窟群中保存最为完整的西夏窟室之一，窟内壁画作为
11—13 世纪的佛教艺术遗存，是研究这一时期整个河西地区石窟艺术原貌、佛教信仰
特征以及多民族、跨地域艺术交流史的重要切入点。

　　榆林窟第 3 窟壁画表现的内容，既有典型的汉地早期大乘佛教艺术题材，也有 10
世纪 11 世纪初藏文、汉文新译密续经典所记载的尊像，源自不同造像体系的图像在
西夏社会"圆融性"佛教背景下得到深入融合，这是西夏佛教艺术在特定时代背景下
不断选择适合自身发展模式的结果。

　　以往大多数研究者在看待该窟密教图像时，因其浓郁的域外艺术风格和鲜见的
造像题材而把它们与 12 世纪中期以后的卫藏艺术联系在一起，认为西夏密宗图像是
借由西藏教派（如萨迦、噶举等）僧人之手从卫藏传入，其绘制年代也相应地被划定
到西夏中晚期，但研究者面临的难题是藏区中部很难找到 13 世纪之前的同题材壁画、
唐卡和雕塑作品，不能较好地解释这批图像的来源及其传入西夏的路径。本书通过对
榆林窟第 3 窟壁画内容的仔细分析，通过对梵文、藏文、汉文和少量西夏文经典中涉
及相关尊像（菩萨、佛母、曼荼罗等）图像志特征的文本的内容解读，可基本判定，
榆林窟第 3 窟与敦煌地区其他西夏石窟壁画所描绘的绝大多数密教题材遵循的是东印
度波罗王朝佛教造像系统，以 11 世纪下半叶成书的《巴哩成就百法》为代表。这批
图像随着宋初中、印之间频繁佛教交流活动的开展而从印度传入西夏，流传路径或许
是藏西→西域→河西一线（具体情况还需针对不同个案做深入分析），基本没有经过
藏区中部造像的过滤，梵、藏文成就法的传译以及插图版梵文贝叶经的流通是促进相
关图像在西夏广泛流传的主要动因。党项人（或在西夏境内生活的其他民族）在西夏
建国之初对这些图像就有接触，将其利用到石窟造像系统中，最终形成不同于宗教卷
轴画的较为稳定的发展序列。

　　另外，透过石窟的图像配置方式可以分析西夏佛教的信仰特色。榆林窟第 3 窟的
"显 / 密""汉 / 藏"等不同体系的图像在统一的建筑空间内得到圆融结合，其配置内涵
特征与西夏佛教发展的总体面貌相吻合。在西夏石窟中，佛教各派别之间并非是截然对
立的关系，各体系造像被包容在西夏从辽国引进的华严"圆教"大体系内，并顺应唐、
宋以来河西地区较有群众基础的"信仰性佛教"发展要求，强调对"净土"主题的表现。

附　录

附录（一）　10—12世纪汉、藏文典籍中记载的八塔名号

	1	2	3	4	5	6	7	8
《八大圣地制多赞》1	净饭王都迦毗城，龙弥你园佛生处	摩伽陀泥连河侧，菩提树下成正觉	迦尸国波罗奈城，转大法轮十二行	舍卫大城祇园内，遍满三界现神通	桑迦尸国曲女城，忉利天宫而降下	王舍六城僧分列，如来善化行慈悲	广严大城灵塔中，如来思念寿量处	拘尸那城大力地，娑罗双树入涅槃
《八大圣地制多赞》2	菩提心中证菩提，降魔终得正觉处	净饭王都迦毗城，龙弥你园佛生处	波罗奈城行施舍，五指调伏醉象处	青青草地参禅定，是诸猕猴献蜜处	天人得见转法轮，调伏六师外道处	苦行屡修日竟时，牧女敬献乳糜处	诸佛菩萨声闻绕，庄严戒律执持处	准陀供食整三月，佛自天降入涅槃
《佛说八大灵塔名号经》	第一迦毗罗城龙弥你园是佛生处	第二摩伽陀国泥连河边菩提树下佛证道果处	第三迦尸国波罗奈城转大法轮处	第四舍卫国祇陀园现大神通处	第五曲女城从忉利天下降处	第六王舍城声闻分别佛为化度处	第七广严城灵塔思念寿量处	第八拘尸郏城娑罗林内大双树间入涅槃处
《八大灵塔梵赞》/《八大圣地制多礼拜赞》	胜三世大神变塔	洁白如雪山之天降塔	遍至如来涅槃塔	广严城塔	波罗奈斯塔	舍卫墟塔	龙弥你园菩提树旁降生处塔	拘舍弥城塔
《建立仪轨》	龙弥你园降生塔	金刚座菩提塔	舍卫城神变塔	波罗奈城法轮塔	王舍城降服大象护财塔	天降荅	吠舍离猕猴献蜜塔	末罗国涅槃塔

附录（二） 摩利支天五尊曼荼罗相关成就法译文

No.3228 rTog pa las gsungs ba'i 'od zer can gyi sgrub thabs

《颂所说摩利支天成就法》

西藏译师：楚臣坚参（Tshul khrims rgyal mtshan）

印度译师：无畏（Abhaya）

3A：De la dang por re zhig rnal 'byor pas skye dgu mtha' dag bsgral bar 'dod pa'i lhag pa'i bsam pas/ oṃ phaṭ bya ba'i sngags 'dis snying ga dang / mgul pa dang / smin mtshams dang/ spyi bo rnams su khro bo'i khu tshur bzhag la/ oṃ mā rā tsyai bgegs tshar chod hūṃ phaṭ ces bya ba 'dis kyang bgegs nges par bcom ste/ rang gi snying gar yi ge oṃ yongs su gyur pa las nyi ma la yi ge maṃ ser bo bsgoms par bya ba'o/ /de las nges par byung ba'i 'od zer can gyi tshogs 'phros pas nam mkha' las yang dag par spyan drangs la bcom ldan 'das ma mdun du bzhugs su gsol bar bya ste/ ser mo zhal gsum spyan gsum ma la phyag brgyad ma/ g.yas kyi zhal ni dmar mo'i rnam par bsgyur ba'i mthing nag go/ /g.yon pa ni phag gi zhal lo/ /g.yas pa'i phyag bzhi ni rdo rje dang / lcags kyu dang mda' dang khab bsnams pa'o/ /g.yon pa'i phyag bzhis ni shing mya ngan med lo 'dab dang ldan pa dang/ gzhu dang/ skud pa dang sdigs mdzub bsnams pa'o/ /dbu rgyan la ni rnam par snang mdzad de/ sna tshogs pa'i rgyan dang ldan pa/ mchod rten gyi nang na bzhugs pa/ na bza' dmar po dang stod shag bsnams ba/ phag bdun gyi shing rta la g.yas bskum pa'i zhabs kyis bcibs pa ste/ yi ge yaṃ gis bskyed pa'i rlung gi dkyil 'khor la yi ge haṃ las byung ba'i gza' chen po sgra gcan 'dzin nyi ma dang/ zla ba gnyis bzung ba/ kun nas gnas par gyur pa'i shing rta'i dbus na lha mo bzhis yongs su bskor ba'o/ /de la shar gyi phyogs su ni betta lī ste dmar mo phag gi zhal zhi ma/ g.yas pa'i phyag gis ni khab dang lcags kyu bsnams pa/ g.yon gyi phyag gi sa ni zhags pa dang shing ya mngan med bsnams pa dang stod shag

3B: dmar po bsnams pa yin no/ /de bzhin du lhor ni ba dā li ste ser mo g.yon pa'i phyag na shing mya ngan med dang khab po/ /g.yas pa'i phyag na rdo rje dang zhags pa'o/ /gzhon nu ma'i gzugs su gyur pa lang tshol bab ba dang rgyan rnams dang ldan pa'o/ /de bzhin du nub phyogs su ni ba rā li dkar mo g.yas pa'i phyag na rdo rje dang/ khab dang zhags pa dang/ shing mya ngan med ni g.yon pa'i phyag na bsnams pa dang/ zhabs g.yas bskum pa dang gzugs legs pa yang yin no/ /de bzhin du byang phyogs kyi cha na phag gi gdong pa ste dmar

mo spyan gsum ma phyag bzhi ma/ phyag g.yas pas ni rdo rje dang mda' dang ldan pa'o/ /
phyag g.yon pas ni shing mya ngan med dang gzhu bsnams pa dang/ lha rdzas kyi sku dang
ldan par yang bsgom par bya ba'o

　　起初瑜伽士欲解救具增上心的有情众生，颂此真言 oṃ phaṭ，手作忿怒拳，放置于心、喉、额、顶髻等处，颂辟魔真言 oṃ mā rā tsyai，所颂真言 hūṃ phaṭ 定能破除厉魔。自心中有种子字 oṃ 生出日轮，观想日轮之上生出金色种子字 maṃ。其后作种子字中出离之摩利支天会供，于虚空中圆满迎请，薄伽梵母座前祈请。金色身，三面三眼，八臂，右脸为红色中夹杂深蓝色，左脸为猪脸。右四手持金刚杵、铁钩、索和针，左四手持无忧花、弓、线和作怖指。顶严饰大日如来像等宝饰庄严。居坐佛塔中。着红色上衣，左展姿立于七只猪拉着的车上。种子字 yaṃ 生出的风轮上，从种子字 haṃ 生出大星曜罗怙罗手欲蚀日月。在遍至一切域的车上有凹佛母而自围绕，其东为 Bettā li，红色身，寂静猪面，右手分持针和铁钩，左手分持索和无忧花，着红色上衣。与此相似，其南为金色身 Ba dā li，左手分持无忧花和针，右手分持金刚杵和索，青春妙相宝饰庄严。与此相似，其西为白色 Ba rā li，右手分持金刚杵和针，左手分持索和无忧花，左展姿站立，姿态优美。与此相似，其北为红色三面四臂猪面母，右手分持金刚杵和箭，左手分持无忧花和弓，宝饰庄严作修行。

No.3230 'Od zer can gyi sgrub thabs
摩利支天成就法

西藏译师：楚臣坚参（Tshul khrims rgyal mtshan）
印度译师：无畏（Abhaya）

5A：De la bcom ldan 'das ma ni rin po che'i dbu rgyan dang ldan pa/ phyag brgyad ma/
zhal gsum ma/ spyan gsum ma ste/ rtsa ba'i zhal ni legs par ser ba/ me tog bandu ka'i dmar
ba dang cha 'dra bar 'gyur ba g.yas pa ni dmar la zlum pa'o/ /g.yon pa ni phag gi ste mthing
nag khro bar gyur ba/ ljags 'dril ba zhal rnam par gdangs shing 'jigs par mdzad ba/ mche ba
gtsigs shing khro gnyer dang ldan pa'o/ /sdigs mdzub dang zhugs pa dang gzhu dang shing
mya ngan med lo ma dang bcas pa skud pa ni g.yon pa rnams so/ /khab dang lcags kyu dang
mda' dang rdo rje ni g.yas pa rnams na'o/ /sna tshogs pa'i gdub kor la sogs ba'i rgyan thams
cad kyis brgyan zhing shin tu ngo mtshar bar gyur ba'i stod g.yogs dmar po bsnams pa/ g.yas

pa bskum bas gnas shing lha mo bzhin bskor bar bsam par bya ba'o/ /shar du ni battā li ste/ g.yon bskum

　　5B: bas gnas pa/ phyag bzhi ma/ phag gdong gi zhal gcig ma/ sku mdog dmar ba/ g.yas pa khab dang lcags kyu bsnams pa/ g.yon pas ni zhags pa dang lo ma can no/ /lhor ni ba dā li g.yas bskum pas gnas pa/ phyag bzhi ma/ phag gi zhal gcig ma/ mdog ser mo/ /g.yas pas me tog dang bcas pa'i mya ngan med kyi lo 'dab dang skud pa dang bcas pa'i khab bsnams pa/ g.yon pas zhags pa dang rdo rje bsnams pa'o/ /nub tu ni pa rā hī ste g.yon bskum bas gnas pa/ phyag bzhi ma/ phag gi zhal gcig ma/ g.yas kyis khab dang rdo rje bsnams pa/ g.yon gyis zhags pa dang mya ngan med 'dab ma dang ldan pa bsnams pa'o/ /de kho na bzhin du byang du phag gdong ma dmar mo nyi ma shar ba'i mdog dang ldan bas shin tu 'bar bar gyur pa/ g.yas bskum ba'i zhabs kyis gnas pa/ phyag bzhi ma g.yas kyis mda' dang rdo rje bsnams pa/ g.yon pas gzhu dang mya ngan med lo ma dang ldan pa bsnams ba'o/ /de dag rnams thams cad kyang mchod rten gyi gzhal yas khang na bzhugs pa dang / sna tshogs ba'i rgyan dang ldan ba'i rin po che'i dbu rgyan dang / stod shag dmar po bsnams ba dang / spyan gsum ma/ sna tshogs pa'i rgyan dang ldan par bsgom par bya ba'o//

　　观想薄伽梵母宝饰庄严，八臂三面，面有三目，中面为黄色寂静相，右面如 bantu ka 花般呈红色，面圆静好；左为青色猪面，忿怒吐舌闻者惊怖，口出獠牙并颦眉。左手分作怖指、持弓、无忧花与羂索；右手分持针、铁钩、箭与金刚杵。腕钏、璎珞及种种庄严遍饰严身，着红色天衣，曲右腿而立。其东为 bettā li，右展而立，四臂，猪面，红色身，右手分持针和铁钩，左手分持索和无忧花。其南为金色身 ba dā li，左展而立，四臂猪面金色身，左手分持无忧花和带有线的针，右手分持索和金刚杵。其西为白色 ba rā li，右展而立，右手分持针和金刚杵，左手分持索和无忧花。与此相似，其北为红色猪面母，身色灿烂如朝阳，左展而立，四臂母右手分持箭和金刚杵，左手分持弓和无忧花。诸尊均安住佛塔无量宫内，顶戴宝冠，着红色天衣，面有三目，宝饰庄严作修行。

No.3341　rTog pa nas gsungs pa'i 'od zer can gyi sgrub pa'i thabs
颂所说摩利支天成就法
西藏译师：不空金刚（Don yod rdo rje），巴哩译师（Ba ri）

29B : de yang mdog gser lta bu ser po zhal gsum pa/ phyag brgyad pa/ spyan gsum pa/ se 'bru'i me tog lta bu dmar ba ni g.yas kyi zhal lo/ /indra nī la lta bu'i zhal 'gyur ba'i phag zhal ni g.yon pa'o/ /rdo rje dang / lcags kyu dang / mda' dang / khab ni g.yas kyi phyag bzhin bsnams pa'o/ /mya ngan med kyi yal ga dang / gzhu dang / skud pa dang / sdigs mdzub ni g.yon gyi phyag na'o/ /rnam par snang mdzad kyi dbu rgyan can/ sna tshogs pa'i rgyan gyis yang dag par brgyan pa/ mchod rten gyi khong na gnas pa gos dmar po'i sha 'gag dang / stod g.yogs dang ldan pa/ dril bu g.yer kha'i dra ba'i rkang gdub can/ rgyan la sogs pa dang bzang po'i phreng ba rin po che la sogs pas dpung pa rnam par brgyan pa g.yon brkyang pa'i zhabs kyis phag bdun gyi shing rta mnan pa/ yaṃ las skyes pa'i rlung gi dkyil 'khor la/ haṃ las skyes pa'i zla ba dang / nyi ma 'dzin pa'i gza' chen po rā

30A: / /hus byin gyis brlabs pa la gnas pa'i shing rta'i dbus su lha mo rnam bzhis bskor ba ste/ de la shar gyi phyogs su battā li dmar po phag gi gdong pa can phyag bzhi pa'o/ / khab dang lcags kyu ni g.yas kyi phyag na'o/ /zhags pa dang mya ngan med pa'i yal ga ni g.yon pa'i phyag na'o/ /sha 'gag dmar po can no/ /de bzhin du lho phyogs su ba tā li ser mo/ mya ngan med dang khab ni g.yas kyi phyag na'o/ /rdo rje dang zhags pa ni g.yon pa'i phyag na'o/ /lang tsho sar pa la bab pa'i gzhon nu ma rgyan thams cad dang ldan pa'o/ /de bzhin du nub phyogs su ba rā li dkar mo rdo rje dang khab ni g.yas kyi phyag na'o/ /zhags pa dang mya ngan med pa ni g.yon gyi phyag na'o/ /g.yon brkyang ba'i zhabs can legs pa'i gzugs can ma'o/ /de bzhin du byang phyogs kyi cha ru bā rā hā mu khi dmar po spyan gsum phyag bzhi ma/ rdo rje dang mda' ni g/yas kyi phyag na'o/ / zhags pa dang mya ngan med pa ni g.yon gyi phyag na ste/ mdzes pa'i gzugs can ma'o/

黄色身灿如黄金，三面，八臂，三目，右脸如石榴花般呈红色，左脸是像 Indra ni 一样瞬息万变的猪面。右四手分持金刚杵、铁钩、箭和针。左四手分持无忧花、弓、线和作怖指，顶严饰大日如来像，身具种种宝饰庄严，居坐佛塔中。着红色披帛与上衣，其上饰有铃铛、璎珞等庄严，臂膀饰有华美宝鬘。呈左展姿站于七只猪牵引之车上。自种子字 yaṃ 生出风轮上，从种子字 haṃ 生出之大星曜罗怙罗执持日月，受其加持的猪车上围绕有四佛母。其东是红色 battā li，猪面，四臂，右手分持针和铁钩，左手分持索和无忧花枝，着红色上衣。与此相似，其南为黄色 ba tā li，右手持无忧花和针，左手持金刚杵和索，妙龄少女遍饰庄严。与此相似，其西是白色 ba rā li，右手持金刚杵和针，左手持索和无忧花枝，呈左展姿站立。与此相似，其北是红色 bā rā hā mu khi，三目四臂，右手持金刚杵和箭，左手持索和无忧花枝，优美妙相。

No.3524 rTog pa gsungs pa'i 'od zer can gyi sgrub thabs

颂所说摩利支天成就法

西藏译师：扎巴坚赞（Grags pa rgyal mtshan）

（对应《成就法鬘》第134篇）

167A：gser lta bu zhal gsum pa/ spyan gsum pa/ phyag brgyad pa/ dmar po ni g.yas kyi zhal lo/ /sngon po mi sdug pa phag gi zhal ni g.yon du'o/ /rdo rje dang / lcags kyu dang / mda' dang / khab rnams ni g.yas kyi phyag bzhin bsnams pa'o/ /mya ngan med pa'i shing gi yal ga dang / gzhu dang / skud pa dang / sdigs mdzub ni g.yon gyi phyag bzhin bsnams pa'o/ /rnam par snang mdzad kyi dbu rgyan can/ rgyan sna tshogs pas brgyan pa/ mchod rten gyi nang na gnas pa/ gos dmar po'i phu dung gi stod g.yogs can phag bdun gyi shing rta'i steng na zhabs g.yon brkyang gis bzhugs pa/ paṃ yig las skyes pa'i rlung gi dkyil 'khor la haṃ yig las skyes pa'i zla ba dang nyi ma 'dzin pa'i gza' chen po sgra gcan yang dag par gnas pa'i shing rta'i dbus su lha mo bzhis yongs su bskor te/ de la shar phyogs su battā li dmar mo phag gi gdong pa can phyag bzhi pa khab dang / lcags kyu phyag g.yas na bsnams pa/ zhags pa dang / mya ngan med pa'i shing phyag g.yon na bsnams pa/ sha 'gag

167B: dmar po can no/ /de bzhin du lho phyogs su ba dā li ser mo mya ngan med pa'i shing dang / khab ni g.yon dang g.yas kyi phyag dag na'o/ /rdo rje dang zhags pa ni g.yas kyi dang g.yon gyi phyag na'o/ /gzhon nu'i gzugs can lang tsho dang ldan zhing rgyan gyis brgyan pa'o/ /de bzhin du nub tu ba rā li dkar mo rdo rje dang / khab ni phyag g.yas pa dag na'o/ /zhags pa dang / mya ngan med pa'i shing ni phyag g.yon pa dag na bsnams pa'o/ / zhabs g.yon brkyang gis bzhugs shing legs pa'i gzugs can ma'o/ /de bzhin du byang phyogs kyi char phag zhal ma dmar mo spyan gsum pa/ phyag bzhi pa rdo rje dang / mda' ni phyag g.yas na bsnams shing / gzhu dang / mya ngan med pa'i shing ni phyag g.yon na bsnams pa ste/

黄色身，三面三目，八臂，右面为红色，左面为青色猪面，右四手分持金刚杵、铁钩、箭与针，左四手分持无忧树枝、弓、线与作怖指。顶饰有大日如来，遍饰庄严，居坐佛塔中，着红色天衣，左展姿立于猪车上。自种子字 paṃ 中生出风轮，其上有自种子字 haṃ 生出之大星曜罗睺罗执持日月，猪车之中有四佛母围绕，其东是红色

Battā li，猪面，四臂，右手分持针和铁钩，左手分持索和无忧花枝，着红色上衣。与此相似，其南为黄色 Ba tā li，右手持无忧花和针，左手持金刚杵和索，妙龄少女遍饰庄严。与此相似，其西是白色 Ba rā li，右手持金刚杵和针，左手持索和无忧花枝，呈左展姿站立。与其相似，其北是红色猪面母，三目四臂，右手持金刚杵和箭，左手持索和无忧花枝，优美妙相。

No.3527 'Od zer can phyag brgyad ma ser mo'i sgrub thabs

八臂黄摩利支天成就法

西藏译师：扎巴坚赞（Grags pa rgyal mtshan）

（对应《成就法鬘》第 137 篇）

169B：De la bcom ldan 'das ma rin po che'i cod pan can/ phyag brgyad pa/ zhal gsum pa/ spyan

170A: gsum pa/ sku mdog ser mo rtsa ba'i zhal shin tu ser mo/ /bandu dzi ba ka'i me tog lta bu g.yas dmar zhing zlum pa/ g.yon pa phag zhal khro ba dang bcas pa'i nag po ljags bskyod pa/ zhal mi sdug cing 'jigs pa/ khro gnyer dang mche ba gtsigs pa/ phyag g.yon pa rnams na sdigs mdzub dang bcas pa'i zhags pa dang / gzhu dang mya ngan med pa'i me tog dang bcas pa'i yal ga dang / skud pa rnams so/ g.yas pa rnams na khab dang / lcags kyu dang / mda' dang / rdo rje bsnam pa'o/ /sna tshogs pa'i khor yug la sogs pa dang / rgyan thams cad kyis brgyan pa sna tshogs pa'i sha 'gag dmar po'i stod g.yogs can/ g.yon brkyang gis bzhugs pa lha mo bzhi'i 'khor gyis yongs su bskor ba bsam par bya'o/ /mdun du battā li g.yas brkyang gis bzhugs pa/ phyag bzhi pa/ phag zhal dmar po gcig pa/ phyag g.yas na khab dang / lcags kyu bsnams pa/ g.yon na zhags pa dang / mya ngan med pa'i me tog dang bcas pa'i yal ga bsnams pa'o/ /g.yas su ba dā li g.yon brkyang gis bzhugs pa/ phyag bzhi pa/ phag zhal kha dog ser po gcig pa/ phyag g.yas na mya ngan med pa'i yal ga dang / khab skud bsnams pa/ g.yon na zhags pa dang / rdo rje bsnams pa'o/ /rgyab tu ba rā li g.yas brkyang gis bzhugs pa/ phyag bzhi pa sku mdog ser mo/ phag zhal gcig pa/ g.yas na rdo rje dang khab bsnams pa/ g.yon na zhags pa dang / mya ngan med pa'i yal ga bsnams pa'o/ de bzhin du g.yon du bā rā hā mu khi zhal dmar po/ nyi ma shar ba'i 'od zer 'bar ba lta bu g yon brkyang gis bzhugs pa/ phyag bzhi pa/ g/yas na mda' dang / rdo rje bsnams pa'o/ /g.yon na gzhu dang mya ngan med pa'i yal ga bsnams pa'o/ /'di rnams thams cad mchod rten gyi gzhal yas khang na bzhugs pa/ sna tshogs pa'i rgyan dang / rin po che'i cod paṇ can/ sha 'gag dmar po'i stod g.yogs can/ spyan gsum pa/ sna tshogs pa'i rgyan can bsam par bya'o/ /

复想薄伽梵母戴有宝冠，八臂三面有三目，身黄色，主面灿黄，色如 bandu dzi ba ka 花，右面红色圆满，左面忿怒猪容呈青色，暴怒蹙眉示怖畏。左手分持羂索并作怖指、弓、无忧花枝与线。右手分持针、铁钩、箭与金刚杵。外有诸种轮围，遍饰庄严，红衣如身，左展而立，四菩萨环绕周围。其前为 battā li，右展而立，四臂，红色猪面，右手持针与铁钩，左手持羂索与无忧花枝，其右为 ba dā li，左展而立，四臂，黄色猪面，右手持无忧枝与针线，左手持羂索与金刚杵。其后为 ba rā li，右展而立，四臂，身黄，有一猪面，右手持金刚杵与针，左手持羂索与无忧枝。与此相似，其左为 bā rā hā mu khi，面红如初生之日光，左展而立，四臂，右手持箭与金刚交杵，左手持弓与无忧枝。以上诸尊均安住佛塔无量宫内，诸种庄严宝冠严身，着红色天衣，三眼，宝饰庄严，如是观想。

No.3532 rTog pa las gsungs pa'i 'od zer can gyi sgrub thabs
颂所说摩利支天成就法
西藏译师：扎巴坚参（Grags pa rgyal mtshan）
（对应《成就法鬘》第 142 篇，也对应《大摩里支菩萨经》卷 7 部分内容）

173B：De nas rang gi snying gar zla ba'i dkyil 'khor gyi steng du yi ge nyi shu rtsa lnga mchog gi snying po dang po'i gnyis pa dang yang dag par ldan pa zla ba phyed pa dang thig les brgyan pa bsgom par bya'o/ /de las skyes pa'i mya ngan med pa'i shing/ de'i steng du zla ba la gnas pa'i maṃ yig bsams nas/ de thams cad yongs su gyur pa las bdag nyid 'od zer can gyi skur bsgom par bya'o/ /bdag nyid bcom ldan 'das ma 'od zer can zhes pa sku mdog shin tu ser ba 'dzam bu nā da'i 'od lta bu 'bar ba mchod rten gyi nang na gnas pa/ na bza' dmar po mnabs pa/ phu dung dmar po'i stod g.yogs can/ phreng ba sna tshogs pa dang rgyan thams cad kyis brgyan pa/ rna rgyan gyi tshogs dang/ rked pa la dril bu g.yer kha'i dra ba dang/ rkang gdub dang ldan pa/ phyag brgyad pa/ zhal gsum pa spyan gsum pa 'bar zhing 'od zer gyi phreng ba 'phro ba/ bandu dza ba'i me tog dang mtshungs pa/ rnam par

174A: snang mdzad kyis dbu brgyan pa/ mya ngan med pa'i phreng bas brgyan pa/ phyag g.yon pa rnams kyis zhags pa dang/ skud pa dang/ mya ngan med pa'i shing dang/

gzhu bsnams pa/ g.yas pa rnams kyis rdo rje rgyas pa dang/ khab dang/ lcags kyu dang/ mda'
bsnams pa/ zhal dang po zhi zhing 'dzum pa'i zhal shin tu ser ba gser gyi mdog lta bu/ spyan
rgyas pa sindu ras brgyan pa/ sgeg pa'i nyams kyis 'gying ba'o/ /zhal g.yon pa ni phag zhal
khro ba dang bcas shing mi sdug pa gtsigs shing 'jigs pa indra nī la'i 'od lta bu nyi ma bcu
gnyis kyi 'od dang mtshungs pa/ shin tu khro gnyer gtsigs shing ljags 'dril ba 'jigs shing 'jigs
par byed pa/ zhal gnyis pa shin du dmar ba mdzes shing 'od zer 'bar ba/ mya ngan med pa'i
shing gi 'og na gnas pa/ me tog gi phreng ba gcal du bkram pa de'i spyi bor rnam par snang
mdzad kyis mgon du gyur pa sngon du gsungs pa'i sku mdog dang phyag rgya dang ldan pa/
'og tu phag bdun gyi shing rta'i steng du g.yon brkyang gis bzhugs pa/ lang tsho gzhon nur
gnas pa shing rta 'dren pa'i phag gi 'og tu yaṃ las byung ba'i rlung gi dkyil 'khor la haṃ yig
yongs su gyur pa las sgra gcan lag pa dag gis zla ba dang nyi ma dag 'dzin pa/ nyin mo snang
bar byed cing mtshan mo zla ba dang mtshungs pa lha mo bzhis yongs su bskor bar bsam par
bya'o/ /de la shar du oṃ mā rī tsyai battā li ba dā li bā ra li bā rā hā mu khi siddhi mā kaRSha
ya dzaḥswā hā zhes so/ /de ltar lha mo sku mdog dmar mo phag zhal gcig pa/ phyag bzhi
pa phu dung dmar po'i stod g.yogs can/ phyag g.yon pa zhags pa dang / mya ngan med pa'i
shing bsnams pa/ g.yas pa rdo rje'i lcags kyu dang / khab bsnams pa/ rgyan thams cad kyis
brgyan pa'o/ /rtog pa las gsungs pa'i cho gas mngon par 'dod pa'i dngos grub 'gugs par byed
par bsam par bya'o/ /oṃ mā rī tsyai battā li ba dā li ba rā li bā rā hā mu khi sarba duShṭā pra
duShṭā naṃ mu khaṃ bandha bandha hūṃ swā hā/ lha mo ba dā li sngon du gsungs pa'i gos
dang / rgyan dang sku mdog lta bu phyag g.yon pa zhags pa dang / rdo rje bsnams

174B: pa/ g.yas na yal ga dang khab bsnams pas gdug pa can rnams kyi kha mig 'tshem
par byed pa lho ru bsam par bya'o/ /oṃ mā rī tsyai battā li ba dā li ba rā li bā rā hā mu khi
sarba duShṭā naṃ staṃ bha ya baṃ swā hā/ zhes pas lha mo ba rā li de bzhin du gos dang
rgyan dang kha dog la/ 'on kyang phyag g.yas na rdo rje dang khab bsnams pa/ g.yon na
zhags pa dang / mya ngan med pa'i shing bsnams pa/ gdug pa can rnams rengs par byed pa
nub tu dgod par bya'o/ /oṃ mā rī tsyai battā li ba dā li ba rā li bā rā hā mu khi sarba satwā na
me ba sha ma nā ya hoḥswā hā/ zhes pa'i sngags kyis lha mo phag zhal ma sku mdog dmar
mo de bzhin du gos dang rgyan dang / yang phyag g.yas na rdo rje dang / mda' bsnams pa/
g.yon na mya ngan med pa'i shing dang gzhu bsnams pa sems can thams cad rjes su chags
par byed pa can byang phyogs su blta bar bya'o/ /de nas lcags kyu la sogs pa'i phyag rgya
rnams dang / de'i sngags kyis kyang dgug pa la sogs pa bya'o/ /

　　复次自心之上有月轮，其前有二十五梵字，于最上精微第二字上做净月禅定，明点庄严做修行。其字生出无忧花树，于其树上复有月轮生一牟字。如是观想。如上种种圆满化现后，观想出自性摩利支，自性薄伽梵母摩利支身色如黄金般灿黄，居于佛塔中，着红色天衣，右面猪容呈红色，诸种宝鬘严饰身，配有耳饰、腰带、铃铎、脚钏等装饰。八臂三面有三目，放出炽热光芒，色如 bandu dza ba 花。顶饰有大日如来，饰有无忧花鬘。左手分持羂索、线、无忧花枝与弓，右手分持金刚杵、针、铁钩与箭。主面善相微笑，色如黄金，眼相修长唇如朱色，姿态优美。左面猪容忿怒丑恶，色如怖畏因陀罗，愤怒出舌令人惊怖，二面深红放光芒。无忧树之上挂有花鬘，佛母头上有大日如来持印现前说法，下方七猪牵引之车上，（佛母）左展而立，如童女相，猪车之下自种子字 yaṃ 中生出风轮，其风轮上种子字 haṃ 圆满变化出罗睺罗手执日月，（作观想时）画对日夜对月。彼佛母有四菩萨围绕，其东方菩萨真言曰："oṃ mā rī tsyai battā li ba dā li bā ra li bā rā hā mu khi siddhi mā kaRSha ya dzaḥswā hā"，此菩萨身作红色，一猪面，四臂，着红色天衣，左手持羂索无忧树枝，右手持金刚钩及针，遍饰庄严，仪轨所说仪轨意欲降服证得成就。观想南方有菩萨真言曰"oṃ mā rī tsyai battā li ba dā li ba rā li bā rā hā mu khi sarba duShṭā pra duShṭā naṃ mu khaṃ bandha bandha hūṃ swā hā"，衣服装饰身色如前不异，左手分持羂索及金刚交杵，右手分持无忧花及针，缝一切恶人口眼。安 ba rā li 菩萨于西方，其真言曰"oṃ mā rī tsyai battā li ba dā li ba rā li bā rā hā mu khi sarba duShṭā naṃ staṃ bha ya baṃ swā hā"，衣服装饰身色如前不异，右手持金刚杵与针，左手持羂索与无忧树枝，能紧缚一切恶者。北方猪面菩萨真言曰"oṃ mā rī tsyai battā li ba dā li ba rā li bā rā hā mu khi sarba satwā na me ba sha ma nā ya hoḥswā hā"，身为红色，衣服装饰如前不异，右手持金刚杵与箭，左手持无忧树枝与弓，敬爱一切有情众生。彼阿闍梨应如是观想。用金刚钩印等手印及本真言召请。

No.3536 'Od zer can gyi sgrub thabs mdor bsdus pa
摩利支天成就法略摄
西藏译师：扎巴坚参（Grags pa rgyal mtshan）
（对应《成就法鬘》第 146 篇）

178A: de yang sku mdog ser mo zhal gsum pa/ so sor spyan gsum pa/ phyag brgyad pa/ na bza' dmar po mnabs pa/ phu dud dmar po'i stod g.yogs can/ rgyan thams cad kyis brgyan pa/ rnam par snang mdzad kyis dbu brgyan cing 'od 'phro ba'i 'phreng ba 'khrigs pa bandhu dzi ba ka'i me tog lta bu dang ldan pa'i phyag g.yon pa rnams kyis sdigs mdzub kyi zhags pa dang/ gzhu dang / mya ngan med pa'i yal ga dang / skud pa bsnams pa/ g.yas na rdo rje dang/ mda' dang / lcags kyu dang/ khab bsnams pa/ mchod rten gyi nang na gnas shing phag bdun gyi shing rta la zhabs g.yon brkyang gis bzhugs pa/ lang tsho gzhon nus gnas shing spyan rgyas pa/ de'i rtsa ba'i zhal zhi zhing sgeg pa/ g.yon na phag zhal

178B: nag po khro ba dang bcas pa khro gnyer gtsigs shing 'jigs par byed pa ljags bskyod pa'o/ /zhal g.yas pa dmar zhing zlum pa padma rā ga dang mtshungs pa gtsang khang nang na bzhengs shing mya ngan med pa'i shing gi me tog gcal du bkram pa/ 'og tu rlung gi dkyil 'khor la haṃ yig la sa byung ba'i sgra gcan zla ba dang nyi ma 'dzin pa lha mo bzhis yongs su bskor ba'i bcom ldan 'das ma bsam par bya'o/ /de la shar du lha mo battā li sku mdog dmar mo phyag bzhi pa phyag g.yon pa dag gis zhags pa dang mya ngan med pa'i shing bsnams pa/ g.yas pa dag gis rdo rje dang lcags kyu dang/ khab bsnams pa'o/ /lho ru lha mo ba dā li sku mdog ser mo phyag bzhi pa g.yon pa dag gis zhags pa dang rdo rje g.yas pa dag na mya ngan med pa'i shing dang/ khab bsnams pa'o/ /nub tu lha mo ba rā li de'i gzugs 'chang ba phyag g.yon pa dag gis zhags pa dang/ mya ngan med pa'i shing/ g.yas pa dag gis rdo rje dang/ khab bsnams pa'o/ /byang du lha mo bā rā hā mu khi sku mdog dmar mo phyag bzhi pa phyag g.yon pa dag gis mya ngan med pa'i shing dang gzhu/ g.yas pa dag gis mda' dang rdo rje bsnams pa bsam par bya'o/ /yang na thams cad dkar mo rin po che'i cod pan can/ phal zhal gcig pa spyan gsum pa/ rgyan sna tshogs pas brgyan pa phu dung dmar po'i stod g.yogs can bsam par bya'o/ /de nas rdo rje lcags kyu ma la sogs pa rnams kyi phyag rgya dang sngags kyis ye shes sems dpa' dgug pa la sogs pa bya'o/ /dzaḥ hūṃ baṃ hoḥzhes pa 'dis ye shes sems dpa' dgug pa dang gzhug pa dang bcing ba dang dbang du bya bas mnyes par bya'o/ /de nas 'od zer can gyi phyag rgyas gnyis su med par bya zhing bsgom pa sngon du 'gro bas bzlas par bya'o/ /

复次（观想佛母）身黄色，三面，各面三目，八臂，着红色天衣，具红色上衣，遍饰庄严，顶饰大日如来，身绕光鬘，色如 bandhu dzi ba ka 花。左手分持羂索并作怖指、弓、无忧枝与线，右手分持金刚杵、箭、铁钩与针。居于佛塔之中，左展姿立于七猪牵引之车上，妙龄少女目圆满。正面寂静而平和，左面青色猪容示忿怒，蹙眉怖畏口出舌。

右面红色圆满色如 ra ga 莲花，安立佛殿之内，装饰无忧花，其上有风轮，其风轮上有种子字 haṃ 中生出之罗睺罗执持日月，四菩萨围绕薄伽梵母四周，如是观想。其东为 battā li 菩萨，身红色，四臂，左手持清净羂索与无忧枝，右手持清净金刚杵、铁钩与针。其南为 ba dā li 菩萨，身黄色，四臂，左手持清净羂索与金刚杵，右手持清净无忧枝与针。观想西方为 ba rā li 菩萨，左手持清净羂索与无忧枝，右手持清净金刚杵与针。北方为 bā rā hā mu khi 菩萨，身红色，四臂，左手持清净无忧枝与弓，右手持清净箭与金刚杵。如是观想。

《巴哩百法诸尊观想法》(Ba ri brgya rtsa'i lha'i mngon rtogs rnams bzhugs so)

收入《阿旺丹增赤烈全集》(Ngag dbang bstan 'dzin 'phren las'i gsung 'bum)，第22—23 叶

rTog pa las byung ba'i lha mo 'od zer can ser mo ni/ stong pa'i ngang las om las rlung gi dkyil 'khor/ de'i steng du gza' rahu la stod khog las med pa/ ni ma dang zla ba bzung pa/ de'i steng na phag gis drangs pa'i shing rta'i steng na gnas pa'i rnam par snang mdzad yongs su gyur pa las/ mchod rten gyi bum pa'i nang du sna tshogs Padma dang ni ma'i dkyil 'khor la/ (mam) las nya ngan med pa'i shing gi yal ga (mam) gyis mtshan pa de yongs su gyur pa las/ rang nyid lha mo 'od zer can sku mdog ser mo zhal gsum phyag brgyad ma/ spyan gsum pa/ rtsa zhal ser/ g.yas dmar/ g.yon phag gi zhal sngo ba/ phyag g.yas bzhi na rdo rje/ lcags kyu/ mda'/ khab/ g.yon bzhin mya ngan med ba'i yal ga/ gzhu/ skud pa/ zhags ba dang bcas pa'i sdigs mdzad pa/ rin po che'i rgyan sna tshogs dang dar dmar po'i sha 'gag dang/ stod g.yogs can/ zhabs g.yon brkyang ba'i tshul du shar du barta li dmar mo phag gi gdong can zhal bzhi phyag bzhi ma/ g.yas na khab dang lcags kyu/ g.yon na zhags pa mya ngan med pa'i shing gi yal ga/sha 'gag dmar po gsol ba/ lhor bada li ser mo phyag bzhi ma/ g.yas na mya ngan med oa dang khab/ g.yon na rdo rje dang zhags pa/ rgyan thams cad dang ldan pa/ nub tu bà ra li dkar po g.yas na rdo rje khab/ g.yon na zhags ba mya ngan med pa'i yal ga/ legs pa'i gzugs can ma/ byang du ba ra ha mu khi dmar mo g.yas na rdo rje mda'/ g.yon na zhags pa dang mya ngan med pa'i shing gi yal ga/ mdzes pa'i gzugs can ma/ thams cad kyang lang tsho dar la babs pa'i gzhon nu ma/ g.yon brkyang ba'i stabs kyis bzhugs pa/ gtso 'khor thams cad la rnam par snang mdzad kyis dbu brgyan/

仪轨所出黄色摩利支天佛母成就法，自空性中有 yaṃ 字生出风轮，其上只具上身

之罗睺曜如蚀日月，复其上大日如来圆满化身乘坐猪车。塔瓶之中杂色莲花与日轮上有 maṃ 字生出无忧树枝。自性佛母摩利支天母身黄色，三面八臂，面有三目，中面黄色，右面红色，左面猪脸为青色，右四手分持金刚杵、铁钩、箭和针，左四手分持无忧枝、弓、线和羂索并作怖指。宝饰庄严，着红色披帛上衣，呈左展姿站立。其东是红色 Battā li，猪面，四臂，右手分持针和铁钩，左手分持索和无忧花枝，着红色上衣。其南为黄色 Ba tā li，右手持无忧花和针，左手持金刚杵和索，遍饰庄严。其西是白色 Ba rā li，右手持金刚杵和针，左手持索和无忧花枝，极具妙相。其北是红色 Bā rā hā mu khi，右手持金刚杵和箭，左手持索和无忧花枝，优美曼妙。皆现童女相，以左展姿站立，各有大日如来顶饰庄严。

附录（三） 不空羂索五尊曼荼罗相关藏文成就法译文
（采用德格《大藏经》编号）

No.2720

月官《圣不空羂索五尊赞》（'Phags pa don yod zhags pa lha lnga'i bstod pa），第86b—87a叶

梵文：Ārya-amoghapāśapañcadevastotra，藏文：圣不空羂索五尊赞。

顶礼圣者观世音菩萨

虚空清净自性中，白色唵字从paṃ生，皎白莲花月轮上，圣者白色hrīḥ中生。展右蜷左安乐坐，白如坷雪清净色，右手胜施妙手印，白莲断离轮回苦。圣者左手中执持。微笑静寂仪态具，杂色珠宝严饰身，无贪主尊我礼敬。

皎白莲花月轮上，圣者红色ha中生，平等安立集福德，身色有如rā ga赤莲。右手羂索金刚杵，左手持钩并数珠，种种庄严饰于身，不空羂索母我礼赞。

莲花日上从hūṃ生，展左蜷右勇猛立，身色赤红似珊瑚，虎皮加身严装饰。右手持杖作怖指，左手法轮赤莲花，顶饰马头身浓青。马头明王我礼赞。

水莲日上pha中生，身如虚空清净色，展左蜷右安乐坐，忿怒女尊妙相具。虎皮腰间圆满系，右手执持智慧剑，羂索莲花并锐箭，左手法轮捧于手，珠宝三叉戟和弓。一髻独刹我礼赞。

白色莲花月轮上，白色梵字ṭa中生，身如皎月宝光色，身姿曼妙善安坐。右手持杖白莲花，左手数珠并净瓶，庄严种种严加身，毗俱胝母我礼赞。

rGya gar skad du/ ā RYa a mo gha pā sha panytsa de bsto tra/ bod skad du/ 'phags pa don yod zhags pa lta lnga'i bstod pa/ rje btsun spyan ras gzigs dbang phyug la phyag 'tshal lo/ mkha' ltar rang bzhin rnam dag las/ paṃ yig a dkar yongs gyur pa'i//padma dkar po zla steng du/ hrīḥ yig dkar po las 'khrungs shing/ g.yas brkyang rol ba'i tshul gyis bzhugs/ gangs ri ltar gsal kunada'i mdog/ g.yas pa mchog gi don sbyin mdzad/ 'khor ba'i skyon gyis ma gos pa'i/ padma dkar po g.yon na 'dzin/ 'dzum bcas zhi ba'i nyams dang ldan/ rin chen sna tshogs rgyan gyis mdzes/ ma chags dkyil 'khor gtso la bstod/ padma dkar po zla steng du/ ha yig dmar po las 'khrungs shing/ mnyam par bzhengs nas 'gro don mdzad/ padma rā ga dmar po'i mdog/ zhags pa dang ni rdo rje g.yas/ lcags kyu bgrang phreng g.yon na 'dzin/ sna tshogs rgyan gyis mdzes pa yi/ don yod zhags la phyag 'tshal bstod/ padma nyi steng hūṃ las 'khrungs/ g.yon brkyang gyad kyi tshul gyis bzhugs/ sku mdog dmar po byi ru'i tshul/ stag dang sbrul gyis rnam brgyan cing/ be con dang ni sdigs mdzub g.yas/ 'khor lo padma dmar po g.yon/ spyi gtsug rta mgo ljang gung tsher/ ha ya gr-ī la phyag 'tshal bstod/ chu skyes nyi mar pha las 'khrungs/ nam mkha'i mdog can g.yon brkyang tshul/ mche gtsigs khro mo'i cha lugs 'dzin/ stag gi pags pas rnam par dkris/ ral gri zhags pa padma mda'/ 'khor lo dbyig brtse gsum gzhu/ g.yas dang g.yon gyi phyag na bsnams/ ral gcig ma la phyag 'tshal bstod/ padma dkar po zla steng du/ ṭa yig dkar po las 'khrungs shing/ zla ba chu shel nor bu'i mdog/ 'gying zhing ldem pa'i tshul gyis bzhugs/ dbyig pa padma dkar po g.yas/ bgrang phreng dang ni spyi blugs g.yon/ sna tshogs rgyan gyis mdzes pa yi/ khro gnyer can la phyag 'tshal bstod/ 'phags pa don yod zhags pa lha lnga'i bstod pa/slob dpon chen po tsandra go mis mdzad pa rdzogs so/

No.2721

佚名，《不空羂索曼荼罗天众赞无垢光》（'Phags pa don yod zhags pa'i dkyil 'khor gyi lha tshogs la bstod pa dri ma med pa'i 'od ），第 87a-89a 叶

观世音菩萨：自性法界坚不动，化机之相各不同，大悲观音尽教导，世间自在敬礼赞。轮回之域未清净，白色莲华正中央，出慈悲水莲月垫，妙智安坐我礼赞。教法破世间执念，游戏王坐王者相，具诸方便宝严饰，世间有情敬礼赞。观究竟唯一法身，慈悲体内 hrīḥ 中生，诸佛灌顶无量光，观具发髻者我礼赞。为救六道戴宝冠，能胜王者宝顶髻，华冠佛子无匹敌，三世圣主我礼赞。宝饰耳铛传妙法，三目遍知三世智，利益众生示悦颜，空性慈悲我礼敬。脱离世俗轮回苦，断绝烦恼胜施印，执持圆满白莲花，智悲二手我礼赞。贪著爱染五趣类，右手持瓶洒甘露，左施无畏降四魔，有寂无别我礼赞。三界初始证悟，野兽皮表作短裙，解脱自性轮回故，皎如雪山我礼赞。彼性慈悲付嘱托，三世佛子利众生，如是事业圆满作，中围主尊我礼赞。

bCom ldan 'das thugs rje chen po la phyag 'tshal lo// rang bzhin chos kyi dbyings las ma g.yos kyang// thugs rje chen pos gdul bya'i snang ngo la//gang la gang 'dul de la de ston pa'i// 'jig rten dbang phyug khyed la bstod par bgyi// 'khor bar gnas kyang skyon gyis ma gos phyir// padma dkar po rab rgyas lte ba la// thugs rje'i chu rgyun 'bebs mdzad zla ba'i gdan// ye shes 'gying tshul bzhugs mdzad khyod la bstod// 'jig rten log rtog ston pa 'dul ba'i phyir// rgyal po'i rol stabs dbang phyug cha lugs 'dzin// sna tshogs thabs mnga' rin chen rgyan gyis spras// 'jig rten kun gyis bstod pa khyod la 'dud// don dam chos sku nyag gcig zhal mnga' zhing// thugs rjes 'gro la chags pas hrīḥ las 'khrungs// sangs rgyas kun gyis dbang bskur 'od dpag med// ral pa'i khur na 'chang ba khyod la bstod// 'gro drug sgrol phyir ral pa'i cod pan 'dzin// rgyal ba'i rgyal po rin chen dbu rgyan can// me tog cod pan rgyal sras 'gran zla bral// dus gsum rgyal ba'i bdag po khyod la bstod// nor bu'i snyan chas 'gro la chos sgra sgrogs// spyan gsum dus gsum shes dang shes bya mkhyen// 'dzum pa'i zhal mda' 'gro ba'i don la dgyes// stong nyid thugs rje can la phyag 'tshal bstod// kun rdzob tsam du 'khor ba'i sdug bsngal gyi// nyon mongs kun skyob bde ba'i mchog sbyin cing// don dam rnam dag padma dkar po bsnams// thabs shes zung 'jug phyag gnyis phyag 'tshal bstod// sred pa'i mes gdungs rgyud lnga'i sems can la// bdud rtsi'i rgyun 'bebs g.yas na spyi blugs 'dzin// bdud bzhi'i 'jigs skyob g.yon pa skyabs sbyin mdzad/ 'khor 'das gnyis med gzigs la phyag 'tshal bstod// srid gsum gzod nas dben par rtogs pa'i phyir// ri dgas[1] lpags pas sku yi sham thabs mdzad// 'khor 'das rang bzhin spros bral rtogs pa'i phyir// gangs ri kunada'i mdangs ldan khyod la bstod// khyod kyi thugs rje'i rgyun gyis dus gsum gyi// rgyal ba sras bcas 'gro don la bskul nas// mdzad bya'i phrin las ma lus mdzad pa'i phyir// dkyil 'khor gtso bor bzhugs pa khyod la bstod//

不空羂索观音：十般若德获圆满，宝饰庄严遍手足，而得十地圆满智，珍珠璎珞我礼赞。神奇能力引众生，示现十力降魔敌，略曲双腿安乐立，清净益他我礼赞。中围解救三界生，身如金沙河中金，智慧发辫散光芒，破除无明我礼赞。二取无垢莲花座，离弃烦恼坐月垫，坚定利他姿安坐，慈悲耽著我礼赞。方便羂索导众生，ha 中出生行大利，无生面有观三世眼，顶髻王冠我礼赞。四谛之手转法轮，慈悲羂索作引导，清净金刚破执念，幻化神通我礼赞。智悲铁钩乐轮回，威力数珠功德宝。利他贤者展腿立，具名安坐我礼赞。

pha rol phyin bcu'i yon tan rab rdzogs phyir// phyag zhabs kun la nor bu'i rgyan gyis spras// sa bcu'i stobs rdzogs ye shes mnga' ba'i phyir// mu tig do shal 'phyang la phyag 'tshal bstod// rdzu 'phrul mthu yis 'gro ba drang ba dang// stobs bcu'i rtsal gyis bdud dpung

---

[1] 或为 ri dwags，译为"野兽"。

gzhom pa'i phyir// zhabs gnyis cung zad brkyang bskum rol pas bzhugs// rtag par gzhan don mdzad la phyag 'tshal bstod// srid pa gsum po dbyings su bsgral ba'i phyir// 'dzam bu chu bo'i gser ltar 'bar ba'i skus// ye shes ral pa'i 'od zer 'gyed mdzad pa'i// ma rig mun pa 'joms la phyag 'tshal bstod// gzung 'dzin dri ma dang bral padma'i gdan// nyon mongs gdung sel zla ba'i gdan la bzhugs// 'gro don yengs pa mi mnga' bzhengs tshul can// thugs rje chags pa'i mdog mnga' khyod la 'dud// thabs kyi zhags pas 'gro ba drang ba'i phyir//ha las 'khrungs // pa'i tshul ston don chen mdzad// skye med zhal mnga' srid gsum gzigs pa'i spyan// dbu rgyan rgyal ba'i cod pan 'chang la bstod// bden bzhi'i phyag gis chos kyi 'khor lo bskor// snying rje'i zhags pas 'gro ba 'dren par mdzad// rtogs pa'i rdo rjes log rtog mtshan ma 'joms// sgyu ma'i rdzu 'phrul mnga' ba khyod la bstod// mkhyen brtse'i lcags kyus 'khor ba bde bar 'gugs// nus ldan bgrang phreng yon tan gter mdzod 'dzin// 'gro don mdzod mkhas zhabs gnyis brkyang bskum tshul// mtshan don ldan par bzhugs pa khyod la bstod// ma chags padma'i rigs te skyon bral steng/

马头明王：贤者破惑之日垫，降魔之忿怒神 hūṃ 中生，调伏魔众我礼赞。怒面悟邪围中请，智眼体察三界身，马头嘶鸣我礼赞。金刚杖竟破征尘，金刚怖指呵魔王，金轮斩断轮回源，离贪莲花我礼赞。宝饰庄严伏龙王，象皮加身具十力，着虎皮裙作四行，忿怒展足我礼赞。

mkhyen pas nyin mongs tshogs 'joms nyi ma'i gdan// bdud dpung mjoms mdzad khro rgyal hūṃ las 'khrungs// khro bas khro ba 'dul mdzad khyod la bstod// rngam pa'i zhu gyis log rtogs dbyings su gsol// dmar sel ral pas log 'dren bran du 'dul// ye shes spyan gyis khams gsum sku gsum gzigs// rta mgrin rta skad sgrogs la phyag 'tshal bstod// rdo rje dbyug pas bgegs dpung rdul du rlog/ rdo rje sdigs mdzub bdud sde skrag par mdzad/ gser gyi 'khor los 'khor ba'i rtsab gcod/ chags bral padma 'chang la phyag 'tshal bstod/ rin chen sprul rgyan klu rgyal gdug pa 'dul/ glang chen g.yang gzhi stobs bcu mnga' ba'i dpal/ stag sham pa tis phrin las rnam bzhi mdzad/ khro rgyal brkyang bskum bzhugs la phyag 'tshal bstod/

独髻母：正确无误庄严座，破除愚碍日轮上，伏魔大黑母帕中生，因忿怒故救恶者，呲牙请四魔我礼赞。究竟八臂持物具，智慧般若锋利剑，般若利剑斩痴愚，慈悲羂索莲华持，悲悯箭矢我礼赞。法轮破生死轮回，宝杖除碍三叉戟破三毒，解脱弓射慈悲失，成就圣道独髻母我礼赞。怒神俱现顶饰宝，遍伏魔敌衣庄严，身披虎皮具十力，圣王俱生忿怒母我礼赞。

skyon bral gdan la rmongs sel nyi ma'i steng/ pha las 'khrungs pa'i bdud 'dul nag mo che/ rngam pa'i stabs kyis gdug pa sgrol bar mdzad/ mche ba gtsigs pas bdud bzhi gsol la bstod/ rnam thar phyag brgyad ye shes rno ba'i mtshon/ shes rab ral gris gti mug rtsad nas gcod/ thugs rje'i zhags bskyon bral padma 'chang/ thabs mkhas brtse ba'i mda' 'phen khyod phyag 'tshal/ 'khor los srid pa'i 'khor lo 'joms mdzad cing/ dbyug pas bgegs 'dul rtse gsum dug gsum gcod/ spros bral gzhu yis thugs rje'i mda' 'phen ma/ 'phags lam don ldan ral gcig mar bstod/ khro rgyal kun 'dus dbu rgyan rin chen 'chang/ bdud dgra kun 'joms khro mo'i cha lugs rdzogs/ stag lpags sham thabs stobs bcu'i rtsal mnga' ba'i/ rgyal ba kun skyed khro rgyal yum la bstod/

具皱母：断贪无过水莲上，圆满事业母怛中生，慈悲静相事业手，顶髻宝冠金刚饰。骷髅杖莲华断轮回，珠鬘益六道有情，净瓶倾洒净法露，圣成就者我礼赞。庄严宝饰圆满德，天衣母伏无畏神，破除欲念弃耽著，具皱天母我礼赞。遍至智慧光中坐，善知方便悉教授，穷苦众生俱悯爱，慈悲观想我礼赞。

skyon bral chu skyes gdung ba sel ba'i steng// ṭa las 'khrungs pa'i phrin las kun rdzogs ma// brtse ba'i zhal mnga' phrin las rgyas pa'i phyag/ ral pa'i cod pan rdo rjes brgyan la bstod// thod dbyug bgegs 'dul padmos 'khor ba skyob// phreng bas sems can rjes 'dzin 'gro drug la// dam chos bdud rtsi'i rgyun 'bebs spyi blugs 'dzin// sgrub pa po la mchog stsol mdzad la bstod// rin chen rgyan 'chang sa dang yon tan rdzogs// dar sham ba tis mi 'jigs lha chen 'dul// chags can 'dul phyir chags pa ltar ston pa'i// lha mo khro gnyer ldan la phyag 'tshal bstod// kun kyang ye shes 'od dpung klong na bzhugs// thabs la mkhas pas sna tshogs cir yang ston// nyam thag 'gro la kun tu brtse ba can/ thugs rjes rtag tu gzigs mdzad khyod la bstod//

No.3435 'Jig rten dbang phyug don yod zhags pa'i sgrub thab

梵：Amoghapāśalokeśvarasādhana

《世自在不空羂索成就法》，第 92b—93a 页

著者不详，译者：扎巴坚参（Grags pa rgyal mtshan）

复次观想四臂（不空羂索观音），右手作施与愿印和持索，左手持赤莲和三叉戟。……其前有莲花和月轮，其上红色种子字 ha 上圆满生出铁钩，从中生出不空钩观音，观想其身色灿如朝阳，头戴宝冠，具红色庄严，着汉式上衣，有四臂，右手敬持铁钩和金刚杵，左手持索和莲花。其右有莲花和日轮，上有如茜草般艳红的种子字 hūṃ 圆满生出由莲花装饰的白色宝杖，从中生出马头观音犹如放射劫火与日光，焰发橙红，蹙眉忿怒，口呵 hūṃ 声，面有三目，上束焰发，力吼 hi hi 声。焰发之上有绿色马头，身以蛇饰为庄严，大腹便便。四臂配以宝饰，右手上举宝杖和金刚杵，左手作怖指持莲花，下身着虎皮裙。其后有水莲，上有绿色种子字 ha 生出发辫，自此生出一髻独刹母，红色发辫束成一髻，现忿怒母相，肩披象皮，下身着虎皮裙，身有蛇饰庄严，面有三目，身色如金，四臂，右手敬持剑和钺刀，左手执持乌巴拉花和嘎巴拉碗。其左水莲与月轮之上有金色种子字 ṭa 生出水莲，其中圆满化现毗俱胝具咒母，顶有发髻，妙相静好，身色金黄，身披巾帛，宝饰庄严。右手敬持莲花和数珠，左手敬持杖和净瓶。如是观想。

Yang na phyag bzhi pa bsgom par ’dod na g.yas pa mchog sbyin dang/ zhags pa’o/ /g.yon na padma dmar po dang dbyu gu rtse gsum bsnams pa’i bcom ldan ’das don yod pa’i zhags pa’o/ ……de la mdun du padma dang zla ba la ha yig dmar po las lcags kyu de yongs su gyur pa las don yod lcags kyu zhes pa skya rengs gsar ba’i mdog lta bu ral ba’i cod pan dang ldan pa/ rgyan dmar po can/ rgya nag gi gos kyis bla gos su byas pa phyag bzhi pa ste/ g.yas pa dag na lcags kyu dang rdo rje’o/ /g.yon pa dag na zhags pa dang/ padma bsnams pa’o/ /g.yas phyogs na padma dang nyi ma la btsod kyi kha dog lta bu’i hūṃ yig las skyes shing padmas mtshan pa’i dbyug pa dkar po las skyes pa’i rta mgrin bskal ba’i me dang nyi ma ’bar ba lta bu’o/ /smar dmar ser ’bar zhing ’khyil pa/ smin ma ’khyog cing khro gnyer bsdus shing ’bar ba zhal ’jigs shing hūṃ zhes sgrogs pa spyan gsum ’bar ba’i skra can/ hi hi’i sgra sgrogs pa dbu’i steng du rta mgo ljang gu’i zhal byas pa/ sku la sbrul gyi rgyan gyis brgyan pa/ thung zhing gsus pa che ba/ phyag bzhi dbyig pas brgyan pa/ g.yas pa dag na dbyug pa ’phyar ba dang rdo rje bsnams pa/ g.yon pa dag na sdigs mdzub dang/ padma bsnams pa/ stag gi pags pa’i sham thabs can no/ /rgyab tu chu skyes la ha yig sngon po/ de las ral gri/ de las skyes pa’i lha mo ral pa gcig ma/ ral pa dmar ser gcig tu ’khyil pa/ khro mo’i rnam pa can/ glang po che’i pags pa’i stod g.yogs can/ stag gi pags pa’i sham thabs can/ sprul gyi rgyan gyis sku la brgyan pa/ spyan gsum pa/ dzambu nā da’i dpal ’dzin cing phyag bzhi pa/ g.yas pa dag na ral gri dang/ gri gug dang/ g.yon pa dag na utpa la dang/ thod pa bsnams pa'o// /g.yon phyogs na chu skyes dang zla ba'i steng du ṭa yig ser po las chu skyes/ de yongs su gyur pa las khro gnyer can ral pa'i thor tshugs can gzhon nu dar la bab pa mdzes shing sku mdog ser mo/ dar dkar po'i na bza' sku la gsol ba/ lha'i rgyan gyis brgyan pa/ phyag g.yas pa dag na padma dang phreng ba bsnams pa/ g.yon pa dag na dbyu gu dang ril ba spyi blugs bsnams pa bsam par bya'o/

北京版 No.4842

藏：'Phags pa don yod zhags pa'i sgrub thab

梵：Āryāmoghapāśasādhana

汉：《圣不空羂索成就法》

著者：俱生游戏（Lhan cig skyes pa'i rol pa，Sahajalalita）

译者：不空金刚（Don yod rdo rje，Amoghavajra），巴哩（Ba ri）

后记：don yod zhags pa'i sgrub thabs/ don yod zhags pa'i mdo las bsdus pa/ slob dpon lhan cig skyed pa'i rol pas mdzad pa rdzog so/ rgya gar gyi mkhan po don yod rdo rje dang/ bod kyi lo tsa ba dge slong ba ris bsgyur cing zhus te/

顶礼圣不空羂索观音。

自性心中有种子字 pam 生莲华，其上有种子字 a 生出月轮，复上又有白色梵字 hrīḥ，于其光芒中迎请神众与上师。端坐于前，观想能胜降魔者、弥勒等，自性之中观想密乘空性。复次于虚空之中观想护世轮，其内无量宫中央圆满生出种子字 pam，a 字圆满生出莲花，月轮之上圆满生出 hrim，其上观世音世自在一面二臂，左手和右手分持莲花和施与愿印，身色灿烂如金。其东红色种子字 pam 中生出赤莲花，其上月轮中种子字 ham 圆满化现不空羂索观音，身红色，一面四臂，右第一手持索，第二手持金刚杵，左第一手持铁钩，第二手持数珠。其南红色 pa 字生莲华，其上月轮中种子字 hum 圆满化现马头明王，一面四臂，右手执持杖和作怖指，左手执持法轮和莲花。其西黑色 pam 字生莲华，其上日轮中黑色种子字 pha 圆满化现一髻独刹母，下身着黑色虎皮裙，示忿怒相呲牙外露，有八臂，右手各持剑、索、莲华、箭，左手各持轮、杖、三叉戟和弓。其北白色 pam 字生莲华，其上月轮中种子字 a 圆满化现毗俱胝母，一面四臂，右手持杖和莲花，左手持数珠和净瓶。

'Phags pa don yod zhags pa la phyag pa la phyag 'tshal lo/ rang gi snying gar pam las padma/ de'i steng du a las zla ba'i dkyil 'khor/ de'i steng du yi ge hrīḥ dkar po/ de'i 'od kyis lha'i 'khor lo dang bla ma sbyan drangs te/ mdun du bzhugs su gsol la/ mchod te sdig pa bshags pa la sogs pa dang/ byams pa lo sogs pa sgom par bya'o/ de nas nam khar dbu su bsrung pa'i 'khor lo bsgom ste/ de'i nang du gzhal yes khang gi dbu su pam yongs su kyur pa las padma a yongs su gyur pa las zla ba'i dkyil 'khor de'i steng du hrim dkar po yongs su gyur pa las sbyan ras gzigs dbang phyag zhal gcig pa phyag gnyis pa/ g.yon pa dang g.yas pa na padma mchog sbyin no/ mdag ni gser gyi mdog lta bu'o/ shar phyogs su pam dmar po las padma'i steng du zla ba la/ ham yongs su gyur pa las don yod zhags pa dmar po zhal gcig phyags bzhi pa/ g.yas kyi dang po na zhags pa gnyis pa na rdo rje/ g.yon gyi dang po na lcags kyu gnyis pa na bgrang 'phrang ngo/ lho phyogs su pa dmar pa las padma'i steng du ni ma la hum yongs su gyur pa las rta ma grin zhal gcig phyag bzhi pa/ g.yas na dbyug pa dang sdigs mdzub bsnams pa/ g.yon na 'khor lo dang padma 'chang pa'o/ nub phyogs su pam nag po las padma'i steng du nyi ma las pha nag po yongs su gyur pa las ral gcig ma/ nag po stag gi bgas pa'i sham thams can/ khro mo'i zhal mche pa brtsigs pa'i gdong can/ phyag brgyad pa/ g.yas na ral gri dang/ zhags pa dang/ padma dang/ mda' bsnams pa'o/ g.yon pa na 'khor lo dang/ dbyug pa dang/ rtse gsum pa dang/ gzhu bsnams pa'o/ byang phyogs pam dkar po yongs su gyur pa las padma'i steng du zla ba la ṭa skya po las khro gnyer can zhal gcig pa/ phyag bzhi pa g.yas kyi phyag pa dbyug pa dang/ padma bsnams pa'o/ g.yon pa na phreng pa dang spyi blugs bsnams pa'o/

《巴哩传规的不空羂索五尊像》(Don zhags lha lnga ba ri'i lugs)，收入《洛桑诺布喜饶》(Blo bzang nor bu shes rab gyi gsung 'bum)

著者：洛桑诺布喜饶（Blo bzang nor bu shes rab，1677—1737）

圣观世音菩萨身如秋色，一面二臂，右手施与愿印，左手持白莲花，舒右腿自在坐，身着长裙，妙相庄严，顶髻饰有无量光化佛，复次观想其他神属。其东有种子字 ha 生出由 ha 严饰之羂索，从中生出不空羂索菩萨，身红色，右二手分持羂索和金刚杵，左手分持铁钩和数珠。妙饰庄严，平等安立。其南有种子字 hum 生出由 hum 严饰之宝杖，从中生出马头观音，身绿色，右二手分持杖和作怖指印，左二手分持金轮和赤红莲花茎，展左而立。其西有种子字 pha 生出由 pha 严饰之宝剑，从中生出一髻罗刹母，身蓝色，右四手分持剑、羂索、莲花和箭，左四手分持轮、杖、三叉戟和弓，展右而立。此二尊身披虎皮，宝饰庄严，忿怒可怖。其北有种子字 ta 生出由 ta 严饰之杖，从中生出毗俱胝母，身为澄净黄色，右二手分持金刚杖和白莲花，左二手分持数珠和净瓶，舒右腿自在坐。

’Phags pa spyan ras gzigs sku mdog ston ka/ zhal gcig phyag gnyis g.yas mchog sbyin dang/ g.yon padma dkar po ’dzin pa/ zhabs g.yas brkyang pa’i rol pa’i stabs kyis bzhugs shing/ ri dgas kyi bgas pas smad dkris pa/ phyags bdag gi cha lugs ’chang pa/ ral pa ri thor tshugs can/ sangs rgyas ’od dpag med kyis dbu la brgyan pa/ g.yod gyi lha mo la gzigs pa’o/ ……shar du ha las zhags pa has mtshan pa las don yod zhags pa dmar po phyags g.yas gnyis na zhags pa dang rdo rje/ g.yon gnyis na lcags kyu dang bgrang ’phreng ’dzin pa/ rgyan thams cad kyis brgyan pa/ mnyam par bzhengs pa’o/ lhor hum las dbyug pa hum gis mtshan pa las rta mgrin dbu’i steng du rta mgo ljang khu can/ phyag g.yas gnyis na dbyug pa dang sdigs mdzub/ g.yon gnyis na ’khor lo ser po dang/ padma dmar po’i sdong bu ’dzin pa/ g.yon brgyang gi stabs can no/ nub tu pha las ral gri pas mtshan pa las ral gcig ma sngon mo phyag g.yas pa bzhis ral gri zhags pa pad ma mda’/ g.yon pa bzhis ’khor lo dbyug pa rtse gsum bzhu rnams ’dzin pa/ g.yas pa brgyang gi stabs can/ de gnyis ka yang stag lpags dang/ sprul dang rin pi ches brgyan pa/ shin tu khros pa’o/ byang du ta las dbyug tho tas mtshan pa las khro gnyer can ma ser mo dkar sham/ phyag g.yas gnyis rdo rje dbyug pa dang padma dkar po/ g.yon gnyis kyis bgrang ’phreng dang spyi blugs ’dzin pa/ zhabs g.yas rol gyi stabs kyis bzhengs pa/

附录（四） 五护陀罗尼佛母相关成就法译文（采用德格《大藏经》编号）

1．五护佛母相关成就法

No.3590《五佛母成就法略说》（Lha mo lnga'i sgrub thabs mdor bstan pa）
译者：扎巴坚参（Grags pa rgyal mtshan）

De la so so 'brang ba chen mo ni sku mdog ser mo zhal gsum pa/ zhal so so la spyan gsum gsum pa/ phyag bcu pa'o/ /nag po dang / dkar po dag ni g.yas dang / cig shos kyi zhal lo/ /g.yas kyi phyag lnga rnams ni go rims bzhin du ral gri dang / rdo rje dang / mda' dang / mchod sbyin dang / phyag thugs kar gnas pa la gdugs rnams so/ /de bzhin drug du g.yon gyi phyag lnga rnams na gzhu dang / rgyal mtshan dang / rin po che'i chun po dang / dgra sta dang / dung rnams so/ /rin chen 'byung ldan kyi dbu rgyan can/ sha 'gag nag po can/ stod g.yogs dmar pos brgyan pa/ skyil krung phyed pas 'gying zhing bzhugs pa/ lha'i rgyan dang / gos thams cad kyis brgyan pa'o/ /rma bya chen mo ni sku mdog ljang gu zhal gcig pa/ phyag gnyis pa/ mdzes shing rma bya'i mdongs dang ldan pa mchog sbyin gyi phyag rgya phyag g.yas pa dang g.yon pa dag gis so zhes so/ /stong chen mo rab tu 'joms ma ni sngon ma ji lta ba de bzhin no/ /gsang sngags chen ma rjes su 'dzin ma ni zhal gcig pa/ phyag bzhi pa/ sku mdog nag mo phyag g.yas pa dag gis ral gri dang / mchog sbyin gyi phyag rgya'o/ /phyag g.yon pa dag gis dgra sta dang / zhags pa bsnams pa'o zhes so/ /bsil ba'i tshal chen mo ni sku mdog dmar mo zhal gcig pa phyag bzhi pa phyag g.yas pa dag gis ral gri dang / mchog sbyin

219A: g.yon pa dag gis dgra sta dang zhags pa'o zhes so/ /yi ge gsum gyis mtshan cing rang gi sa bon gyi dbus su rang gi ming dang bcas pa ni 'di rnams kyi sngags so/ /lha mo lnga'i sgrub thabs mdor bstan pa rdzogs so//

大随求佛母身黄色，三面各有三目，右面和左面分别为黑色和白色。有十臂，右五臂依次执持剑、金刚杵、箭、施与愿印和在胸前持伞；与此相似，左五臂分持弓、幡、宝杖、斧与海螺。顶饰有宝生佛，着黑色上衣，具红色披帛。半跏趺自在坐，天衣庄严圆满严身。大孔雀佛母身绿色，一面二臂，右手与左手分持孔雀尾翎和施与愿印。大千摧碎佛母如前所述。大秘咒随持佛母一面四臂，身黑色，右二手持剑，施与愿印；左二手持斧、索。大寒林佛母身红色，一面四臂，右二手分持剑，施与愿印，左二手持斧、索。

No.3256《他教之五神妙善教法》（gDams ngag gzhun gyi lha lnga legs par bstan par bya ba）

译者：楚臣坚参（Tshul khrims rgyal mtshan）

大随求佛母身黄色，三面各有三目，右面和左面分别为黑色和白色。有十臂，右五臂依次执持剑、金刚杵、箭、施与愿印和在胸前持矛；与此相似，左五臂分持弓、幡、伞盖、矛与海螺。顶饰有宝生佛，着黑色上衣，具红色披帛。半跏趺自在坐，天衣庄严圆满严身。大孔雀佛母身绿色，一面二臂，右手作施与愿印并持圣孔雀尾翎。大千摧碎佛母如前所述。大秘咒随持佛母一面四臂，身黑色，右二手持剑，施与愿印；左二手持矛、索。大寒林佛母身红色，一面四臂，右二手分持剑，施与愿印，左二手持矛、索。

No.3596《五陀罗尼仪轨》（bSrung ba lnga'i cho ga）

译者：扎巴坚参（Grags pa rgyal mtshan）

复次自心之中有种子字阿，其中生出月轮之上有种子字 praṃ 放出光芒，上师、诸佛、菩萨等圆满化现于前，次作大随求佛母及其他神祇之供养。……大随求佛母身白色，年方二八，其上的月垫之上饰有佛塔，佛母于日轮之中展右腿半跏趺坐。四面三目八臂，耳铛垂悬并戴项链脚钏臂钏，下着短裙，遍饰庄严。薄伽梵母主面如身色一样为白色，右面黑色，后面黄色，左面红色，右第一手持法轮，第二手持金刚杵，第三手持箭，第四手持剑。左第一手持金刚羂索，第二手持三叉戟，第三手持弓，第四手持斧。大随求佛母之东……杂色莲花之上有种子字 hūṃ，从中圆满生出大千摧碎佛母，身黑色，深棕发髻上饰以化佛，蹙眉现忿怒相。……严饰手镯、臂钏、项圈、脚钏。右第一手作施与愿印并持金刚杵，第二手持铁钩，第三手持箭，第四手持剑。左第一手作怖指并持索，第二手持斧，第三手持弓，第四手持摩尼宝置于莲花之上。主面为黑色，右面白色，后面黄色，左面绿色，各面有三目，种种庄严严身。复次大随求佛母之南则色莲花之上有月轮，其上有种子字 maṃ 圆满化现出大孔雀佛母，身黄色，身居日轮中，展右腿半跏趺坐，三面三目，八臂，头戴宝冠，遍饰庄严，右第一手作施与愿印，第二手持宝瓶，第三手持法轮，第四手持剑；左第一手持钵，中有僧人像，第二手持孔雀翎，第三手持宝瓶，中有交杵金刚，第四手持宝幡。主面黄色，右面黑色，左面红色。大随持佛母之西杂色莲花之上有月轮，其上种子字 maṃ

中圆满生出大秘咒随持佛母，身白色，三面三目十二臂，日轮光芒之中展右腿而坐，顶戴宝冠，遍饰庄严，幼龄妙相。身戴项圈脚钏等诸种庄严。……其右第一手持法轮，第二手作禅定印，第三手作施与愿印，第四手施无畏印，第五手持金刚杵，第六手持箭；左第三手作怖指并持索，第四手持弓，第五手持宝穗，第六手持莲花。主面白色，右面黑色，左面红色。复次大随求佛母之北杂色莲花之上月轮之中有种子字 traṃ，从中圆满化现大寒林佛母，身绿色，月轮之上展右腿而坐。三面三目六臂，具佛顶，遍饰庄严，身着天衣，右第一手施无畏印，第二手持金刚杵，第三手持箭；左第一手作怖指并持索，第二手持弓，第三手持宝幡。主面绿色，右面白色，左面红色。

2．大随求佛母相关成就法

No.3583《大随求佛母成就法》(So sor 'brang ma chen mo'i sgrub thabs)

译者：扎巴坚参（ Grags pa rgyal mtshan ）

……观想自性之中有种子字"阿"生出月轮，月轮之上金色种子字 praṃ 放射种种光芒，为了利益众生，瞬息之间圆满变化出薄伽梵母大随求佛母清净自性身，身黄色，四面三目八臂，主面黄色，右面白色，后面青色，左面红色。右手各持剑、法轮、三叉戟、箭；左手各持斧、弓、索与金刚杵。安坐杂色莲花和月垫之上，身绕红色光芒，遍饰庄严，顶戴宝饰，如是观想。

No.3376《大随求佛母成就法》(So sor 'brang ma chen mo'i sgrub thabs)

译者：不空金刚（ Don yod rdo rje ），巴哩（ Ba ri ）

……观想自性之中有种子字"阿"生出月轮，月轮之上金色种子字 praṃ 放射种种光芒，为了利益众生，瞬息之间圆满变化出薄伽梵母大随求佛母清净自性身，身黄色，四面三目八臂，主面黄色，右面白色，后面青色，左面红色。右手各持剑、法轮、三叉戟、箭；左手各持斧、弓、索与金刚杵。安坐杂色莲花和月垫之上的狮（马？）座上，身绕红色光芒，遍饰庄严，身着杂色天衣，顶戴宝饰，如是观想。

No.3251《大随求佛母成就法》(So sor 'brang ma chen mo'i sgrub thabs)

译者：楚臣坚参（ Tshul khrims rgyal mtshan ）

……观想自性之中有种子字"阿"生出月轮，月轮之上金色种子字 praṃ 放射种种光芒，为了利益众生，瞬息之间圆满变化出薄伽梵母大随求佛母清净自性身，身黄色，四面三目八臂，正面黄色，右面白色，西面（或为上面？，译者注）青色，左面红色。右手各持剑、三叉戟、箭；左手各持矛、弓、索与金刚杵。安坐杂色莲花和月垫之上，身绕红色光芒，遍饰庄严，顶戴宝饰，如是观想。

3．大孔雀佛母相关成就法

No.3586《圣孔雀佛母成就法》（'Phags ma rma bya chen mo'i sgrub thabs）

译者：扎巴坚参（Grags pa rgyal mtshan）

杂色莲花与月之上生出绿色种子字 maṃ，从中生出大孔雀佛母，身绿色，三面六臂，面各有三目，右面和左面分别为黑色和白色，右三手依次持孔雀尾翎、箭、施与愿印；与此相似，左三手分别持伞盖、弓与净瓶。遍饰庄严，有月垫，身绕月光，全跏趺坐，顶饰有不空成就佛像，自性如是作观想。

No.3378《圣孔雀佛母成就法》（'Phags ma rma bya chen mo'i sgrub thabs）

译者：不空金刚（Don yod rdo rje），巴哩（Ba ri）

杂色莲花与月之上生出绿色种子字 maṃ，从中生出大孔雀佛母，身绿色，三面六臂，面各有三目，右面和左面分别为黑色和白色，右三手依次持孔雀尾翎、箭、施与愿印；与此相似，左三手分别持拂尘、弓与净瓶。身着杂色遍饰天衣，妙相优美，有月垫，身绕月光，全跏趺坐，顶饰有不空成就佛像，自性如是作观想。

No.3252《孔雀佛母成就法》（rMa bya chen mo'i sgrub thabs）

译者：楚臣坚参（Tshul khrims rgyal mtshan）

杂色莲花与月之上生出绿色种子字 mā，从中生出大孔雀佛母，身绿色，三面六臂，面各有三目，右面和左面分别为黑色和白色，右三手分别持孔雀尾翎、箭、作施与愿印；与此相似，左三手分别持伞盖、弓与净瓶。遍饰庄严，有月垫，身绕月光，全跏趺坐，发髻之上有不空成就佛像，自性如是作观想。

4．大千摧碎佛母相关成就法

No.3587《圣大千摧碎佛母成就法》（'Phags ma stong chen mo rab tu 'joms ma'i sgrub thabs）

译者：扎巴坚参（Grags pa rgyal mtshan）

……杂色莲花和月垫之上有种子字 bhūṃ，从其字生出大千碎催佛母，自性如是观想。身白色，一面六臂。右三手分持剑、箭和作施与愿印；左三手分持弓、索与斧（tshul khrims rgyal mtshan 本为矛）。遍饰庄严，身相妙龄优美，顶饰有大日如来．莲花与月垫之上端坐，身绕月光。

No.3379《大千摧碎佛母成就法》（sTong chen mo rab tu 'joms ma'i sgrub thabs）

译者：不空金刚（Don yod rdo rje），巴哩（Ba ri）

大千碎催佛母身白色，一面六臂。右三手依次持剑、箭和施与愿印；左三手分持弓、索与斧。身着杂色天衣，遍饰庄严，头戴宝冠，身相妙龄优美，顶饰有大日如来。

No.3253《圣大千摧碎佛母成就法》（sTong chen mo rab tu 'joms pa'i sgrub thabs）

译者：楚臣坚参（Tshul khrims rgyal mtshan）

……杂色莲花和月垫之上有种子字 tsu，从其字坚定生出大千碎催佛母，自性如是观想。身白色，一面六臂。右三手分持剑、箭和作施与愿印；左三手分持弓、索与矛。遍饰庄严，身相妙龄优美，顶饰有大日如来，莲花与月垫之上端坐，身绕月光。

5．大秘咒随持佛母相关成就法

No.3588《圣大密咒随持佛母成就法》（'Phags ma gsang sngags chen mo rjes su 'dzin ma'i sgrub thabs）

译者：扎巴坚参（Grags pa rgyal mtshan）

大秘咒随持佛母一面四臂，身黑色，右二手分持金刚杵与作施与愿印；左二手分持斧与索。自种子字 hūṃ 中生出，顶髻中饰有不动佛，安坐日垫，放射光芒。

No.3380《大密咒随持佛母成就法》（gSang sngags chen mo rjes su 'dzin ma'i sgrub thabs）

译者：不空金刚（Don yod rdo rje），巴哩（Ba ri）

大秘咒随持佛母一面四臂，身黑色，右二手依次持金刚杵与施与愿印；左二手分持斧与索。自种子字 hūṃ 中生出，顶髻中饰有不动佛，安坐日垫，放射光芒。

No.3254《大密咒随持佛母成就法》（gSang sngags kyi rjes su 'brang ba chen mo'i sgrub thabs）

译者：楚臣坚参（Tshul khrims rgyal mtshan）

大秘咒随持佛母一面四臂，身青色，右二手分持金刚杵与作施与愿印；左二手分持矛与索。自种子字 tsuṃ 中生出，顶髻中饰有不动佛，安坐日垫，放射光芒。

6．大寒林佛母

No.3589《大寒林佛母成就法》（bSil ba'i tshal chen mo'i sgrub thabs）

译者：扎巴坚参（Grags pa rgyal mtshan）

大寒林佛母一面四臂，身红色，右二手分持数珠与作施与愿印；左二手分持金刚铁钩、于胸前持经书。自种子字 dzaṃ 生出，顶髻中饰有无量光佛。半跏趺坐，遍饰庄严，有日垫，身绕光芒。

No.3381《大寒林佛母成就法》（bSil ba'i tshal chen mo'i sgrub pa'i thabs）

译者：不空金刚（Don yod rdo rje），巴哩（Ba ri）

大寒林佛母一面四臂，身红色，右二手分持数珠与作施与愿印；左二手分持金刚铁钩、于胸前持经书。自种子字 dzaṃ 生出，顶髻中饰有无量光佛。半跏趺自在坐，身着天衣，有日垫。其真言为 oṃ dzaṃ swā hā。

No.3255《大寒林佛母成就法》（bSil ba'i tshal chen mo'i sgrub thabs）

译者：楚臣坚参（tshul khrims rgyal mtshan）

大寒林佛母一面四臂，身红色，右二手分持数珠与作施与愿印；左二手分持金刚铁钩、于胸前持经书。自种子字 dzaṃ 生出，顶髻中饰有无量光佛。半跏趺坐，遍饰庄严，有日垫，身绕光芒。

附录（五）　布顿（Bu ston）《多闻子天王赞颂·王心极喜》（ *rGyal po chen po rnam thos sras kyi bstod pa rgyal po'i thugs rab tu mnyes byed* ）

gnod spyin dbang po rmugs 'dzin ni/ gser mdog phyag g.yas rin chen 'dzin/ dbul ba'i sdug bsngal sel mdzad pa/ shar phyogs gnas la phyag 'tshol lo/ gang pa bzang po sku mdog ser/ ci dgos nang nas 'byung ba yi/ bum pa bzang po g.yas pas 'dzin/ lho phyogs gnas la phyag 'tshol lo/nor bu bzang po zla rgyas mdog/ phyag g.yas yid bzhin nor bu yis/ 'gro ba'i re ba rdzogs mdzad pa/ nub phyog gnas la phyag 'tshol lo/ rta bdag chen po ku pe ra/ mthing nag khros pa ral gri 'dzin/ dgra bgegs rtsad nas gcod mdzad pa/ phyang phyogs gnas la phyag 'tshol lo/ de nyid shes pa'i yang dag shes/ shes rab gser gyi ral gri 'dzin/ mi shes gcod pa sku mdog ser/ me mtshams gnas la phyag 'tshol lo/ 'brog gnas rab tu khros shing nag/ lha mi'i bdud kyi dpung 'joms pa'i/ mdung rnon mtshon cha g.yas pas 'dzin/ bden bral gnas la phyag 'tshol lo/ nyin mtshan cho lo lnga rtse mdzad pa'i/ lnga rtse na ser skya rgyas pa yi/ ri dgas g.yas na khang brtsegs bsnams/ rlung mtshams gnas la phyag 'tshol lo/ 'jam po 'khyil pa dung gi mdog/ shes rab go chas gzhan 'joms shing/ rang srung gri phub g.yas pas 'dzin/ dbang lngan gnas la phyag 'tshol lo/ thams cad mi sdug brjid 'dzin la rngam/ sna tshogs rgyan can go cha bgos/ rdzu 'phrul rta chibs g.yon pa na/ ne'u le bsnams la phyag 'tshal lo/

勇健之王昏聩神，身色灿黄右手宝，是为断离贫穷苦，居坐东方我礼赞。满贤其身示灿黄，从中既得利益事，妙贤宝瓶右手持，居坐南方我礼赞。宝贤身色如皎月，右手敬持摩尼宝，满足轮回众生愿，居坐西方我礼赞。大马主王库贝罗，青黑忿怒持利剑，勇猛根除敌魔碍，居坐北方我礼赞。自性智之尽知主，执持黄色智慧剑，斩断无明身色黄，居坐东南我礼赞。黑色忿怒旷野主，调伏天人之魔军，右手执持锋利矛，居坐西南我礼赞。昼夜投掷五股骰，五娱马主身黄白，右手开山持宝楼，居坐西北我礼赞。柔滑发髻海螺色，般若兵刀破他碍，右持自卫剑与矛，居坐东北我礼赞。唯愿诸丑拥光辉，庄严加身着甲胄，各各乘骑勇猛马，左手持鼠我礼赞。

图书在版编目（CIP）数据

　　榆林窟第三窟壁画与文本研究/贾维维著. — 杭州：
浙江大学出版社，2020.8
　　（汉藏佛教艺术研究丛书/谢继胜主编）
　　ISBN 978-7-308-16547-1

　　Ⅰ．①榆… Ⅱ．①贾… Ⅲ．①石窟—壁画—研究—榆
林 Ⅳ．①K879.414

　　中国版本图书馆CIP数据核字(2017)第002718号

榆林窟第三窟壁画与文本研究

贾维维 著

责任编辑	胡　畔（llpp_lp@163.com）	
责任校对	吴　超	
装帧设计	程　晨	
出版发行	浙江大学出版社	
	（杭州市天目山路148号　　邮政编码　310007）	
	（网址：http://www.zjupress.com）	
排　版	杭州林智广告有限公司	
印　刷	浙江海虹彩色印务有限公司	
开　本	787mm×1092mm　1/16	
印　张	25.75	
字　数	510千	
版 印 次	2020年8月第1版　2020年8月第1次印刷	
书　号	ISBN 978-7-308-16547-1	
定　价	128.00元	